ein Ullstein Buch

Von der gleichen Autorin
in der Reihe der
Ullstein Bücher:

Alle Herrlichkeit auf Erden (280/281)
Der Wind ist mein Kleid (389)
Wo die Berge jung sind (413/414)
Eine Winterliebe (491)
Wirf einen Schatten nur (521)
Die vier Gesichter (2639)

Han Suyin

Manches Jahr bin ich gewandert

ein Ullstein Buch

Ullstein Buch Nr. 307
im Verlag Ullstein GmbH,
Frankfurt/M – Berlin – Wien
Titel der englischen Originalausgabe
»Destination Chungking«
Übersetzt von
Dorothea Naumann-Preiswerk

Ungekürzte Ausgabe

Umschlagentwurf: Heinz Kröhl

Lizenzausgabe des Holle Verlags, Baden-Baden,
und des Verlags Helmut Kossodo AG., Genf

Printed in Germany 1972
Gesamtherstellung:
Ebner, Ulm
ISBN 3 548 12307 4

Erstes Kapitel

VORGESCHICHTE

Unter den Weiden, den grau-grünen Weiden am Kanalufer von Peking, spielten Pao und ich als Kinder unsere wilden Spiele. Wir zankten uns häufig, Pao hänselte mich und zog mich an den Zöpfen, bis ich weinend zu meiner Mutter lief. Aber wir konnten nicht ohne einander sein; wir suchten uns immer wieder auf, und der Streit begann von neuem. Noch heute, in unserem gemeinsamen Leben, prallen unsere verschiedenen Meinungen oft aufeinander und machen unsere Ehe zu einem erregend glücklichen Dasein.

Alter chinesischer Sitte gemäß wurden wir, als wir heranwuchsen, getrennt, und ich, als Mädchen, durfte nicht länger durch die Straßen streifen und toben. Ich mußte fein brav hinter den Toren bleiben und das zurückhaltende, bescheidene Benehmen einer Dame erlernen. Und Pao mußte im Alter von zwölf Jahren ernsthaft mit den Studien beginnen, die ihn auf seine künftige Stellung als würdiger Vertreter seiner Familie vorbereiten sollten. Wir durften uns nicht mehr sehen und vergossen rebellische Tränen, verfaßten verzweifelte Gedichte, die wir unter tränennassen Kissen verbargen, schliefen aber tief und fest über unserem Kummer und vergaßen, beinahe ...

Paos und mein Elternhaus lagen an derselben kleinen Nebenstraße, die sich gemächlich an einem Kanalufer in der Verbotenen Stadt entlangschlängelte: auf der einen Seite kahle, geheimnisvolle Mauern und überdachte Tore, von grinsenden Steinlöwen flankiert, auf der andern Seite Weiden und Wasser. Paos Haus, das reichste und vornehmste unserer Straße, machte einen gewichtigen Eindruck. Die geöffneten großen Tore gewährten einen Blick über eine Flucht von weiträumigen Höfen, Pavillons mit Säulen und weitausladenden Dächern, deren schwingende Linien sich gegen den Himmel abzeichneten. Säulen und Türen waren lackiert und mit vergoldeten Blättern und Schnitzereien verziert. Das Haus meiner Eltern, ganz am anderen Ende der kurzen Straße, wirkte dagegen mit seinem einzigen, von kleinen anspruchslosen Gebäuden umgebenen Hof sehr bescheiden.

In dem großen Haus von Paos Familie herrschte ein fortgesetztes Kommen und Gehen, das alle Kinder der Straße faszinierte. Wir pflegten uns am Gartentor zu versammeln, um zu staunen und zu horchen. Es war für uns ein Schauspiel, und wir ließen uns nichts davon entgehen. Am Vormittag rannten wir hin, um der Abfahrt von Paos Vater nach dem Yamen* zuzusehen. Die berittene Leibwache stand wartend vor dem Tore, dann erschien der Hausherr, nahm in seiner Kutsche Platz und fuhr, begleitet von dem Getrappel der Pferde, würdevoll davon. Später am Vormittag erschienen die Kaufleute, schmächtige flinke junge Verkäufer, die kleine wertvolle Päckchen brachten, oder auch beleibte wohlhabende Ladenbesitzer, eitel den Fächer bewegend und gefolgt von ihren mit Schachteln und Bündeln beladenen Lehrbuben. Denn die Frauen dieses Hauses mochten sich ihre seidenen Schuhe nicht beschmutzen. Sie lebten ziemlich abgeschlossen in den inneren Höfen, und wenn sie etwas zu kaufen wünschten, sei es Seide, Porzellan oder ein Paar vergoldete Ohrringe mit Jade und Korallen, brachte man ihnen die auserlesensten Waren zum Aussuchen ins Haus. Selten sah man sie im Gedränge der überfüllten Märkte von Peking-Lung Fu Ssü, Tung An Shih, wo man Affen, den neuesten amerikanischen Roman, Blumentöpfe, japanische Hemden, Ananaskonserven, Mikroskope oder Knallfrösche kaufen konnte – so vielfältig waren die angebotenen Waren. An Wintermittagen sahen wir zu, wie Schlangen von Bettlern zu dieser Stunde mit ihren zersprungenen Schüsseln und Töpfen auf das Essen, das ihnen jeden Tag ausgeteilt wurde, warteten. Die Hausdiener brachten riesige Gefäße mit jow**, der in der kalten Luft dampfte. Sie schöpften den jow in

* Yamen: Amtsgebäude, Gerichtsgebäude.
** jow: weichgekochter Reis.

die Schüsseln, die ihnen von ausgemergelten schmutzigen Händen entgegengestreckt wurden, und die Bettler wärmten ihre Finger daran, während sie den heißen Reis schlürften. Die herrlichsten der Herrlichkeiten in Paos Haus aber waren für die zuschauenden Kinder die nächtlichen Feste, wenn Gäste in Rikschas und offenen Kutschen mit hellem Geklingel vorfuhren, einen Troß Lakaien vor und hinter sich. Wir drängten bis in die äußeren Höfe, um so weit wie möglich an das Fest heranzukommen. Hier konnten wir prächtige Dinge sehen, hören und sogar riechen, wenn kostbar gekleidete Damen, nach Blumen, Sandelholz und Moschus duftend, so nahe an uns vorbeigingen, daß wir sie hätten berühren können. Hastende Dienstboten eilten hin und her, und der Duft aus den Schüsseln ließ uns das Wasser im Munde zusammenlaufen. Wenn wir noch dichter herangingen, konnten wir zu unserem Entzücken die Schauspieler beobachten, die man zur Unterhaltung bestellt hatte. Es waren die besten Schauspieler von Peking (und das bedeutete die besten von China!). Kaiser und Helden längst vergessener Dynastien erwachten in ihren Liedern und Pantomimen zu neuem Leben, begleitet von Zimbeln und Trommeln, den unheimlich dumpfen Gongschlägen und den zitternden Trillern der Saiteninstrumente. Wir kannten jedes Schauspiel und jede Legende auswendig. Beim Erscheinen der Spieler begrüßten wir sie jubelnd beim Namen: wir erkannten den verräterischen knochenbleichen Tsao-Tsao, den getreuen Kung im grünen Gewand und mit rotem Gesicht, und die Clowns mit dem winzigen weißen Fleck auf dem Nasenrücken. Bevor sie nur ein Wort sprachen, wußten wir, welche Szene gespielt würde. Immer und immer wieder waren wir bezaubert von den goldenen Brokatgewändern und den mit ellenlangen Fasanenfedern geschmückten Helmen. Selbst wir Kinder erkannten die Bedeutung und Schönheit in der stilisierten Aufführung. Wir spürten die Erregung und Bedeutung der tänzerischen Kämpfe mit wirbelnden Speeren und Schwertern, fliegenden Gewändern, Fasanenfedern, dröhnenden Trommeln und Zimbeln und den goldenen, violetten und karmesinroten Lichtern auf den reichgestickten Gewändern.

Pao gehörte zu all dieser Herrlichkeit und doch auch zu uns. Oft entrann er der Pracht des großen Hauses und spielte mit uns auf der Straße, unbefangen, mit dem natürlichen Zugehörigkeitsgefühl der Kindheit, das man auch mit ehrlichstem Wollen in späteren Jahren nie wiedergewinnt. Er war unser anerkannter Führer, nicht seines Ranges und Reichtums wegen, sondern durch sein natürliches Recht. Wir spielten nur Kriegs- und Kampfspiele. Pao war unser General, er ordnete uns zu einem Heer, und wir lieferten den Jungens aus der nächsten Straße regelrechte Schlachten. Ich bemühte mich getreulich, Paos Vertrauen in mich als Gefolgsmann zu rechtfertigen, aber das gelang mir nicht immer. Aber als »Verwundeter« konnte ich so überzeugend schreien und stöhnen, daß Vorübergehende mich fragten, was mir fehle. Soweit unsere Erinnerung zurückreichte, kannten wir Kinder nur Krieg, Kämpfe und Chaos. Es gab niemanden unter uns, der nicht den Bürgerkrieg selbst miterlebt hätte. Sogar in unsere ruhige Straße, wo sich die Weiden im trüben Wasser des Kanals spiegelten, drang stets wieder Kriegslärm. Die kämpfenden Armeen der rivalisierenden Kriegsherren fluteten hin und her und machten sich den Norden und Peking mit seinen großen Reichtümern streitig. Wenn dem Sieger der Ruf eines milden Herrschers voranging, der nicht zu hohe Kontributionen forderte, seinen Soldaten Zurückhaltung auferlegte und sie in Ordnung hielt, wurde er freudig willkommen geheißen. Alle Häuser hißten die alte Flagge mit den fünf Streifen – rot-weiß-gelb-blau-schwarz –; jetzt zeigt die Flagge die strahlende Sonne. Knallfrösche platzten mit scharfem Knall und blauem Rauch. Fröhliche pai-lou* und Triumphbogen spannten sich über die Straßen, wenn die wankelmütige Stadt sich zur Begrüßung des neuen Kriegsherrn herausputzte.

Wenn aber bekannt war, daß der siegreiche Kriegsherr nur die reiche Beute im Auge hatte und seinen ausgehungerten, undisziplinierten Soldaten die Stadt für drei Tage zur Plünderung überließ, wurden alle Tore verriegelt, und die Stadt lag da, schweigsam, geduckt, finster und verängstigt. Durch die Spalten

* pai-lou: Plakate, Gedenktafeln.

des Gartenzauns beobachteten wir Kinder die marschierenden oder in Banden herumlungernden Soldaten, die nach Beute suchten. Manchmal schlüpften wir, mit einem herrlich prickelnden Gefühl des Abenteuers, unbemerkt durch den Zaun. Ein strenges Kriegsgesetz schloß die Erwachsenen in ihre Häuser ein, aber wir waren ja nur Kinder, wer würde uns etwas zuleide tun? Wir entdeckten eine Welt ohne Ordnung und brachten haarsträubende Gerüchte von Aufruhr und Hinrichtungen mit nach Hause. Wir lernten den Krieg kennen.

Die Kriegsherren waren eine merkwürdige Erscheinung, hervorgebracht durch die unsicheren Zeiten, solange keine zentrale, straffe Regierung existierte, die Gesetz und Recht im ganzen weiten China aufrechterhielt. Die Mandschu-Dynastie war abgesetzt, aber bis jetzt war noch keine einigende Macht an ihre Stelle getreten. In der alten chinesischen Geschichte kann man nachlesen, wie diese riesige sperrige Nation beim Falle einer Dynastie zerfiel in sich selbst bekämpfende Staaten, in kleine gespaltene Königreiche, jedes mit seinem eigenen Herrscher, wie sie Bündnisse schlossen, sich bekämpften, besiegten, versöhnten, bis endlich eine neue Dynastie auftauchte und das Land wieder eine Nation war. Die jetzigen Kriegsherren schienen aus solch einem Abschnitt der Geschichte in unsere Zeit versetzt. Fast sagenhafte Figuren: ein verbohrter Polizeibeamter des alten Regimes; ein ehrgeiziger ungebildeter Unteroffizier oder ein Bandit mit einem Heer von Desperados; ein schlauer alter Gelehrter oder ein nachdenklicher Bauer, der sich mit eisernem Willen zum Führer heraufgearbeitet hatte; ein abtrünniger Revolutionär, von ausländischem Kapital gekauft, oder ein hoher Beamter des abgesetzten Kaiserreiches. Die Macht gehörte jedem, der sie zu ergreifen wußte. Er konnte sie unumschränkt gebrauchen, solange er sich gegen die Angriffe seiner Widersacher behauptete.

So ist es nicht erstaunlich, daß in Zeiten einer ohnmächtigen Regierung solche Opportunisten sich ihren eigenen Machtbereich schaffen und sich gegenseitig bekämpfen, um ihre Herrschaft auszudehnen. Erstaunlich aber ist es und bewundernswert, daß durch diese ganze Ära der Kriegsherren China nie aufhörte, sich als *eine* Nation zu fühlen und tatsächlich eine geistig ungeteilte Nation *war*. Abgesehen von den Gebieten, in denen gerade Kämpfe stattfanden, verkehrten die Menschen ungehindert miteinander, die Volkserziehung breitete sich aus, und langsam überwand die Idee der Chinesischen Republik alle Hindernisse und durchdrang alle Volksschichten. So stark war das innere Bewußtsein »eines Volkes unter dem Himmel«, wie das alte chinesische Sprichwort es ausdrückt, daß selbst die herrschsüchtigsten Kriegsherren es anerkannten. Für diplomatische und Erziehungsfragen blieb immer eine zuständige Regierungsstelle bestehen. Kein Kriegsherr hat sich je von China losgesagt. Jeder betrachtete sein eigenes Königreich als einen Teil der Nation, die sich eines schönen Tages politisch wieder vereinen würde (am liebsten unter seiner persönlichen Führung). Und trotz der Rivalität seiner eifersüchtigen Führer blieb China unberührt von irgendwelchem Gruppenhaß, sich seiner Freiheit als Rasse und Volk bewußt; die Regierung wurde nur als eine zeitweilige, etwas aus den Fugen geratene betrachtet.

Pao und ich und alle andern unserer Generation sind Kinder dieser chaotischen Periode. Wir waren mitten in den Krieg hineingeboren; Krieg überschattete unsere Kindheit. Seit je hörten wir von Krieg und Kämpfen sprechen. Unser eigenes Leben wurde unausweichlich in die Geschichte mit hineinbezogen; wir selbst und unsere Familien wurden in deren tragische Ereignisse verwickelt. Später erlebten wir einige kurze Jahre scheinbaren Friedens, die wir mit jugendlicher Intensität bewußt durchlebten, denn im Bewußtsein der drohenden Invasion haschten wir gierig nach jedem Erlebnis der Schönheit und Freude. Und dann kam der tobende Sturm eines neuen, noch furchtbareren Krieges. Wir wissen nicht, was es heißt, ohne Angst zu leben.

Meine Familie kam nach Peking als Flüchtlinge. Die Heimat unserer Ahnen war in der fernen Provinz Sze-tschwan, jenseits der westlichen Berge, an der Grenze von Tibet. Ich habe Sze-tschwan nie gesehen, ich bin in Honan geboren. Als ich fünf oder sechs Jahre alt war, lebten wir in der Stadt Sinjang, wo mein Vater Eisenbahningenieur war. Wir wohnten in einem schönen Haus mit einem großen Garten und Ställen, wir hielten uns Hühner, Schweine und ein oder zwei Kühe. Mir hatte man ein Lämmchen geschenkt, das ich wie eine Schwester liebte. Es war ein ganz kleines Tierchen mit weichen Hängeohren und flaumigem weißem Pelz. Es folgte mir blökend auf Schritt und Tritt. Es tat mir leid, daß mein Lämmchen mit den anderen Tieren im Stall schlafen sollte. Ich holte es ins Haus und brachte es ins Wohnzimmer, wo meine Mutter gerade eine Teegesellschaft hatte:

»Bring das Tier in den Stall, ehe es etwas anstellt!«

»Aber es ist kalt, Mutter, es wird dunkel, und mein Lämmchen wird schrecklich frieren.«

»Lämmchen frieren nicht. Glaubst du, du könntest es mit in dein Bett nehmen? Bring es sogleich weg!«

Ich wußte, daß es keinen Zweck hatte weiter zu bitten. Trotzig beschloß ich zu gehorchen. Ich suchte alte Wolljacken und gefütterte Kleidungsstücke zusammen, in die ich meinen Schatz einwickelte, und verbannte mich mit meinem Lämmchen in den Stall. Wir legten uns zusammen unter eine alte Decke auf den Boden und schliefen ein. Am späten Abend fanden mich die Dienstboten und trugen mich schlafend in mein Bett. Am nächsten Morgen begrüßte mich mein Lämmchen froh und munter.

Im Garten lebte auch ein zahmer, zutraulicher Igel. Ich brachte ihm jeden Tag Futter und rief ihn beim Namen. Bald kannte er meine Stimme und kam eiligst angewackelt wie eine übergroße plumpe Raupe und gab leise quietschende Töne von sich.

In Sinjang waren wir beinahe reich. Als sich im Bürgerkrieg die Landesgrenzen eines Kriegsherrn verschoben und seine Truppen durch Sinjang kamen, diente unser Haus öfter als Hauptquartier für die höheren Offiziere. Unser Haushalt teilte die friedliche Politik, mit der Städte und Dörfer ihre Eroberer begrüßten; man hieß sie willkommen, fütterte sie reichlich und schickte sie gutgelaunt weiter.

Unter den sehr verschieden gearteten Kriegsherren bevorzugten wir den einen oder andern. Als Sinjang einmal ohne Blutvergießen von einem neuen Herrn erobert wurde, waren er und seine Leibwache unsere Gäste zum Abendbrot. Er schlug seine Zelte in unserem Garten auf, und seine Leute waren in beinahe allen Häusern der Stadt einquartiert. Sie benahmen sich aber ganz anständig und bezahlten alles, was sie nahmen. Der Kommandant war ein riesiger Mann, sieben Fuß groß und sehr breit gebaut. Ein ungeheures plattes Gesicht, die Augen fast verdeckt von den dicken Falten der Augenlider, die Nase breit mit weiten Nasenlöchern, leicht geöffnete dicke Lippen über großen starken weißen Zähnen. Er trug eine baumwollgefütterte, nicht sehr saubere, graue Uniform ohne Rangabzeichen. Seine großen Füße waren mit selbstgemachten schwarzen Baumwollschuhen bekleidet.

Wir deckten den Tisch für ihn und brachten ihm mien, lange strähnige Weizenmehlnudeln, und chiao-tze, kleine Fleischkuchen. Mit lautschallender Stimme sprach er biblische Segenssprüche – denn zu dieser Zeit war er Christ – über das einfache reichliche Mahl. Dann fiel er mit Heißhunger über das Essen her. Das war Feng-Yu-hsiang, der Bauernkriegsherr, bekannt dafür, daß er jeden persönlichen Aufwand vermied, für Disziplin seiner Truppen sorgte und ein aufrichtiges Interesse am Wohl des Volkes hatte, das er regierte. Sogar die Kinder wußten um seinen guten Ruf und hatten keine Angst vor seinen Soldaten. Wir schenkten seiner Leibwache Süßigkeiten, für die sie sich höflich bedankte. Es waren alles große Männer. Sie trugen hohe Lederstiefel mit Sporen und große Messer mit breiten Klingen in roten Lederscheiden über die Schultern geschlungen; aber wir fürchteten sie nicht, wir bewunderten sie eher. Sie gingen bei uns ein und aus, und als sie am nächsten Tag weiterzogen, tat es uns leid, obschon ihr Besuch uns alle unsere Hühner, ein Schwein und ein Kalb gekostet hatte. Auch gute Soldaten müssen essen!

Aber das Kriegsglück wechselt, und nach weniger als einem Jahr wurde Fengs Armee aus unserem Distrikt zurückgezogen. In der Zeit danach, die ohne stärkere Führung blieb, zogen disziplinlose Kriegsherren niedrigeren Ranges, nicht besser als

Banditenhäuptlinge, plündernd durchs Land. Ihre Truppen – wild, zuchtlos, schäbig, hungrig und nicht entlöhnt – konnten nur durch Versprechungen auf unbegrenzte Beute im Zaum gehalten werden. Vier oder fünf Monate lebten wir in diesem schrecklichen Zwischenreich, hörten, Gerüchte von Raubzügen und kleinen Gefechten in den Nachbarprovinzen und warteten auf die Banditenhorden, die sich auf Sinjang stürzen würden wie eine Heuschreckenplage.

An einem Nachmittag im Spätherbst saßen wir im Garten. Die Sonne schien noch warm, und die Chrysanthemen in ihrer Farbenpracht verbreiteten einen bitter-süßen Duft. Ich erinnere mich, daß meine Mutter im Gartenhäuschen saß und an einer feinen bunten Seidenstickerei arbeitete. Meine Schwestern und ich spielten in ihrer Nähe. In der schläfrigen Stille summten die schwirrenden Insekten. Plötzlich ein leiser metallischer Ton und das Rascheln auseinandergebogenen Gesträuchs, und alle blickten wir unwillkürlich nach der gleichen Stelle, wo über der silber-goldenen Blumenhecke ein grauenhafter Kopf erschien und uns anstarrte: unter einer breiten schmutzig-grauen Soldatenmütze sahen wir in ein grinsendes Gesicht mit einem Loch an Stelle der Nase. Neben ihm erschien ein zweites und dann ein drittes ebenso schmutziges und abstoßendes Gesicht. Mit einer raschen Bewegung stand meine Mutter auf, und ohne den Blick von den böse starrenden Männern abzuwenden, zog sie uns rechts und links zu sich heran. Die Soldaten lachten und zielten unter spaßhaft drohenden Gebärden mit ihren Gewehren auf uns. Ich fühlte, wie die Hand meiner Mutter leicht zitterte, als sie meinen Kopf an sich preßte. Keines von uns schrie auf. – Dann, ohne ein Wort zu sprechen, setzte sich meine Mutter wieder hin, hob ihre Handarbeit vom Boden auf und fuhr fort, mit geschickten und sicheren Fingern ihr Muster zu sticken. Die verwahrlosten Soldaten riefen uns unanständige Worte zu. Die rasche silberne Nadel stach durch den Stoff, der glänzende Faden flog nach. Mit der ruhigen Vertiefung in ihre Arbeit löschte sie die Halunken aus, sie waren nicht da, sie hatten aufgehört zu existieren. Wir Schwestern kehrten beruhigt zu unseren Spielen zurück. Die Soldaten lungerten noch einen Augenblick unsicher hinter der Blumenhecke herum, dann verschwanden sie.

Das waren die ersten. Es sollten noch mehr kommen, noch viel, viel mehr, um zu plündern, zu zerstören, vielleicht gar zu töten. – Jetzt stand meine Mutter rasch auf und rief uns alle ins Haus. Mein Vater kam sehr erregt aus seinem Büro nach Hause:

»Sie sind da« – »Ja, wir haben sie gesehen.«

Nach Dunkelwerden verließen wir das Haus, gingen über die Felder und suchten Schutz in dem Haus eines Freundes, eines italienischen Ingenieurs. Das Haus eines Ausländers würde vielleicht geschont. Wir nahmen nur ein paar warme Kleider, zu leichten Bündeln geschnürt, mit, denn der Winter war im Anzug. Im letzten Augenblick, ehe wir das Haus verließen, löste meine Mutter die Ohrringe aus meiner Schwester und meinen Ohren und nahm auch ihre eigenen ab. Sie hatten keinen großen Wert, aber wenn wir raublustigen Soldaten begegnen sollten, könnten sie nach den Ringen greifen und sie in ihrer Gier mitsamt dem Fleisch herausreißen.

Als ich begriff, weshalb wir fort mußten, wollte ich zurücklaufen, um mein Schäfchen, das nun schon halb erwachsen war, zu holen, aber man verwehrte es mir, und ich weinte bitterlich, als man mich fortführte.

Solange die Plünderungen andauerten, blieben wir im Hause des italienischen Ingenieurs. Als dann der Banditenführer mit seinen Truppen wieder abgezogen war, kehrten wir in unser Haus zurück; wir fanden es völlig ausgeplündert, verschmutzt und in Trümmern. Die Zimmer wirkten fremd und wie zusammengeschrumpft. Aber mich kümmerte das wenig. Ich rannte durch den Garten zu den Ställen und rief mein Lamm bei seinem Namen. Es mußte mir doch entgegenhüpfen. Aber als ich jeden Winkel durchsucht hatte und kein lebendes Wesen entdecken konnte, setzte ich mich auf die Türschwelle, vergrub meinen Kopf in den Armen und schluchzte herzzerbrechend. Dann hörte ich plötzlich ein komisches Quietschen, ein Rascheln in den dürren Blättern: es war mein Igel, der sein Futter suchte, das ich vergessen hatte ihm zu bringen. Wie gern hätte ich ihn gestreichelt und an mich gedrückt. Ich rannte ins Haus zurück, um Futter zu holen, und war getröstet.

Ein paar Tage kampierten wir noch in unserem trostlosen Hause, bis meine Eltern sich entschlossen, nach Peking zu ziehen. Hier in Sinjang gab es keine Sicherheit mehr. In der kalten Dämmerung des letzten Morgens wurden wir geweckt und noch halb schlafend fortgeschleppt, um den Zug zu erreichen. Ich weinte wieder, das Leben war eine Reihe von Verlusten. Es war mir nicht einmal möglich gewesen, mich von meinem Igel zu verabschieden. Der Zug brachte uns nach Peking. Hier sollte sich Paos und mein Weg kreuzen.

Pao wurde im Frühling geboren, in dem Monat, in dem die Schwalben nach Norden zurückkehren, und man gab dem Kinde den Namen Yen, Schwalbe. Es paßt gut zu ihm, denn sein Geist gleicht dem Flug der Schwalbe, er ist wendig, sicher und beherrscht. Er wurde in eine Familie hineingeboren, die sich seit Jahrhunderten schon stolz zu der Lehre des Konfuzius bekennt. Aus seiner Familie gingen Gelehrte hervor, die das Leben in der Zurückgezogenheit der Nichtigkeit des öffentlichen Pomps vorzogen, gebildete, doch anspruchslose Männer, die die Ruhe des Landlebens liebten und köstliche Verse zur Erbauung ihrer Freunde schrieben. Es gab auch rechtschaffene Staatsbeamte seines Namens, so ehrlich, daß sie in Armut starben, aber in ihren Regierungsdistrikten jahrelang betrauert und verehrt wurden. Einige waren auch Soldaten, treu ihrem Führer oder ihrem Ideal, die sich geweigert hätten, ihr Schwert um eines eigennützigen Vorteils willen zu verkaufen. Pao ist ein echter Sohn seiner Familie. Er ist so aufrichtig, rein und gerade, daß ich oft Angst um ihn habe, Angst vor der Welt, die neidig seinesgleichen haßt.

Von seinem Vater, den er tief verehrte, lernte er die Sagen aus der chinesischen Geschichte: von Kungmin, dem unvergleichlichen Strategen; von Wen Tien-hsiang; von Kung, der zum Gott des Krieges wurde; von Yueh Fei, dem großen Patrioten der Sung Dynastie, der die Goldenen Tataren* vertrieb

* Seit dem 10. Jahrhundert drangen die Tataren von Westen siegreich nach China ein. Die heldenhafteste Bande wurde unter dem Namen »Goldene Horde« berühmt.

und später durch Hofintrigen ums Leben kam; von den Helden, die die kriegführenden Drei Königreiche* einigten, und von den Männern, die das Hereinfluten der Barbaren von Norden her abwehrten. Es wurde ihm der Ehrenkodex des konfuzianischen Edelmannes eingeschärft. Er lernte die klassischen Sätze der Analekten auswendig, und in deren schwerer förmlicher Sprache wurde ihm gelehrt, daß die Aufrichtigkeit notwendig und das Wesen der Treue sei. Alles das lernte er, ehe er zehn Jahre alt war. Und wenn er den Gesprächen der älteren Leute lauschte, hörte er über Revolutionen und Ideale, von Recht und Ehre und Freiheit sprechen. So wurden ihm die Kämpfe der alten Helden in neuer Gestalt lebendig und gegenwärtig, und sein Vater war einer der Führer.

Sein Vater war ein Revolutionär, kein armseliger unverantwortlicher Anarchist, sondern ein disziplinierter Soldat und Gelehrter. In seiner Jugend war er der geheimen Partei der Kuomintang beigetreten, die eine Verschwörung plante, um das korrupte Mandschu-Kaiserreich zu stürzen und eine Republik in China aufzurichten. Diesen Idealen weihte er sein Leben und ist ihnen stets treu geblieben. Andere hatten sich während der sechzehn Jahre, die es dauerte, um die Revolution zu einem siegreichen Ende zu führen, durch die vielen Rückschläge oft entmutigen lassen und hatten von einer Seite zur anderen gewechselt und dadurch die gute Sache verraten. Er hingegen opferte das Vermögen seiner Familie, um die Bewegung vorwärtszutreiben; nie hat er etwas zurückgefordert. Er hatte in der ersten Schlacht der Revolution, am 10. des zehnten Monats 1911, bei der Eroberung von Wuhan, mitgekämpft. Sein Name steht in der Reihe jener Patrioten, deren Sieg wir einst an diesem Tage feierten. Die Revolution machte rasche Fortschritte unter ihrem Führer, einem Arzt in mittleren Jahren, Sun Yat-sen. Die Mandschu-Dynastie wurde gestürzt, eine Republik proklamiert und ein Präsident gewählt. Für sich selbst lehnte Sun Yat-sen alle Ehrungen ab und ernannte Yuan Shih-kai zum Präsidenten, einen schlauen Politiker, dessen Ideen aber

* Die Drei Königreiche sind die Wei-, die Schu-Han- und die Wu-Dynastie. Regierungszeit von 220 bis etwa 380.

nicht verwirklicht wurden. Yuan Shih-kai verriet seinen Eid als Präsident und ließ sich zum Kaiser ausrufen. Der Erfolg dieses Streiches war nicht von Dauer, denn Yuan Shih-kai wurde krank und starb. Die junge unsichere Republik geriet in Verfall und spaltete sich. Und es dämmerte der Tag, an dem die Kriegsherren zur Macht kamen.

Die Armeen der Revolution kämpften mehrere Jahre gegen dieses Chaos an. Paos Vater opferte seine offizielle Stellung, seinen Reichtum und alle persönlichen Vorteile, um das unsichere Los der südlichen republikanischen Bewegung zu teilen. Die Soldaten der Revolution waren schlecht gekleidet, jämmerlich ausgerüstet und bekamen nur selten ihren Sold, im Gegensatz zu den privaten Armeen der Kriegsherren, denen ihre Kriegsbeute die Mittel lieferte. Die Offiziere teilten das Los ihrer Leute. Paos Vater erlaubte sich keinerlei Genuß, den sich nicht auch seine Soldaten leisten konnten. Alles Geld, das er durch den Verkauf seines Eigentums bekam, wurde zur Ernährung und Ausrüstung seiner Truppen verwendet. Er litt Hunger, Kälte, Gefahr und Schmerzen. Einmal im Winter, nachdem er drei Tage ohne Nahrung im Gefecht gelegen hatte, wurde er schwer verwundet. Wohl genas er, doch seine frühere Gesundheit erlangte er nicht wieder zurück. Trotzdem kämpfte er weiter. Sein Wille war unbesiegbar. Nach Jahren unermüdlicher und fast erfolgloser Kämpfe fand die Revolution endlich einen Führer, einen Nachfolger für den verstorbenen Sun Yat-sen. Es wurde ein Heer aufgestellt, ein Kader von gut ausgebildeten Offizieren geschaffen, und in zwei Jahren – 1926 bis 1928 – breitete sich die Bewegung von Kanton, dem Bollwerk der Erhebung, nordwärts und westwärts aus, bis eine Regierung für das ganze Land geschaffen war. Die Kriegsherren wurden unschädlich gemacht, eine Stadt nach der anderen wurde ihnen genommen, sie flohen oder ergaben sich. Die Besten unter ihnen traten mit ihren Soldaten und Ausrüstungen zur Armee der Revolution über. Abgesehen von den Widerständen im Anfang kannte diese gewaltige Bewegung nur Siege. Sie führte zur Einigung von ganz China.

Dank dem Genius eines Mannes, eines jungen und klugen, anspruchslosen Offiziers, wurde die Revolution nach sechzehn Jahren dunkler Kämpfe endlich vollendet. Die Expedition von 1928 nach dem Norden wurde geplant und ausgeführt von dem Manne, in dessen Hände das Schicksal von uns vierhundert Millionen Menschen gelegt wurde: Tschiang Kai-schek.

Die Wechselfälle im Leben von Paos Vater spiegelten sich wider im Leben seiner Familie in Peking. Als wir als Flüchtlinge in die Straße am Kanal zurückkehrten, schwand die Pracht des großen Hauses in unserer Nachbarschaft dahin. Die verschwenderische Gastlichkeit und Großzügigkeit, der Glanz und Schimmer der Feste, das geschäftige Treiben vom Morgengrauen bis zur Mitternacht klangen allmählich aus in Stille. Es blieben nur noch ein paar Diener, die riesigen Tore standen halb offen, und der Wind wirbelte den Staub durch die verlassenen Höfe.

Eine Besitzung nach der anderen, aus denen der Familie das Einkommen zufloß, wurde verkauft, um die Soldaten der Revolution zu ernähren. Dieses lange tragische Ringen, das endlich zu neuen Kräften kam und vorwärts drängte, bedrohte die verbissene Macht der Kriegsherren, die ihre Lage wohl kannten. Sie wußten, daß ihre Macht gebrochen war, sobald der Aufstand des unterdrückten Volkes das ganze Land ergriff. Deshalb wurde auch nur das leiseste Geflüster, das Sympathie für die südlichen Armeen der Revolution zeigte, mit größter Rücksichtslosigkeit unterdrückt. Viele der Freunde, die in früheren Tagen das große Haus in unserer Straße aufgesucht und seine Gastfreundschaft genossen hatten, blieben fort aus Angst, ihre Namen könnten mit dem Namen eines Revolutionärs in Verbindung gebracht werden. Einige der zahlreichen, untereinander verschwägerten Haushaltungen, die die »Große Familie« bildeten, zogen fort. Für Paos Vater war es nicht mehr sicher, nach Hause zu kommen, und er brachte seine engste Familie nach der Hupe-Provinz. Nur Pao blieb in Peking, um seine Studien fortzusetzen. In dem großen Haus mit den vielen Höfen, in dem die meisten Zimmer unbewohnt und geschlossen waren, wo die Stimmen in den großen leeren Pavillons ein hohles Echo erweckten, blieb Pao, ein kleiner zwölfjähriger Junge, unter der unsicheren Obhut eines ältlichen Onkels allein zurück.

Über diesen Abschnitt in Paos Leben wußte ich nur wenig. Wir sahen uns nie, denn wir hatten nun ein Alter erreicht, in dem wir nicht mehr als Kinder galten. Für Pao war die Kindheit wirklich vorbei. Es muß zu dieser Zeit gewesen sein, daß sein rundes Bubengesicht den Ausdruck von Reife annahm, von konzentrierter Beherrschung, den es noch jetzt zeigt, wenn er eine starke innere Bewegung verbergen will. Wir nennen es seinen »hsiung« Ausdruck – die Augen sind dann weit geöffnet und starr, die Lippen fest zusammengepreßt, die Kiefermuskeln gespannt und alle Linien seines Gesichtes tief eingeschnitten und hart. Die einzige Übersetzung für »hsiung« wäre »grimmig«, aber es bedeutet mehr: entschlossen, angespannt, entschieden.

Ein kleiner ernster Schuljunge in Uniform, der Geographie, Mathematik und die Klassiker lernte, Geschichte aber mit Leidenschaft studierte, Geschichte, an der sein Vater mitwirkte, die Geschichte der Zukunft. Mit vierzehn Jahren trat er in die Revolutionspartei ein.

Es gab in Peking eine Revolutionspartei. Obschon es den sicheren Tod bedeutete, wenn man der Mitgliedschaft überführt wurde, setzten doch Tausende ihr Leben aufs Spiel, um die Sache der Freiheit unter der Herrschaft des Despotismus am Leben zu erhalten. Die Kriegsherren begnügten sich nicht damit, das Land durch ihre Kämpfe immer wieder in Aufruhr zu bringen und allen Reichtum in ihre Taschen fließen zu lassen, sie verschafften sich darüber hinaus gegen Pfandrecht auf chinesisches Staatseigentum ausländisches Geld für ihre Kriege. So machten sie China zum eigentlichen Sklaven von Japan, indem sie, obwohl nicht befugt, unser Land zu vertreten, den schändlichen »Einundzwanzig Forderungen« zustimmten, wofür sie wiederum Waffen und Geld erhielten, um sich gegenseitig und, ganz besonders, die Revolutionsarmee im Süden zu bekämpfen. Wenn Japan tobt wegen gebrochener Versprechungen, so meint es diese Verträge – Konzessionen, von Verrätern gekauft, die weder das Recht noch die Macht hatten, das Versprochene zu halten, und die, als Chinas Einigung zustande kam, ihr Wort widerriefen. Mit Mut und Ausdauer kämpfte die geheime Revolution im Norden gegen diesen Verrat. Trotz schärfster Überwachung durch Straßenpatrouillen wurden immer wieder Aufrufe an die Mauern gekreidet, Plakate angeklebt, die an das Volk appellierten: Nieder mit den Kriegsherren! Tod den Verrätern eures Landes! Nieder mit dem Imperialismus! Wehrt euch! Verbotene Zeitungen wurden verteilt (Todesstrafe für jeden, der dabei ertappt wurde), in denen der Verrat an der Republik aufgezeigt wurde. Immer fanden sie Mittel und Wege, die Herausgabe aufrechtzuerhalten. Die Revolutionäre rekrutierten sich nur aus den Schulen – nur die Jugend war sich bewußt, daß es sich um ihre Zukunft und um die Freiheit ihres Landes handelte, die hier verschachert wurde. Die älteren Leute waren im allgemeinen gleichgültig gegen die Herrschaft der Kriegsherren und uninteressiert, solange ihr Privateigentum nicht gefährdet wurde. Die Universitäten von Peking und Tschung-Hwa waren Brutstätten des Radikalismus. Mit Ausnahme einiger weniger älterer Männer, Journalisten und Schriftsteller, war die Revolution eine Bewegung der Schuljugend und Studenten. Für Pao war es ganz natürlich, daß er mit vierzehn Jahren beim Herausgeben verbotener Zeitungen Führer seiner Klasse wurde und für die Verteilung der Blätter sorgte.

Die Regierung — das heißt die Kriegsherren — fürchtete und haßte die Bewegung unter den Studenten. Die Mittelschulen und Universitäten wurden regelmäßig nach Revolutionären durchsucht, und es wurde grausam mit ihnen verfahren. Das war nichts Außergewöhnliches. In China wird jede Unterdrückung unbarmherzig und blutig durchgeführt. Untergeordnete Elemente, oft sadistisch und eifrig bemüht, ihre Verläßlichkeit in der Ausführung der Befehle zu beweisen, erhielten von ihren Vorgesetzten allgemeine Anweisungen, gewisse Tendenzen zu unterdrücken. Die Art der Ausführung blieb ihnen überlassen.

Es gab einen Platz beim Tu-ti Miao, dem Tempel des Erdgottes, wo die Leute jede Woche an sonnigen Nachmittagen den Hinrichtungen zusehen konnten. Ich habe selbst gesehen, wie drei Maultierkarren nach dem Tu-ti Miao hinausstolperten, in denen bis zum Gürtel nackte Männer und Knaben standen, zum Tode verurteilte Revolutionäre, die zur Hinrichtung geführt wurden. Eine dichte Volksmenge umdrängte sie und verfolgte das Schauspiel ihres Sterbens, als ob es sich um eine Zirkusvorstellung handelte. Liegt solche Grausamkeit in meiner Rasse? Ich weiß es nicht. Sie ist gleichgültig gegenüber Leiden und Tod. Die jungen Revolutionäre schienen ebenso gleichgültig, sie lachten ihr kühnes Lachen und sprachen zur Menge bis zum letzten Augenblick. Manch einer wurde dadurch bekehrt.

Dies alles vollzog sich am hellichten Tag. Aber es gingen Gerüchte um von unheilvolleren Dingen — Folter — lebendig begraben —. Von einer Stunde zur andern verschwanden Männer, und man sah und hörte nichts mehr von ihnen. Sie wurden heimlich umgebracht und ihre Leichname verscharrt. Dessen mußte man gewärtig sein, wenn man der Partei beitrat. Und doch fehlte es nie an glühenden jungen Rekruten, die darauf brannten, hohe Taten zu vollbringen. Viele zahlten mit ihrem Leben, aber durch ihr Opfer konnte die Revolution schließlich vollendet werden. Eines Abends, es war Dämmerung und die Luft vom Krächzen der Raben erfüllt, überschritt Pao die hohe Schwelle des Gartentores, das in die graue Straße führte — und kam nie mehr zurück. Mit einem Geometriebuch unterm Arm hatte er, wie jeden Abend, das Haus verlassen, um mit anderen Klassenkameraden für die Prüfungen zu arbeiten. Wenigstens hatte er es seinem Onkel so erklärt.

Dieses Mal war er auf einem Umweg durch enge Nebengassen nach der westlichen Stadt gegangen. Dieser Distrikt ist, obschon er innerhalb der Stadtmauer liegt, nur spärlich bebaut. Die Straßen gleichen Pfaden und ziehen sich zwischen Feldern und unter Bäumen hin. Hier bei einem kleinen Tempel, der weit ab vom Wege im Schatten breitästiger Bäume verborgen lag, hatte sich Pao mit den jungen Revolutionären verabredet. Innerhalb der roten Mauern lag still und einsam der mit gesprungenen Steinplatten gepflasterte Tempelhof. Vor der niedrigen breiten Treppe, die zu der Halle der Götter* hinaufführte, stand zwischen der großen runden Trommel und der massiven Bronzeglocke ohne Schwengel ein riesiger bronzener Weihrauchkessel wie ein gewaltiger Ofen auf drei Beinen. Der alte Priester, der allein im Tempel wohnte, schlug zur Stunde der Morgen- und Abendandacht mit einem Holzstab an die Glocke, hämmerte mit einem umwickelten Schlegel auf die Trommel, verbrannte eine Opfergabe in dem Weihrauchkessel und zündete auf dem Altar kleine Kerzen vor den Heiligenbildern an. Der Raum hinter dem Altar diente Pao und seinen Freunden als Versammlungsort. Hier trafen sie sich jeden Abend, um die verbotenen Nachrichten in Empfang zu nehmen. Das leise Klirren ihrer Handdruckmaschine wurde durch die Bäume und Mauern gedämpft. Es gab nur ganz wenig Häuser in Hörweite, und den Priester hatten sie bestochen; es kümmerte ihn auch nicht, was in der Welt der Politik vor sich ging. Seit Monaten kamen sie hier zusammen. Hier waren sie sicher ...

Die Dämmerung wurde tiefer. Die Raben zogen in lärmenden Schwärmen über die Tempelhaine der westlichen Stadt hin, krächzten und unterhielten sich in ihrer heiseren Sprache, ließen sich auf die Bäume vor den Toren nieder, erhoben sich wieder, kreisten unruhig und unzufrieden, bis sie endlich, als die Dunkelheit alles einhüllte, zur Ruhe kamen. Die Stimme des alten Priesters bildete eine murmelnde monotone Begleitung zu den dumpfen Tönen der kleinen hölzernen Handtrommel, als er vor dem Altar die Sutras** herunterbetete. In der Nische hinter dem Sitz der Götter beleuchtete das trübe Kerzenlicht die angestrengten ernsthaften jungen Gesichter der Knaben und warf groteske Schatten auf die Wände. Die Handpresse machte ihre Umdrehungen mit dumpfem Klirren, Blatt um Blatt der verbotenen Zeitung fiel heraus, gefährliche Worte der Freiheit.

* In den chinesischen Tempeln herrscht ein Synkretismus. Im Hintergrund thront auf dem Ehrenplatz Buddha oder die Göttin der Barmherzigkeit, Kwanjim. In der Eingangshalle haben aber alle göttlichen Diener und Trabanten ihren Platz, wo ihnen geopfert wird und sie Verehrung und Anbetung genießen.
** Sutra: Abschnitt, Lehrsatz aus den heiligen buddhistischen Büchern.

Sie fühlten sich sicher ...

Außerhalb der roten Mauern umringten Soldaten geräuschlos den Hof. Ein Feind, ein Verräter, hatte die Gruppe angezeigt. Die Soldaten hatten keine Gewehre, nur breite schwere, zwei Fuß lange Messer in roten Scheiden. Sie hatten Befehl, ihren Auftrag rasch, durchgreifend und geräuschlos durchzuführen; kein Schrei durfte laut werden. Lärm hätte zu unerwünschten Nachforschungen führen können, denn viele der Jungens waren aus guter Familie.

Als der Tempel ganz umzingelt war, brachen die Soldaten durch das Tor. Das Gekrächze der aufgescheuchten Raben – das war die einzige, kleine, zu späte Warnung – und schon krachte das einbrechende Tor, und die Soldaten stürzten sich auf die wehrlosen Knaben. Die Handpresse, ein vernichtender Beweis, fiel in ihre Hände. In diesem Augenblick war Pao über die Mauer gesprungen, rasch und geschickt glitt er durch den Schatten der Bäume. Er kannte den Weg auch im Dunkel, schlüpfte unbemerkt durch die Postenkette und hatte bald die Verfolger hinter sich gelassen. Auch einigen seiner Freunde war die Flucht geglückt. Die anderen mußten im Hof hinknien und wurden auf der Stelle enthauptet. Man häufte Brennholz in dem riesigen Weihrauchkessel, und Köpfe und Leiber wurden zu Asche verbrannt. Von diesen verwegenen Kindern, alle noch unter zwanzig Jahren, die so den Preis für ihre bedingungslose Treue bezahlten, blieb keine Spur übrig. Und es vergingen Jahre, ehe ihr Schicksal bekannt wurde.

Pao wanderte die ganze Nacht umher, immer bedacht, erleuchtete Straßenecken zu meiden, sich zu verbergen und den Nachtwachen zu entgehen. Er durfte nicht wagen nach Hause zu gehen, sein Name war bekannt, und man hätte ihn dort finden können. Er konnte auch nicht in die Schule zurückkehren. Dort wußten alle, wer seine Freunde und Kameraden waren. Wo man ihn kannte, gab es keinen Schutz für ihn. Mit vierzehn Jahren hatte er keinen Menschen, auf den er sich hätte verlassen können. Sein Onkel konnte ihm nicht helfen. Sein Vater war weit weg im Süden. Er war allein.

Bei Tagesanbruch mischte er sich unter die Leute auf der

Straße und wartete, bis die großen eisenbeschlagenen Tore geöffnet wurden. In dem allgemeinen Gedränge schlüpfte er unbemerkt an den Wachen vorbei. Aus Peking war er nun heraus — frei —, zehn Dollar und fünf Schillinge in der Tasche. Er machte sich auf den Marsch nach Tientsin, das ungefähr sechzig Meilen entfernt lag. Unterwegs traf er einen Zug hochbeladener Maultierkarren, die auch ostwärts zogen. Pao war ein Pekinger Junge, mit Mutterwitz und einem Vorrat an Geschichten, die er aus Büchern und vom Theater her kannte. Er konnte jeden überreden, ihm gefällig zu sein. Er war ein guter Reisekamerad, und die Maultiertreiber ließen ihn gern mitfahren. Seine flinke Zunge verhalf ihm zu mancher Mahlzeit und zu manchem Nachtlager. So kam er nach sieben Tagen in Tientsin an, fuhr von hier als Deckpassagier nach Shanghai, wo es ihm endlich gelang, mit Verwandten Verbindung aufzunehmen. Mit den gleichen Worten erzählt Pao von seiner Flucht, wenn er überhaupt davon spricht: stoisch, sachlich, erwähnt er niemals Furcht oder Erschöpfung, Gram um seine Kameraden oder Schreck, Verlassenheit und Verwirrung. Er sieht in dieser Flucht keine außergewöhnliche Leistung. Aber noch nach all den Jahren fühle ich in der Kehle einen Schmerz, wenn ich an den jungen selbstsicheren Knaben denke, der den mächtigen Toren und Mauern von Peking den Rükken kehrte, ohne sich umzuschauen.

Für uns beide bedeutet Peking die Heimat wie kein Ort der Welt sonst. Wir sind verbannt und enterbt, bis wir einmal dahin zurückkehren dürfen. Neben aller Tragik gab es dort wirklichen Frieden und eine tiefe unerschütterliche Harmonie und eine Schönheit, die gerade durch ihre Trauer tief in uns eindrang. Unsere Füße wanderten über eine Erde, so gesättigt mit Geschichte, so müde der hundertjährigen Schlachten, so reich an Ruhm, daß wir weise wurden und verhalten, weit über unsere Jahre hinaus.

Die Schönheit Pekings ist nicht nur dem Auge sichtbar. Es müßte ein neues Wort gefunden werden für diese Schönheit, so mächtig und gelassen, so herrlich und heiter ist sie. Der Himmel über Peking ist von einem glühenden leuchtenden

Blau, man meint, er müsse zerspringen wie feines Porzellan beim Lärm der Stimmen unten in den Straßen. Aber die Leute von Peking sind ein sanftes Volk, seine weiche Mundart hat einen verschleierten milden Klang, der Lärm des Wagenverkehrs wird vom Staub erstickt, und die Rufe der Straßenverkäufer klingen melodisch und wehmütig, so daß die dünne gewölbte Muschel des Himmels unversehrt bleibt. Die westlichen Hügel am Horizont färbt die Sonne blau, grau, purpurn, je nach der Stunde des Tages, am Abend verdunkeln sich die Berge gegen die blendende Sonne und ihre Ränder brennen. Die grauen Dächer der Millionen Häuser und die goldenen der großen Paläste breiten ihre weitschwingenden Giebel in segnender Gebärde aus. Graue Mauern, stark wie Felsen, machtlos geworden gegen die neuen Waffen, können der Stadt keinen Schutz mehr gewähren.

Für mich kam der Bruch nicht so plötzlich wie für Pao. Nach meiner Kindheit folgten die Jahre auf der Schule und an der Universität zu Peking. Meine Jugend fiel in die Zeit des kurzen Friedens, als die Parteien sich versöhnt und das Land sich geeinigt hatte. Jung sein hieß patriotisch sein und China mit glühendem Stolze lieben. Die Zukunft bestand aus Versprechungen und Erwartungen. Wohl fühlten wir bei ruhiger Überlegung eine zitternde Besorgnis, denn wir wußten, daß Japan wartete, gleich einer Katze, wachsam und sprungbereit. Aber vielleicht kam es auch nicht zu diesem Sprung. Chinas Verteidigungskräfte wuchsen so rasch, wir brauchten nur den Wettlauf mit der Zeit zu gewinnen!

Für unsere Generation gab es eine neue Freiheit. Wir lösten uns von den konservativen Einschränkungen unserer traditionsgebundenen Familien und fanden Befreiung und Auftrieb an den Universitäten. Der Schulhof schon war herrlich mit den glatten Rasenflächen, Bäumen, kleinen Flüssen und Inseln, dem Pagodenturm und seinen Gebäuden im Stil alter Paläste. Ausländische Gelehrte sowie die größten Geister Chinas waren unsere Lehrer. Bücher in unserer eigenen und in allen fremden Sprachen standen uns in der Bibliothek zur Verfügung. In jenen riesigen steinernen Hallen, in denen nur das Rascheln vieler Bücher zu hören war, entdeckten wir das Aufwühlende neuen Wissens. Eifrig diskutierten wir untereinander über Philosophie, Politik, Religion – alles war neu, aufregend, nichts war uns zu schwierig. Wir lernten, eine neue Welt zu formen, frei von alten Vorurteilen, und es schien uns leicht, unsere Ideale einmal zu verwirklichen. Wir waren so jung, so vertrauend.

In dieser Atmosphäre guter Kameradschaft verschwanden die alten Schranken der Zurückhaltung zwischen Jünglingen und Mädchen. Wir nahmen an den gleichen Vorlesungen und Diskussionen teil. Wir pflegten uns an den Abenden in der Halle des einen oder anderen alten chinesischen Hauses zu versammeln, hundert, zweihundert oder mehr, so groß waren die Räume. Wir Mädchen in geblümten shans, eng anliegenden, an der Seite geschlitzten langen Kleidern, mit Blumen im Haar. Wir machten Musik und tanzten nach europäischer Art, Jungen und Mädchen zusammen. Im weichen Gras am Fluß, der sich durch das Gelände schlängelte, hielten wir in kleinen Gruppen Picknicks. Unter den Weiden am Ufer des Peihai Sees lasen wir beim Schein des herbstlichen Mondes (der Mond in Peking glänzt so prächtig) die Gedichte von Li Po. In Booten ruderten wir gemächlich auf den Kanälen, unter kamelrükkigen Brücken zwischen Lotusblüten hindurch, die ihre Kelche wie Laternen über den flachen grünen Blättern schwanken ließen. Und über das Wasser klang der leise feine Ton einer Flöte oder eines Chin* oder die Melodie eines alten Liebesliedes ...

Neben all dem Neuen lebte in uns aber auch das Erbe älterer Generationen vom Wissen um die Kunst des behaglichen guten Lebens. Nirgends sonst weiß man die Muße und die Lust der Freude so vollendet zu genießen. Es gibt eine Reihe von Namen, die alle durch den Krieg aus ihrer Pekinger Heimat Vertriebenen immer wieder ehrfürchtig hersagen. Diese Litanei umfaßt die Namen der Pekinger Restaurants, Tung Hsin Lou, Ho Pe Fu, die Weststadt-Restaurants, Tartar, das Mohammedanische Restaurant und die Gaststätten der Han

* Chin: vierseitige Laute.

Familie, wo ein fürstliches Gericht dem anderen folgte, Gerichte, wie man sie sonst nirgends in der Welt zu kosten bekommt: Die delikaten Suppen, die reichen dunklen Saucen, die saftigen Fleischgerichte, Fisch mit leichtem Ingwergeschmack, Enten, braun und knusprig und mit seltenen Gewürzen serviert – eine Symphonie subtiler Gaumengenüsse, die den Geschmacksinn zu dem ihm zustehenden Platz unter den edleren ästhetischen Genüssen emporhebt; Gasthäuser der nordischen Tataren, wo im Hof ein ganzes Schaf über dem glühenden Holzfeuer am Spieß gebraten wurde, treu dem Brauch ihres Stammes in den rauhen Steppen der Mongolei. Man dachte an dicke Eiszapfen, die von den geschwungenen Dächern herabhingen, die einladende Wärme des Feuers, an den Geruch des Holzrauchs, das zischende braun-rote Fleisch, das aufplatzend sein Fett in die roten Kohlen spritzt. Man aß, bis es unmöglich war, noch mehr zu essen, und dann machte man sich auf, innerlich gestärkt und gut gewappnet gegen die bittere Kälte.

Der alte Mondkalender war mit Festtagen gespickt, jeder ein Vorwand, soweit ein Vorwand gebraucht wurde, um Gäste einzuladen und ihnen die Spezialitäten der Jahreszeit vorzusetzen. Oder man ging selbst von Haus zu Haus, von Freund zu Freund, essend, immer essend. Das Drachenfest und die Reiskuchen; das Mondfest und die Mondkuchen, und das Neujahrsfest, ein ganzer Monat mit Feuerwerk und Schmausereien, mit Zuckerwerk und knusprigen Kuchen, so dünn wie Seidenpapier, und den ersten grünen Gemüsen des Jahres. In ganz China stoßen die Feinschmecker aus Heimweh tiefe Seufzer aus, wenn sie ihren abgemagerten Körper betrachten, und trauern den guten Dingen nach, die es in Peking in der Zeit des Überflusses zu essen gab.

Selbst in den Tagen, als die Kriegsherren Peking regierten, wurden der friedliche Zustand und das Wohlleben der Stadt kaum gestört. Nur wenig Bürger nahmen die Politik so ernst wie die Revolutionäre. Eine kurze Zeit herrschte Verwirrung, wenn ein Kriegsherr den anderen verjagte, aber wenn der Staub sich gelegt hatte, war alles wieder beim alten. Peking schenkte sich willig jedem Eroberer, ob es nun Chang Tso-lin,

Wu Pei-fu oder Feng Yu-hsiang war. Jeden Regierungswechsel nahm es mit Gleichmut, mit Festlichkeiten, mit Fahnen und Lampions auf; die streitenden Armeen waren schließlich alle Chinesen und ihre Bürgerkriege nichts weiter als Zänkereien innerhalb der Familie.

Peking gehört uns nicht mehr. Wo wir einmal gegangen, stampfen nun schwere Schuhe durch den Staub, der nur noch bedeutungsloser Staub ist, nicht mehr die verwehte Asche der Geschichte. Kurze gedrungene gelbe Fremde (unsere Nordchinesen sind groß) stolzieren anmaßend durch die Straßen. Kinder werden roh vom Gehsteig gestoßen, stolpern und fallen in den Rinnstein. Frauen, die sie im Gedränge unabsichtlich streifen, schlagen sie ins Gesicht. Diese Fremden sind sehr stolz und empfindlich. Sie sind sehr tapfer. Aber in der Dämmerung, wenn die Sonne hinter die westlichen Hügel sinkt, ziehen sie den Kopf zwischen die Schultern und eilen zu ihren Baracken und getrauen sich nicht hinaus, solange die Nacht dunkelt. Unsere Universitäten sind in Baracken für die Soldaten oder Gefängnisse für unsere Jugend umgewandelt, und Studenten und Studentinnen werden verhört und gefoltert. Gefährliche Gedanken und Freiheitsträume werden schärfer geahndet und unbarmherziger bestraft als in der Zeit der Kriegsherren.

Peking gehört uns nicht mehr. Unsere Kinder werden niemals den Mond im Spiegel der Peihai Seen oder die Lotusblumen im Kanal sehen, und die langsamen Züge der mit Kohlen beladenen Kamele, wenn sie über die kahlen Ebenen, an den hohen grauen Stadtmauern vorbeiziehen. Sie werden nie die Schönheit der alten Paläste und Tempel von Peking kennenlernen, es sei denn, wir erobern den Norden für sie zurück. China muß seine Alte Hauptstadt des Nordens wiedergewinnen. Wir sind heimatlos und enterbt, unsere Leben ohne Erfüllung, wenn wir Peking nicht wiedersehen, ehe wir sterben.

Wenn wir an Peking denken, beschleicht ein hohles Gefühl der Verlassenheit unser Herz. Paos und mein Elternhaus – das große von Paos Familie mit seinen unzähligen Räumen und das kleine meiner Kindheit am anderen Ende der Straße –

stehen still und verlassen da. Der alte Torwächter humpelt aus seinem Häuschen und sucht einen Strahl der winterlichen Sonne auf; er ist der einzige lebende Schatten in den leeren Höfen. Wann werden wir zurückkehren und die Höfe am Abend fröhlich widerhallen von dem Geschrei der spielenden Kinder? Aus der Ferne klingt der Ruf eines Verkäufers wie eine lange Klage. Der kleine Gong der Blinden tönt traurig durch die stille Nacht. Nach kalten Nächten findet man die Bettler erfroren in den Straßen ...

Wir erinnern uns an Peking, als es noch den stolzen Namen der Hauptstadt des Nordens trug. Damals wanderten wir durch die Straßen der kaiserlichen Stadt mit ihren mächtigen Palästen, ihren roten Mauern und gelben Ziegeln – entlang den Marmorterrassen und Balustraden mit dem eingemeißelten Drachen und Phönix – Tausende von Tonnen weißen Marmors, von Elefanten über tausend Meilen quer durch China aus den Steinbrüchen von Burma herangeschleppt. Alles zeugt von der Pracht der Kaiser vor fünfhundert Jahren. Blut und Schweiß bauten die kaiserliche Stadt, erzwungene Arbeit und von den Armen erpreßte Steuern. Mancher junge moderne Chinese sieht darin nur ein Monument der Tyrannei. Aber beim Anblick dieser würdevollen Mauern wird er schweigen. Alles zeugt von einer maßvollen ausgewogenen Sicherheit; die stillen Höfe, eben wie ein Wasserspiegel; die Grundrisse übereinstimmend mit Kompaß und Sonne; die ansteigenden Terrassen als feste Basis für die majestätischen Pavillons mit ihren roten Mauern – ein Rot, brennender und goldener als Scharlach –, mit ihren großen, überwölbten Torwegen und den goldenen Dächern, die sich in mächtigen Kurven herunterschwingen. Es ist die Vorstellungskraft Chinas! Durch Unterdrückung und Tyrannei wurden die Marmorblöcke gesetzt, die Dachbalken behauen. Ja. Aber der eigentliche Entwurf – die notwendig genauen Proportionen, die Seelengröße – ist das Produkt des gesamten China. Der einzelne Mensch hat keine Bedeutung, es ist der Ausdruck einer Nation. Kein einzelner Kaiser hätte dieser Größe würdig sein können. Niemals hätte ein Baumeister allein diese erhabenen Maße und die Pracht dieser starken einfachen Farben gefunden. Diese Ausgewogenheit, dieser konzentrierte Friede, diese Harmonie mit dem Himmel und der Erde – das ist der Höhepunkt der chinesischen Lebensphilosophie in vollendeter Schönheit.

Zweites Kapitel

WIEDERSEHEN IN ENGLAND

Von allem, was wir in England sahen, liebten wir am meisten den seit dreihundert Jahren kultivierten, kurzen, sauberen, unbegreiflich grünen Rasen mit dem zähen federnden Torfuntergrund. Nach den gelben, von Sandstürmen kahlgefegten Ebenen Nordchinas, nach den eisigen Wintern und glühenden Sommern war das grüne England für uns eine Quelle des Staunens und Entzückens. Dieser erste Sommer im ländlichen Kent, als Pao und ich uns in der Fremde wieder begegneten, die Lieblichkeit des unberührten Landes unter einer sanften Sonne und einem noch sanfteren Regen bleiben uns unvergeßlich. Die Luft duftete nach Honig, und die Sonne, honiggolden, war nie zu heiß. Die kristallene Klarheit barg eine erregende Frische wie die sanfte Glätte des Schwertes seine Schärfe birgt.

Damals gehörten wir zu den Auserwählten des Lebens – damals besaßen wir alles. Pao war zweiundzwanzig Jahre alt; ich war noch jünger. Wir waren frei, wie es nur wenige chinesische Menschen je sein können. Wir genossen den Vorzug, im Ausland reisen und studieren zu dürfen. In dieser neuen Luft konnten wir die für unser Alter zu schwere Belastung und die tragischen Ereignisse unserer Jugend vergessen. Selbst Verluste, die noch nicht lange zurücklagen, schienen fern und weniger bitter. Wir waren Fortunas begünstigte Kinder, durch das Glück – oder war es die Vorsehung? – in der Fremde wieder zusammengeführt.

Nach seiner Flucht aus Peking fand Pao seine Familie in Hankau wieder. Mit siebzehn Jahren wurde er zur Offiziersausbildung auf die Militärakademie in Nanking geschickt. Diese Schule war von den Führern der Revolution gegründet worden, um einen neuen Typ vorbildlicher Offiziere, gut erzogen, diszipliniert und treu, heranzubilden. Diese jungen Männer sollten einmal den Kern der neuen chinesischen Armee bilden und von einer anderen Prägung sein als die unkundigen selbstsüchtigen Kriegsherren und ihre Gefolgsleute. Sie sollten einmal Ordnung und Frieden wiederherstellen, die an Japan verlorenen nordöstlichen Provinzen zurückholen, den fremden Imperialismus, sei es in Form von Armeen oder durch die Überschwemmung mit Kapital, ausrotten – kurz, sie sollten China wieder zu einer souveränen geeinigten Nation machen.

Das Haupt der Zentralen Militärakademie war Marschall Tschiang Kai-schek, der sich schon als Führer ausgezeichnet und die Revolution zu einem siegreichen Ende gebracht hatte. Jeden Sonntagvormittag sprach er barhäuptig unter der heißen Sonne Nankings vier Stunden lang zu den dreitausend Kadetten, die im Kasernenhof vor ihm aufmarschiert waren. Reglos standen die Kadetten in Achtungstellung und lauschten. Obwohl er über Geschichte, Politik und Strategie sprach, betonte er doch stets das Menschliche in seinen Ausführungen. Er wies sie auf ihre große Verantwortung hin. Aus ihrer Mitte würden die zukünftigen Führer Chinas hervorgehen. Deshalb sei die Entwicklung des Charakters wichtiger als Wissen und technische Fertigkeiten. Er gebrauchte den Ausdruck »tso-jen« – ein ganzer Mensch sein –, womit er allen Stolz und alle Würde, die diesem Wort innewohnt, meinte. Niemand, der ihn hörte, konnte das je wieder vergessen.

Der stolze Höhepunkt von Paos Ausbildung an der Zentralen Militärakademie war der Tag, an dem er mit noch zwei Kameraden unter dreitausend Kadetten für das weitere Studium im Ausland ausgesucht wurde. Der Leiter des militärischen Ausbildungs-Departements, Marschall Pai Chung-hsi, übernahm die Bürgschaft für einige, sehr wenige, außergewöhnlich begabte chinesische Studenten, die nach besonderem Übereinkommen mit den ausländischen Regierungen, zusammen mit den Offizieren des jeweiligen Landes Kriegswissenschaft studierten. Pao wurde nach Sandhurst auf die Königliche Militär- und Artillerieschule geschickt, wo die englischen Offiziere ihre klassische Ausbildung erhielten. Er würde dort als Lernender, aber auch als Vertreter seines Landes und seiner Rasse sein.

Bald nach diesem Erfolg traf ihn ein schwerer Verlust. Sein Vater starb. Paos Gefühle für seinen Vater sind etwas, das wohl nur ein Chinese verstehen kann, weil sie weit über die Zuneigung und übliche Ehrerbietung hinausgehen. Sie sind von einer fast religiösen Intensität, denn das Vater-Sohn-Verhältnis ist eine der vier Bezeichnungen, die von der konfuzianischen Ethik heilig erklärt sind. Schon seit frühester Kindheit verehrte Pao seinen Vater als einen Helden, und dessen Ideale waren Paos Leitstern. Er spielte gerade Basketball, als ihn das Telegramm erreichte, und es enthielt nur die Worte: »Mein Sohn, ich bin krank.« Als er das las, wußte er, daß sein Vater im Sterben lag. Kein anderer Grund hätte diesen stoischen Soldaten bewegen können, seine Krankheit zu erwähnen. Pao drehte sich auf dem Absatz um, eilte in seine kahle Zelle in der Studentenbaracke und schloß sich ein, um allein zu sein. Nie hätte er seinem Vater die Schande antun können, seine Gefühle offensichtlich zu zeigen.

Am nächsten Tag nahm er das Schiff nach Hankau. Als er die Stadt erreichte und vor das Haus seiner Eltern kam, stand sein Herz still. Weiße Laternen hingen am Tor – Weiß war die Farbe des Todes. Er war zu spät gekommen. Er überschritt die Schwelle des Hauses, hörte den Klang von Frauenstimmen und die rhythmischen Klagen der Trauernden. Sie riefen seines Vaters Geist beim Namen und beschworen ihn zurückzukehren. Pao durchschritt den Hof mit starrem Gesicht und betrat das Zimmer, wo der große schwarze hölzerne Sarg schon versiegelt war. Seine Mutter kniete laut weinend neben dem Sarg und schrie nach dem Toten. Pao, der älteste Sohn, stand hochaufgereckt in seiner Uniform und sagte mit lauter Stimme: »Hier soll keiner weinen, sonst gehe ich.«

Als man den Sarg zum Begräbnis aus der Stadt hinaustrug, ging Pao ungebeugten Hauptes unter den Trauernden. Keine der gebräuchlichen lauten Klagen. Am Grabe brachten sie die Opfer, die dem Toten gebührten, sie verbrannten Silberpapier-Geld und Bilder all der Dinge, die sein Geist benötigte, dabei ließen sie Schwärmer losgehen, leierten Gebete her und musizierten mit Blasinstrumenten und Gongs zum Troste der scheidenden Seele. Paos Mutter, in groben weißen Witwengewändern, den Kopf mit einem weißen Tuch verhüllt, stand, von stummem Schmerz erschüttert, neben dem frisch aufgeworfenen Erdhügel. Auch die versammelten Verwandten des Toten verharrten in tiefem Schweigen, niemand wagte die Totenklage laut werden zu lassen, weil der älteste Sohn und Hauptleidtragende es verboten hatte. Er selbst stand da, gerade und steif und mit versteinertem Gesicht.

Als Pao nach England reiste, war er weder verheiratet noch verlobt. Das war ungewöhnlich für den Sohn einer so traditionsstolzen Familie, für die der Fortbestand der Ahnenreihe alles bedeutete. Er war jung und verließ die Heimat für mehrere Jahre. Wenn der Brauch und die Wünsche seiner Mutter durchgedrungen wären, würde Pao jetzt schon mit einem Mädchen nach der Wahl seiner Eltern vor dem Ahnen-Altar gekniet haben. Seine Frau wäre während seiner Abwesenheit als hilfreiche Tochter im Hause seiner Mutter geblieben und hätte wohl – nach Ablauf der richtigen Zeit – der Familie einen Sohn geschenkt. Seltsam dann für den Mann, wenn er – nach Jahren der gesellschaftlichen Freiheit im Westen und mit veränderten Ansichten durch die Berührung mit einer anderen Zivilisation – zurückkehrt zu einer Frau, die eine Fremde ist, und zu einem ernstblickenden Kinde, das scheu ist vor dem Vater, den es nie gesehen.

Paos Mutter wünschte sich eine Schwiegertochter. Als Pao erst sechzehn Jahre alt war, begann sie sich schon in den Familien ihres Bekanntenkreises nach einer Braut für ihn umzusehen. Aber Pao ertrug keinen solchen Zwang. Als man ihm mitteilte, daß eine Braut für ihn gewählt und die Verhandlungen beinahe abgeschlossen seien, rannte er von zu Hause fort und blieb zwei Monate weg. Die Mutter ließ ihm ein, zwei Jahre Zeit und meinte, er hätte dann seinen knabenhaften Widerstand aufgegeben; sie nahm deshalb ihr Suchen nach der Schwiegertochter wieder auf. Aber auch diesmal fügte er sich nicht. Seine Mutter bot ihm, mit einer für ihr Empfinden gewagten unkonventionellen Zwanglosigkeit an, ein Zusammentreffen mit dem Mädchen ihrer Wahl möglich zu machen: »Sie ist sehr schön«, versprach sie ihm, »du wirst es selbst sehen.«

Pao antwortete: »Mutter, wie kann ich ein Mädchen heiraten, das ich nicht kenne und nicht liebe, Tag für Tag meines ganzen Lebens mit ihr zusammenleben, mit einer Fremden meine Gedanken und Hoffnungen teilen? Nicht ihre Schönheit, aber ihr Herz muß ich kennenlernen, und das kann ich nicht während eines kurzen Zusammentreffens erforschen. Ich muß eine Frau wählen, die die Ehre unseres Hauses aufrechterhält, die mir Kinder schenkt, auf die ich stolz sein kann. Wir müssen einander verstehen und achten können. Ich möchte nicht einmal, wenn ich Erfolg gehabt haben werde, die Frau, mit der man mich in meiner Jugend verheiratet hat, wegschicken, um eine jüngere klügere Frau zu nehmen, wie das viele Männer tun. Ebensowenig könnte ich mich mit Konkubinen trösten, wenn ich die Frau, die meine Familie mir gab, nicht lieben sollte. Die Ehe soll unlösbar sein – eine Bindung, die man nur einmal eingeht, nicht zu wiederholen, weder vom Manne noch von der Frau. Sie ist ein heiliges Versprechen. Und da ich mir dieser Verantwortung bewußt bin, muß ich selbst wählen. Es ist etwas, das niemand für mich tun kann.«

Seine Mutter war verblüfft. Das waren die gefährlichen modernen Ansichten der neuen Generation. Aber Pao hat stets die Tradition anerkannt. Es war bei ihm nicht ein Nachäffen der westlichen Sitten, sondern eine durch reifliche Überlegung wiedergewonnene Hochschätzung der Ideale des chinesischen Familienlebens. Er war unabhängig genug, um entscheiden zu können, was gut und des Bewahrens wert war und was der Erneuerung bedurfte. Seine Mutter konnte seine Einstellung noch nicht verstehen. Sie glaubte an eine vorübergehende Phase jugendlicher Auflehnung; nach ein paar Jahren würde er alles vergessen haben. Bevor er die Heimat verließ, versuchte sie zum drittenmal, ihm ein Verlöbnis mit der heiratsfähigen

Tochter einer Familie, über die sie sich erkundigt hatte, aufzudrängen. Aber Pao war widerspenstiger denn je. Er weigerte sich, auch nur den Namen der jungen Dame anzuhören. Dieses dritte Mal war die Wahl von Paos Mutter auf mich gefallen! Leichten Herzens und frei von allen Familienvereinbarungen reiste Pao nach England.

Von diesem nicht zustande gekommenen Verlöbnis wußte ich damals nur wenig. Mir war nur bekannt, daß bei meinem Onkel, seit dem Tode meiner Eltern mein Vormund, schon einige Male um meine Hand angehalten worden war. Aber ich wollte überhaupt nicht heiraten. An der Universität hatte ich die Freiheit gekostet. Ich hatte mich in wissenschaftliche Kurse gestürzt und war entschlossen, mein Leben einem Beruf zu widmen. Hätte ich meiner natürlichen Neigung folgen dürfen, hätte ich Literatur studiert. Aber, wie alle meiner Generation, brannte ich darauf, meinem Lande zu dienen, und sah weder Nutzen noch Kraft in leeren Worten. Die Wissenschaft war unser Gott, ein gütiger Gott, der China zu einer reichen und glücklichen Nation machen würde. Mit Reagenzglas, Mikroskop und Dynamo wollten wir den Millionen Armen Reichtum und Erquickung bringen und Elend und Krankheit ausrotten. So legte ich meine geliebten Bücher beiseite, die Gedichte, Romane und Schauspiele, und verbrachte meine Tage im Laboratorium, und abends brütete ich über Formeln und Diagrammen.

Aber ich hatte keinen Sinn für die reine Forschung. Das Wissen sollte mir als Werkzeug für einen praktischen Beruf dienen. Bei einem Besuch im Krankenhaus, wo eine Freundin von mir zur Entbindung lag, entdeckte ich, wie ich meine biologischen und chemischen Kenntnisse verwerten könnte. Hebamme. Ich erinnere mich noch der chieh-sen-po, »der alten Frau, die der Geburt begegnet«, mit ihren langen schwarzen Fingernägeln und den leise gemurmelten Zaubersprüchen gegen alle bösen Geister, die Mutter und Kind bedrohen. Ohne Erfolg oft, denn ich erinnere mich ebenso der weißen Laternen am Tor und wie ein langer schwarzer Sarg, eine kleine rauhe Kiste oder nur ein in Lumpen gehülltes Bündel weggetragen wurde. Hier aber war alles strahlend sauber; Mitleid erleichterte die Schmerzen; und die große Wachsamkeit gegen Infektion behütete mit allen Hilfsmitteln der Wissenschaft das Leben von Mutter und Kind. Ich hatte meinen Beruf gefunden.

Ich wies alle Heiratspläne meines Onkels zurück und konnte ihn überreden, mich zur weiteren Ausbildung als Geburtshelferin nach England zu schicken. Und es kamen die Tage in den Hörsälen, im Laboratorium, wo ich die wechselnden Farben am Reagenzglas gegen das Tageslicht beobachtete. Draußen regnete es; über das naßglänzende Pflaster wippten die Regenschirme. In der Klinik lernte ich, auf die Herztöne der Ungeborenen zu horchen, und unter meiner Berührung spürte ich ihre Bewegung und ihr Leben. Die Tage im Entbindungssaal, im herben Geruch des Äthers und dem süßlichen Dunst des Chloroforms spannte ich — über qualvoll stöhnende Frauen gebeugt — auf den atemberaubenden Augenblick, in dem das neue Leben auftaucht, auf den ersten, nach Luft schnappenden Schrei des Neugeborenen und auf die Freude über das Gelingen, dann, wenn alles vollbracht war. In den Kindersälen sah ich das gierige Vergnügen der Säuglinge beim Trinken und das versunkene Entzücken im Gesicht der Mutter — und überall die helle Sauberkeit und der Duft von Blumen.

Aber diese Erlebnisse konnten auch anderer Art sein: der plötzliche Schreck einer Blutung oder die entsetzlichen Krämpfe oder die Ohnmacht einer Eklampsie — der Schatten des Todes an der Schwelle des Lebens. Aber wie selten! Nicht wie in meiner Heimat, wo die Frauen sich nach Kindern sehnen und doch ihrer schweren Stunde mit Todesfurcht entgegensehen, wo zwei bis drei von hundert verurteilt sind, im Kindbett zu sterben, und wo die Hälfte der Neugeborenen ihren ersten Geburtstag nicht erreicht. Wenn ich eines dieser blauäugigen Babys in den Händen hielt und auf ihre kahlen Köpfchen oder kleinen blonden Haarbüschel schaute, dachte ich an unsere dunkelhaarigen Chinesenkinder mit ihren schwarzen, weise schauenden Schlitzaugen, und ich wünschte ihnen und ihren Müttern dieselbe Sorgfalt und denselben Schutz gegen den Tod. Mit meinem Wissen um die Schönheit und den Schrecken der Geburt wuchs immer mehr in mir das Bewußtsein vom unersetzlichen Wert eines jeden Lebens.

Über diese Zeit veränderte sich etwas in meinem Denken. Ich wurde Pazifistin! Trotz meiner glühenden Vaterlandsliebe, trotz meiner Empörung gegen die Übergriffe der Japaner, die sich in der Mandschurei festgesetzt hatten, und trotz meiner Leidenschaft für die Freiheit war ich zu der Überzeugung gekommen, daß der Krieg böse und niemals gerechtfertigt sei. Zu dieser Überzeugung kam ich durch die Lektüre Jeans' und Eddingtons, die meinen Geist auf seltsame Art erweiterten und befreiten. Wahrscheinlich verstand ich kaum die Hälfte von dem, was ich las, aber als ich erfuhr von Welten über Welten, von Sternen und Sonnen, den weißen, goldenen und farbigen Feuern, wurde mir bewußt, welch winziges Sandkorn unser Planet Erde ist, inmitten der Unendlichkeit des Universums. Ich flüchtete mich in meiner Phantasie in andere, bewohnbare Welten, bevölkert von strahlenden, freundlichen, höheren Wesen, die in ihren kristallenen Städten, inmitten seltsam leuchtender Blumen und prächtiger Brunnen in ewigem Frieden lebten. Aber wie, wenn es im ganzen Universum keine andere bewohnbare Welt außer der Erde gab? Wenn nirgendwo sonst Leben existierte, kein Stern, auf dem eine Menschheit sich zu Schönheit und Würde entwickeln könnte? Ich wurde aus meinen Träumen gerissen und auf die Erde zurückgeworfen. Ich begann nach einer Lebensform zu suchen, die es den Menschen erlaubte, in vollkommener Harmonie zu leben. Um eine Antwort zu finden, las ich die griechische, römische, ägyptische, chinesische und europäische Geschichte. Überall fand ich Hinweise auf ein »Goldenes Zeitalter«, auch in unseren eigenen Legenden von den Kaisern Shen und Wu, die vor viertausend Jahren regiert hatten; aber immer war es ein verlorenes »Goldenes Zeitalter«, die lange Vergangenheit machte es sehr verschwommen. Sobald sich die Geschichte in Daten und Ereignisse verdichtete, wurde sie eine beklagenswerte Aufzählung von Verbrechen, Krieg und Aggression, von sinnloser Zerstörung herrlicher Städte und ganzer Kulturen. In China nicht weniger als in anderen Ländern, aber durch die chinesische Geschichte zieht sich, wie eine rettende Vision, des einsamen Weisen Verachtung von Macht und Reichtum, so sie durch Gewalt gewonnen. Auch da, wo die hohe Einsamkeit eines Buddha und das tiefe Mitgefühl eines Jesu den Lauf der Weltgeschichte, wenn auch nur leise, beeinflußt haben, gibt es andere, die abseits stehen von dem Chor der Menge, die Krieg, Vernichtung und Unbarmherzigkeit verherrlicht. Zu dieser Minderheit bekannte ich mich und wurde Mitglied einer Gruppe, die sich Pazifisten nannte.

Aber den Frieden gab es nur in unseren Köpfen. Alle »Goldenen Zeitalter« waren Mythen. Unsere Generation, wir Zukünftigen, müßten durch unser Beispiel eine neue Form für Frieden und Zusammenwirken der Völker schaffen. Wir müßten dem Krieg abschwören, auch einem Krieg der Selbstverteidigung, denn jeder Krieg kann sich hinter der Maske dieses Wortes verbergen und zu Haß und Rache führen. In dieser Zeit entdeckte ich die Bibel, und da war ein Wort, das alles ausdrückt, eine Stelle, die ich immer und immer wieder las, ergriff mich so, daß mir Tränen in die Augen traten: »Selig sind die Sanftmütigen, denn sie werden das Erdreich besitzen ...«

Die Klarheit und Sicherheit der Überzeugung von damals habe ich verloren ... Ich habe erkennen müssen, daß der Krieg nicht das schlimmste Übel ist, daß es etwas gibt, das erniedrigender und schrecklicher ist als der Tod. Ich sollte es noch erfahren, was einem überfallenen Lande zugefügt werden kann, als ich von den Opiumhöhlen und den Freudenhäusern in Peking, meiner Heimat, hörte, die von den Japanern geschützt und gefördert wurden, um unsere Jugend durch Ausschweifungen zu verderben. Damals verlor ich meinen Glauben an den absoluten Pazifismus. Mit tiefem Schmerz, aber ohne Haß, wie Millionen andere friedliebende Chinesen, habe ich in meinem Herzen einem Widerstandskrieg gegen Korruption und Versklavung zugestimmt.

Aber es war noch während der Zeit, in der es für mich nur ein »alles — oder nichts« des Pazifismus gab, als ich Pao wieder begegnete. Zusammen mit einer Gruppe britischer und ausländischer Studenten genossen wir die Gastfreundschaft eines Landhauses in Kent. Ein chinesisches Mädchen, mit dem ich das Zimmer teilte, machte uns bekannt: »Miss Han, Mr. Tang«. Wir verbeugten uns, die Namen sagten uns nichts. Es gibt Tausende Tangs und Millionen Hans in China. Auch während einer gelegentlichen Unterhaltung entdeckten wir nicht, daß wir uns schon kannten, noch wußte ich, da er keine Uniform trug, daß er zum Studium der Kriegswissenschaft nach England gekommen war. Einigen Bemerkungen, die er fallenließ, meinte ich entnehmen zu dürfen, daß er Maschinenbau studierte. Erst zwei Tage später, als wir einem Vortrag über China beiwohnten, sollte ich erfahren, wer er war. Der Redner, ein Geistlicher und überzeugter Pazifist, sprach über das Thema: »Liebet eure Feinde«. Mit gütigen Augen strahlte er uns durch seine Brillengläser an und ermahnte uns, die Japaner zu lieben. Den anwesenden chinesischen Studenten, die nun schon viele Jahre die Demütigungen der japanischen Angriffe erfahren hatten, erschienen die Ausführungen des Geistlichen wie das Geschwätz eines wohlmeinenden Laien. Pao hörte mit finsterem Gesicht zu und lehnte innerlich die Theorien des Vortragenden völlig ab. Ich hörte aufmerksam zu, grundsätzlich einverstanden, aber über die Gemeinplätze und den Mangel an Darlegungen unzufrieden, denn ich hatte nicht nur allgemeine, sondern tiefergehende Auseinandersetzungen erwartet. Nach der Vorlesung schlenderten Pao und ich plaudernd durch den Garten.

Pao sagte: »Wir mögen unsere Feinde lieben, aber zuerst müssen wir sie bekämpfen.«

Ich konnte seiner Ansicht, daß der Krieg mit Japan unvermeidlich wäre, nicht zustimmen. Ich protestierte heftig gegen alle Gewalt.

Pao erwiderte (zynisch, wie mir schien): »Dann werden alle Guten umgebracht werden, und die Schlechtigkeit wird sich ungehindert ausbreiten.«

Ich fuhr ihn zornig an: »Was ich am meisten hasse, ist diese Verherrlichung der Gewalt! Wenn Sie Mord mit Mord vergelten, sind Sie dann besser als Ihre Feinde? Ich würde lieber sterben als meine Ideale gewaltsam verteidigen. Ich hasse diesen Stolz auf die Kriegstugenden, die ganze Verherrlichung des Mordes; all dies wird in eine bunte Uniform gesteckt, mit Fahnen geschmückt und Patriotismus und Tapferkeit und vaterländische Ehre genannt. Ich halte es für verabscheuungswürdig und dumm; und wer es bewundert, ist unfähig, klar zu denken!«

Pao warf nur einen dunklen Blick auf mich, drehte sich ohne ein weiteres Wort um und verließ mich.

Ich war erschreckt und gekränkt: »Ihr Freund Mr. Tang ist sehr grob«, sagte ich zu meiner Zimmergefährtin.

»Wieso?«

Ich erzählte ihr den Vorfall. Sie lachte über meine Entrüstung: »Ja, wußtest du denn nicht, daß er von der chinesischen Regierung auf die Artillerieschule von Sandhurst geschickt wurde? Deine Ansichten wirken natürlich wie die Lunte im Pulverfaß. Er ist sehr stolz, sehr patriotisch und sehr jung. Er ist ein Soldat und der Sohn eines Soldaten«, und sie nannte den Namen von Paos Vater.

Mir ging ein Licht auf: »Ist er aus dieser Tang-Familie!« rief ich aus. »Aber dann kenne ich ihn ja! Wir wohnten in Peking auf derselben Straße und spielten als Kinder zusammen . . .«

Als wir uns wiedertrafen, bewahrte Pao eisiges Schweigen, kaum verbeugte er sich vor mir. Aber hinter der Maske des finsteren jungen Soldaten sah ich das Gesicht des kleinen Buben wieder, der mein Prinz und mein Hauptmann gewesen war bei unseren Kriegsspielen in der kleinen Straße in Peking unter den Weiden. »Kennen Sie mich nicht mehr, Tang Yen?« fragte ich ihn, und nannte ihn bei seinem Kindernamen. »Erinnern Sie sich nicht mehr an den Kanal in der Verbotenen Stadt, und an die Schlachten, die wir an den steilen Ufern schlugen? Damals war ich kein Pazifist.«

Den ganzen Sommer hindurch – es war im Jahre 1937 – begegneten wir uns hin und wieder, meist in der Gesellschaft von anderen, selten allein. Es sind ihrer nie viele chinesische Studenten in England, und diese wenigen finden sich natürlich zusammen, und so konnten Pao und ich sicher sein, uns öfter zu sehen. Wir stritten uns bei jeder Begegnung und über jedes Thema. Bei jeder Diskussion, die über alltägliche Fragen hinausging, gerieten wir aneinander. In meinen Briefen nach Hause erzählte ich von unserer Begegnung, nannte Paos Namen, aber nur beiläufig unter anderen. Mein Onkel antwortete in förmlichen, etwas gespreizten Sätzen: »Die verehrte Mutter dieses jungen Herrn näherte sich uns vor drei Jahren in der Absicht einer möglichen Verbindung zwischen unseren Familien, die Dich und ihren Sohn anging. Da diese Verbindung nicht stattgefunden hat, wäre es besser, daß Du ihn nun meidest. Es würde sich für Dich nicht schicken, daß Ihr Euch kennt.«

Diesen Spaß konnte ich nicht für mich behalten. Pao hatte mir schon von den drei verunglückten Versuchen seiner Mutter, eine Heirat für ihn zustande zu bringen, erzählt. Bei nächster Gelegenheit brachte ich ihn wieder auf das Thema der Verlobungen. Pao ließ sich mit großem Ernst darüber aus. Andächtig hörte ich ihm zu und fragte dann leichthin: »Wissen Sie den Namen der dritten Braut, die Sie ablehnten? Sie hieß Han Suyin.«

Pao starrte mich erschrocken an: »Um Himmels willen, Sie selbst!«

Ich fühlte, wie ich brennend rot wurde: »Ja, aber machen Sie sich nichts daraus,« stotterte ich, »ich hätte auch nicht eingewilligt!«

Und gegen meine immer größer werdende Verlegenheit fuhr ich fort: »Es ist von gar keiner Bedeutung für uns; ich selbst wußte auch nichts von der Anfrage, bis es mir kürzlich mein Onkel schrieb. Ich hatte mich schon damals entschlossen, nicht zu heiraten. Die ganze Angelegenheit ist völlig belanglos.«

Pao schien erleichtert. »Ich halte nicht viel von der Ehe«, sagte er und fuhr dann sehr ernst, aber mit verheerender Offenheit fort: »Wir hatten wirklich Glück, daß dieses Verlöbnis nicht zustande kam. Wir hätten nicht zueinander gepaßt. Wir sind nie derselben Meinung. Sie haben einen weisen Entschluß gefaßt, denn Sie werden selbst wissen, daß Sie einen sehr schwierigen Charakter haben.«

»Er ist dem Ihrigen sehr ähnlich«, gab ich ihm zur Antwort.

»Das sage ich ja«, erwiderte Pao.

Ich hatte diesen Sommer in einer Welt gelebt, die inzwischen in Flammen aufgegangen ist. China war zeitlich und räumlich in weiter Ferne. Ich lebte in einem friedlichen und ruhigen England, das seit Wilhelm dem Normannen von keinem Eroberer mehr betreten und dessen heitere Ruhe seit der Zeit der spanischen Armada nie ernstlich bedroht worden war. Es war ein freundliches Land mit Rosengärten und grünen Wiesen, mit Nahrung im Überfluß, mit rosigen Kindern, großen schönen Mädchen und liebenswürdigen Frauen, die in ihren Wohnzimmern gastfreundlich Tee anboten. Ich hatte eine interessante Arbeit, Freunde und Zeit zur Erholung. Es war eine Zeit glücklicher Ruhe, die mir, zurückblickend, noch viel teurer und lieblicher erscheint, als sie vielleicht wirklich war, da sie nun einer unwiederbringlichen Vergangenheit angehört.

Im Juli erschienen in den Zeitungen kurze Berichte von Scharmützeln in der Umgebung von Peking. Es war zu Schießereien zwischen Chinesen und Japanern gekommen, die ohne Berechtigung Manöver ausgeführt hatten. Nach den Bestimmungen eines veralteten Abkommens hatten verschiedene ausländische Regierungen das Recht, im Norden Garnisonen zu unterhalten, die den Straßenverkehr von Peking zum Meer sicherstellen sollten. Die Japaner benutzten dies als einen Vorwand, in den nördlichen Provinzen große Truppenkontingente zusammenzuziehen. Es war nicht das erste Mal, daß die Besatzungsarmee mit den rechtmäßigen Einwohnern des Landes in ein Gefecht geriet. Ich sah darin nur einen neuen Zwischenfall. Ich muß blind gewesen sein, daß ich die Zeichen wachsenden Hasses im Osten nicht erkannte. Die friedliche Atmosphäre meiner Umgebung mußte mich unempfänglich gemacht und eingeschläfert haben. Ich hatte die gespannte Unsicherheit in China vergessen. Aber Pao wußte gleich, daß der lang erwartete Krieg gekommen war. Er reichte bei der chinesischen Gesandtschaft ein Gesuch ein, unverzüglich heimfahren zu dürfen. Als Antwort kam ein Kabel von Marschall Pai

Chung-hsi: »Ausbildung abschließen vor Rückkehr nach China.«

Den Feindseligkeiten folgten Wochen endloser Verhandlungen, ein Austausch von Protestnoten; man versuchte, die Unruhen zu lokalisieren. Aber man sah immer deutlicher, daß, wenn China nicht bereit war, zu Kreuze zu kriechen und Konzessionen zu machen, Japan den Krieg erzwingen würde. Dann brach im August, wegen eines nichtigen Zwischenfalls, der sich ereignete, nachdem die japanische Kriegsflotte ihre Heimathäfen in Richtung Shanghai verlassen hatte, der Sturm los. Der Krieg war da!

Die Schlagzeilen der Zeitungen brachten Neues von China. Wir in England verfolgten die Ereignisse mit atemloser Spannung. Als die Wochen vergingen und Shanghai immer noch gehalten wurde, gerieten wir außer Rand und Band vor guter Hoffnung. Unser Land, das sich noch nicht völlig von dem Chaos des Bürgerkrieges erholt hatte, verteidigte Shanghai seit drei Monaten erfolgreich gegen eine der größten Flotten der Welt und eine Armee, die mit den modernsten Vernichtungswaffen ausgerüstet war. Unsere besten Truppen wurden in verzweifelter Opferbereitschaft in einen aussichtslosen Kampf gegen die japanischen Kräfte geworfen. China setzte seine ganze Stärke in einem ungeheuren Widerstand ein, der den Angreifer aufhielt und die Achtung der Welt gewann.

Pao aber war wütend über den Befehl, der ihn untätig in England zurückhielt, während seine Freunde von der Zentralen Militärakademie auf den Schlachtfeldern von Tschapai zu Hunderten niedergemäht wurden. Jeder Brief aus der Heimat brachte ihm die Listen ihrer Namen. Er wurde mürrisch und schweigsam; damals lernte ich seinen grimmigen »hsiung« Ausdruck kennen, der seinen inneren Aufruhr widerspiegelte. Wir waren zusammen in einem Londoner Kino, als die Wochenschau die schwarzen rollenden Rauchwolken über den grauen Dächern des brennenden Tschapai zeigte, das im Norden von Shanghai, jenseits der Internationalen Kolonie, liegt. Die Szene wechselte; wir sahen die zertrümmerten Mauern des Südbahnhofs von Nantao, der Eingeborenenstadt, und die formlosen Haufen verstümmelter Leichen. Dann die von Flüchtlingen verstopften Straßen. Wir sahen unsere Landsleute, mager und zerlumpt, von Haus und Hof vertrieben und von ihren grünen und gelben Feldern, die sie ernährten; ein ausgemergelter gebeugter Bauer, sein Tragjoch über den Schultern, an dem auf jeder Seite eine schwere Last baumelte; ein kleines Mädchen, allein, barfuß, zerzaust, seine Schlafmatte schleppend — sie wanderten über die Leinwand und schauten uns an mit ihren geduldigen Augen. Wir hielten es nicht mehr aus. Pao murmelte: »Kommen Sie, wir wollen gehen«, und dann wanderten wir lange durch den Londoner Winternebel, schweigend, in unsere Gedanken vertieft.

Nun dauerte der Krieg schon ein ganzes Jahr. Shanghai war gefallen, dann Nanking, und die Welt erwartete, daß China kapitulieren werde. Statt dessen zogen wir uns kämpfend zurück. Wir störten die feindlichen Verbindungen in einem langwierigen Partisanenkrieg. Wir zehrten von unseren riesigen Reserven an Menschen und seelischen Kräften, wir traten in die zweite Phase des Krieges ein — aushalten, den Feind überdauern. Der Sieg von Taiertschuang im Frühling ließ die Hoffnung wieder aufflammen; es stellte sich damit heraus, daß China imstande war, Japan zu vernichten, trotz der großen Ungleichheit in der Kriegsausrüstung. Mit neuem Mut sahen wir dem zweiten Kriegsjahr entgegen.

Die Briefe aus Peking waren selten und wenig aufschlußreich; die japanische Zensur war streng ... Irgendwie ging das Leben weiter, doch war es von allen Seiten eingeengt und gehemmt. Es gab keine Möglichkeiten, keine Zukunft für eine strebsame Jugend. Die Universitäten waren bis auf zwei geschlossen worden, und diese zwei unterstanden der dauernden Überwachung der Japaner. Die Studenten wurden verdächtigt und waren in ständiger Gefahr, verhaftet zu werden. Viele meiner Freunde und Klassenkameraden wanderten nach dem freien China aus; andere, aufgebracht und innerlich zermürbt durch die Unterdrückung der japanischen Herrschaft, flohen und schlossen sich den Partisanen an. Briefe aus Peking von Freunden, die entkommen waren, schilderten ein Leben, das kein Leben mehr war – und die Zurückgebliebenen, deren Körperkräfte für eine Flucht nicht mehr ausreichten, mußten des Todes gewärtig sein. Von dem einen oder anderen hörte ich, daß er Vergessen suchte in Opiumträumen und Ausschweifungen. Bordelle und Opiumhöhlen blühten unter dem Schutz der Japanern. Erst die Eintönigkeit, die Verzweiflung, die Stagnation und Einengung, dann Perversität und Verfall.

Jetzt, da ich von diesen Dingen las und die Gefahren einer Fremdherrschaft erkannte, deren einziges Ziel die Ausplünderung ist, konnte ich nicht länger Pazifist bleiben. Wir mußten dagegen ankämpfen, wie man gegen eine Seuche ankämpft, Schranken aufrichten gegen weitere Übergriffe und das Gift vernichten, das unsere Kräfte aufzehrt; mußten wieder aufbauen und den verpesteten Gebieten Gesundheit und neues Leben bringen. Ich konnte nicht unbeteiligt und gleichgültig bleiben. Ich mußte mitten in dem Ringen stehen, ein Teil sein von Chinas Widerstand. Ich mußte nach China zurückkehren. Selbst, wenn ich nichts von Bedeutung tun konnte, konnte ich doch dort *leben* und die Leiden und Gefahren teilen. Ich war Chinesin ...

So konnte ich Pao, als er mir sagte, daß seine Rückkehr auf September festgesetzt sei – er hatte seine Ausbildung abgeschlossen und durfte reisen – erwidern: »Ich gehe auch zurück.«

Wir kannten uns nun sehr gut. Wir hatten uns – trotz stetiger Reibungen bei unseren heißen Auseinandersetzungen – stets wieder aufgesucht, denn wir regten uns gegenseitig an und fühlten ein gewisses tiefes Verstehen. An einem regnerischen Augustabend hatte mich Pao in meiner Pension abgeholt. Wir wollten zusammen ins Theater, das wir beide sehr liebten. Aber es fiel irgendein Wort, das die Entscheidung heraufbeschwor. Wir gingen schweigend die Treppe hinunter und auf die Straße. Wir gingen und gingen, bis wir uns im Zentrum von London befanden. Der Regen tat uns wohl und half uns, die lastenden Gedanken zu ertragen. Autos rasten an uns vorbei, ihre Lichter geisterten über den nassen Asphalt, und der Regen löschte ihre Spuren sogleich wieder aus. Die Straßenlampen glichen nebelumrandeten Monden. Die Hände tief in den Manteltaschen vergraben, gingen wir weiter und weiter.

»Han Suyin«, sagte Pao schließlich mit erstickter Stimme, »du darfst nicht nach China zurückgehen. Du stellst dir eine Menge wunderbarer Dinge vor von Vaterlandsliebe und Sterben um ein Ideal. Aber es ist nicht so, es ist nicht edel und erhaben, Krieg ist etwas Furchtbares. Du sagtest es selbst, Krieg sei schmutzig und verwüstend und grausam. Du findest ja die Bilder in den Zeitungen und auf der Leinwand unerträglich. Bleibe hier im Ausland, genieße Theater, Musik und interessante Bücher. Was kannst du — ein Mädchen — ganz allein in China ausrichten? Was könntest du tun, das wert wäre, das Leben aufs Spiel zu setzen?«

»Tang Pao«, erwiderte ich, »du bist kein guter Freund. Du solltest nicht versuchen, mich von meinem Entschluß abzubringen. Ich bin auch Chinesin. Wie könnte ich fröhlich und behaglich in einem fremden Land leben, wenn mein Volk Not und Verzweiflung erleidet?«

Wir sprachen chinesisch. Vorübergehende streiften uns, aber wir waren allein, isoliert, denn wir redeten in unserer Muttersprache.

»Aber was hat dich denn so verändert?« rief Pao aus. »Du, die du den Krieg so bitter ablehntest — du willst eine Uniform anziehen, ein Gewehr schultern und ein Mädchenbataillon anwerben!«

»Ich gehe nicht zurück, um zu kämpfen«, erwiderte ich. »Ich weiß noch nicht, aber vielleicht werde ich Verwundete pflegen. Aber was hat es für einen Sinn, verwundete Soldaten zu heilen, nur um sie erneut gegen Bomben und Kanonen zu schicken? Ich glaube, ich könnte sogar gleichgültig gegen eine Eroberung Chinas sein, wenn Japan uns eine höhere Kultur brächte. Nach hundert Jahren hätten wir sie aufgesaugt. Aber von Japan kann für uns nichts Gutes kommen. Es hat keine eigene Kultur. Erst lieh es sich seine Kultur von China und jetzt von Europa. Japan kann uns nur Unheil bringen. Es will uns ausnützen, unsere Jugend zerstören, und unsere künftigen Führer. Es wird uns zu einer Nation von Bauern und Kulis machen und uns als sein Werkzeug gebrauchen. Gegen eine solche Aggression hat China ein Recht zu kämpfen. Ich bin jung, ich möchte dabeisein und teilnehmen an diesem Abwehrkampf.«

Eine Weile ging Pao schweigend weiter, dann drehte er sich plötzlich nach mir um: »Du bist ein sehr hartnäckiges Mädchen«, sagte er, »man wird dich nicht verstehen, und man wird dir nicht danken. Wer für China arbeitet, erntet nur Bitternis, harte Plackerei und – vielleicht einen leeren Nachruhm nach dem Tode. Selbst Sun Yat-sen mußte das erfahren.«

»Ich weiß das alles, aber es ist mein Vaterland, und ich muß zurückkehren.«

»Aber wer wird sich deiner annehmen, Han Suyin? Krieg ist nichts für Frauen. Sieh, meine alte Mutter, mein kleiner Bruder – sie leben im besetzten Gebiet, keiner kümmert sich um sie. Und du – wen hast du, außer deiner Familie im fernen Sze-tschwan?«

»Ich brauche niemanden«, erwiderte ich, »ich bin nur eine Frau, aber ich bin ein erwachsener Mensch und kann für mich selbst einstehen.«

»Wenn du wirklich zurückkehren mußt«, sagte Pao, »könnten wir mit demselben Schiff reisen. Ich möchte gern für dich sorgen, Han Suyin, laß uns Freunde bleiben, für immer.«

»Aber ich brauche niemanden«, gab ich zur Antwort. »Tang Pao, du denkst zu geringschätzig über die Frauen, wenn du uns nur beschützen willst.«

»Han Suyin, du bist schrecklich. Du kannst keine Frage objektiv betrachten, bei jeder Meinungsverschiedenheit sprühst du Funken. Kannst du denn nicht ein wenig freundlich gegen mich sein?« Er zitierte aus einem Gedicht von Li Po:

»Bei Wind und Regen, o welche Freude, Schiffsgenossen zu haben,
Und Leben erflehend, erheben zum Mondlicht wir unsere Schalen mit Wein.«

»Suyin, wenn ich dich nicht zu sehr beschütze, wenn ich nur

wünsche, immer bei dir zu sein ... willst du dann meine Frau werden? Es wird ja nicht für lange sein; ich werde wahrscheinlich bald fallen.« Und Pao versuchte tragisch auszusehen.

»Oh, lieber nicht!«

Paos Gesicht strahlte: »Dann möchtest du viele Jahre mit mir zusammen sein, fürs Leben? Man kann nie sagen, wie lange das dauert. Han Suyin, wollen wir heiraten?«

Auf den vorbeihuschenden Schirmen, auf den Regenmänteln der Polizisten an der Ecke, auf den Autos und dem nassen Pflaster glänzte das Licht der Straßenlaternen. Es nieselte, es war mehr Nebel als Regen. Mit den Händen in den Manteltaschen standen wir da und starrten uns an. Ohne einen Kuß, ohne daß sich unsere Hände berührten, gaben wir uns das Versprechen. Möglicherweise, da wir Chinesen waren, machten wir eine steife kleine Verbeugung. Wir hatten ein sehr feierliches Gefühl. Pao und ich hatten uns verlobt; wir waren beide etwas erschrocken darüber. Wir hatten ein Vorurteil gegen die Ehe gehabt, weil wir gefürchtet, daß sie unserer Arbeit in China hinderlich sein könnte. Aber hier, unter dem regenverschleierten Licht an einer Londoner Straßenecke, wurde uns bewußt, daß unsere Arbeit ohne einander hohl und bedeutungslos sein würde. Obwohl wir uns nun, ohne unsere Familie zu fragen, verlobt hatten, wollten wir auf ihren Segen warten, ehe wir uns vermählten. Unsere Tradition war gegen eine übereilte Eheschließung. In mir kam auch der Wunsch auf – vielleicht war es sentimental –, mein neues Leben mit Pao zu Hause in China zu beginnen. Zwei, drei Wochen später waren wir unterwegs nach China, auf einem kleinen, französischen Dampfer, auf dem das Essen ungewöhnlich schlecht war. Die ersten beiden Tage war das für mich nicht wichtig, ich war seekrank. Am dritten Tag, als ich erschöpft und bleich in meinem Deckstuhl lag, wußte Pao nichts Besseres für mich zu tun, als mir sehr kleine, sehr harte, sehr unreife Äpfel zu bringen, die er sich vom Lunch aufgespart. Gehorsam schluckte ich sie hinunter, mit gräßlichen Folgen ...

Hinter uns geriet Europa in einen Wirbelsturm, der es in den Krieg stürzen sollte. Hitler hatte Österreich annektiert und streckte seine Hand nach dem Sudetenland aus. Die Tschechoslowakei und Polen sahen sich in ihrer neuen, hart erkämpften Freiheit bedroht. In England verteilte man unter unseren Freunden Gasmasken. Wir waren glücklich, heimreisen zu können, solange die Schiffe noch ungehindert die Meere befahren konnten.

Drittes Kapitel

ZWISCHENSPIEL IN HONGKONG

Im Hafen von Hongkong zogen schwere, schmutzig-graue Wolkenbänke über den Himmel und das Meer. Die Luft war schwül und drückend, und im mattschimmernden Wasser spiegelte sich ein dumpf brütender Himmel. Im Nordosten stiegen die steilen Berge des Festlandes jäh aus dem Meer empor, die Berge von China; am Fuß der Berge, deren Gipfel in die Wolken reichten, breitete sich wie ein riesiger Ameisenhaufen Hongkong mit seinen engen Straßen und unordentlichen Mietshäusern aus.

Es war der 30. September und mein Geburtstag. Ich wurde einundzwanzig Jahre alt. Es schien mir von besonderer Bedeutung, denn nun war ich volljährig. Ich war kein träumendes Mädchen mehr, als Frau kam ich nach China zurück, bereit, am Geschick meines Vaterlandes meinen Teil mitzutragen.

September 1938. – Die Welt hat allen Grund, an dieses Datum zu denken. Am Tag vor unserer Landung wurde der Vertrag von München abgeschlossen. Extrablätter, die im Dock verkauft wurden, brachten in den Schlagzeilen die Berichte: Frieden in Europa ... Ein so kurzer unsicherer Friede! China hätte bei Ausbruch seines Krieges einen ähnlichen Aufschub haben können, wenn es die nördlichen Provinzen und einen großen Teil seiner Freiheit preisgegeben hätte. Aber wir wußten, was das Wort eines Angreifers wert ist.

Unser Schiff kroch in das Dock auf der Seite von Kaulun, jenseits der Bucht, an der die Inselstadt Hongkong liegt. Dies war Kontinental-China, durch Pachtvertrag britisches Territorium, aber nichtsdestoweniger China. Von Kaulun lief der Schienenstrang westwärts, durchbrach die kahle felsige Bergkette, die den Hafen umschloß, ein schlankes silbernes Doppelband, der Weg nach Kanton und Hankau, die lebenswichtige Nachschublinie des Krieges. Als wir das Schiff verließen, standen wir auf chinesischem Festland. Unsere Wünsche flogen landeinwärts. Zögernd kehrten wir uns von der Eisenbahn und den Bergen ab und bestiegen die Fähre nach Hongkong. Wir sind in der Heimat und doch nicht daheim. Rings um uns ist China, das bunte Gewimmel des chinesischen Lebens: braune vertraute Gesichter, die anmutigen langen Gewänder der Männer und Frauen; Aushängeschilder in unserer schönen kalligraphischen Schrift. Wir sahen die ersten Flüchtlinge. Britische Verfügungen schafften hier einen neutralen Kreis, der Sicherheit gewährte. Aber wir suchten nicht die Sicherheit. Wir waren gekommen, um unsere Pflicht zu erfüllen. Hongkong war nur eine Etappe auf unserem Weg.

Ängstlich und gierig griffen wir nach den Zeitungen: Nachrichten aus Hankau, Frontberichte. Hankau, unser Ziel, die Hauptstadt während des Krieges, mit dem Generalstab und dem Generalissimus, und in Gefahr, vom Feind eingeschlossen zu werden. *Er* war dort, Tschiang Kai-schek, der vor keiner Gefahr zurückschrak. Unter seiner Führung hielten die Armeen Chinas die würgende Schlinge der japanischen Truppen zurück. Eine entscheidende Schlacht war im Gange, und wir waren nicht dabei! Wir *mußten* Hankau erreichen – als ob wir das entscheidende Gewicht auf der Waage wären! Wir lächelten über unsere jugendliche Torheit. Aber wir mußten weiter. Damals noch ohne Grund, nur aus der nüchternen Überlegung heraus, daß dort unsere Aufgabe auf uns wartete, die Sache, um derentwillen wir zurückgekommen waren. Wir mußten Hankau erreichen, und schnell, es hätte sonst zu spät und die Straße nicht mehr offen sein können ...

Schon jetzt war der Weg voller Hindernisse. Kanton, das

Tor zum freien China, war täglich das Ziel der Bombengeschwader. Man konnte sich dies im sicheren Hongkong kaum vorstellen. Und fast täglich griffen die Japaner die Eisenbahn an, bombardierten Züge, Brücken und Dörfer, die an der Linie lagen. Arbeitstrupps waren dauernd in Bereitschaft und besserten die schlimmsten Schäden in wenigen Stunden aus und hielten den Zugverkehr aufrecht. Aber der Hauptbahnhof von Kanton war so schwer zerstört, daß schon seit einem Monat keine Züge mehr ausfahren konnten. Der Munitions- und Versorgungsnachschub funktionierte noch einigermaßen, aber der Personenverkehr war so unregelmäßig und gefährlich, daß nur wenige Leute zu reisen wagten. Auch mit den anderen Verkehrsmitteln war es nicht besser. Die Buslinien waren eingestellt, weil die Straßen unbefahrbar waren. Flugbillette waren nicht zu bekommen.

Mit schwerem Herzen starrten wir auf die Schranke der schweigenden Berge. In dieser Notlage wandten wir uns an unsere Freunde und Verwandten, die erste und letzte Zuflucht jedes Chinesen. Unsere Freunde, unsere Onkel und Vettern, die Freunde unserer Freunde, die Verwandten unserer Freunde und die Freunde unserer Verwandten werden im Verlauf dieser Erzählung immer wieder auftauchen. Pao hatte in ganz China Freunde, ihre Zahl ging in die Hunderte. So kann ich gleich hier die merkwürdige Art der Freundschaft, wie man sie in China auffaßt, erklären.

Nirgends in der ganzen Welt sind persönliche Beziehungen so wichtig und so bindend wie in China. Verwandtschaft und Freundschaft sind die beiden Grundsteine der sozialen Struktur Chinas – Freundschaft, durch irgendwelche zufällige Begegnungen entstanden; Verwandtschaft, ausgespannt bis in die entferntesten Grade.

Die »Große Familie« ist eine Einheit in China. Die ganze Sippe wohnt in einem Haushalt zusammen, unter zusammengeschachtelten Dächern, in vielen miteinander verbundenen Höfen, die die »Hohe Halle« umgeben, in der die Tafeln der Ahnen verehrt werden. Die »Große Familie« kann durch Auswanderung, Krieg oder Geschäftsverpflichtungen noch so verstreut sein, die Söhne und Töchter bis in die dritte Generation, auch wenn sie im Exil geboren sind, können sich jederzeit auf das Haus ihrer Familie berufen, und selbst nach hundert Jahren noch dürfen sie eines freundlichen Empfangs gewiß sein. So ist auch meine Heimat in Pihsien, einer Stadt in Sze-tschwan, obwohl ich in Honan geboren wurde und in Peking gelebt habe und wahrscheinlich Sze-tschwan nie gesehen hätte, wenn ich nicht durch den Krieg nach dem Westen getrieben worden wäre.

Unter den breiten Dächern der »Großen Familie« wohnen jederzeit Gäste. Es mögen entfernte Verwandte sein – ein »Onkel« vielleicht, der ein Halbvetter deiner zweiten Stiefmutter dritten Grades ist. Es können »trockene Brüder und Schwestern« sein, Kinder anderer Familien, die sich vor den Ahnentafeln deines Haushalts einmal verneigt und Geschenke dargeboten und sich durch diese Zeremonien selbst unter den Schutz des Hauses gestellt haben. Von da ab haben sie dieselben Vorrechte wie die Blutsverwandten. Sie mögen Freunde sein oder auch Freunde, die mit Empfehlungsschreiben von deinen Freunden kommen. Sie können auf Gastfreundschaft rechnen, solange sie sie brauchen.

Freunde gewinnt man beinahe unwillkürlich wie Verwandte, und das Band ist ebenso eng. Wenn du in einen Klub oder in ein Geschäft eintrittst, im Ausland studierst oder in einem Büro arbeitest, sind alle, die in diesen Unternehmungen mit dir zusammen sind, per se deine Freunde. Ganz besonders bindend sind die Beziehungen zwischen ehemaligen Schülern. Sie nennen sich Brüder. Alle, die je Kadetten der Militär-Akademie waren, sind Paos geschworene Brüder. Sie mögen sich nie gesehen haben, aber allein die Tatsache, daß sie im selben Gebäude gewohnt und auf demselben Exerzierplatz gedrillt worden sind, macht sie zu Kameraden.

Der Kodex der Freundschaft ist streng. Man darf seinen Freund nie im Stich lassen. Selbst wenn er als Lump bekannt ist, leiht man ihm Geld, ermutigt ihn und hilft ihm Arbeit zu finden. Wenn er seine Frau prügelt, und sie kommt mit ihren

Klagen zu deiner Frau gerannt, verurteilt man ihn nicht, sondern versucht zu vermitteln und seine häuslichen Schwierigkeiten einzurenken. Fast jede Schwierigkeit findet durch die Freundschaft eine Lösung. Wenn man ein teilnehmendes Ohr für seine Klagen braucht, finanzielle Hilfe bei einem Kauf, einen Gast zu einem Festessen, ein Darlehen, eine Empfehlung für eine Stellung oder den Einfluß für politische Förderung, die Bekanntschaft mit einer jungen Dame, eine Fahrkarte für Zug, Omnibus, Flugzeug oder Schiff, wenn keine mehr zu haben ist, dann wendet man sich an seine Freunde. In einem Rechtsstreit darf man sich nicht auf seine gerechte Sache verlassen, man sucht vielmehr einen Freund, der durch Heirat der Vetter eines Mannes ist, der den Richter kennt, dann kann man sich darauf verlassen, daß der Prozeß günstig verlaufen wird. Ein Kriegsherr vermied es sogar, seinen Feind völlig zu vernichten, weil er sich erinnerte, daß sie in ihrer Jugend dieselbe Schule besucht hatten. Das ist das weitreichende System der Freundschaft, das sowohl für vieles Gute als auch für das Üble in unserem gesellschaftlichen Leben verantwortlich ist.

Wir kamen nach Hongkong als Fremde in eine fremde Stadt, und wie durch eine magische Kraft tauchten überall Freunde auf. Freunde, die wir seit Jahren nicht mehr gesehen hatten, begrüßten uns auf der Straße. Sie luden uns zum Essen ein, und doch wußten wir, daß ihre Einkünfte durch hohe Steuern schwer belastet waren. Wir konnten uneingeschränkt über ihre Zeit und über ihre Gastfreundschaft verfügen. Durch den Krieg waren sie nach Hongkong verschlagen worden, einige als Flüchtlinge, andere als Angestellte der Regierung, an die Eingangspforte zum freien China. Wir hatten sie zuletzt in Peking oder Tientsin gesehen. Wir hatten die Anmut ihrer entzückenden geräumigen Häuser gekannt und ihr behagliches Leben geteilt. Hier begegneten wir ihnen wieder, ihrer Ländereien und ihres Reichtums beraubt und dazu gezwungen, in kleinen, überfüllten Zimmern in Hongkong zu hausen. Aber sie hatten sich die innere Spannkraft und die weise Philosophie unserer Rasse bewahrt und machten aus ihren ärmlichen Verhältnissen, was zu machen war.

Unser Rettungsengel war ein gewisser Fu Hsing-sen, ein Freund von Paos Verwandten, ein beherzter und aufrichtiger Mann, der früher ein blühendes Import- und Exportgeschäft geführt hatte. Sein Vermögen war vom Krieg verschlungen, er hatte alles seinem Lande geopfert und arbeitete jetzt im chinesischen Geheimdienst. Mit seiner Frau und fünf jungen Söhnen lebte er in einer kleinen Zweizimmerwohnung hoch oben am Bergabhang. Er hieß uns willkommen, als wären wir seine Kinder, die er verloren und wiedergefunden hatte; er kümmerte sich um unsere sechs großen Koffer, drückte uns sein Bedauern aus, daß er uns wegen seines beschränkten Raumes nicht selbst aufnehmen könne, und führte uns in ein gutes Hotel, das unserem Geldbeutel entsprach.

Mit Empfehlungsschreiben von Fu Hsing-sen ausgestattet, suchten wir seine Freunde auf, die uns vielleicht behilflich sein konnten. Gespannt gingen wir von Büro zu Büro, von Freund zu Freund, nahmen jeden kleinsten Hoffnungsfaden auf. Überall wurden wir gut aufgenommen und teilnehmend angehört. Wir schlürften unzählige Schalen Tee, aßen Süßigkeiten, trafen bezaubernde Leute, kamen aber unserem Ziel keinen Schritt näher. Auf unseren Wanderungen trafen wir andere, die auch um jeden Preis nach Hankau gelangen wollten. Wir machten gemeinsame Sache mit ihnen und lasen noch manche auf, die sich uns anschlossen. Wir erwogen die Möglichkeit, einen Omnibus zu mieten, aber diese Hoffnung erlosch sogleich wieder, denn Straßen und Brücken waren bombardiert, so daß wir – wenn überhaupt – erst in vierzehn Tagen Hankau erreicht hätten. Alle Leute waren aufrichtig bemüht, uns zu helfen, aber nichts führte zu einem Resultat. Erschöpft von der ergebnislosen Suche und vier Stunden zu spät kamen wir am Abend im Restaurant zum »Goldenen Drachen« an, wo uns Fu Hsing-sen mit seiner Familie zum Essen erwartete. Die fünf kleinen Buben mußten vor Hunger ganz schwach geworden sein, verrieten sich aber mit keiner Miene, als ihr Vater unsere Entschuldigungen mit einer leichten Handbewegung und der üblichen höflichen Redensart abwies: Aber es ist noch früh, noch ganz früh.

Den ganzen langen Tag hatten wir uns keine Ruhe gegönnt, und doch konnte ich der Versuchung nicht widerstehen, diese letzte Gelegenheit zum Einkaufen zu benutzen. Die Läden in Hongkong stellten Waren aus der ganzen Welt zur Schau – und wir waren auf dem Weg ins Innere, wo wir von jedem Überfluß ganz abgeschnitten sein würden. Das »Wing On«-Warenhaus, ein Bau mit Rokokotürmchen und riesigen Spiegelglasscheiben bot wunderschöne, handgestickte Damenwäsche an. Pao schaute mir etwas unbehaglich zu, während ich einige Stücke auswählte; es war wohl das erste Mal, daß er mit einem Mädchen Einkäufe machte. Ich fragte ihn bei der Auswahl um Rat, aber er war zu nichts nütze, er befingerte den weichen Crêpe de Chine und murmelte: »Wirst du nicht frieren in diesem Zeug? Es sieht nicht sehr dauerhaft aus.« Dann wanderte er umher und vertiefte sich in eine Auslage von Uhren. Als ich zu ihm trat, betrachtete er eine winzige Platinuhr mit einem Kettenarmband: »Würdest du diese wählen?« fragte er. Sie war entzückend, das schönste Stück der ganzen Auswahl. Er schloß sie um mein Handgelenk: »Zu deinem Geburtstag!« sagte er.

Es war zugleich mein Brautgeschenk, denn in England waren wir durch die Vorbereitungen zu unserer Reise zu aufgeregt gewesen, um an den üblichen Austausch von Geschenken zu denken. Wäre unser Verlöbnis auf korrekte, chinesische Weise zwischen unseren Familien arrangiert worden, so hätten je zwei Träger so viele und so reiche Geschenke, wie sie den Verhältnissen unserer beiden Familien entsprachen – Rollen schwerer Seide, goldene Ringe, gestickte Wandbehänge, Vasen, Lackarbeiten – auf lustig bemalten Servierbrettern durch die Straßen getragen und mit Flöten- und Zimbelmusik das Ereignis angekündigt. Aber in der Art Paos, wie er mir das Armband um mein Gelenk schloß, war etwas, das mir wirklicher schien als alle Zeremonien mit ihrem Gepränge.

Während der drei Tage unseres vergeblichen Suchens in Hongkong wurden wir sehr vertraut mit der eigentümlichen Stadt – ein graues altes victorianisches Geschäftszentrum, mit verstaubten Backsteinbauten, aus denen Arkaden und Galerien als Zugeständnis an die Tropen herauswachsen, das in ein Labyrinth von bunten unordentlichen chinesischen Straßen hineingeschoben war. Leichtgebaute zwei- und dreistöckige Gebäude ziehen sich, eng aneinandergedrückt, meilenweit hinaus. Rikschas mit Wagenrädern liefen mit tutenden Autos unbekümmert um die Wette, und kleine Tramwagen ruckelten die Schienen entlang, und die kleinen, braunen Südchinesen bevölkern die Straßen und Landungsplätze. Ein Wirrwarr vieler Sprachen hob sich vom Hintergrund des Stakkato des Kantoneser Dialekts ab. Alle Zungen der südlichen Küste – Ningpo – Hinghoa — Futschau —, der langsamere, weichere, nördliche Mandarinakzent und alle Sprachen Europas mischten sich in der tausendfältigen Stimme Hongkongs. Die Stadt war gedrängt voll mit neuen Ankömmlingen: reiche Chinesen, die in das neutrale Gebiet flüchteten, um ihren Reichtum zu erhalten; Flüchtlinge, die nur das nackte Leben gerettet hatten; Regierungsbeamte, die die verwickelten Geschäfte der Anleihen und Vermittlungen führen mußten; Spione aller Nationen; Männer, die etwas verkaufen wollten oder etwas zu kaufen suchten. Der Krieg in China, irgendwo hinter den braunen Bergen auf der Kaulunseite, spiegelte sich in dem Tempo von Hongkong, gleich dem stoßenden Pochen einer überlasteten Maschine.

Das war China, sosehr sich dieses Gedränge und diese Hast auch von dem würdigen Rhythmus Pekings unterschied, das wir gekannt hatten. Mit unserer Rückkehr nach China (obwohl wir bis jetzt nur an die Schwelle gelangt waren), indem wir uns von dem Leben, zu dem wir gehörten, wieder absorbieren ließen, wurde unser Aufenthalt in England zu einer unwirklichen Erinnerung, zu einer undeutlichen Skizze, zu einem Traum, der sich beim Erwachen verflüchtigt. Jene Jahre waren wie ausgelöscht. In unserem Denken und Fühlen waren wir unserer frühesten Jugend im Norden näher; als ob es erst gestern gewesen sei, daß wir am Kanal entlanggingen, unter den grau-grünen Weiden, die sich unter der schweren Hitze beugten. Wir waren wieder eifrig und ungeduldig wie jene Kinder, frühreif und doch jung, voller Mut und Ideale, überzeugt, daß die Welt im Grunde gut ist, und vom Ruhm unseres Vaterlandes, das nur uns und unsere Generation brauchte, um alles wieder in Ordnung zu bringen.

Drei Tage verloren wir in Hongkong, ohne der Lösung unseres Problems näherzukommen. Es zeigte sich keine Lücke in der Mauer von Widerständen, die uns an unserer Weiterreise nach Hankau hinderte. Doch die Lösung kam ganz unerwartet – ein gutes Omen für das Glück, das uns bei unseren gemeinsamen Unternehmungen stets begleitete. Fu Hsing-sens Stimme am Telefon: »Ich habe gehört, daß heute ein Zug um vier Uhr nachmittags nach Kanton fährt, wahrscheinlich der letzte, der durchfährt bis Hankau.« Wir dankten ihm eilig und rannten zum Bahnhof. Wir wagten es kaum zu glauben. Zu oft war unsere Hoffnung enttäuscht worden. Aber diesmal war es doch wahr! Als wäre es das Selbstverständlichste von der Welt, verkaufte uns der Schalterbeamte eine Fahrkarte erster Klasse nach Hankau. »Ja, um vier Uhr, der grüne Expreß, ein guter Zug.« Wir rasten ins Hotel zurück, um zu packen; nur Handgepäck konnten wir mitnehmen. Rasch wählten wir aus, was wir am nötigsten brauchten. Dann kam Fu Hsing-sen, eifrig bemüht, uns zu helfen. Mit unseren Handkoffern setzten wir auf der Fähre über und stürmten zum Bahnhof. Fu Hsing-sen begleitete uns und schenkte uns noch Früchte und Süßigkeiten zum Abschied.

Der Zug stand im Bahnhof. Wir betraten unser Abteil. Vor dem Fenster stand unser lieber Fu Hsing-sen, die Abfahrt des Zuges abzuwarten. Ängstliche Minuten der Unsicherheit dehnten sich zu einer Ewigkeit. Ich sah auf meine Uhr, es war schon halb fünf. Ich schaute nach den kärglichen Bäumen vor dem Bahnhof, nach der Insel Hongkong jenseits der Bucht, die uns so vertraut geworden war. Die Minuten zogen sich hin, es war beinahe fünf Uhr. Wir waren allzu optimistisch gewesen, gleich würde es heißen: »Heute nicht mehr, auch morgen nicht, ein Bruch auf der Strecke, Bombenangriff!« Wir würden enttäuscht ins Hotel zurückgehen ... Dann kam ein Ruck vorwärts. Die Bäume glitten langsam vorbei. Für einen Augenblick hielt das freundliche Gesicht von Fu Hsing-sen mit dem Wagen Schritt, lächelte, dann entschwand es in der Ferne. Wir lehnten uns aus dem Fenster und winkten dem Bahnhof, der Bucht und der Insel einen Abschiedsgruß zu, sanken dann auf unseren Sitz zurück und überließen uns mit entspannten Gliedern dem Rhythmus des fahrenden Zuges.

Rasch kamen wir den Bergen näher; das saphirblaue Meer ließen wir hinter uns. Die Berge öffneten sich und schlossen sich wieder und verwehrten uns den Blick auf Hongkong. Wir waren auf dem Weg nach Hankau!

Die untergehende Sonne warf lange goldene Lichtpfeile und blaue Schatten. Die Dämmerung sank gleich unwirklich grauen Wolken hernieder. Im Zwielicht fuhren wir durch eintönige niedrige Hügel und gelbbraune Getreidefelder. Jenseits von Kanton blieb der Zug lange Zeit mitten in den Feldern stehen. Wir stiegen aus und gingen die Schienen entlang. Es war die einsamste Stunde des sinkenden Tages; die Grillen zirpten; ein warmer Wind umspielte uns, und ein verschwommener Halbmond segelte hoch oben im trüb-grauen Himmel, klein, wie ein Teil einer aufgebrochenen Orange. Wir sprachen kaum. Wir sahen in Gedanken noch die starren Ruinen der Bahnhöfe und Dörfer, die sich mit ihren zackigen Umrissen gegen den blassen Himmel abzeichneten, und die ineinandergeschobenen Trümmer der Rangierbahnhöfe von Kanton. Am Morgen würde sich unsere jugendliche Begeisterung wieder behaupten, aber an den Abenden fühlten wir uns alt und erfüllt von der uralten Traurigkeit, die dem Chinesen eigen, und wir verstanden, ja teilten sogar ein wenig den weitverbreiteten ruhigen Fatalismus unseres Volkes.

Mitten in diese abendliche Stille schrillte plötzlich die Lokomotive. Wir stiegen rasch ein und gingen durch den Zug zu unserem Abteil. Die Abteile waren fast leer. Die meisten Mitreisenden hatten den Zug in Kanton verlassen. Es waren nur noch fünf Reisende in der ersten Klasse und sieben in der zweiten. Es gab keine dritte Klasse; Frauen sah man überhaupt nicht. Ängstlich und zweifelnd fragten wir uns, ob ein so schwach besetzter Zug auch weiterfahren würde? Vielleicht brachte man die Eisenbahnen ins Innere des Landes. Drohte neue Gefahr? Eine Invasion auf Kanton?

Es gab keinen Speisewagen, der Zugkellner brachte uns das Nachtessen in unser Abteil; es war schmackhaft, aber staubig. Ich verbrachte die Nacht in einem unbehaglichen Halbschlaf und verfolgte bange das oftmalige Halten und Abfahren, die endlosen Aufenthalte und lauschte auf den hohen Ton, wenn die Räder vorsichtig und zögernd über die Brücken rumpelten. Die ganze Nacht blies der warme, staubige Wind über die Ebene von Zentral-China.

Am zweiten Abend kamen wir in Jongtschou an, einem wichtigen Eisenbahnknotenpunkt, wo sich die Linie Kanton-Hankau mit der Eisenbahn nach dem südlichen Kweiling kreuzt. Bis Hankau wären es normalerweise nur ein paar Eisenbahnstunden gewesen, wir aber brauchten noch vier Tage.

Viertes Kapitel

FESTLICHKEITEN IN HANKAU

Der Bahnhof Jongtschou und die umliegenden Felder und Straßen waren ein wogendes Meer graugekleideter Soldaten. Sie schlenderten die Schienen entlang und grinsten durch die Fenster unseres Zuges herein. Sie standen in trägen Gruppen herum, lagen ausgestreckt auf den Bahnsteigen, hockten auf der Erde und dösten, den Kopf in die Arme vergraben – Soldaten, wo man hinblickte, und alle warteten mit unendlicher Geduld. Viele von ihnen trugen Verbände, schmutzig und blutbefleckt, um Arme, Beine und Köpfe. Es war kein Lärm, nur ein ununterbrochenes Gemurmel vieler Stimmen. Diese Soldaten waren Hunanesen, sehr kräftig und mit guter Haltung. Sie starrten uns mit ausdruckslosen Augen an, als wir den Bahnsteig auf- und abgingen. Erschöpfung und das Wissen um Gefahr zeichnete sich auf ihren Gesichtern ab, und unter ihren gleichgültigen Blicken kamen wir uns wie Kinder vor.

Pao gesellte sich zu einer Gruppe von Offizieren, die sich etwas abseits stehend unterhielten, und fragte, wo sie gewesen seien? Hankau. An der Front. Sie hatten einen Monat in der vordersten Linie gestanden. Ja, heftige Kämpfe. Die Japaner kamen näher an Hankau heran. Sie hatten alles – Tanks, Flugzeuge, schwere Artillerie, bessere Ausrüstung. Aber wir hatten ihnen zehn Monate standgehalten. Nach einem kurzen Urlaub mußten diese Männer an die Front zurück.

Ein magerer kleiner Hauptmann mit kühnen Falkenaugen gab seine Frage zurück: »Woher kommen Sie?«

»Wir kommen vom Ausland zurück.«

»Wohin wollen Sie?«

»Nach Hankau, um mich zum Dienst zu melden.«

»Sie sind nach Hankau zurückgekommen, wenn Sie im Ausland hätten bleiben können? Sie sind sehr tapfer, und ich bin stolz, Sie kennengelernt zu haben.«

Wäre es ironisch gemeint gewesen, hätten wir es ertragen können, aber seine aufrichtige Bewunderung beschämte uns, wir hatten bis jetzt noch nichts geleistet.

Die Lokomotive wurde von unserem Zug abgehängt. Wir lagen verlassen auf den Schienen. Diese Nacht würden wir nicht nach Hankau weiterfahren. Trompeten weckten uns im Morgengrauen. Es waren nicht die scharfen befehlenden Töne der Tagwacht, sondern ein unsicheres blökendes, langausgezogenes Tremolo, das einzelne Trompeten ausstießen. Dann versuchten sie alle, leider aber nicht im Einklang, sondern jede unabhängig von der anderen, einen hohen Ton zu halten, und vereinten sich in einem verzweiflungsvoll stöhnenden Chor. Die kleinen Trompeter stehen vor Tagesanbruch auf, um zu üben; dies ist ihre Stunde. Fleiß ist ihre einzige Tugend.

Die graue Morgendämmerung enthüllte dieselbe graue geduldige Horde, die rings um den Bahnhof biwakierte. Riesige Kessel mit Gemüsesuppe und dampfendem Reis wurden herausgebracht und von den Soldaten umdrängt. Alle schöpften große Schüsseln voll heraus und verschlangen das heiße Essen mit Behagen. Nun ging die Sonne auf. Die Läden in der Straße wurden aufgemacht. Gegen zehn Uhr ertönte Fliegeralarm. Die Läden wurden eiligst wieder geschlossen. Die Soldaten ergriffen Gepäck und Gewehre, formten sich in Reih und Glied und marschierten aus der Stadt hinaus. Unsere Lokomotive kam mit Volldampf angebraust und führte unseren Zug auf ein Seitengleis in Sicherheit, weit hinaus ins Feld, wo die Passagiere unter Büschen und Bäumen Schutz finden konnten. Als Pao und ich allein waren, hatten wir keine Angst. Aber andere suchten besorgt den Himmel nach Fliegern ab und bedeckten sich mit Zweigen und Blättern zur Tarnung. Sie hatten Bombenangriffe in Kanton erlebt. Uns schien das alles sehr merkwürdig, aber nachdem wir später in Kweiling und Tschung-king Fliegerangriffe mitgemacht hatten, begriffen wir ihre Angst. Stunden vergingen, und es kamen keine Flugzeuge; wir wanderten zum Zug zurück, Es gab kein Essen und kein Trinkwasser mehr, und wir mußten uns mit den Früchten und Süßigkeiten begnügen, die uns Fu Hsing-sen zum Abschied geschenkt hatte.

Zurück nach Jongtschou. Dieselben Soldaten, zurück von ihrem Marsch, warteten immer noch auf ihren Zug. Jeden Morgen ertönten dieselben langweiligen Trompeten. Den ganzen Tag fuhren Züge mit Flüchtlingen nach Süden. Wir sahen ihnen nach, wir konnten nicht sprechen. Wir konnten nur die Fäuste ballen und zusehen, wie unsere Landsleute an uns vorbeifuhren, vertrieben von ihren zerstörten Höfen, heimatlos. Paos Lippen waren fest zusammengepreßt, und winzige Fältchen bildeten sich rings um seine Augen.

Zwei Tage und zwei Nächte in Jongtschou schienen uns ein endlos langer Aufschub. Aber wir hatten unseren Wagen erster Klasse fast ganz für uns. Wir hatten eine weiche Schlafgelegenheit und Schutz vor dem kalten Sprühregen, der am Nachmittag des zweiten Tages begann. Wir schämten uns unserer Ungeduld, hatten wir es doch so bequem im Vergleich zu den Flüchtlingen in ihren Viehwagen und den Soldaten unter freiem Himmel. Kurz bevor unser Zug sich endgültig in Bewegung setzte, um Jongtschou zu verlassen, kam ein Zug für unsere Freunde, die Soldaten aus Hunan. Ich war froh. Wenn wir abgereist wären, und sie hätten noch warten müssen, würden sie in meiner Erinnerung für immer in dem eisigen grauen Regen warten. Nun wußte ich sie auf dem Weg zu ihrem wohlverdienten Urlaub und konnte meine Sorge um sie vergessen.

Zwanzig Stunden brauchten wir für die kurze Strecke von Jongtschou nach Hankau. Wir kamen nur im Schneckentempo vorwärts. Wir wurden auf Nebengleise verschoben, um die südwärts fahrenden Flüchtlingszüge und die nordwärts fahrenden Militärzüge durchzulassen. Bei Fliegeralarm wurde gehalten. Aber endlich, an einem sonnigen Nachmittag, genau fünf Tage, nachdem wir Kaulun verlassen hatten, fuhren wir in Wutschang ein.

Da, wo der Hanfluß in den Jangtse mündet, liegen drei Städte, durch die Flüsse voneinander getrennt – Wutschang, Hankau und Hanjang – und bilden zusammen die Stadt Wuhan, die große Industriezentrale Chinas. Wuhan, die Brutstätte der Revolution, wo 1911 die Republik proklamiert wurde, ist jetzt während des Krieges die chinesische Hauptstadt. Es hat nichts vom Charme einer alten würdevollen, wehmütig-lieblichen Stadt wie Peking, noch den hellen Glanz neugeprägter Münzen wie Nanking mit den anspruchsvollen neuen Regierungspalästen; Wuhan ist grimmig und rauh und plagt sich in harter Arbeit, in Schweiß und Schmutz in der glühendheißen Sommersonne und in der kalten, durchdringenden Feuchte des Winters. Der unbegreiflich riesige Jangtse, Sohn des tausend Meilen entfernten Ozeans, windet sich durch die Wuhanstädte, kupferbraun und trübe von der roten Erde des Westens, die er mit sich reißt in seinem wilden Lauf durch das gebirgige Sze-tschwan. Hier in der Ebene von Zentralchina breitet er sich zu einer grenzenlosen Wasserfläche aus, die sich nach Süden erstreckt bis in den Pojangsee, und ist in Wuhan so breit, daß man das andere Ufer nicht mehr erkennen kann. Das südliche Ufer von Wuhan war von Bomben völlig zerstört. Aber Hankau, durch ausländische Konzessionen geschützt, erschien uns, als wir mit der Fähre übersetzten, noch unberührt. Die großen Gebäude am Ufer waren unbeschädigt. Die Schiffe, die in den Docks verankert lagen, wurden in der üblichen Betriebsamkeit geladen und gelöscht. Die ausländischen Konsulate am »Bund«, riesige altmodische Herrschaftshäuser mit schönen Gärten, schienen in ihrer beschaulichen Ruhe nichts von einem Krieg zu wissen.

In den Straßen, im freundlichen Schein der Herbstsonne, kauften Frauen und Kinder große weiße Mondkuchen, denn dieser Tag, nach dem westlichen Kalender der achte Oktober, war nach alter chinesischer Rechnung der »fünfzehnte Tag des achten Monats« und somit das Mondfest. In allen Häusern wurde an diesem Abend gefeiert. Die Reichen deckten festliche Tafeln und luden ihre Freunde ein.

Die Armen, die nur dreimal im Jahr Fleisch zu kosten bekommen, würden heute Fleisch essen. Vor den Familienaltären würden Weihrauch und Kerzen angezündet werden. Die Menschen würden durch die Gärten und Straßen wandern, zur Begleitung der Flötenmusik singen und glücklich sein in des weißen Mondes Schönheit. In dieser einen Nacht wollten sie die Bedrohung durch die Bombenflugzeuge vergessen, denen das helle Licht des Vollmondes den Weg zeigt.

Wir lassen uns durch das Menschengewühl treiben. Hier herrscht keine fiebrige Lustigkeit wie in einer bedrohten Stadt, sondern glückliche Zufriedenheit. Man sagte uns, daß ein Befehl zur Evakuierung der Stadt erlassen worden wäre, aber auf dem »Bund« – der breiten Straße am Flußufer – bewegte sich ein ununterbrochener Strom von Menschen, die umherschlenderten, die Lichter der großen Dampfer betrachteten und das silberne Zittern des Mondlichts auf dem Wasser. Ganze Familien, Männer und Frauen – die Frauen mit Blumen im Haar – gingen mit ihren Kindern spazieren. Hankau ist für uns die letzte Insel des Vorkriegs-China, wie wir es von früher kannten, das China der Meerküste, reich, liebenswürdig, gelassen. Sie sagen, der Feind rückt näher, aber jedermann ist so sicher, so vertrauend. Nichts wird geschehen, vorläufig wenigstens, im Lauf der nächsten Monate noch nicht. Es sind so viele Menschen in den Straßen, sie kaufen Süßigkeiten, sie lachen, sie genießen das Mondlicht im Chungshan-Park, sie drängen sich in die Kinos und Theater. Nirgends ein Zeichen der Furcht oder Unruhe. Nichts kann hier passieren – Hankau in der elften Stunde, so lange schon bedroht, im Dezember 1937 als verloren aufgegeben und jetzt noch sicher und heiter unter dem Licht des Mondes im Oktober 1938 ...

Am nächsten Tag meldete sich Pao im Hauptquartier. Er erhielt sofort sein Offizierspatent und wurde dem Generalstab zugeteilt. Das bedeutete das Hinterland, nicht die Front, und Pao war enttäuscht. Er hatte gehofft, daß man ihn zuerst an die Front schicken würde. Aber seine Vorgesetzten erklärten, daß er mit seinen Sprachkenntnissen und seiner Spezialausbildung im Hauptquartier wertvollere Arbeit leisten könne.

»Eine Art Büroposten!« sagte Pao wütend.

Heimlich, und halb gegen meinen Willen, freute ich mich, daß er nicht sofort an die Front mußte. Wir blieben zusammen, wir konnten heiraten! Und während Pao noch über sein Pech schimpfte, plante ich schon unsere Hochzeitsfeier.

Wenn ich auf dem Schiff in jenen fernen Tagen unserer Heimreise an die Hochzeit dachte, konnte ich mir nie ein Bild machen, wie sie sich in Einzelheiten oder auch nur in Umrissen gestalten würde. Die Vorstellung eines neuen und aufregenden Lebens zu zweit, als Mann und Frau in China, fiel mir nicht schwer. Aber für die wirkliche Hochzeitsfeier hatte keines von uns einen Plan gemacht. Ich dachte an Peking, immer nur an Peking – ich hätte mir nie als Hintergrund diese brodelnde, vom Krieg durchrüttelte Stadt Hankau vorgestellt. Ich träumte von einer Heimkehr in das Haus am Kanal in der Verbotenen Stadt; dort würden wir nochmals das vergnügliche sorglose Leben in der Hauptstadt des Nordens genießen. Aber Pao hatte seine Zweifel: Peking – besetztes Gebiet ... »Es wird lange dauern, bis Peking zurückerobert ist«, sagte er. So gab ich zur Antwort: »Dann irgendwo – in Kanton, Hankau, es kümmert mich nicht, es ist alles China – die Heimat!«

Ich dachte an die Hochzeiten, die ich als Kind gesehen hatte, mit dem ohrenbetäubendem Lärm von Feuerwerken, von Trommeln und Zimbeln und dem Gedudel der Blasinstrumente; ich sah die vielen scharlachroten Seidenbehänge, Herren und Damen in schweren Gewändern aus Brokat und Seide – aber Pao und mich konnte ich mir dabei nicht vorstellen. Ich hätte mich auch nicht als echte chinesische Braut, als eine Unbekannte, die von seinen Eltern ausgesucht worden war, in rotem Schleier (Rot ist die Farbe der Freude) in einer lustig geschmückten Sänfte zu ihm tragen lassen können. Und noch absurder erschien mir das Bild einer modernen Shanghaier Braut, in Samt und Flittergold und einem zehn Meter langen Tüllschleier, den kleine rosa gekleidete Mädchen hinter mir hertragen würden.

Vielleicht sollten wir an einer Massentrauung teilnehmen, wobei die Regierung als Trauzeuge auftrat. Wir würden im Zug aufmarschieren, und die Blechmusik würde patriotische Weisen spielen. Unser Jawort würden wir im Chor mit dreißig oder vierzig anderen Paaren geben und uns mit unseren Gästen und denen der anderen Paare zu einem gut vorbereiteten Festmahl niedersetzen. Nein! Das wäre wohl patriotisch und wirtschaftlich, aber es wäre nicht unsere Hochzeit.

Ich wünschte mir eine Hochzeit, an die wir einmal gern zurückdenken würden, die mir innerlich etwas bedeuten sollte. Pao war kein Christ, aber als ich ihm sagte, wie ich es mir wünschte, stimmte er zu. Ich wollte, daß wir bei der Mission von Hankau christlich getraut würden. Es sollte eine stille, einfache Hochzeit werden, und nur wir beide, der Missionar und zwei bis drei Freunde als Zeugen sollten teilnehmen.

Ich erzählte Pao von meiner neuen Arbeit. Während er sich zum Dienst gemeldet hatte, war ich in einem Krankenhaus gewesen und hatte mich als freiwillige Helferin angeboten. Das Personal hatte sich sehr gelichtet. Manche waren mit ihren Familien weggezogen, andere hatten sich beim Roten Kreuz gemeldet, und es fehlte an Pflegerinnen. Täglich wurden verwundete Soldaten und Verletzte von Fliegerangriffen gebracht, so daß freiwillige Helferinnen willkommen waren. Ein paar ausländische Ärzte waren dageblieben, und auch die Oberin, Miss James, eine Engländerin. Sie war sehr groß, mindestens sechs Fuß groß, und hatte eine gebieterische Art. Ich kam mir neben ihr wie ein kleines Mädchen vor. Ich sagte ihr, daß ich in London ausgebildet worden wäre; so wurde ich ohne weitere Formalitäten angenommen und gleich an die Arbeit gesetzt.

Der 10. Oktober – ein Feiertag! Es ist der größte Feiertag im neuen China. An diesem Tag – dem »doppelten Zehnten« – war im Jahre 1911 die Republik gegründet worden, hier – hier in Wuhan! Das Denkmal für die Toten von 1911 steht unversehrt und ragt schlank und hoch über die Ruinen von Wuhan hinaus. Hier ist die Geburtsstätte von Chinas Freiheit. Wo sonst könnte man den Tag stolzer begehen als hier?

Am Abend segelte der abnehmende Mond durch die dünnen, silbrigen Wolkenflöckchen, die sich wie silberne Fischschuppen ausnahmen. Die staubige Luft war mit einer Erregung geladen, die im Kontrast stand zu der sanften Heiterkeit und dem ruhigen Wohlbehagen des Mondfestes. Das Gelächter war schrill, jäh aufklingend und erschreckend. Statt der sanft klagenden Flöten ertönten Blechmusik und Trommeln, Hurrarufe und Marschlieder. Umzüge mit Laternen und Fackeln paradierten durch die Straßen. Die Buben der Jugendverbände zogen in Kolonnen vorbei und schrien ihre Schlagworte: »Kampf bis zum Tode! Haltet Wuhan! Nieder mit den Feinden!« Der Schrei wurde von der Volksmenge aufgenommen und weitergegeben, bis er in den Seitenstraßen verebbte. Zurückkehrende Fronttruppen und Ersatztruppen, auf dem Wege zur Front, marschierten durch die Kianghan Straße, Hankaus Hauptverkehrsader. Sie konnten nicht feiern und ausruhen. Kanonen und Munitionswagen fuhren durch die Stadt und wurden von der Menge bejubelt. Alle Handwerkerzünfte machten einen Umzug, jede Gruppe mit den Werkzeugen ihres Handwerks, die Kaufleute mit dem Rechenbrett, die Schreiner mit Hammer und Säge, die Maurer mit Meißel und Maurerkelle. Riesige Wagen schwankten vorbei, mit lebensgroßen Modellen von Flugzeugen und Tanks, mit symbolischen Figuren des Friedens und des Sieges – eines mit dem hochragenden, mehr als drei Meter hohen Bildnis des Generalissimus. Die Leute gerieten außer sich vor Begeisterung, überglücklich und des Sieges sicher!

Das war nicht mehr das China, das ich gekannt hatte, das Land der umgänglichen vernünftigen Menschen, die nicht leicht erregbar und zu scheu sind, um ihre Gemütsbewegungen zu zeigen. Das waren nicht mehr die gelassenen Gelehrten, die praktischen Kaufleute, die sich jeder auch noch so korrupten Regierung fügen. Diese Menschen hier in Hankau waren tief aufgerührt, leidenschaftlich bewegt, gespannt. Es war der Krieg, der das meinem Volk angetan hatte. Wir waren geeinigt und entschlossen wie noch nie, unser Freiheitswille war erwacht.

Während wir den Paraden zusahen, hielt ein Auto vor der Bank von China. Eine magere Gestalt in Uniform stieg aus, ging die Treppe hinauf, drehte sich einen Augenblick um und warf einen Blick über die Menge, ohne von ihr bemerkt zu werden. Eine auffallend einfache Uniform, ein markantes klares Gesicht im Licht des Mondes und der Fackeln, mit dem charakteristischen langen, scharfgeschnittenen Kinn, der hohen glatten Stirn und den tiefliegenden Augen. Pao erkannte ihn augenblicklich: der Generalissimus!

Tschiang Kai-schek blieb auf der Treppe stehen. Als die Menge ihn bemerkte, wurde ein Murmeln hörbar, dann tiefe Stille, und dann plötzlich ein Brausen, wie das Brausen eines sturmgeschüttelten Waldes – »Weih Yuan Chang! Wei Yuan Chang! Lieng-hsiu wan sui!« »Generalissimus – er lebe zehntausend Jahre!« Der Mann, dem sie zujubelten, stand hochaufgerichtet, dankte mit einem ernsten Lächeln, verbeugte sich und verschwand in dem Gebäude.

Wir trieben weiter mit der erregten Menge, und als wir müde wurden, betraten wir ein Theater; es wurde »Haltet Wuhan« gespielt. Das Spiel der Schauspieler blieb weit hinter der Kunst zurück, wie wir sie in Peking gesehen hatten. Die modernen Kostüme und die abgehackt unrhythmische Sprache kamen uns fremd und etwas derb vor. Aber die Zuhörer applaudierten bei jeder patriotischen Anspielung mit solchem Eifer, daß kaum etwas zu verstehen war. Mitten in der Szene wurde ein neuer Sieg bekanntgegeben, und die Menge wurde rasend vor Freude. Hankau wird gerettet, Wuhan wird gehalten!

Draußen schien ein großer gelber Mond, die blassen silbernen Wolken hatten sich verflüchtigt. Es war wundervoll, zu leben und hier zu sein in dem freien China und die leidenschaftliche Begeisterung zu teilen. Pao und ich zusammen, und rings um uns her unser Land, wir mit ganz China zusammengeschweißt durch das Leid, die Opfer, den Ruhm und das Blut, das in der Verteidigung der Freiheit vergossen ward. Heute nacht war unsere Furcht verschwunden. Es gab Zeiten, in denen wir bekümmert und unsicher waren, erschüttert durch Angst vor der Zukunft und dem Grauen vor dem Unbekannten, das uns erwartete. Aber unsere Furcht war vorbei. In uns stieg eine Kraft empor, gerade, groß und machtvoll, gleich dem Strahl einer Fontäne. Dies war der Augenblick der Offenbarung, der Erfüllung, auf den wir all die vergangenen Jahre zugestrebt hatten. Wir hatten Vertrauen in unser Schicksal erlangt, und wir konnten unseren Weg furchtlos weitergehen.

Binnen dreier Tage waren Pao und ich von einer neuen anstrengenden Aufgabe erfaßt worden, wir arbeiteten den ganzen Tag, nur die Abende gehörten uns. Wir waren keine Fremden mehr in Hankau; auf der Straße, im Restaurant oder im Theater trafen wir stets Freunde und Bekannte, die sich aus ganz China hier zusammengefunden hatten. Eines Abends wollte mich Pao seinem Onkel vorstellen. General Tang war seit dem Tode von Paos Vater der Patriarch der Familie, er sollte mich kennenlernen und Paos Wahl gutheißen. Er war der Chef einer wichtigen Abteilung im Generalstab und einer der meistbeschäftigten Männer in China, ein ruhiger Mann in den besten Jahren, von schlankem Wuchs und einer angeborenen, imponierenden Würde. Er sah überarbeitet aus, und man spürte, daß er in einer großen dauernden Anspannung lebte. Vom gemeinen Soldaten hinauf bis zum Generalissimus waren die Militärpersonen die schlechtbezahltesten Leute in ganz China, sie mußten die meiste Arbeit leisten und die größten Opfer bringen. Für einen jungen Mann wie Pao war das nicht schwer, wohl aber für die Älteren, die Haus und Vermögen verloren und für eine große Familie zu sorgen hatten.

General Tang empfing uns in der ihm eigenen, zurückhaltenden, aber herzlichen Weise. Ich hatte dieser Begegnung etwas ängstlich entgegengesehen, aber durch seine natürliche und liebenswürdige Art verlor ich meine Befangenheit. Er war ein

Mann von wenig Worten. Man gewann sein Vertrauen nicht leicht, aber in Zeiten der Not konnte man sich unbedingt auf ihn verlassen, was wir noch erfahren sollten. Für seine dienstlichen Leistungen lehnte er alles Lob ab und überließ den leeren Ruhm anderen; er war es zufrieden, daß die Arbeit getan ward. Er war der Vertreter von Paos Familie, die sich seit Jahrhunderten zu der Tradition des alten chinesischen Begriffs von Ehre und Rechtschaffenheit bekannte. Mit einem Augenzwinkern und einem kleinen Lächeln über unsere Ungeduld erzählte er uns von den neuesten Ereignissen: die letzten zwei Tage war der Kampf stetig und verbissen weitergeführt worden. Ganz zufriedenstellend. Aber auf der anderen Seite ist es vielleicht nicht notwendig, Wuhan zu halten ...

Wir waren sprachlos. Wir konnten es nicht verstehen, denn diese Möglichkeit hatten wir nicht einmal in Erwägung gezogen. Ich wenigstens hatte mir ein fest umgrenztes Gebiet vorgestellt, das um jeden Preis gehalten werden müßte und dessen Verlust eine Katastrophe und völlige Niederlage bedeuten würde. Mit ruhiger gleichmäßiger Stimme fuhr General Tang fort: »Dieser Krieg wird sehr lange dauern, und ihr habt noch nicht begriffen, welche Strategie wir betreiben müssen. Wir haben reichlich Zeit, wir haben reichlichen Raum, reichliche Kräfte, reichliche ...«, wieder lächelte er über unsere Verwirrung; dann wechselte er das Thema und versprach, als erster Trauzeuge zu unserer Hochzeit zu kommen.

Nun blieb noch die Frage des zweiten Zeugen zu lösen. Pao erfuhr, daß sein Freund Ah Huang zur Zeit in Wuhan sei, und wir suchten ihn auf. Ah Huang war Kantonese, aber in Kanada geboren und aufgewachsen. Bei Ausbruch des Krieges gab er seine einträgliche Stellung als Ingenieur in einer Flugzeugfabrik auf, reiste auf eigene Kosten nach China und war momentan damit beschäftigt, Reparaturwerkstätten in der Nähe des Flugplatzes einzurichten. Wir fanden Ah Huang in seiner Wohnung im Bett, trotz des heißen Tages unter Wolldecken vergraben und von Malaria geschüttelt. Mit klappernden Zähnen begrüßte er uns heiter: »Wo kommt ihr denn her, wann seid ihr angekommen?« Unser Mitgefühl wehrte er lachend ab: »Ich muß nur genügend Chinin in mich hineinstopfen, nächste Woche bin ich O. K.« Wir waren enttäuscht, nächste Woche war es zu spät: »An welchem Tag? Am Fünfzehnten?« Er zählte an seinen Fingern ab: »Heute schüttelt es mich, morgen nicht, übermorgen schüttelt es wieder, am folgenden Tag nicht – es kann klappen.« Aber war es nicht zu anstrengend für ihn, aus dem Krankenbett zu einer Hochzeit zu kommen, ganz abgesehen von einem Hochzeitsessen? »Ach keineswegs, ich gehe sowieso jeden zweiten Tag in die Werkstätte, ihr könnt auf mich rechnen.«

Freunde hatten uns eine Empfehlung an Dr. Kent im Missionshaus gegeben. Wir suchten ihn auf, um ihn zu bitten uns zu trauen und um mit ihm die Zeit zu vereinbaren. Äußerlich fiel das Missionsgebäude nicht weiter auf, es war ein kleines zweistöckiges Backsteinhaus mit seinem Garten, von einer Mauer umgeben. Der Stil und die Einrichtung waren typisch für so viele Missionshäuser in China, unbestimmbare Farben, die Wände weiß oder leicht gelblich getüncht, Teppiche, Sofas und Lehnstühle abgenutzt und verblichen. Aber die Zimmer wirkten freundlich durch die vielen Blumen – Chrysanthemen, weiße und rote Rosen und frühe Narzissen – und hier und dort eine chinesische Bilderrolle oder eine schöngeformte Vase.

Dr. Kent war ein großer hagerer Mann, noch jung, mit einem schmalen ruhigen Gesicht und grauen Augen. Er sprach langsam, und seine Stimme war freundlich und gut zu verstehen. Wir setzten die Stunde der Trauung auf halb vier am Nachmittag des nächsten Tages fest.

Im Krankenhaus sagte ich Miss James, daß ich unbedingt einen Tag wegbleiben müßte. Unter ihrem forschenden Blick wurde ich brennend rot. Ihre Augen fragten: Ist das eine Ausrede? Werden Sie uns auch verlassen? Stotternd erklärte ich, daß ich am nächsten Tag bestimmt wiederkommen würde, weiß aber nicht, ob sie mir glaubte. Denn nichts war sicher, man konnte sich auf niemand verlassen. Es war eine eigenartig zusammengewürfelte Gruppe, über die sie herrschte. Ein paar ausgebildete Pflegerinnen und eine Reihe nicht geschulter Helferinnen, denen viel zuviel Verantwortung aufgebürdet wurde für ihre geringe Erfahrung; und der Rest freiwillige Kräfte, mit oder ohne medizinischer Ausbildung. Mit diesem Häuflein Personal mußte Miss James das Krankenhaus leiten und dafür sorgen, daß die Patienten richtig versorgt wurden.

Überall gingen Gerüchte um. Die Pflegerinnen flüsterten auf den Korridoren miteinander und wiederholten die wilden Geschichten, die sie vom Hörensagen kannten. Am nächsten Morgen, wenn wir zur Arbeit antraten, fehlten stets einige. Von einer plötzlichen Panik erfaßt, liefen sie ohne Kündigung davon. Andere blieben und gingen mit verbissenen Gesichtern ihrer Arbeit nach und wollten sich nicht einschüchtern lassen. Aber dann tauchten neue Gerüchte auf, und nach ein oder zwei Tagen wurden auch sie schwankend.

Am hellen Tag verflüchtigten sich die Gerüchte. Hankau war uneinnehmbar. Schon so lange rannte der Feind dagegen an, und es hielt sich immer noch. Es gab keinen Grund, warum es nicht weiterhin standhalten sollte. Aber am Abend bei schwachem Licht, wenn die Patienten schliefen (tatsächlich schliefen sie nicht, sie stöhnten und warfen sich ruhelos herum), breitete sich die Angst wieder aus, und wir dachten wieder an die entsetzlichen Berichte, die Frauen und Mädchen von der Plünderung in Nanking erzählt hatten; behütete wohlerzogene Frauen, denen man jede Schmähung angetan hatte. Der Ring, den der Feind, von drei Seiten kommend, um die Stadt zu ziehen trachtete, schien sich immer enger zu schließen, dann, im Halbdunkel, stellten wir uns vor, was geschehen könnte, wenn Hankau fiele und wir zu lange gewartet hätten, um noch zu entkommen ...

Paos Pflichten führten ihn überall hin – in die verschiedenen Büros des Generalstabes, nach Wutschang auf dem gegenüberliegenden Flußufer, und zu den Verteidigungsanlagen. Er brachte Nachrichten mit zurück, die noch nicht freigegeben waren für die Zeitungen: »Die Japaner sind in der Bias-Bucht gelandet. Sie marschieren auf Kanton«, sagte er mit ausdrucksloser Stimme. Fast hätte man denken können, er konstatiere ein alltägliches Ereignis, wenn nicht die Worte so langsam und mit Anstrengung herausgekommen wären. So ist es immer, wenn wir von Niederlagen und Rückzügen sprechen. Wir sind ganz sachlich. »Die Verteidigung von Shanghai ist zusammengebrochen; Nanking ist verloren«, und berichten Neuigkeiten in möglichst wenig Worten, finden uns mit den Tatsachen ab, äußerlich unbewegt. Aber wenn ein Sieg verkündet wird, lassen wir unserer Erregung freien Lauf. Wir brechen in wilde Hurra-Rufe aus, wenn ein unwichtiges Dorf, ein strategisch nebensächlicher Punkt zurückerobert werden. Und wir werden irrsinnig vor Freude über einen Sieg wie von Taiertschuang oder Kulunkwan, der erfolgreichen Verteidigung von Tschangscha, der Wiedereinnahme von Nanking. Daran erkennt man unsere wahren Gefühle und mag erraten, was in unseren Herzen vorgeht, wenn wir ruhig konstatieren: »Kanton wird aufgegeben.«

Kanton, das Tor zum Freien China! Mit dem Ausfall der Eisenbahn verloren wir unsere letzte Verbindung mit der Küste. Welche Hoffnung blieb uns dann noch? Nach dem ersten Schrekken begann man mit praktischen Überlegungen. Da waren noch die reichen inneren Provinzen. Da war noch die Schmalspurbahn nach Indochina und die lange beschwerliche Straße durch die Wüste Gobi nach Rußland. Der Bau der Burmastraße durch die wilden, südwestlichen Berge wurde mit allen Mitteln beschleunigt. Wir waren noch nicht geschlagen, noch hatten wir Hilfsquellen!

Pao brachte noch mehr Neuigkeiten: »Der Generalstab plant, Hankau zu verlassen!«

Ich war wie vor den Kopf geschlagen: »Warum? Warum denn nur? Hielten die Linien nicht mehr stand? Würden wir Wuhan nicht halten können?«

In derselben barschen Art erklärte Pao: »Wir sind nicht geschlagen, dies ist keine wilde Flucht, aber die Verteidigung Wuhans kostet zuviel, wir müssen jetzt mehr denn je haushalten mit unseren Reserven. Das Oberkommando hat einen strategischen Rückzug angeordnet, die Pläne sind ausgearbeitet, neue Stützpunkte sind eingerichtet, jede Regierungsstelle wird aufrechterhalten, um den Rückzug zu decken.«

»Aber kein Mensch ahnte etwas davon – die Leute waren fest überzeugt, daß die Städte gehalten würden. Die Regierung konnte nicht alles ohne Warnung preisgeben!«

»Man wird es ihnen mitteilen. Sie sind auch schon gewarnt worden. Man hat schon vor längerer Zeit die Evakuierung der Zivilbevölkerung angeordnet. Wenn sie es nicht glauben und nicht gehorchen wollen, ist das ein Fehler der Regierung? Industrien und Fabriken hat man schon mit ihren Arbeitern fortgebracht. Man will denjenigen, die gehen wollen, jede mögliche Hilfe angedeihen lassen. Aber wenn jetzt eine Panik ausbräche, würde das die Truppenbewegungen behindern und unsere Absicht dem Feinde verraten.«

»Pao, wann?«

»Ich weiß es nicht, bald!«

Aber nichts hatte sich geändert! Plakate — »Haltet Wuhan!« — verbreiteten von jeder leeren Mauer, von jeder Plakatsäule herab Zuversicht unter den Leuten. Die Menschen schlenderten in der warmen Herbstsonne den »Bund« entlang und sahen dem Laden und Löschen der Schiffe zu. Die Stadt war geschäftig und fröhlich und voll von Menschen, Kinder, Frauen mit Blumen im Haar, Kaufleute in der Tür ihres gutgehenden Ladens – sie waren alle noch da. Und in kurzer Zeit... »Bald«, sagte Pao ... Wochen? oder Tage ... Es war furchtbar, etwas zu wissen, was die anderen nicht wissen. Die Last dieses geheimen Wissens bedrückte mich so sehr, ich konnte es nicht fassen. Nur wenn ich mit Pao zusammen war und mit ihm sprechen konnte, versank alles in den Nebel eines furchtbaren Alptraums, zu phantastisch, um wahr zu sein.

Dann kam unser Hochzeitstag. Das Sonnenlicht lag golden über dem Fluß, und die Luft war von einer zauberhaften Klarheit. Genau das Wetter für einen Fliegerangriff, aber gerade jetzt konnte ich mir Fliegerangriffe gar nicht vorstellen. Ich hatte den ganzen Vormittag frei. Ich ging auf dem »Bund« spazieren und freute mich über alles: über die Bäume in der Allee, über den Gesang der Träger, die beim Laden der Schiffe tätig waren: hee-ja, hee-ja! Über die rasch vorbeigleitenden Rikschas und Autos, über das ganze wimmelnde alltägliche Leben der Stadt. Man hätte niemals geglaubt, daß feindliche Kräfte die Stadt einzuschließen drohten.

Bei einem Blumenhändler kaufte ich kleine weiße Rosen und süßduftende Narzissen und kehrte in mein Hotelzimmer zurück, um einen Strauß zu binden. Mein neues Kleid aus bescheidener dunkelblauer Seide lag ausgebreitet auf meinem Bett. Ich hielt die Blumen gegen die starke dunkle Farbe – elfenbein, perlfarben, gegen das Blau, wunderschön! Ein kleines Büschel weißer zarter Narzissen befestigte ich in meinem Haarknoten, nahm aber alles bis auf zwei Blüten wieder heraus; ich fürchtete, es könnte zu auffallend aussehen, denn die Frauen aus Paos Familie liebten nur das Dezente.

Pao hatte den ganzen Vormittag Dienst beim Generalstab getan. Ich hatte noch Zeit, ehe ich ihn zum Lunch traf. Ich ließ mir durch den Zimmerkellner seine Stiefel bringen, denn ich hatte gesehen, wie oberflächlich sie im Hotel gereinigt wurden. Mit brauner Schuhcreme und Eifer wichste ich sie auf, wenn sie auch nicht den englischen Glanz der Sandhurst-Tage erreichten.

Um ein Uhr kam Pao zurück, und wir gingen zusammen zum Essen. Wir waren merkwürdig gehemmt, wir empfanden beinahe eine Scheu voreinander. Wir heuchelten Ungezwungenheit und sprachen viel und lebhaft. Ich fragte ihn nach den Ereignissen seines Vormittages. Er bewunderte die Blumen in meinem Haar und meinte, ein paar Blüten mehr würden wirkungsvoller sein. Wenn unsere Augen sich trafen, vergaßen wir, was wir gesagt hatten und blieben mitten im Satz stecken ...

Es war nun beinahe drei Uhr und Zeit, daß wir uns nach dem Missionshaus auf den Weg machten. Ich hatte mich so zurechtgemacht, daß ich hoffte, vor den Augen von Paos Familie, in der Person seines Onkels, General Tang, bestehen zu können. Genügend, aber nicht zuviel Rot auf Wangen und Lippen, aber immer noch wenig genug. Ah Huang kam, um uns abzuholen, und ich ging ihm die Treppe hinunter entgegen und hielt meinen Strauß mit beiden Händen fest. Pao kam aus seinem Zimmer, gestiefelt und gespornt, mit allen Abzeichen seines neuen Ranges, aber barhäuptig. Er hielt seine Mütze widerwillig von sich ab: »Diese Mütze – unmöglich! Grün! Sie paßt zu meinem Khaki wie Gras zu Korn.«

In China gibt es keine einheitliche Färbung der Uniform. Wir haben eine angeborene Abneigung gegen alle Vorschriften. Deshalb durchlaufen die einzelnen Teile einer Uniform oft eine ganze Farbskala vom blassen Gelb über Orange, Khaki, Grasfarben bis zum dunklen Stechpalmengrün. Paos Mütze war nie im selben Farbbad gewesen wie seine Uniform. »Deine alte Mütze«, schlug ich schüchtern vor.

»Aber die vorgeschriebene Form ist verändert worden; sie ist auch zu gelb und paßt nicht zu meiner Galauniform. Deshalb bestellte ich eine neue. Der Schneider war unterrichtet, hat auch versprochen, die richtige zu liefern; und nun schickt er mir in der letzten Minute das.«

Die Sache war wichtig. Ein Offizier kann nicht barhäuptig ausgehen; es ist unmöglich. Eine Mütze *muß* er haben, und Pao ist nicht der Mann, der mit den Umständen einen Kompromiß schließt. Nichts außer der genau passenden Mütze würde der Ehre des Anlasses Genüge tun. »Geh du voraus mit Ah Huang«, sagte er. »Ich werde euch dort treffen und unterwegs noch eine Mütze kaufen. Es muß doch Läden geben.« Und fort war er.

Ah Huang und ich nahmen Rikschas und begaben uns zu der Mission. Dr. Kent begrüßte uns, und im ersten Augenblick meinte er, mein Begleiter sei Pao. Dann merkte er mit einiger Verwunderung, daß es nicht derselbe junge Mann war, der mich das letzte Mal begleitet hatte. Ich kam ihm zu Hilfe, stellte Ah Huang vor und erklärte: »Mein Verlobter muß noch eine Mütze kaufen.«

»Ach so, ja natürlich«, stimmte Dr. Kent mir zu, als ob das etwas Alltägliches wäre, und führte uns in sein Studierzimmer.

Wir hatten kaum das Haus betreten, als Fliegeralarm ertönte. Ich war noch nicht an die Sirenen gewöhnt, an die Hast, mit der die Menge Schutz suchte, wie augenblicklich jeglicher Verkehr stillstand, und an die unheimliche Stille, die sich über die leere, sonnige Straße breitete. Dr. Kent und Ah Huang, unbeteiligt, unterhielten sich, und ich stand am Fenster und schaute hinaus. Meine weißen Rosen welkten langsam, meine Hände waren zu warm, und ich legte den Strauß neben mich auf den Stuhl. Die festgesetzte Stunde unserer Trauung kam heran – und ging vorüber. Ich glaube nicht, daß ich mich ängstigte; die ausländischen Konzessionen von Hankau waren noch nie verletzt worden, aber ich kam mir ziemlich verloren vor.

Eine Stunde ging vorbei. Ich lernte die Zimmereinrichtung auswendig – die geweißten Wände, ein blaues Sofa, zwei Lehnstühle, ein Pult mit einer Schale voller Rosen, eine Uhr auf dem Kaminsims (besonders die Uhr mit den Zeigern, die sich niemals weiter zu bewegen schienen), daneben Vasen mit weißen Blumen. Ich sah zu, wie die Schatten des Gartentores und der Mauer allmählich über die verlassene Straße krochen. Die helle fröhliche Atmosphäre des Tages verwandelte sich langsam in eine schale Eintönigkeit, abgemessen durch das langsame Ticken einer Uhr und das ungeduldige Pochen meines eigenen Pulses.

Um fünf Uhr kam die Entwarnung. Die Sirenen zerrissen jäh und schrill die bedrückende Stille, und bevor der langsam abebbende Ton verklungen war, belebte eine stoßende, drängende Menschenmenge die Straße. In einem Augenblick war wieder alles normal, lärmend und frei.

General Tang erschien und entschuldigte sich wegen dieser unvermeidlichen Verspätung. Aber Pao kam nicht. Es war mir, als schauten mich alle etwas verlegen und fast mitleidig an. Es ist möglich, daß sie dachten, Pao hätte vielleicht seine Meinung geändert und sich entschlossen, mich nicht zu heiraten. Ich sorgte mich nicht. Wir bauten gegenseitig auf unser Vertrauen.

Als die Uhr auf dem Kaminsims sechs schlug – nur zweieinhalb Stunden zu spät –, bog eine Rikscha um die Ecke und hielt am Gartentor des Missionshauses. Zuerst wurde eine schöne neue Khakimütze sichtbar. Dann schaute Pao zu uns herauf, und ein strahlendes Lächeln überflog sein Gesicht, als er uns alle aus dem Fenster lehnen sah. Dr. Kent eilte die Treppen hinunter, um ihn zu begrüßen, und Ah Huang kurz hinter ihm. Man hörte das Geklapper von Schuhen, die die Treppe heraufkamen. Nur General Tang und ich blieben in ruhiger Haltung sitzen und warteten. Selbst wenn ich gewollt hätte, wäre es mir unmöglich gewesen, Pao entgegenzugehen, so sehr zitterten meine Knie. Pao trat ein, ganz unbekümmert. Ein kleiner Lachteufel tanzte in seinen Augen, als er sich mit mir durch einen belustigten Blick über die offensichtliche Erleichterung der anderen verständigte.

Es wurde dunkel. Sie zündeten Kerzen an. Dr. Kent öffnete seine Bibel ...

Das war unsere Hochzeit. Bei Kerzenlicht. Dr. Kent sprach langsam und ruhig die feierlichen, gedankenschweren Worte der Trauformel. Pao und ich bemühten uns, ruhig und gerade aufgerichtet vor ihm dazustehen, aber wir zitterten vor Erregung und wünschten, einander festhalten zu dürfen (aber das wäre nicht würdig der Stunde gewesen). Unser Herz pochte, und es verschlug uns den Atem, so daß wir kaum antworten konnten, als es von uns erwartet wurde: »Ich will« (»Natürlich«, fügte Pao leise hinzu). Als er einen flachen Goldreifen mit seinem eingravierten Namen an meinen Finger steckte, zitterten unsere Hände. Dr. Kent schenkte jedem von uns eine kleine Bibel. Er hatte unsere Namen und einen Glückwunsch hineingeschrieben.

Ich nahm mir vor, meine als einen Talisman aufzuheben, aber ich verlor sie im nächsten Frühjahr bei einem Fliegerangriff in Tschung-king. General Tang breitete nun die beiden Heiratsurkunden auf dem Pult aus, sie mußten unterschrieben und mit unserem persönlichen roten Siegel versehen werden. Diese erforderliche Einzelheit war mir entfallen, aber Pao hatte sich im letzten Augenblick daran erinnert und die zwei Stunden während des Fliegeralarms in der Werkstätte eines Siegelschnitzers zugebracht. Nun zog er die beiden kleinen Holzsiegel hervor, in dem einen sein und in dem anderen mein Name eingeschnitzt. Nach uns unterzeichneten und siegelten auch die Trauzeugen die Dokumente. Als General Tang sie in kleine Rollen aufwickelte und sie uns gab, und ich meine in den Händen hielt – diesen gesetzlichen Vertrag in der überlieferten Form, der so alt ist wie die chinesische Kultur –, wußte ich, daß ich nun die von der Familie anerkannte Frau von Pao war.

Wir fuhren mit unseren Gästen – General Tang, Dr. Kent, Ah Huang und zwei oder drei Freunden – durch die von

Millionen elektrischer Kugellampen und hellflammender Neonröhren erleuchteten Straßen zu dem berühmten Kantoneser Restaurant Kuan Sun Yuan, um das für jede chinesische Hochzeit — ob arm oder reich — unerläßliche Festmahl einzunehmen. Paos Onkel, ein Kenner guter Speisen und Weine, hatte das Menu ausgewählt. Für ein Festessen war es bescheiden, aber wir saßen eine ganze Stunde bei Tisch und ließen uns Gericht um Gericht schmecken. Ich war merkwürdig hungrig – keine echte chinesische Braut alten Stils, die nach herrschendem Brauch drei Tage lang kein Essen angerührt hätte. Wir saßen noch an der Tafel, als Pao ans Telefon gerufen wurde. Er kam zu uns zurück, ernst und mit gerunzelter Stirn; er hatte den Befehl bekommen, sich am nächsten Vormittag um neun Uhr bei Marschall Pai Chung-hsi zu melden.

»Aber sein Hauptquartier liegt am anderen Ufer des Jangtse und Meilen darüber hinaus«, rief Ah Huang. »Du kannst unmöglich um neun Uhr dort sein, wenn du nicht noch heute abend nach Wutschang übersetzest.«

»Heute abend«, wiederholten wir verdutzt. Wir sahen uns bestürzt an.

»Heute abend mit der Acht-Uhr-Fähre«, sagten sie. »Am Vormittag geht kein Schiff, das früh genug drüben wäre.«

»Dann eben vor Tagesanbruch«, sagte Pao.

Erkundigungen ergaben, daß die erste Fähre früh um vier Uhr zwanzig abfuhr. Wir verabschiedeten uns, verließen das Restaurant etwas ernüchtert und fuhren in unser Hotel. Dem Portier gaben wir den Auftrag, uns um vier Uhr früh zu wekken.

Unsere Zimmer wiesen eine erstaunliche Einrichtung auf. Das eine Zimmer, groß wie ein Bankettsaal, enthielt drei Tische, sechzehn Stühle, ein Riesenbett, in dem vier dicke Männer bequem Platz hätten, eine Menge Sofas, Fenster und Moskitonetze. Das andere Zimmer, von normaler Größe, war mit Möbeln jeglicher Art vollgestopft. Die Wasserleitung im Badezimmer machte die ganze Nacht einen Lärm wie Bombenflugzeuge.

Von unserem Fenster sah man auf die Kianghan-Straße. In

der Ferne konnten wir den Fluß erkennen. Die Nacht war sogar noch lauter, belebter und staubiger als der Tag. Der Lärm der Stadt drang zu uns herauf – Radio- und Grammophongedudel, das Gerassel der Rikscha-Gongs; Gelächter, Rufen, laute Stimmen; das schlurfende Geräusch marschierender Truppen, die Sandalen tragen, so sehr verschieden von dem harten Aufprall harter Lederabsätze auf dem Pflaster. Ganz von fern der schrille Pfiff eines Flußdampfers, der zu den Häfen des oberen Jangtse unterwegs ist...

Ich hatte mein blaues Hochzeitskleid zusammengefaltet. Auf dem Tisch lagen die beiden kleinen Holzsiegel, die kleine Uhr, die Pao mir in Hongkong geschenkt hatte, die Narzissen meines Straußes in einer Schale und die Heiratsurkunden, die bezeugten, daß alles wirklich wahr war. »In zehn Jahren«, sagte Pao, »wenn dieser Krieg vorbei ist, halten wir nochmals Hochzeit, und in den folgenden Jahren immer wieder, solange wir leben. Eine Hochzeit ist ein so reizender Brauch. Und unsere Kinder sollen dann auch dabeisein, denke ich mir.« Wir lachten zusammen, ist es nicht unsinnig, so glücklich zu sein?

Die ganze Nacht das Gerumpel des Verkehrs, der Mißklang des Stimmengewirrs unter unseren Fenstern – ich wußte nicht, ob ich geschlafen hatte –, der Lärm ging immer weiter in meinen schweren Träumen, bis ich mich durch das Klopfen an der Tür und den Schein des elektrischen Lichtes in das Erwachen zurückkämpfte. Pao war schon aufgestanden und zog sich an. Ich kroch aus dem Bett, entschlossen, mich anzuziehen und ihn zur Fähre zu begleiten. Aber ein Schauer, mehr seelischer als körperlicher Art, ließ mich erzittern, und meine Zähne schlugen heftig aufeinander. Es war noch nicht Tag, und die flammenden roten und gelben Lichter, die immer noch brannten, erzeugten einen fahlen Lichtschein am Himmel, als stünde die Stadt in Flammen. »Geh wieder zu Bett, Suyin«, befahl Pao streng. Er hüllte mich warm in meine Decken ein, küßte mich und war verschwunden. Ich lag da, immer noch zitternd, während neue Stimmen auf der Straße schrien, der rote Schein langsam erlosch und sich an den Fenstern Vierecke eines kalten, grauen Morgenlichtes abzeichneten. Allein...

Fünftes Kapitel

RÜCKZUG AUS WUHAN

Die Luft war eisig an jenem Morgen, und es blies ein rauher scharfer Wind. Der Altweibersommer des Oktober war vorbei. Aber es war nicht nur der Wetterumschlag, es war noch etwas anderes, ein vages, besorgniserregendes Gefühl rundum. Es war nicht mein heimliches Wissen um den Fall Hankaus, das mich diese Dinge spüren ließ, sondern die Leute ahnten etwas; ein Flüstern ging durch die Stadt, viele teilten jetzt mein Wissen. Die Läden waren nicht mehr so stark besucht, manche wurden geschlossen und wendeten der Straße leere, mit Holzbrettern vernagelte Fassaden zu. Aus den Fenstern des Krankenhauses sah ich der beginnenden Abwanderung zu. Die Menschen schleppten ihre spärliche Habe in Bündeln und Körben, die an den Enden eines Bambusjoches festgeschlungen waren. Sie gingen fort. Ein geduldiger Zug bewegte sich, um der Invasion zu entrinnen.

Auf die Schiffe, die nach Itschang und Tschung-king am oberen Jangtse fuhren, warteten lange Schlangen von Passagieren. Die südwärts fahrenden Züge waren schon seit Wochen mit Flüchtlingen überfüllt. Wer gezögert hatte, fand keine Fahrgelegenheit mehr, alles war auf Monate hinaus ausverkauft. Sie begaben sich zu Fuß auf den langen Marsch nach dem Westen, beladen mit ihrem kärglichen Hausrat, führten ihre Kinder an der Hand oder trugen sie auf dem Arm. Bei dem Anblick zog sich mein Herz zusammen.

So war es schon im Norden gewesen, als ich noch ein Kind war und eine Hungersnot das Land heimsuchte. Drei Jahre lang war damals kein Regen gefallen. Alle Getreidevorräte waren aufgezehrt. Die Leute aßen alles, sogar Baumrinden. Selbst ihre treuen Haustiere hatten sie schlachten müssen; das Blut des letzten Wasserbüffels hatten sie getrunken. Und am Ende, als nur noch der Kannibalismus als Alternative blieb, entschlossen sich diejenigen, die noch gehen konnten, zum Auszug. Sie taumelten unter ihren Lasten, die von den Bambusstangen über ihre mageren Schultern herabhingen. Sie verließen ihre Heimat, um Arbeit und Nahrung zu suchen in den Gebieten, die von den Wolken und dem Regen des Himmels nicht vergessen worden waren. Viele blieben am Wege liegen und starben. Ein paar erreichten das Land des Überflusses, fanden Nahrung, kamen wieder zu Kräften, und sie konnten später, wenn die Jahre der Dürre vorüber waren, wieder in ihre Heimat zurückkehren. Ich hatte sie damals weggehen sehen ... Aber dies war noch schrecklicher, denn nicht das Schicksal hatte dieses Unglück verhängt, sondern Menschen waren es, die es heraufbeschworen hatten. Es war ein Akt des Krieges gegen die Wehrlosen, gegen diese kleinen flüchtenden Kinder ...

Ich kehrte an meine Arbeit zurück. Ich arbeitete damals in der Frauenabteilung. Aber auch für die Frauen gab es kein Entrinnen vor den täglichen Kriegsunfällen. Frauen und Kinder, Opfer der Luftangriffe auf Hankau oder auf Hanjang und Wutschang, von jenseits des Flusses, füllten unsere Betten. Wir hatten auch zwei weibliche Soldaten. Mit den kurzgeschorenen Köpfen und den auf jeder Seite so nackt abstehenden Ohren sahen sie aus wie Jungen. Die eine hatte eine Kugel im Arm, der anderen war durch Maschinengewehrfeuer ein Bein in Stücke gerissen worden. Ich beneidete sie um ihre Kühnheit. Manchmal sah ich mich in meinen müßigen Träumen, wie ich, mit Tornister und geschultertem Gewehr, auf den langen Straßen marschierte und wie ein Mann für meine Heimat kämpfte. Aber ich werde nie ein solches Abenteuer unternehmen. Wenn ich eine Gelegenheit habe, mich in körperlicher Bedrängnis und Gefahr zu bewähren, werde ich erbärmlich krank. Ich bin traurig über meine Unbrauchbarkeit!

Pao war aus Wutschang zurückgekehrt. Über seine Unterredung mit Pai Chung-hsi berichtete er mit soldatischer Kürze in seinem Tagebuch:

»Um acht Uhr dreißig komme ich an. Man teilt mir mit, daß der Marschall mich empfangen will. Ich klopfe an die Tür und trete ein. Marschall Pai sitzt an seinem Schreibtisch. Er ist groß, mager, sein Kopf kahlgeschoren. Er hat eine starke gebogene Nase und ein vorstehendes Kinn. Seine Augen gehen blitzschnell hin und her. Sie starren nachdenklich über deine Schultern auf ein fernes Ziel, um sich plötzlich auf dich zu stürzen und dich wie mit Nadelspitzen zu durchbohren. Die Unterredung dauert zwanzig Minuten. Als Chef der Militärischen Ausbildungsstelle will Marschall Pai wissen, was ich in England gewonnen habe. Er stellt mir Fragen über die europäische Situation, die seine eigenen Kenntnisse der dortigen kritischen Lage erkennen lassen. Er verlangt genaue kurzgefaßte Antworten und nickt mit halbzugekniffenen Augen zustimmend. Wie ich mich verabschiede, bringt er deutlich seine Zufriedenheit zum Ausdruck.«

Pai Chung-hsi, der starke Mann von Kwangsi, war ein unversöhnlicher Gegner von Tschiang Kai-schek gewesen. Aber bei Ausbruch des Krieges legte er diese persönlichen und politischen Meinungsverschiedenheiten beiseite und stellte sich und seine Kräfte dem Generalissimus zur Verfügung. Er ordnete sich völlig unter und unterstützte alle militärischen Anordnungen mit äußerster Loyalität. Er war ein großer Stratege, ein aufrichtiger Mensch und ein geborener Befehlshaber. Kwansi, das einst ein unfruchtbares, von Banditen heimgesuchtes Land war, wurde unter seiner Regierung Chinas Musterprovinz. Innerhalb weniger Wochen sollten wir Kwangsi selbst kennenlernen, obwohl wir zur Zeit noch nicht daran dachten.

17. Oktober. Mitternacht. Pao ist fort. Er ist fort, und ich ließ ihn allein gehen. Auf dem Tisch stehen noch meine Narzissen, immer noch frisch, wenn auch schon ein wenig gelblich. Da noch die Uhr, Paos Geschenk, und mein kleines Holzsiegel mit dem eingeschnittenen Namen – Han Suyin –, der nicht mehr mein Name ist. Ich bin nicht mehr Han Suyin, ich bin jetzt Tang Fu-jen. Pao und ich waren nun zwei Tage verheiratet.

In der Dämmerung kam ich von meinem Dienst zurück, in die sonderbaren Zimmer, die unser Heim waren. Pao war noch nicht da. Ich ging wieder weg in der Hoffnung, ihm zu begegnen. Ich kämpfte gegen den kalten Wind, der mir ganze Wolken von Straßenstaub ins Gesicht wirbelte. In der Kianghan-Straße wurde das Gleißen der Neonlichter der Geschäfte und der hellerleuchteten Fenster plötzlich unterbrochen von dunklen Lücken der verlassenen leeren und verschlossenen Häuser. Ich war noch nicht weit gegangen, als mich eine Vorahnung von etwas Unheilvollem übermannte. Ich rannte, vom Wind getrieben und mit ängstlich klopfendem Herzen, zurück. Unsere Zimmer waren erleuchtet. Ich riß die Tür auf. Da stand Pao, über seinen Handkoffer gebeugt, und packte. Er sah sich nach mir um:

»Suyin, Liebste, ich muß fort. Das Schiff fährt um acht Uhr.«

In wenigen Stunden war alles entschieden worden. Der Generalstab mußte noch diese Nacht fort. Das Schiff lag wartend im Dock. Sie sollten über den Tungting-See nach Tschangscha fahren, von dort mit der Bahn nach Hengtschau in Hunan und weiter landeinwärts bis zu dem Dorf Nanju.

Pao sprach in abgehackten Sätzen, während ich ihm beim Packen half. Nach dem ersten, überraschenden Schreck war es, als hätten wir es schon lange gewußt. Wir wechselten ruhig nur wenige Worte über alltägliche Dinge: Die Hemden sind noch nicht von der Wäscherei zurück, ich werde sie nachschicken. Wie lange wirst du unterwegs sein? Schreib gleich von Tschangscha, ob du gut angekommen bist. Wieviel Tage wird ein Brief brauchen? An welche Adresse soll ich meine Briefe schicken? Ich werde diese Wohnung hier aufgeben und ein Schwesternzimmer im Krankenhaus nehmen, es ist bequemer.

Keinem von uns fiel es ein, daß ich mit ihm gehen könnte, gleich – heute nacht! Ich hatte meine Arbeit, das Krankenhaus war überfüllt, die Hilfe knapp. Die Kämpfe gingen weiter; von der Front wurden Tag und Nacht Verwundete gebracht. Ich wurde noch gebraucht in Hankau. Ich war zu diesem Zweck aus England zurückgekehrt, um einen Posten zu finden, wo ich mich nützlich machen konnte. Ich wollte bleiben, bis die Truppen tatsächlich zurückgezogen und die Verteidigung aufgegeben wurde. Aber das schien so weit entfernt, so unwahrscheinlich. Wir sprachen davon, als würde es noch Wochen, selbst Monate dauern. Pao würde zurückkommen und mich holen, wenn die Lage wirklich kritisch wurde. Oder, wie wir beide noch stets, trotz aller Warnungen, im Innern glaubten, Wuhans langer Widerstand würde zuletzt doch noch Erfolg haben, und die Japaner würden zurückgetrieben werden. Ich wollte in Hankau auf Pao warten, die Regierung würde wieder zurückkehren.

Mit Rikschas fuhren wir nach dem »Bund«. Ich wollte ihn zum Schiff begleiten. Unten beim Dock, bei dem weißvioletten Bogenlicht und dem trübgelben Geflacker einiger Petroleumlampen herrschte das Chaos der Einschiffung. Rikschas kamen atemlos an. Autos rasten mit laut schmetterndem Tuten durch das Gewühl der Straße. Offiziere in Uniform und Herren in europäischen Anzügen oder langen chinesischen Gewändern brachten ihre Familien an Bord und trachteten, ihr hastig zusammengesuchtes Gepäck zu verstauen. Man sah elegante, in seidene shan* gekleidete Damen, mit fein nachgezogenen Augenbrauen und hochrot gefärbten Lippen, Dienerinnen mit rauhen Stimmen, schlaftrunkene Kinder, schreiende Säuglinge, deren durch nichts zu erschütternde Ammen mit tierhafter Ruhe ihre losen Blusen öffneten und die Kleinen säugten. Träger unter ihren hochgetürmten Lasten schwankten vorbei.

Pao und ich bahnten uns einen Weg über das Deck eines Verbindungsschiffes, um den kleinen Dampfer zu erreichen, der für den Generalstab und dessen Familien reserviert war. Unsicheren Schrittes gingen wir über lose aufgestapelte Eisenschienen, die unter unserem Tritt zu wanken und zu rollen begannen und ein höllisches Gerassel verursachten. Unten standen die großen Türen des Gepäckraums weit offen. Gleich einer Zweiwegprozession von Ameisen strömte eine endlose Doppelreihe von Trägern vorbei, beladen vom Dock zum Schiff, mit leeren Händen vom Schiff zum Dock; sie brachten große Stapel von Ausrüstungsgegenständen und Maschinen an Bord. Eine Frau mit winzigen eingebundenen Füßen war über dem Spalt, so schmal er auch war, zwischen den engvertäuten Schiffen gestolpert und ins Wasser gefallen. Mit viel Geschrei und Gaudium des Publikums wurde sie wieder herausgefischt. Leute, die nicht auf das Schiff gehörten, erkämpften sich entschlossen einen Weg an Bord und wurden ebenso entschlossen wieder herunterge-

* shan: Kleid.

stoßen. Träger schleuderten Gepäckstücke durch die Luft – Hausrat, Stühle, sogar Tische.

Wir erreichten endlich das Generalstabsschiff. Die Decks waren mit hingeworfenem Gepäck und großen Haufen von Maschinen vollgestopft, und darüber, beim trüben Schein der Petroleumlampen, stolperten die Menschen. Das elektrische Licht würde erst eingeschaltet werden, wenn die Maschinen anliefen. Es war ein Durcheinander von sich drängenden und schubsenden Körpern, von streitenden gellenden Stimmen und von Rufen nach verlorenen Angehörigen. Aus schlecht zusammengeschnürten Bündeln klapperten Blechschüsseln zu Boden, und aus riesigen, mit Netzen überspannten Körben quoll der Inhalt. Überall umher lagen Decken, in denen sich die Füße verfingen. In dunklen Gängen stolperte man über Kranke, die auf Steppdecken lagen. Wir wanden uns durch das Gedränge und gelangten auf das obere Deck, wo Paos Onkel einen Platz für uns reserviert hatte, auf einer auf dem Boden ausgebreiteten Decke.

Eine große Verzagtheit übermannte uns. Wir saßen schweigend da, Schulter an Schulter. Es gab nichts, war wir uns hätten sagen können. Unten waren sie noch immer mit dem Laden des Schiffs beschäftigt. Es war bereits neun Uhr dreißig, und noch kein Zeichen für die Abfahrt. In rhythmischem Gleichmaß drang der Sang der Träger – Hee-ja, Hee-ja – durch den Lärm. Wenn dann die letzte Ladung untergebracht war, würde das Schiff abfahren.

»Dies ist unerträglich«, stieß Pao hervor, »dieses Warten bis zum letzten Augenblick. Wir werden nicht vor Mitternacht abfahren, und du mußt morgen arbeiten. Abschied ist eben Abschied, ob jetzt oder später, und du gehst zurück ins Hotel, um noch ein wenig zu schlafen.« Wir umarmten uns, und beim Küssen schmeckten wir die salzigen Tränen. Wir verließen die tiefen Schatten des Oberdecks und kämpften uns hindurch durch den Höllenlärm, stiegen steile enge Treppen hinab, durch das dichte Gedränge des Unterdecks bis zur Laufplanke. Als wir an Land kamen, kauften wir Biskuits und Sesamsamenkuchen, denn wir hatten kein Abendbrot gegessen. Als wir sie verzehrt hatten, rief Pao eine Rikscha für mich.

»Gute Nacht, Suyin.« — »Leb wohl, Pao.« Das war alles. Das grelle Licht der Bogenlampen und die starrenden Blicke der Vorübergehenden machten jede zärtliche Geste unmöglich. Mein Rikschamann rannte mit mir davon.

Ich betrat das einsame Zimmer, das nur für so kurze Zeit unser Zuhause gewesen war. Zusammen hatten wir über die verrückte Einrichtung gelacht. Heute abend war es nur abstoßend häßlich, mit den abgenutzten Möbeln, den billigen Gemälden in schweren, nach vorn geneigten Rahmen und der grellen elektrischen Birne unter dem rosaroten geriffelten Glasschirm. Der Staub, unvermeidlich bei diesem Wind, überzog alle Gegenstände, und jede Oberfläche fühlte sich bei der Berührung sandig an.

Ich ging umher wie im Schlaf, noch ganz benommen von dem raschen Wechsel der Ereignisse. Dies ist ein Traum, nur ein Traum! Es ist nicht wahr, daß Pao fortgegangen ist. Ich werde in dem ungeheuren Bett erwachen und ihn neben mir finden. Ich lag in der Dunkelheit, schlaflos, vielleicht eine Stunde, zu trostlos, um zu weinen.

Plötzlich, wie man aus einem bedrückenden Alptraum in die Wirklichkeit erwacht, war meine fügsame nachgiebige Stimmung zerstreut. Was tue ich denn in Hankau, wenn Pao nach Tschangscha unterwegs ist? Gibt es denn in ganz China keine Arbeit für mich außer in Hankau? Nichts ist jetzt wichtig, gar nichts, als daß wir zusammenbleiben. Warum war ich nicht mit ihm gegangen? Warum hatte ich ihn allein fortgehen lassen? Ich sprang auf – es war noch nicht ganz Mitternacht –, zog mich an, warf ein paar Kleider in einen Handkoffer, ergriff meine Handtasche und rannte die Treppe hinunter, so rasch, daß meine Füße kaum die Stufen berührten. Ich rief eine Rikscha: »Schnell, schnell!« Wir bogen in den »Bund« ein, rasten zum Landungsplatz – schneller! – Das Schiff war fort. Das Schiff des Generalstabs war fort und Pao mit ihm. Nur schwarzes leeres Wasser, auf dem die Lichtreflexe der Straßenlampen glitzerten ...

Am nächsten Morgen beobachtete ich von den Fenstern des obersten Stockwerkes im Krankenhaus, aus dem Schwesternzimmer, in das ich eingezogen war, einen Luftangriff. Von diesem großen Gebäude aus, das auf Grund der ausländischen Konzessionen verhältnismäßig sicher war, konnte man zusehen, wie die japanischen Flieger, einem Schwarm von Zugvögeln gleich, näher kamen und ihre Bomben über dem Flugplatz abwarfen.

In Shanghai, Kanton und Hankau hatten die Japaner bisher die Konzessionen geachtet und die entsprechenden Viertel nicht bombardiert. Abgesehen von unglücklichen Zufällen konnte man von Fenstern und Dachfirsten den sich in nächster Nähe abspielenden Krieg ungefährdet beobachten. Es ist ein unheimliches Gefühl, der Gefahr so nahe und doch von ihr isoliert zu sein. Ausländer in Shanghai schauen völlig unbeteiligt zu, wie am anderen Ufer der Soochau-Bucht Tschapai bombardiert wird und brennt. Ausländer laden ihre Freunde ein, um von den Dächern das aufregende Schauspiel einer brennenden, dichtbevölkerten Straße im Eingeborenenviertel zu erleben. Besteht da ein Unterschied zu den Chinesen, die zu dem Tu-ti Miao hinausströmen, um den Hinrichtungen zuzusehen? Man sieht nur kein Blut, das ist alles.

Als ich am Nachmittag vom Dienst kam, hatte ich statt der freudigen Erwartung der vergangenen Tage ein verlorenes, leeres Gefühl. Ich machte einen Spaziergang, allein, nach dem »Bund«, unwiderstehlich an den Ort gezogen, wo ich Pao zuletzt gesehen hatte. Wieder die dichte Menschenmenge auf den Docks, Autos und Rikschas, die singenden Träger, Mütter mit ihren Kindern, all der Lärm und die Aufregung der Abreise. Es war die Wiederholung von gestern. Es schien unmöglich, daß Pao nicht da sein sollte.

Im Dock fand ich Ah Huang, umgeben von aufgestapelten Maschinen. Er überwachte deren Verladung; immer sechzehn Mann trugen ein schweres Schwungrad. Ah Huang lachte mir zu: »Umzugstag«, sagte er. »Wir bauen unsere Werkstätte in Itschang wieder auf, und alles wendet sich dem Westen zu. Sie wissen ja, wie die Japaner in Shanghai alle Werkstätten bis auf das letzte Stück Metall geplündert haben. Das hier sollen sie nicht kriegen.«

Sein Schiff verließ Hankau noch an diesem Abend. Er erkundigte sich nach Pao, und ich erzählte ihm. Er sah mich scharf an: »Nun, ich vermute, ihr zwei werdet wissen, was ihr tut. Aber wenn ich eine Frau hätte, würde ich sie in meiner Nähe behalten. Hankau wird sehr bald noch viel unerträglicher werden.«

Als ich am nächsten Morgen erwachte, hörte ich einen seltsam unheilvollen, grollenden Ton, ein dumpfes unruhiges Dröhnen. Die Leute wußten nun das Schlimmste, sie befanden sich in voller Flucht; aber es gab keine Unordnung, keine Panik. Myriaden von Stimmen und der dumpfe Schritt und das Schlurfen ihrer weichbeschuhten Füße erzeugten das Geräusch, das ich hörte. Ich sah ihnen von meinem Fenster aus nach. Hunderte von Meilen würden diese armen Menschen marschieren. Die Straßen waren hell vom Sonnenlicht. Der Wind stieß gleichsam aus dem blauen Himmel und heulte scharf um die Mauern; er kündigte den Winter an, der diesen Tausenden Heimatlosen auf ihrem Weg nach einem unbekannten Ziel entgegenkam.

Ich ging in die Stadt, um eine Zeitung zu kaufen – es wurden keine Zeitungen mehr verkauft. Die führende Tageszeitung, die »Ta Kung Pao«, hatte in Hankau ihr letztes Blatt herausgebracht, mit einer Botschaft für die Frontsoldaten auf der ersten Seite und einer Ankündigung auf der Innenseite, daß die Druckpressen nach Tschung-king unterwegs seien. Gerüchte um Kanton gingen um – nichts Genaues, nur Andeutungen von Verrat. Vielleicht war Kanton schon gefallen.

Hankau sah trüb und trostlos aus, und es war plötzlich kalt im Schatten und zu heiß in der Sonne. Die Straßen wirkten fremd. Wo gestern noch ein lebhaftes Treiben herrschte, schaute man heute gegen die geschlossenen Läden vor den Schaufenstern der Geschäfte. Einzelne Besitzer waren dabei, ihren Laden zu schließen. Sie hängten hastig die langen Bretter in die Angeln und halfen mit einem Schlag nach, daß sie einschnappten. Sie schlossen die Türen ab, steckten die Schlüssel in die Tasche und gingen, mit dem Fächer in der Hand, unbekümmert fort.

Jeder wußte es. Alle gingen fort. Und doch entstand keine Panik. Überall herrschte vorbildliche Ruhe und Disziplin – die

Träger standen an ihren üblichen Plätzen, die Verwundeten wurden auf Tragbahren von der Straße hereingetragen. Alles war still und ruhig, nur der Wind war zu hören und das Geschlurf der vielen Füße.

Es wurde immer noch gekämpft. Man sagte, die Nachhut sichere den geordneten Rückzug der Hauptarmee. Unsere Führer wollten dieses Mal unbedingt verhüten, was schon einmal geschehen war. Als unser langer Widerstand ohne Warnung in Shanghai zusammenbrach, blieb der Rückzug in dem Sumpfland zwischen Shanghai und Nanking stecken; Soldaten und Ausrüstungen wurden aus Mangel an Planung unnötig geopfert; sie versanken im tiefen Schlamm der aufgewühlten Straßen. — Solch ein Rückzug durfte sich nicht wiederholen.

Nun brauchte ich die Nachrichten, die ich seit Tagen von Pao wußte, nicht mehr geheimzuhalten. Jeder wußte Bescheid, und da wir im Krankenhaus untereinander mit der gleichen merkwürdigen Ruhe über die Flüchtlinge auf der Straße sprachen, erwähnte ich gelegentlich gegenüber Miss James, der Oberschwester, daß der Fall von Hankau nun jede Minute erwartet werde. Sie errötete, wie die Engländer unter ihrer hellen Haut erröten, und mit ziemlich dogmatischer Stimme widerlegte sie: »Sie sollten nicht auf solche Gerüchte hören; ich kann Ihnen ja jetzt erzählen, daß ich erst gestern bei einer Teegesellschaft von Madame Tschang hörte, daß sie und der Generalissimus Hankau erst im letzten Augenblick verlassen würden. Sie sind noch hier, so können Sie sehen, daß es sich unmöglich um eine akute Gefahr handeln kann.«

»Nein, Miss James, Sie sind völlig im Irrtum. Sie kennen den Generalissimus und Madame Tschang nicht. Ihre Anwesenheit ist keine Garantie für absolute Sicherheit. Im Gegenteil, sie sind da, wo die Verhältnisse am unsichersten sind, sie organisieren, ordnen an, sorgen mit ihrer Gelassenheit und ihrem Mut, daß alles ruhig bleibt; sie werden bis zur letzten Minute bleiben.«

Aber das sagte ich nicht laut; die Zeit und die Ereignisse allein würden Miss James überzeugen. Aber als ich die Sache nochmals durchdachte, wurde mir auf einmal klar — *Hankau* *ist verloren!* Dies ist die Krise – jetzt! Die Truppen werden zurückgezogen, die Regierung ist schon fort, Hankau wird aufgegeben. Hankau, das sich zehn Monate lang gegen die zusammenschnürende Schlinge des Feindes gewehrt hat, ist verloren. In wenigen Tagen werden japanische Truppen durch diese vertrauten Straßen marschieren. Die Schreckensszenen von Nanking werden sich wiederholen. Sie werden Massenhinrichtungen vornehmen, vielleicht – plündern, rauben und morden. Die kaiserlichen Armeen scheinen, wenn sie siegreich sind, von einem innerlichen Zwang zu jenen Exzessen getrieben zu werden. Diesen frevelhaften Mißbrauch ihrer Macht scheinen sie zu brauchen, um sich immer wieder von ihrer Stärke und ihrer unwiderstehlichen Gewalt zu überzeugen. Sie berauschen sich daran wie an ihrem Saké*.

Zum erstenmal sah ich ohne Zweifel und ohne die Anästhesie einer unnatürlichen Ruhe dem drohenden Fall von Hankau ins Gesicht. Vielleicht würden die ausländischen Konzessionen beachtet werden und der Stadt auf diese Weise Sicherheit bieten. Aber auch dann, physisch sicher, würde ich vor Kummer vergehen, wenn ich von der klaren Luft des freien China abgeschnitten wäre. Es würde die Trennung von Pao bedeuten. Es könnte mir gehen wie Freunden von mir in Peking, die aus Verzweiflung zu einem Rauschgift Zuflucht nahmen, nur um das ziellose und traurige Leben des Unterworfenen ertragen zu können.

Als ich meiner Arbeit wegen in Hankau zurückblieb, hatte ich nicht mit der raschen Entwicklung der Ereignisse gerechnet. Zurückblickend schien es mir fast, daß ich mir eingebildet hatte, ich könnte bis zum letzten Augenblick dableiben. Dieser Augenblick war viel schneller gekommen, als wir vorausgesehen hatten. Ich saß in der Falle. Es gab keine Möglichkeit mehr, so spät noch Fahrkarten für einen Zug oder ein Schiff zu bekommen. Ich konnte nicht mein Gepäck schultern und einige hundert Meilen bis Tschung-king oder Tschangscha marschieren, wie es so viele taten, ich hatte nicht genug Widerstandskraft. Ich konnte mich an niemanden wenden; Paos Freunde waren fort.

* Saké: japanisches Reisbier.

Ich dachte an das freundliche und verständnisvolle Gesicht von Dr. Kent. Ich kannte ihn kaum. Ich war nur eine von den Hunderten, mit denen er durch seine Arbeit in Berührung kam. Aber als ich mir seine ruhige Stimme vorstellte, wußte ich, daß er mir helfen würde. Ich suchte ihn auf, und er war so freundlich, wie ich es gehofft hatte. Er hatte Beziehungen, und trotzdem kostete es einen ganzen Tag voller ermüdender Anrufe und Unterredungen, ehe er Erfolg hatte. Aber in dieser Nacht konnte ich ganz beruhigt einschlafen, weil ich wußte, daß er auf dem Schiff des Internationalen Roten Kreuzes eine Schlafkabine für mich reserviert hatte. In drei Tagen, am 22. Oktober, würde das Schiff nach Tschangscha fahren.

Weiterhin wurden Verwundete eingeliefert. Die Kämpfe hatten nicht aufgehört. Aber im Krankenhaus erschienen offiziell Besucher, die die Evakuierung der transportfähigen Fälle anordneten. Dieser Rückzug wurde so ruhig durchgeführt, daß man ihn nicht fühlte, immerhin war er jetzt unverkennbar. Als ich Miss James sagte, daß ich nun auch gehen müßte, erwiderte sie nichts. Sie begriff jetzt, daß mehr vor sich ging, als sie wußte. Ich kam mir fast wie ein Deserteur vor, es gab so viel zu tun. Aber ich wußte, daß diese Tätigkeit auf einmal stocken würde, wenn die Japaner Hankau betraten. Miss James würde die Arbeit fortsetzen, auch wenn sie allein und ohne Hilfe wäre, dessen war ich sicher. Ihre Pflicht hielt sie im Krankenhaus, auch wenn die Japaner kämen. Und möchten sie versuchen, sich einzumischen, so konnte ich mir nicht vorstellen, daß selbst der hartherzigste und hochfahrendste japanische Offizier sich dieser sechs Fuß hohen, unerschütterlichen Persönlichkeit gegenüber Grobheiten erlauben, noch dem Blick dieser stahlblauen Augen Trotz bieten würde. Sie würde immer Herr der Lage bleiben.

Da nun alles geklärt war, konnte ich meine Kraft auf meine Aufgabe wenden und versuchte, die Arbeit eines ganzen Monats in diese zwei letzten Tage hineinzupressen. Draußen in den Straßen währte das Schlurfen der wandernden Füße ununterbrochen an. Der andere Verkehrslärm war gering. Die meisten Lastwagen waren fort. Gelegentlich hörte man noch ein geschwind dahinrasendes Auto, das noch einen letzten dringenden

Auftrag erledigte. Alle Rikschas waren vom Militär beschlagnahmt. Manchmal nahm mich meine Arbeit derart gefangen, daß ich den Rückzug für einige Minuten völlig vergaß. In einer im Mord sinnlos gewordenen Welt kämpften wir für ein einzelnes kostbares, unersetzliches Leben. Oft verloren wir. Es war ein ungleicher Kampf, den wir führten, wenn wir wieder heil machen wollten, was Stahl und Explosionen zerstört hatten.

Am Abend sank ich ins Bett, betäubt vor Müdigkeit. Die letzte Nacht ... morgen würde ich fortgehen. Diese Aufgabe war getan. Lange vor Tagesanbruch wurde ich durch ein Klopfen an meiner Tür geweckt, und die Stimme einer Dienerin murmelte etwas undeutlich, »Telegramm« glaubte ich zu verstehen. Ich stolperte, schwindelnd vor Übermüdung und von einer jähen Angst geschüttelt, zur Tür, knipste das Licht an und zog den Riegel zurück. Im trüben Licht sah ich die Dienerin davonschlurfen; aber es war kein unheilvoller Brief, den sie mir auf meine Türschwelle gelegt hatte.

»Suyin!«

Im Dämmerlicht des Flurs, an die Wand gelehnt, stand Pao. Sein Gesicht war mir zugewendet, sehr blaß, mit großen glühenden Augen und zusammengepreßten Lippen. Ich starrte ihn an wie einen Geist. »O Pao, du bist es?« sagte ich. So einfältig ...

Dann war ich in seinen Armen, so heftig schluchzend und zitternd vor Freude und Erleichterung, daß es beinahe schmerzte. Seine Arme waren hart wie Eisen, der Stoff seiner Uniform hatte den frischen Duft der Nacht. Pao glaubte, ich fröre, so stark zitterte ich. Mir war auch kalt, obschon ich es bis jetzt gar nicht bemerkt hatte. Ich schlüpfte in mein Bett zurück und zog ihn mit hinein, angezogen wie er war, und wir umklammerten uns.

Unsere erste heftige Erregung legte sich. Mit leiser Stimme erzählten wir einander von den vergangenen vier Tagen, die uns wie Jahre vorkamen. »Ich kam zurück, dich zu holen«, sagte Pao. »Sie riegeln den Fluß gegen die japanischen Kriegsschiffe ab. Sie sagen, von morgen ab werde kein Schiff mehr durchgelassen. Dies ist das Ende für Hankau.«

»Jedermann weiß, daß die Stadt aufgegeben wird«, antwortete ich, »seit Tagen schon sind die Menschen weg.«

Als Pao in jener Nacht, nachdem er mich nach Hause geschickt hatte (der Nacht, die Monate und Jahre, nicht Tage zurückzuliegen schien), auf das Schiff zurückkehrte, deutete noch nichts darauf hin, daß das Aufladen bald beendet sei. Er suchte seinen Onkel, General Tang, auf, den er im Gespräch mit Freunden traf. Pao stand ehrerbietig beiseite, ohne sich in das Gespräch einzumischen. Zwanzig Minuten etwa vergingen. Der Gesang der Träger verstummte. Das elektrische Licht flammte plötzlich auf, und das Deck erzitterte unter den rhythmischen Stößen der Maschinen. General Tang wandte sich liebenswürdig nach Pao um: »Bist du mit deiner Frau untergebracht – so gut es unter diesen Umständen möglich ist?« Pao antwortete: »Ich bin gut aufgehoben, aber meine Frau ist nicht bei mir, sie bleibt in Hankau.«

General Tangs Gesicht verfinsterte sich vor Bestürzung: »Was, du hast sie zurückgelassen?«

»Ja, sie bleibt bei ihrer Arbeit im Krankenhaus.«

»Ihr müßt beide verrückt sein«, fuhr sein Onkel heftig auf.

»Weißt du denn nicht, daß Hankau aufgegeben wird? Das ist der Rückzug!«

»Ja, natürlich, aber ...«

»Hankau wird dieser Tage fallen, innerhalb einer Woche werden die Japaner da sein.«

Pao muß tief erblaßt sein. Er sagte, es wäre ein Gefühl gewesen, als hätte man ihn durch das Herz geschossen. Mit einem Satz war er am Kajütenkopf, raste die enge Treppe hinunter und bahnte sich verzweifelt einen Weg durch das Gedränge des unteren Decks, bis er den Laufsteg erreichte. Aber die Maschinen hatten abgedreht; die Vertäuungen waren schon gelöst. Als er das Geländer erreichte, war der Wasserstreifen zwischen Schiff und Dock schon zu breit, als daß er ihn hätte überspringen können. Pao drehte sich um und suchte, durch die mit Menschen und Gepäck vollgestopften Gänge zu dem Maschinenraum zu gelangen: »Dreht das Schiff zurück, oh, dreht das Schiff zurück«, flehte er.

Aber wegen eines Mannes konnte man das Schiff nicht wenden. Es war unmöglich. Pao sah das ein. Er stieg langsam wieder nach dem oberen Deck hinauf. Die Lichter von Hankau spannen lange schwankende, goldglänzende Fäden in das Wasser. Er sah so lange nach der glitzernden Uferlinie hinüber, bis nur noch ein trüber Schimmer übrigblieb, gleich einem rot-gelben Dunst über einer brennenden Stadt. Diese Nacht und der nächste Tag, mit der immer wachsenden Entfernung zwischen uns, waren eine fürchterliche Prüfung für ihn. Von den Offizieren des Generalstabs an Bord hörte er die unheimlichsten Gerüchte. Kanton sei verloren. Da sie bis zuletzt nicht daran geglaubt hatten, mußten die Bewohner von Kanton von ihrem Mittagessen aufstehen und mit leeren Händen fliehen, ihre Mahlzeit noch auf dem Tisch zurücklassend. In Hankau war die Verteidigung schon aufgegeben; die Linien waren durchbrochen. Die Japaner brauchten nur in die Stadt einzumarschieren; genau wie in Kanton gab es keinen Widerstand mehr. Der Eintritt in den Pojang-See mußte blockiert werden; man hatte schon eine Sperrkette von Baumstämmen gelegt, die alsbald geschlossen werden sollte, um den Feind an der Durchfahrt zu hindern. Genaueres wußte man auch im Generalstab nicht.

Am nächsten Tag gegen Mittag sichteten japanische Flieger das Schiff. Sie umkreisten es wie Raubvögel. Die Passagiere drängten unter ein Schutzdach. Das Schiff führte keine besonderen Flaggen oder Zeichen, an denen man es hätte erkennen können. Von oben sah man nichts als einen kleinen Dampfer, der ungeschützt durch die Wellen pflügte. Offensichtlich kam er den Japanern zu unscheinbar vor, als daß sie auf ihm wichtige Persönlichkeiten vermutet hätten. Die Flugzeuge drehten ab und flogen davon. Später erfuhren wir, daß sie einen Dampfer mit fünftausend Flüchtlingen, meistens Frauen und Kindern, mit Maschinengewehren beschossen und versenkt hatten. Welch furchtbarem Opfer verdankten der Generalstab und seine Familien ihre Rettung!

Sobald sie den Hafen erreichten, bat Pao um drei Tage Urlaub, erkundigte sich, wo er den Generalstab wiederfinden würde, gab sein Gepäck in die Obhut seines Onkels und erreichte einen britischen Dampfer, der von Tschangscha nach Hankau zurückfuhr. Er und ein schweigsamer Engländer waren die einzigen Passagiere. Die Stille und Einsamkeit mußten unheimlich auf ihn gewirkt haben nach dem Getümmel des eben verlassenen Dampfers. Pao streifte ruhelos auf dem Schiff umher, verzehrt von innerer Unrast. Dutzende Male stieg er immer wieder in den Maschinenraum hinab und drängte zur Eile, aus Furcht, der Durchlaß könnte schon versperrt sein. In fieberhafter Unruhe wanderte er auf dem Deck hin und her. Er konnte nicht schlafen. Auf die vierte Nacht kam er wieder in Hankau an. Am Ufer entlang erstreckte sich das graue Profil der hohen Gebäude, mit wenigen trüben Lichtern. Das Schiff lief ein. Pao sprang ans Ufer. Eine ungewöhnliche Stille lastete über der halbverlassenen Stadt. Das war am 22. Oktober, früh um drei Uhr.

Pao beendete seine Erzählung: »Sie sagen, daß von heute ab niemand mehr hinauskommt, die Ausfahrt wird gesperrt.« Ich erzählte ihm von der Reservierung auf dem Schiff des Roten Kreuzes. Er schnitt eine leichte Grimasse: »Und wo bleibe ich?« Aber ich war überzeugt, daß er mit seinen Verbindungen zum Generalstab auch noch einen Platz bekommen würde. »Ein Mann mehr an Bord wird das Schiff nicht zum Sinken bringen. Morgen früh werden wir die Sache regeln. Jetzt mußt du weggehen und versuchen, noch etwas zu schlafen. Ich kann dich nicht hierbehalten in dem Schwesternzimmer, es ist gegen die Hausordnung.«

»Wenn ich ein Zimmer bekommen kann im Hotel!« bemerkte Pao.

»Du kannst das ganze Hotel haben, es ist kein Mensch mehr hier«, sagte ich.

Um acht Uhr holte ich ihn ab. Er hatte nicht geschlafen; auch ich hatte in den wenigen Stunden nach unserer Trennung keinen Schlaf finden können. Er hatte sein Zimmer mit einem Bekannten geteilt, den er in der Hotelhalle getroffen und der am Abend vorher aus Hongkong angekommen war. Er hatte erwartet, in Hankau Geschäftsfreunde zu treffen, aber er fand die Stadt verlassen. Über die Lage tappte er völlig im dunkeln

— was die Eile und Verschwiegenheit bestätigten, mit der dieser Rückzug ausgeführt wurde.

Die Straßen waren fast leer. Kein Verkehr irgendwelcher Art. Nur noch ein dünnes Rinnsal von Flüchtlingen mit ihren Pakken und Bündeln; der Strom war vorüber. Alle Läden waren geschlossen. Ein paar Straßenverkäufer, mit ihren tragbaren Holzkohlenöfen, boten heiße Nudeln, heiße gekochte Eier und Kuchen an. So konnten wir die Bestandteile eines Frühstücks erhaschen, auf dem Weg zum Büro des Roten Kreuzes. Dieses befand sich in einem Gebäude, in dem noch andere Wohlfahrtseinrichtungen und vaterländische Verbände untergebracht waren, unter ihnen »Drei Prinzipien — Jugendbund für Mädchen«. In einem großen Zimmer, in dem wir auf den Bescheid wegen Paos Schiffsplatz warteten, frühstückten ungefähr hundert Mädchen. Sie hatten erst am Vortage die letzten von einer halben Million gefütterter Winterkleider für die Frontsoldaten fertiggestellt. Tausende der ungefügen, grauen Röcke lagen gebündelt und gestapelt und nahmen die Hälfte des Raumes ein. Während Pao und ich warteten, betrat eine schlanke, jugendlich aussehende Frau, mit Hosen und wollenem Sweater bekleidet, das Zimmer. Das schwarze glänzende Haar trug sie in einem tiefen Nackenknoten. Ihre blasse weiche Haut war ohne Puder und Schminke. Ihre schwarzen Augen waren die schönsten, die ich je gesehen, und sie leuchteten vor starker Lebenskraft. Es war Frau Tschiang Kai-schek.

Mit ihrer melodischen Stimme gab sie den Mädchen Anweisungen, wie sie die aufgestapelten Kleidungsstücke nach dem Frühstück verpacken sollten. Dann, als sie mich erblickte, war sie gleich sehr besorgt — ganz China ist ihre Familie — und fragte: »Ist alles in Ordnung? Kümmert sich jemand um Sie? Ich könnte es einrichten, daß Sie mit diesen Mädchen reisen.« Ich sagte ihr, daß ich an diesem Nachmittag mit meinem Mann führe; sie schien erleichtert. Ich merkte aus ihrem Benehmen, daß der Fall von Hankau sehr nahe bevorstand. Ich fragte, wann sie die Stadt verlassen würde. »Wenn alle diese wohlbehalten abgereist sind«, sagte sie und deutete auf die Mädchen. »Wir brauchen alle jungen Menschen im freien China, zum Arbeiten, zum Organisieren und um den Widerstandskampf weiterzuführen. Wir brauchen euch alle.«

Ich erzählte ihr, daß wir aus diesem Grund nach China zurückgekehrt seien, daß wir in den zwei Wochen unser möglichstes getan hätten.

»Wo Sie auch, von diesem Willen beseelt, hingehen werden«, sagte sie, »werden Sie China durch Ihre Arbeit helfen können.« Sie lächelte, und ihre Augen strahlten vor Begeisterung. Impulsiv sagte ich ihr, wie sehr ich sie bewunderte. Sie murmelte einige chinesische Sätze, mit denen sie das Lob von sich wies.

Auf dem Jangtse. Später Nachmittag. Hankau sank in die Vergangenheit zurück. Gelbes diesiges Sonnenlicht sänftigte die stolze Linie des Horizontes. Jedes Gefühles beraubt, nur der Kraft unterworfen, die uns weiter und weiter fortführt von Krieg und Grausamkeit und Wirklichkeit — von der ganzen Tragödie Chinas —, schauten wir auf die Stadt, die schon morgen dem Mord und der Willkür ausgeliefert sein würde. Plötzlich zerstob die traurige Stimmung wie ein Nebel. Wir faßten neue Entschlüsse. Denn vor uns – groß, dunkel und ernst ragte das Wuhan-Monument auf. Es wurde zum Gedächtnis jener Männer errichtet, die 1911 ihr Leben für die Befreiung von der Tyrannei hingaben. Schwarz stand es gegen den sonnigen Hintergrund, eine Kampfansage! Wuhan war verloren. Aber die Hochburg des freien China, sie war unüberwindlich, denn sie lebte in den Herzen von Millionen freiheitsliebender Chinesen.

Um vier Uhr nachmittags, am 22. Oktober, verließ das Schiff Hankau. Pao teilte meine Kabine; der Besitzer des zweiten Bettes hatte ihm den Platz liebenswürdigerweise überlassen. Wir hatten saubere Betten, weiße Leinentücher, ein Bad mit Brause, das Essen auf Tellern und mit Gabeln. Ein unbegreiflicher Luxus. Obwohl das Schiff überfüllt war, herrschte doch eine behagliche Atmosphäre. Manche der jungen Mädchen, die wir am Vormittag in dem Arbeitssaal gesehen hatten, waren auch an Bord. Unser Schiff passierte den Durchlaß gerade noch, ehe er geschlossen wurde. Am 26. Oktober wurde Hankau vom Feinde besetzt. Der Generalissimus und seine Frau blieben bis zum letzten Augenblick in der Stadt. Ganz zuletzt, als nichts mehr zu tun übrigblieb, als die Verzögerung der Flucht um eine Stunde Gefangenschaft bedeutet hätte, verließen auch sie die Stadt. Ihr Flugzeug entkam mit knapper Not den feindlichen Fliegern.

Sechstes Kapitel

NANJU — HERZ VON CHINA

Ein Schiff ist eine kleine, in sich geschlossene Welt. Ein Planet, der sich durch das Weltall bewegt. Man lebt außerhalb der Zeit; es gibt nur das »Jetzt«, das »Hier«. Der Wind bläst über die Fläche des Tungting-Sees, durch das rotbraune Gekräusel des Wassers blitzen weiße Strahlen auf, und über uns fliegen Wasservögel, einzeln oder in Formationen wie Flugzeuge. Wir lehnen an der Reling des Achterdecks und schauen in das Kielwasser, das kochend und strudelnd eine sich erweiternde schäumende Straße bildet, die bis nach Wuhan zurückreicht — zu dem verlorenen Wuhan. Wir sprechen nicht, aber unsere Schultern berühren sich, und Paos Hand umschließt meine, die auf der Reling liegt. Wir sind beieinander und ruhig, umgeben von der weiten Wasserfläche, die, uferlos und braun, zur Farbe des Himmels verblaßt. Langsam zeichnet sich durch das dunstige Licht am Horizont die wellige blaue Linie der niedrigen Hügel ab ...

Wir waren an einem Samstag abgereist. Am Montag nahmen wir unser Leben wieder auf. Wir landeten in Tschangscha und fanden die Stadt in einem Tumult, wie einen durch grobe Tritte aufgestörten Ameisenhaufen. Welch ein Hin und Her mit Bündeln und Babys, welch ein Durcheinander, welche Panik und hastige Flucht! Die Nachricht vom Fall Hankaus hatte in Tschangscha wie ein Donnerkeil eingeschlagen, und jeder wollte fort. Die Autobusse waren so vollgestopft, daß sie bei Steigerungen zurückrutschten oder mitten auf der Straße hoffnungslos zusammenbrachen. Bei der Eisenbahn gab es keinen Fahrplan mehr. Die Züge zögerten stundenlang, ehe sie abfuhren, und krochen gleich halbtoten, von Ameisen wimmelnden Tausendfüßlern dahin. Die Flüchtlinge saßen eng zusammengepfercht in den Wagen, hingen zum Fenster heraus, traten einander draußen auf der Plattform auf die Füße, balancierten auf den Trittbrettern und drängten sich auf den Dächern zusammen.

Die ersten zwei Tage verbrachten wir damit, jedem Anhaltspunkt einer Transportmöglichkeit nachzugehen. Der Extrazug, der den Generalstab in das neue Hauptquartier bringen sollte, war schon vor drei Tagen abgefahren. Da Pao meinetwegen nach Hankau zurückgekehrt war, hatte er ihn verfehlt. Aber er mußte sich unbedingt zum Dienst melden, wenn der Stab seine Arbeit in Nanju wieder aufnahm. Er war das Glied einer Kette, die unversehrt bleiben mußte, um funktionieren zu können. Umsonst machten wir diese Tatsache immer wieder geltend, als wir versuchten, den viel belästigten Stationsvorstand zu überreden, für uns eine Ausnahme zu machen und uns für den Zug, der am Abend fahren sollte, eine Fahrkarte zu verkaufen.

Mitternacht. Wir wanderten mutlos auf dem Bahnsteig umher und bahnten uns einen Weg durch Berge von Gepäck und Menschenknäuel. Auf den Schienen standen Güterwagen, Viehwagen und Kohlenwagen, alle vollgepackt mit Menschen, die schon den ganzen Tag warteten, Tag um Tag gewartet hatten; der Umriß jedes Wagens war eine Reihe menschlicher Köpfe, die sich gegen den blassen Nachthimmel abhoben ... Kein Zug verließ den Bahnhof diese Nacht.

Aber wir hatten wieder Glück. Ein Freund von Pao, den wir zufällig trafen, gab uns einen Empfehlungsbrief und die Adresse eines seiner Freunde, der hier für die Befrachtung der Waggons für den Militärtransport verantwortlich war. (Wieder dieses verblüffende Netz von Freundschaften! Wenn du nur einen Freund finden kannst, der die erforderlichen Verbindungen hat, wirst du von Hand zu Hand in einer endlosen Kette weitergegeben und von Freunden deiner Freunde durch ganz China befördert.)

Wir gingen hin und weckten diesen Freund aus dem Schlaf. Ja, sagte er, am nächsten Morgen führe ein Lastwagen mit Ausrüstungen nach Hengschan über Nanju. Wenn wir es fertig bekämen, uns hineinzuquetschen (der Wagen würde sehr voll sein), seien wir willkommen.

Nach ein paar Stunden Schlaf wurden wir durch die schmetternde Hupe des Lastautos vor unserer Tür geweckt. Wir stürtzten mit unseren Koffern hinaus. Der Lastwagen war mit olivgrauer Leinwand überspannt. Der Fahrer öffnete die hintere Klappe und bedeutete uns einzusteigen. Jeder Kubikzentimeter schien ausgefüllt mit viereckigen breiten Lattenkisten, Munitionskisten, Leinwandsäcken, Sätteln und anderen Ausrüstungsgegenständen. Dann sahen wir, daß hoch oben in der Kontur der Ladung etwas wie eine Lücke war, kletterten hinauf und spähten in den engen dunklen Schlund: nicht weniger als vier Passagiere hatten sich schon in diesen Spalt hineingepreßt! Vier große breite Männer, die man keinesfalls noch enger zusammenpressen konnte. Es schien ganz unmöglich, uns noch hineinzuquetschen, aber in der Not vollbrachten wir das Unmögliche.

Ein Mann verschwand liebenswürdigerweise in den Spalt zwischen zwei Säcken. Ein anderer schob sich, das Kinn zwischen den Knien, in eine entfernte Ecke. Ein dritter legte sich seiner ganzen Länge nach in eine zehn Zoll breite Öffnung an der Seite, die Nase gegen die Leinwand gepreßt. Pao und ich wurden als die letzten Ankömmlinge an einen Platz am Ende des Wagens über den Hinterrädern verwiesen, der gerade noch innerhalb des Leinwandverdecks war. Was frische Luft betraf, waren wir im Vorteil, aber das war der Ausgleich für unseren größeren Anteil an Staub und Geholper. Der verfügbare Platz war weder zum Sitzen noch zum Liegen geeignet. Wir kauerten, auf untergeschlagenen Beinen, mit gekrümmtem Rücken, das Kinn auf der Brust, und klammerten uns mit beiden Händen an das Bambusgerüst des Leinwanddaches fest. Der Wagen holperte los. Durch die Klappen der Bespannung sahen wir nichts als Staub, dichten, roten Staub, aus dem hie und da ein Baum geisterte oder die Dächer eines Dorfes durch die trüben Wolken auftauchten. Wenn wir langsamer fuhren, wirbelte er durch unsere Öffnung und drang überall um uns herum ein. Nach einer halben Stunde waren Haare, Augen, Ohren, Nase und Mund voll von Staub. Nach einer Stunde hatte er sich durch unsere Kleider gearbeitet und scheuerte auf der Haut. Er geriet in die Schuhe und knirschte trocken zwischen den Zehen. Es gab nur noch Staub. Große Staubwehen bedeckten uns, und ich konnte mir vorstellen, wie er sich über uns häufte; wie er uns und den Wagen und alles um uns begrub unter einem riesigen Erdwall. Nach Jahren würde man uns ausgraben, wie man Pompeji ausgegraben hatte – Chinesischer Offizier mit Frau, 1938 gefunden zwischen Tschangscha und Nanju.

Nach einer Ewigkeit – oder, um es genau zu sagen, um fünf Uhr nachmittags – stand der Wagen pochend und keuchend still und blies die petroleumduftenden Abgase in den Staubwirbel, der uns umhüllte. Ich war ganz betäubt. Jemand kämpfte sich durch den roten Sturm, und eine schattenhafte Erscheinung zerrte schreiend und hustend an dem Wagenverdeck. Dann rüttelte Pao mich auf: »Der Fahrer – er sagt, wir müssen hier aussteigen, wir sind da.« Er kletterte vom Wagen hinunter, und ich glitt in seine Arme wie ein Sack. Wir spuckten, taten ein paar unsichere, schwankende Schritte auf Beinen und Füßen, die nicht zu uns zu gehören schienen, und spuckten wieder roten Schlamm und Sand.

Jemand stellte unsere Koffer an den Straßenrand, und ich sank dankbar darauf nieder, als hätte ich keine Knochen mehr; dann ermannte ich mich, denn Pao bedankte sich allen gegenüber aufs herzlichste. Er entschuldigte sich wegen der Umstände, die wir verursacht hatten, mit allen Verbeugungen und wohlgeformten Sätzen einer längst entschwundenen Zeit. Ich stand auf und fügte meine Dankesworte hinzu, denn ich war aufrichtig dankbar, wenigstens würde ich es sein, sobald ich Zeit hatte, mir klarzumachen, daß die Reise zu Ende war. Aber unser Leben ließ uns keine Zeit für umständliche Formalitäten.

Der Wagen, der nur noch eine abziehende Sturmwolke auf der Straße nach Hengschan war, ließ uns beide auf unseren Koffern sitzend zurück, und wir versuchten mit dem, was einmal ein Taschentuch gewesen war, unsere Gesichter von einer einen halben Zoll dicken Maske schweißverklebten Staubes zu säubern.

Auf der Landkarte von China wird Nanju kaum zu finden sein, so klein ist der Ort. Aber auf der Spezialkarte der Provinz Hunan wird es zu entdecken sein: ein Pünktchen und ein Name, gebildet aus zwei kleinen chinesischen Schriftzeichen. Als der Generalstab ankam, war das Dörfchen, wie es seit tausend Jahren gewesen war, das Nanju der heiligen Hengschan-Berge, wohin die Pilger kamen und Weihrauchstäbchen kauften, gelbe oder rosafarbene, und leuchtend rote Kerzen und Papiere, gestempelt und bedruckt mit dem Muster der alten, viereckig gelochten Münzen, die wir jahrhundertelang benutzt hatten – alles Opfergaben für die Tempel. Denn hier befand sich einer der fünf heiligen Berg-Altäre Chinas.

Der Bergwald drang bis zu dem Dorf vor, das zwischen einer hufeisenförmigen Hügelkette eingebettet lag. Die Bäume überschatteten die Dorfstraße, und der Wind, der von den Bergen her wehte, bewegte ständig die Blätter. Auch das Rauschen des Wassers vernahm man in Nanju, denn Bäche strömten hernieder durchs Dorf, klare Gießbäche, die die blau-rötlich gefärbten Steinblöcke umspülten und Wasserkresse, weiches tiefgrünes Moos und die Farne am Ufer benetzten. Oberhalb des Dorfes führte der Felsweg über viele unregelmäßige Stufen, durch Schluchten und über Grate zu den zahlreichen Buddhatempeln, die an den Felswänden klebten oder auf den ansteigenden Bergterrassen verstreut lagen.

Nanju mit seiner Hauptstraße von nur fünfhundert Ellen war eine zerbrechliche, einsame Sternenwelt, uralt und lieblich. Unser Kommen zerstörte dies alles, änderte seine sanfte Ordnung, riß die Menschen aus ihrer jahrhundertealten, gewohnten Lebensweise, ertränkte den leisen Gesang der Pilger und Priester, den weichen schwebenden Klang der Tempelglocken in rauhem Lärm und brachte, ehe noch ein Monat um war, Feuer und Bomben über das Dorf und vernichtete seinen unausdenkbaren Frieden und seine Schönheit...

Man hatte uns am Eingang der »Chinesischen Reisedienst-Herberge« abgesetzt, eine Meile von dem eigentlichen Dorf entfernt. Es war ein weißes niedriges Gebäude mit weitausladendem Dach und lag in einem von Blumenduft erfüllten Garten. Über dem Eingang wuchs eine weitverzweigte Glyzinie, und Teesträucher faßten die Gartenwege ein. Ein Hotelboy in einem untadelig weißen Anzug kam uns auf dem Gartenweg entgegen, nahm uns das Gepäck ab und führte uns ins Haus. Man gab uns Tee, um den Staub hinunterzuspülen. In der dunkelgoldenen Flüssigkeit entfalteten sich durchsichtig-zarte Blumen, und ihr Duft vermischte sich mit dem Aroma der überbrühten Teeblätter. Gleich in der Halle begannen wir unsere Augen und Ohren und den Nacken zu reinigen. Der Junge brachte uns zuvorkommend immer wieder Bottiche heißen Wassers, so oft wir es benötigten.

Als ich aus einem nun nicht mehr weißen Tuch auftauchte, stand zu meinem Schrecken Paos Onkel vor mir, wie aus der Luft hervorgezaubert. Aber er stand wirklich da, mit seinem kleinen reservierten, belustigten Lächeln und hieß uns mit einem verschmitzten Augenzwinkern willkommen.

Aber für uns war hier kein Platz mehr. Alle Räume waren sofort vom Generalstab beschlagnahmt worden. Wichtige Abteilungschefs und hohe Generäle waren hier einquartiert. Manche wohnten zu zweit in einem Zimmer. General Tang hatte sich noch ein kleines Kämmerchen mit einem hoch oben angebrachten Fenster sichern können. Durch dieses Fenster sah man den grau-grün-blauen Himmel, eine Andeutung der violetten Bergsilhouette und einen Akazienzweig. Wir saßen in einer Reihe auf dem Rand seines schmalen Bettes in der kahlen Zelle und berieten über Mittel und Wege. Wir würden im Dorf eine Unterkunft suchen müssen. General Tang gab uns eine Ordonnanz mit, die uns bei unserer Suche helfen sollte. Durch brachliegende, terrassenförmig abfallende Reisfelder, die von niedrigen baumbestandenen Dämmen gestützt wurden, wand sich die Straße gegen Nanju hin. Trotz Sand und

Lehm, trocken und tief ausgefahren, wie sie war, war sie doch nicht die endlose, holprige Straße unserer qualvollen Fahrt, sondern ein angenehmer Weg in der wohltuenden Kühle des Abends. Am Straßenrand entlang lief ein bequemer Pfad, mit weichem Rasen bewachsen. Die Sonne sank langsam hinter den brennenden, rotgoldenen Horizont. Die Luft war leicht kalt; man roch förmlich den schneeigen Hauch hoher Berge, gemischt mit dem warmen Duft der Blumen. Vogelgezwitscher tönte aus einer Hecke, ein zarter langausgezogener Flötenton, in einen Triller ausklingend. Kristallklares Wasser floß in rascher Strömung unter der kleinen Brücke dahin, deren Pfeiler mit alten, eingemeißelten Steindrachen geschmückt waren, die für immer stromaufwärts schwammen. Jenseits der Brücke führte die Straße gerade zwischen mächtigen Akazien hindurch zu den ersten Häusern des Dorfes. Bäume, Häuser und Straße, alles wirkte weich und golden, wohltuend unseren Sinnen. Wir kamen ins Dorf. Seine einzige Straße war mit großen behauenen, blauen, roten und gelblichen Steinen gepflastert, die von den nackten Füßen oder den weichen Strohsandalen von Generationen von Pilgern geglättet und ausgehöhlt waren. Zu beiden Seiten die kleinen einstöckigen Häuser, gastfreundlich geöffnet wie eine Doppelreihe kleiner Theaterbühnen, jede mit ihrer persönlichen wunderlichen Welt und ihrem Spiel. In der Luft hing der Duft des Weihrauchs und jener andere, ebenso liebliche Duft verbrannter Blätter und Zweige, mit denen die Leute ihre Kochfeuer unterhielten. In Schwaden, weiß und blau, trieb der Rauch langsam durch die Luft. Die letzten Sonnenstrahlen drangen wie goldene Schwertklingen durch die Äste der Bäume. Die Schatten waren blau und dunstig.

Vor ihren Häusern saßen die Leute von Nanju im Schutz der Dächer auf den Türschwellen und ruhten sich aus in der Abendkühle, wie sie und ihre Vorväter es seit Tausenden von Jahren zu tun pflegten. Ihre Gesichter waren tief gebräunt; ihre Gewänder von einem starken lebhaften Blau; ihre braunen, schwieligen, aber fein geformten Hände lagen gefaltet in ihrem Schoß. Sie sahen dem Zustrom der uniformierten Fremden, die mit wichtigen nationalen Angelegenheiten beschäftigt umherstreiften, mit einiger Verwirrung zu. Der Krieg war bisher fremd und abseits gewesen für dieses Dorf, das dem erhabenen Gautama geweiht war. Das Leben von Nanju war von den Kämpfen, die seit mehr als einem Jahr große Teile unseres Landes verwüstet hatten, noch kaum berührt worden. Die wenigen Dienstpflichtigen, die man aus der Schar seiner jungen Männer zur Armee geholt hatte, ließen das Dorf nur noch ein wenig stiller, ein wenig ruhiger zurück. Von seinen Altären stieg der Opferrauch unbewegt zu den goldgesichtigen Heiligenbildern auf, die Priester rezitierten die Schriften und schlugen dazu die kleinen hölzernen Trommeln, und das einfache Volk saß an den Abenden auf seinen Türschwellen, und alles war, wie es immer gewesen.

Wir durchwanderten das Dorf nach einem Quartier. Aber jedes Haus, jedes Zimmer, jedes Bett, jeder Winkel war von den Ankömmlingen eingenommen. Ein Gehämmer und der Geruch frisch zersägten Holzes ließen erkennen, daß in aller Eile neue Häuser aufgerichtet wurden. Für uns gab es keinen Platz. Aber trotzdem machten wir uns keine Sorgen um unser Nachtquartier. Wir gingen weiter bis ans Ende der Dorfstraße, die Augen immer auf die Berge gerichtet, wo die mächtige Spitze des Tou Yun Feng rot und violett in der sinkenden Abendsonne, von bernsteinfarbenen Abendwolken umschwebt, in den Himmel ragte.

Quer über die Straße, entfernt von uns, floß ein Bach, von drei kleinen weißen Marmorbrücken überspannt, und weiter jenseits lag die rote Umfassungsmauer eines Tempels. Die dunklen Tannen und Zypressen des heiligen Haines mengten sich düster in der zunehmenden Dämmerung, aber die Tempeldächer mit den gelben glasierten Ziegeln glänzten freundlich durch das dunkle Blattwerk.

Doch jetzt kam die Ordonnanz gerannt, um uns zu sagen, daß ein Zimmer für uns im Grand Nanju Hotel gefunden sei. Zögernd wandten wir uns von der zauberhaften Szene ab und folgten ihm in die prosaische Wirklichkeit. Das Hotel, nur aus übertriebener Höflichkeit »Grand Hotel« genannt, war eine gebrechliche, moderne Angelegenheit aus Holz und Mörtel. Durch ein anspruchsvolles Tor, auf dem in fußhohen Schriftzeichen der Name des Hotels aufgemalt war, betrat man den von drei Seiten umbauten Hof. Das Haus enthielt achtzehn Zimmer. Die Räume des Erdgeschosses – mit festgestampftem Lehmfußboden – lagen zu ebener Erde oder gar tiefer als der Hof. Alle Fenster und Türen waren an den Innenwänden und schauten auf den Hof. Das obere Stockwerk war nämlich aufgeteilt und hatte eine umlaufende hölzerne Galerie. Der Hof diente auch als Garage. Längs der Wände reihten sich ein Dutzend oder mehr mit Staub und Schmutz bedeckte Personen- und Lastwagen, die sehr vernachlässigt und abgenutzt aussahen. Es führte kein Weg durch den Hof, und selbst bei trockener Witterung mußte man seine Schritte vorsichtig durch die vielen Tümpel suchen. Die Ursache dieses Morastes war leicht ersichtlich: das »Grand Nanju Hotel« besaß keine Abwasserleitung. Von der Galerie leerten die Mieter der oberen Räume ihre Waschbecken auf die Verdecke der parkenden Autos, während die unteren Bewohner ihr schmutziges Wasser achtlos zwischen die Räder der Wagen ausschütteten.

Trotz all seiner Unzulänglichkeiten hatte das Grand Nanju Hotel keinen Mangel an Kundschaft. Es hatte ein Dach und Wände; es bot ein Obdach und eine Gelegenheit zum Schlafen; und es war auch schon bis unter das Dach von Offizieren besetzt. Das Zimmer war nicht eigentlich frei, als wir es übernahmen. Ein Junggeselle und Freund General Tangs wohnte darin, der es aber, als er von unserer schlimmen Lage hörte, freigab und in ein Zimmer zu zwei anderen Junggesellen zog.

Es war ein kleines Zimmer im oberen Stockwerk. Über eine Treppe, eher eine Leiter, so steil und schmal war sie, kletterte man hinauf auf die Galerie, nach der sich alle oberen Zimmer öffneten. Es besaß ein Fenster, aber ohne Scheiben. Die dünnen Gips- und Lattenfüllungen der Wände hatten sich überall von den Holzrahmen gelöst, und es klafften breite Risse, durch die Licht, Luft und Regen freien Zutritt hatten. Fingerbreite Spalten im Fußboden stellten auch eine Verbindung zu dem Zimmer unter uns her.

Die Einrichtung des Zimmers bestand aus einer Pritsche, einem einzigen Stuhl und einem wackeligen Tisch. Als bestes Stück unserer Unterkunft erwies sich der Zimmerboy. Es war ein magerer, verschlafen aussehender Junge, dessen einzige Tugend seine Fertigkeit war, das Abwaschwasser, in einem größeren Bogen und genau auf die Verdecke der parkenden Wagen auf der anderen Seite des Hofes treffend, auszugießen. Wir begannen gleich mit seiner Erziehung und machten ihm unsere Abneigung gegen Fliegen, Moskitos und fettiges Fleisch be greiflich. Daraufhin pflegte er sorgsam über unser Essen hin zublasen, um unsichtbare Insekten zu verscheuchen, und vermied es gewissenhaft, uns auch nur das kleinste Stückchen Fett vorzusetzen. Ich weiß es nicht, aber vermute, daß sich in unseren Schüsseln, wenn sie die Küche verließen, Stücke fetten Schweinefleisches befanden, aber selbst wenn dem so war, erreichten sie nie unseren Tisch, sondern verschwanden unterwegs auf die einfachste und einleuchtendste Weise.

Wir lehrten ihn, daß wir zum Waschen und Baden große Mengen warmen Wassers benötigten, besonders wenn wir erhitzt und staubig nach Hause kamen. Nachdem ihm diese Lektion genügend eingegangen war, konnten wir das Zimmer nicht für fünf Minuten verlassen, ohne daß er uns bei unserer Rückkehr mit strahlendem Gesicht ein Becken voll warmen Wassers brachte. Wir brauchten unsere Gesichter nicht so oft zu waschen, ließen ihn aber gewähren, um ihn in seinem lobenswerten Eifer nicht zu entmutigen oder ihn zu verwirren. Er gab sich die größte Mühe gefällig zu sein. Als er entdeckte, daß Pao auf Eier versessen war wie der Opiumraucher auf Opium, suchte er das ganze Dorf nach Eiern ab und brachte uns manchmal zehn oder zwölf am Tag, bis unser Zimmer voller Eier war und wir sie den Kindern schenkten.

Wir brachten ihm auch die nötigen Sauberkeitsbegriffe bei. Wir zeigten ihm, wie der Fußboden zu kehren war, was man sehr vorsichtig tun mußte, um zu vermeiden, daß Staub und Schmutz durch die breiten Spalten auf die Köpfe der unter uns hausenden Familie fielen. Von Zeit zu Zeit staubte er ab, und die leicht erreichbaren Spinnwebgirlanden verschwanden.

Er besorgte auch unsere Wäsche, mit mäßigem Erfolg allerdings, farbige und weiße Wäschestücke kochte er manchmal zusammen, so daß Paos weiße Hemden gestreift und punktiert vom dunklen Blau meiner Baumwollkleider aus dem Waschzober kamen.

Das Aussehen Nanjus wechselte täglich. Uniformierte Arbeitstruppen arbeiteten Tag und Nacht am Bau neuer Straßen, legten Telefon- und Telegrafenleitungen, die wie Spinnetze nach allen Richtungen hin ausstrahlten. Hier liefen die Nervenstränge von ganz China zusammen. Die »Großen« der militärischen Organisationen wohnten hier: der Kriegsminister Ho Ying-ching, General Beng Yu-hsiang, General Cheng-Cheng, andere Offiziere hohen Ranges, und als oberster Befehlshaber der Generalissimus, zusammen mit einem Heer untergeordneter Leute wie wir selbst. Diese zentralisierte Regierung lebte und funktionierte, wenn auch die Japaner glaubten, sie hätten sie durch die Einnahme von Nanking und Hankau zerstört.

Die Generale des Oberkommandos hatten ihre Quartiere in den Bergtempeln. Der Rest verteilte sich, so gut es ging, auf das überfüllte Dorf und auf die meilenweit entfernten Bauernhöfe. Zu Beginn, als wir noch wenige waren und Nanju noch nichts von den steigenden Preisen und dem sinkenden Wert des Geldes gehört hatte, verlangten die Leute zögernd eine Monatsmiete von höchstens fünf Dollar für ein ganzes Haus mit Hof und Brunnen. Aber als jedes Haus überfüllt war und man sich abwechselnd die Betten teilte, und der Zustrom immer noch anhielt, wurden sie dreister und verlangten einen Dollar, drei Dollar, zehn Dollar pro Tag für die einfachste Unterkunft. Neue Häuser wurden errichtet, in zwei Tagen konnten sie fertiggestellt werden. Im Moment, da auf dem Bauplatz der Plan abgesteckt wurde, waren sie schon bis auf den letzten Winkel vermietet. Immer mehr Leute drängten sich in das überfüllte Dorf, zu sechst und siebent waren sie in einem kleinen Zimmer zusammengepfercht, in dem sonst höchstens zwei Personen wohnten. Pao und ich hatten beinahe ein schlechtes Gewissen, wenn wir damit unseren Luxus verglichen. Selbst weit draußen auf dem Lande machten sich Stabsoffiziere und Abteilungschefs Zimmer mit kahlen Lehmböden und Strohdächern streitig. Ihre Frauen lernten das Leben auf den Bauernhöfen, niedrigen, aus Lehm gebauten Häusern, kennen: Enten und Gänse, die über den Hof watschelten, im Stall den Wasserbüffel, die Strohhaufen und Mistgruben, die Hähne, die vor Tagesanbruch krähten, und die Hunde, die mitten in der Nacht bellten. Schlanke, aristokratische Frauen und junge Mädchen, an weiche Seide und schwere, kostbare Brokatstoffe gewöhnt, hier sah man sie auf den schmalen Pfaden, die Dämme entlang, zwischen den Reisfeldern spazierengehen. Sie trugen jetzt grobe, hausgesponnene blaue Stoffe, sahen aber trotzdem gepflegt und vornehm aus, mit glänzend und weichgebürstetem Haar, eine Blume hinterm Ohr, mit hellrot gefärbten Lippen und Wangen, ihre Augen voll Frohsinn und Tapferkeit.

Die Welt strömte herein. Der Krieg wurde nach Nanju gebracht. Truppenkontingente kamen an und wurden rund um das Dorf in Strohhütten und Zelten untergebracht. Sie hoben Gräben aus und installierten Fliegerabwehr-Geschütze. Sie marschierten und sangen:

Große Mauer von China – kein bröckelnder Stein;
Große Mauer von China – treu' und lebendige Herzen!
Verteidigt unsere Weizenfelder, auf denen jetzt Schlachten toben,
Land, das wir seit Generationen schon ackern.
Söhne, seid würdig der Väter!
Seid standhaft gegen den Feind!
Große Mauer von China!

Soldatengesang klingt rauh und wild, aber von fünfhundert ungeschulten Stimmen gesungen, im Rhythmus der marschierenden gedämpften Tritte von Füßen, die in Sandalen stekken, wohnt ihm eine erschreckende, herzbeklemmende Schönheit inne.

Mehr und mehr Leute kamen – Kaufleute, Köche, Handwerker, Künstler, geflüchtete Arbeiter mit ihren Familien, Hausierer mit ihren Packen. Sie kamen in Wagen, in Rikschas, mit Karren oder zu Fuß. Sie bauten kleine Läden, Buden und Stände auf und prahlten mit den klingenden Namen berühmter Firmen aus Shanghai und Hankau. Am zahlreichsten und beliebtesten waren die Restaurants und Schneiderwerkstätten. Krieg oder kein Krieg, Männer müssen essen, und Frauen müssen sich gut kleiden.

Das Summen der Singer-Nähmaschinen war bis tief in die Nacht hinein zu hören. Im Schein der kleinen Öllampen arbeiteten geschickte Schneidergesellen an kunstvollen Knöpfen und handgewebten Kordeln, und über den Arbeitstischen hingen von langen Bambusstäben ganze Wolken vielfarbiger Stoffe herab, manche in zarten blumenhaften Farbtönen, die wir so sehr lieben, mehr aber in dunklem Blau, das besser in unsere neue Lebensweise paßte.

Alle Arten von Lebensmittelgeschäften florierten. Da war der bescheidene Nudelverkäufer, der mit einem Löffel an eine Schüssel schlug, um seine Ware anzukündigen, und dessen ganze Einrichtung aus einem tragbaren Ofen und einem Schränkchen bestand, die an den beiden Enden seines Schulterjochs hingen. Da war der berühmte Restaurateur aus Nanking, der bei seiner Flucht aus der Stadt nichts gerettet hatte als die wundervollen Rezepte, die er im Kopfe trug, und der jetzt seinen Laden in einem Strohschuppen aufmachte und sogleich von Kunden belagert wurde. Sie arbeiteten vom frühen Morgen bis Mitternacht. Ihre beste Zeit war der Abend, wenn die Leute von der Arbeit kamen und durch die eine Straße von Nanju drängten und durch alle die kleinen, neuen Gäßchen, die in die rasch emporgeschossenen Vororte führten. Vor den Gaststätten war immer ein großes Gedränge. Die Leute aßen, schwatzten und lachten; andere, von dem Lärm und den guten Gerüchen angezogen, standen dabei und staunten. Die Feuer knisterten und leuchteten rot in den tönernen Kochöfen unter riesigen eisernen Töpfen. Der zarte Duft des Reises stieg aus den großen hölzernen Dampftöpfen auf. Man hörte das Zischen und Prasseln von Gebratenem; es roch nach Öl und Pfeffer und

Gewürzen. So sieht es am Abend in fast allen Marktflecken Chinas aus: in den Straßen ein Gewimmel von Menschen, die sich miteinander freuen und vergnügen. Männer, die viele Jahre im Ausland verbracht und die berühmten europäischen Restaurants gekannt hatten, beteiligten sich mit großem Vergnügen am Nachtleben von Nanju. Wenn die Kochfeuer dann endlich ausgelöscht und die Läden geschlossen waren, ging die Arbeit doch ununterbrochen weiter. Lastwagen und Autos rollten unaufhörlich durch die Straße, und ihre Scheinwerfer durchbohrten die samtene Nacht mit goldenen Lichtpfeilen. Gedämpftes Schlurfen, metallisches Klirren, Knirschen von Lederzeug – Truppen auf Nachtmärschen, Kompanie auf Kompanie, so zogen sie durch die Straße. Der Straßenbau ging vierundzwanzig Stunden am Tag voran. Manchmal schreckte uns eine Sprengung mit erdbebenartiger Erschütterung aus dem Schlaf, für die meisten von uns eine schreckliche Erinnerung an die Luftangriffe.

Neue Straßen nach allen Richtungen, ein Netzwerk von Telegrafendrähten, Zeitungen, die es vor unserem Kommen nicht gegeben hatte – alles nahm von Tag zu Tag zu. An den Generalstab von Nanju kamen die Berichte aus dem ganzen Land, Nachrichten von Kämpfen an allen Fronten, Telegramme, die Siege oder Niederlagen meldeten, drahtlose Übermittlungen aus dem Ausland. Der Generalstab, der seine Diensträume im Gebäude der Mittelschule eingerichtet hatte, arbeitete unermüdlich weiter, empfing und ordnete alles, was hereinkam, und erstattete dem Generalissimus, oben im Tempel auf dem Berge, regelmäßig Bericht. Man konnte seine uniformierten Eilboten den steilen Pilgerpfad, der zu seinem Quartier führte, hinauf- und herabeilen sehen.

Nanju, das schlafende Dorf am Fuße des Tou Yun Feng, des »Gipfels vieler Gebete«, im Schleier des Weihrauchs, seit tausend Jahren von Pilgern aufgesucht, seit drei kurzen Wochen, im Herbst 1938, hörte es nun den Gesang marschierender Männer, das Echo von Hammerschlägen und Sprengschüssen. Es war nun wichtiger als Shanghai, Nanking und Hankau. In Nanju schlug das lebendige Herz des kämpfenden China.

Siebentes Kapitel

BERGE UND TEMPEL, UND BOMBER ÜBER NANJU

Es ist Anfang November, aber in südlicher Richtung reisend, sind wir zu den Tagen der goldenen Sonne zurückgekehrt, wenn auch die Nächte kalt sind. Das erste Frühlicht findet uns schon draußen. Im mysteriösen Weiß des dicken Nebels stapfen wir durch die schlafende Straße, vorbei an den roten Tempelmauern, und verlassen das Dorf. Ein steiler, rauher Pfad führt uns bergan zu einem Bach, in dem wir baden. Hier, hoch oben in den Bergen, schneidet sich der Bach seinen Weg durch naßglänzendes, riesiges Gestein, rötliche, grüne und gesprenkelte Granitblöcke, von den steilen Klippen herabgestürzt. Das Wasser strömt wild und weiß in kraftvollem Lauf über rollende Kiesel oder fällt von Stufe zu Stufe im weißen Bogen eines Wasserfalls.

Aber alles ist vom Nebel verhangen. Er schmiegt sich wie ein Gewand an die Bergflanke. Beide Ufer des Baches werden von schattengrauen Tannen markiert, die der weiße Nebel verschleiert. Ein Wasserfall stürzt aus dem Nichts und zerschmettert auf dem Felsen vor uns in milchigem, jadegrünem Schaum. Wir waten in der eisigen Strömung flußabwärts. Unsere nackten Füße, empfindsam wie Hände, ertasten den Weg ins abgeschliffene Geröll und spüren den Gries und das schlüpfrige Moos auf den Steinen. Der Kies unter unseren Fußsohlen, der glatte feste Sand, der sich unter die Fußwölbung drückt, die Wirbel des rasch fließenden Wassers um die Schenkel — alles gehört zu unserem Vergnügen. Wir tauchen in die kleinen Teiche und kommen atemlos von dem Schock wieder an die Oberfläche und lachen uns zu. Wir drängen vorwärts gegen die stürmende Strömung bis an den Fuß eines Felsens, wo der Bach aufschäumt, halb Luft, halb Wasser, Millionen lebendiger prickelnder Bläschen.

Die Sonne geht auf. Durch die Schlucht ziehen dünne, abgerissene Nebelfetzen und lösen sich langsam im Morgenlicht auf. Wir schauen herunter auf die Dächer von Nanju inmitten seiner großen Bäume und der Soldatenlager ringsherum. Nanju schläft noch, nur hie und da zieht der Rauch der ersten Kochfeuer zwischen den Bäumen dahin; aber von den neuen Exerzierplätzen tönt das scharfe Kommando und die Antwort aus hundert schreienden Kehlen. Weiter draußen leuchtet die Ebene wie ein Opal – grün, blau und mattgolden im rauchweißen Nebel. Die im Westen und Osten sich einwärts biegende Kette niedriger Hügel schimmert in allen Schattierungen eines verblassenden Blaus.

An manchen Abenden tollen wir wie Kinder und jagen uns in einem Ausbruch von Übermut rund um das dunkle Dorf, um schließlich, hilflos vor Lachen, in der wimmelnden Dorfstraße zu landen. Die Leute müssen uns für ein wenig verrückt und sehr unmanierlich halten. Durch den verworrenen Lärm der vielen Stimmen und den Ruf der Verkäufer hört man das Rauschen des Flusses, der unter den Brücken dahineilt. Man hört den weichen, fernen Ton der Tempelglocken und der Trommeln, die die Riten des Mondes zelebrieren, man hört den Mißklang der Signalhörner.

Das kahle kleine Zimmer im Grand Nanju Hotel war unser erstes Heim, denn die beiden Tage in Hankau waren von der Art eines bösen Traums. Wir richteten uns ein als verheiratete Leute. Für eine kleine Weile fühlten wir uns sicher und geborgen und ahnten nicht, wie kurz diese Zeit sein sollte. Drei Wochen – dann sollten wir wieder herausgerissen werden. Paos Pflichten beim Generalstab waren wichtig und anstrengend, aber uns gehörten die frühen Morgenstunden, die Abende und die langen Nächte. Unser Heim bot nur wenig Spielraum für häusliche Tätigkeit, und es gab kein Krankenhaus, das meine Dienste beanspruchte. So verbrachte ich die Stunden in Paos Abwesenheit auf den nahen Berghängen und kletterte zwischen den hohen Tannen und Föhren und den blühenden Gardenienbüschen umher. An den langen Nachmittagen lag ich manche Stunde in der Sonne, ausgestreckt auf niedrigen süßduftenden Farnen oder auf einem großen glatten Felsblock. So ganz dem Gefühl äußersten Wohlbehagens hingegeben, war es unmöglich, an Krieg zu denken. Ich brachte Arme voll wilder Blumen, deren Namen ich nicht kannte, nach Hause, um unser kahles häßliches Zimmer freundlich zu machen. Von den Blumenverkäufern erstand ich blühende purpurne und blaßgoldene Chrysanthemen, pflanzte sie in irdene Töpfe und stellte sie auf die Galerie vor unsere Tür. Gegen das gebrechliche Holzgeländer nahmen sich die Blumen froh und kräftig aus und voll Mut. »So sieht es besser aus«, meinte Pao bewundernd.

Der Mond des »Neunten Monats« (November) nahm jede Nacht zu, bis er im Zwielicht wie eine große runde Papierlaterne über den Bergen baumelte. Wir dachten an das schon so lange zurückliegende Mondfest in Hankau. Dreißig Tage ... Wohin waren sie nun zerstreut, alle die Männer und Frauen mit ihren lachenden Kindern, die vor einem Monat in Hankau das Mondfest gefeiert hatten? Der Mond ließ die Hügel aufleuchten. Wir folgten einem Pfad, weitab vom Lärm und Gedränge der Straße. Wir kamen zu einem unserer Lieblingsplätze, einem Zypressenhain, der wie die Haine alter Familiengrabstätten kreisförmig angepflanzt war. Es war aber kein Grab in der Mitte, nur ein ebener, offener Platz. Wir lagen im Farnkraut und beobachteten den Mond, der höher und höher schwebte, weiß und heiter.

Ein ferner Gesang schreckte uns aus unseren Meditationen, ein erregend fremdartiger, vielstimmiger Chor in seltsam gebrochenem Rhythmus. Es kam näher. Wir schauten hinunter auf die Straße, die unterhalb unseres Haines verlief, und sahen einen Leichenzug: Mönche mit geschorenen Köpfen und in gelbe Seidengewänder gehüllt, mit rostroten Leinenmänteln über einer Schulter; sie schlugen im Takt des Gesanges an kleine Silberglocken. Fackelträger und Laternenträger zogen vorüber, Trauernde mit weißen Turbanen und brennenden Weihrauchkerzen, Träger mit einem riesigen Holzsarg, der mit einem roten Bartuch bedeckt war. Alle psalmodierten in diesem fremdartigen, schnellen, gebrochenen Rhythmus und stießen dazwischen lange, traurige Klagelaute aus. Weihrauchduft mischte sich mit dem Geruch zerdrückten Farnkrautes. Blasse gelbe Lichtstrahlen fielen schräg durch die dichtstehenden Baumstämme, und die Schatten bewegten sich fächerartig in dem schwankenden Licht. Die Prozession wand sich wie ein Gespensterzug vorüber und verschwand, der Straße folgend, um einen Felsvorsprung. Und die Klagelaute verklangen in das Mondlicht und die Stille...

Ein anderes Mal, als der Mond noch groß und glänzend war, konnten wir es nicht ertragen, die Nacht schlafend und hinter Mauern zu vergeuden. Wir gingen stromaufwärts und sprangen von Stein zu Stein über dunkel klaffende Spalten. Wir breiteten Decken aus über einen flachen Stein, der von brausendem, quirlendem Wasser umtost war. Der anhaltende gleichmäßige Donner des Wassers schien uns in ein Zentrum des Schweigens einzuschließen. Wir saßen Schulter an Schulter und betrachteten den Mond und die grauen und silbernen Schatten, die weiche farblose Lieblichkeit der Bäume und Hügel im silbernen Dunst. Die Berge selbst waren weniger hoch, sie schmiegten sich aneinander wie schlafende Tiere, und ihr scharfes Profil milderte sich zu sanft geschwungenen Konturen. Stunden beobachteten wir den aufsteigenden Mond und den sachten Wechsel der Schatten. Dann fielen wir endlich in Schlaf, bei dem wilden Gesang des Wassers. Am Morgen waren unsere Gesichter feucht vom Tau.

Zur Zeit des vollen Mondes konnte man um Mitternacht und vor Tagesanbruch die Tempelglocken hören – langsam, langsam, dann in steigendem Rhythmus, vereint mit den raschen Trommelschlägen und einem seltsam klagenden Gesang vieler Stimmen. Noch vollzogen die Priester unbekümmert die alten Zeremonien. Pilger, Männer und Frauen, zogen immer noch von Schrein zu Schrein in der Erfüllung ihrer Gelübde und legten vor jedes Heiligenbild ihre glimmenden Weihrauchstäbe. Die Tempeltore standen weit offen für alle, die eintreten wollten. Pao und ich verbrachten manche Stunde, die vielen stillen Höfe zu durchwandern.

Tagsüber wimmelte der Tempel von Pilgern und Gästen. Die Tempel von China dienen sowohl der Fröhlichkeit wie der Anbetung. In der vom Weihrauch trüben Hohen Halle schlugen die Priester an die Bronzeglocken und lasen die Weissagungen für die Pilger, die auf gestickten Bastkissen vor den

Buddhas knieten. Dort entzündeten sie ihren Weihrauch, ihre Kerzen, und ließen die Perlen der Gebetsketten durch die Hände gleiten. Draußen wanderten gelegentliche Besucher über die sonnenbeschienenen Terrassen und bewunderten die reichgeschnitzten Balustraden. Jede Säule war von einer schneeweißen Lotosblume gekrönt, und die dazwischenliegenden Felder waren mit Schnitzereien ständig wechselnder Motive versehen: Wolken, phantastische Felsen und Bäume, springende Leoparden, zarte erschreckte Rehe, stolz stampfende, reiterlose Pferde, mystische, feuerspeiende Chi-lin*, alle Arten von Vögeln und Tieren, wie auf den Seiten eines Bilderbuches.

Wir verfielen dem Zauber dieses Tempels, seinem Frieden und seiner Schönheit. Vor Sonnenaufgang kamen wir herauf und setzten uns mit gekreuzten Beinen in der Haltung der Meditation auf die Marmorterrasse vor die Hohe Halle und sahen zu, wie der Weihrauch aus großen Bronzebecken in die stille Luft emporstieg. Es war zu der Stunde der Morgenandacht. Die Priester in ihren weiten, grauen Gewändern zogen im feierlichen Zug durch die Säulengänge der Vorhalle und die geöffneten Tore des Pavillons. Kleine goldene Kerzen brannten in einer Reihe auf dem Altar, wo der Buddha auf seinem Lotosthron saß, die Hände, Füße und das Gesicht vergoldet, die Augen niedergeschlagen, ein wohlwollendes Lächeln auf den Lippen, die Hände in mystisch-segnender Gebärde erhoben. Die Priester standen in Reihen geordnet davor und sangen zum Schlag der kleinen Handtrommeln die Sutras, in einem Rhythmus, so stetig und pausenlos wie der Pulsschlag. Die kühlen Höfe lagen im Schatten, umsäumt von den schlanken, säulenartig aufsteigenden Stämmen der Silbertannen und Zypressen. Die höchsten Äste der Bäume und die gelben Dächer der Pavillons wurden von der aufgehenden Sonne vergoldet. An den Dachfirsten entlang wanden sich gelbglasierte Drachen, und Prozessionen kleiner Tiere folgten einander bis an das Ende der Dächer, von deren Rand kleine silberne Glöckchen schweigend in der stillen Morgenluft herabhingen. Aus dem riesigen Weihrauchkessel stieg der Rauch gleich einer schlanken, unbeweg-

* Chi-lin, auch Kuilin: Drache, der König und Herrscher der Erde.

ten Säule durch die Zypressenzweige in den weiten Himmel, zerstob und löste sich auf ins Nichts. So geschah es auch mit unseren Gedanken, als wir dort saßen und meditierten. Die Welt trat zurück; das Ich löste sich auf in der ruhigen Einigung mit dem allumfassenden Frieden.

Eines Abends, als der Gesang verklungen war und alle Besucher den Tempel verlassen hatten, zögerten wir noch lange und wanderten über die mondbeschienenen Marmorpfade. An dem Tor der Hohen Halle blieben wir stehen und spähten hinein. Vor dem Altar brannte einsam eine rote Lampe, der Kern eines Strahlenkreises im hohlen Dunkel des riesigen Raumes. Ein schwarzgekleideter Priester saß mit gekreuzten Beinen auf einem Kissen, murmelte ein monotones Gebet und ließ die gelben Perlen seiner Gebetsschnur durch die Finger gleiten. Von einem unbestimmbaren Impuls getrieben, näherten wir uns dem Altar und schauten hinauf in das trübgoldene, regelmäßige Gesicht des großen, in der Mitte thronenden Buddha. Pao und ich sind keine Buddhisten. Aber seit Jahrhunderten wurden zu diesem Sinnbild der Güte und des geistigen Friedens sehnsüchtige und glaubensvolle Gebete emporgeschickt, und durch diesen Gedanken bewegt, sprach Pao: »Wenn du das Prinzip der Gerechtigkeit darstellst, die allein wir in dieser Welt als höchste und herrschende Macht anerkennen, dann beschütze uns, denn wir sind reinen Herzens.« Und wir verbeugten uns wie vor einem Fürsten.

In der Ungewißheit unseres Daseins genossen wir dieses liebliche Zwischenspiel von Nanju, wohl wissend, daß es nur ein kurzfristiger Waffenstillstand mit dem Schicksal war. Wir speicherten Kräfte gegen künftige Not. Wir hegten diese Tage – weich und golden wie Bernsteinkugeln auf eine Schnur aufgereiht –, um uns immer daran zu erinnern, wenn wir einmal getrennt würden. Aber es war unvermeidlich, selbst in dieser kurzen Zwischenzeit, da einer vom anderen so ganz erfüllt war und wir niemanden sonst zu unserem Glück brauchten, daß wir gelegentlich mit alten Freunden zusammentrafen oder neue Bekanntschaften machten. Wir vermieden, soweit es ging, Einladungen zu langweiligen Festen oder geistlosen, langausgedehnten Mahjong-Abenden. Aber mit zwei oder drei Freunden planten wir eine Besteigung des Tou Yun Feng, da das schöne Wetter noch anhielt.

Pao hatte für zwei Tage Urlaub bekommen. Wir wollten uns einen ganzen Tag Zeit lassen für den langen Aufstieg über die Pilgerstraße zum Tempel auf den Gipfel, die Nacht dort oben zubringen und am nächsten Tag zurückkehren. Pao hatte schon ganz früh einige Orangen gekauft und schälte sie nun für mich, während ich noch schlaftrunken im Bett lag. Das klare kühle Sonnenlicht strömte in breiten Strahlen durch die offene Tür; die Chrysanthemen zeichneten ein Maßwerk von Schatten auf den Fußboden. Die Kälte verachtend, saß Pao, nackt bis zum Gürtel, auf meinem Bettrand. Das Sonnenlicht fiel in schrägen Strahlen auf die glatte goldbraune Haut seiner Schultern, auf das feine Muskelspiel seiner Arme, auf sein blauschwarzes Haar mit der kleinen Spitze über der Stirnmitte – genau wie bei mir. Wenn er lachte, konnte ich sehen, wie das Licht die winzigen Fältchen um seine Augen vergoldete.

Unsere Freunde, Wu Kwei-fan und Wang Yu-lin, holten uns ab. Laßt mich von Wu Kwei-fan erzählen, denn er bestand später mit uns eine harte Probe; er war ein Bollwerk verläßlicher Kraft, und nie versagte sein Humor. Er war annähernd fünfundvierzig Jahre alt, groß, gut gebaut, wenn auch etwas stämmig, mit einem vollen runden Gesicht und einer runden Hornbrille. Als äußerst freigebiger Mensch war er jederzeit bereit, seinen letzten Dollar an ein Essen für seine Freunde zu verschwenden. Er hatte erst spät geheiratet. Seine schöne Frau lebte mit ihrem dreijährigen Sohn in Shanghai, relativ sicher in der Internationalen Siedlung, während er den Irrfahrten des Generalstabs folgte. Er trug die Fotografien von Frau und Kind immer in seiner Tasche, und nach der ersten Viertelstunde einer Bekanntschaft hatte er sie hervorgeholt, damit man sie bewundere. Bis auf die Brille hatte der kleine Sohn dasselbe runde, arglos strahlende Gesicht wie sein Vater. Wu Kwei-fan war ein unermüdlicher Erzähler, der Spaßvogel beim Generalstab; später sollten wir entdecken, daß er sogar im Schlaf erzählte. Ein liebenswerter Mann, durch und durch gut, typisch chinesisch mit seinem unersättlichen Lebenshunger und seiner unbezwinglichen Fröhlichkeit. Im Lebenskampf würde er wohl nie viel Erfolg haben; er war zu gutmütig, um sich mit der erforderlichen Rücksichtslosigkeit durchzusetzen; er war zu weise und erhaben über die Unzufriedenheit, den Stachel des Ehrgeizes.

Auch Wang Yu-lin sollte später noch einmal auf einer anderen, gewichtigeren Reise mit uns zusammentreffen. Sie war ein kleines, schlankes Mädchen, deren sorgfältig gelockte Haare, nach der letzten amerikanischen Filmstarmode frisiert, zu dem einfachen geraden shan* aus blauem Bauerntuch in seltsamem Kontrast standen. Ihr Verlobter, Pu Kuang-ti, arbeitete mit Pao zusammen im selben Büro. Er hätte an der Bergtour teilnehmen sollen, zog sich aber im letzten Augenblick zurück.

Wir brachen gegen sieben Uhr vom Grand Nanju Hotel auf und überschritten die mittlere Marmorbrücke am Ende der Straße. Militärposten mit Gewehren und Bajonetten standen an der Brücke und an den Tempeltoren Wache. Seit dem gestrigen Abend war der Tempel für Pilger und Besucher geschlossen worden; ein Truppenkontingent wurde vorübergehend dort einquartiert. Es war üblich, Tempel, da sie als Staatseigentum galten, als Soldatenquartiere zu benutzen. Schon die Kriegsherren der ersten Jahre hatten es so gehalten. Es ist bedauerlich und ganz unvereinbar mit der friedlichen Lehre des Buddhismus. Gewöhnlich werden nur die Galerien der äußeren Höfe beansprucht, und die im Tempel wohnenden Mönche bleiben unbehelligt. Was auch ihre Gefühle sein mögen, so scheinen die Mönche den Einbruch zu ignorieren; sie lassen sich in ihren Zeremonien und Meditationen nicht stören, gleichgültig gegen den Tumult in den äußeren Höfen.

Bei unserem Aufstieg brannte die Sonne manchmal heiß auf den Rücken, manchmal tauchten wir im Schatten unter, der so tief und kühl war wie Wasser. Immer wieder kreuzten wir den Fluß und seine Nebenflüsse und folgten dem Pilgerpfad mit seinen unregelmäßigen Stufen und ausgehöhlten Steinen. Auf kleinen, gedeckten Brücken luden Holzbänke zur Rast;

* shan: Kleid.

durch die dunklen Klüfte und Schluchten konnten wir auf die in der Ferne schimmernde, sonnige Ebene schauen. Die Bäche mußten wir von Stein zu Stein springend überqueren. Auf der Anhöhe eines Bergrückens verschnauften wir und genossen die Fernsicht; die Klippen über uns wurden immer steiler, je näher wir kamen. In einer bewirtschafteten Hütte am Wegrand nahmen wir unseren Mittagsreis ein. Eine hua-kan*, eine Art einfache Sänfte, arbeitete sich mühsam über die steilen Stufen zu uns herauf. Der Insasse lehnte sich bequem zurück; sein Kopf lag tiefer als die Beine, die auf den Stangen der hua-kan ruhten, so daß alles, was wir über die Schultern des vorderen Trägers hinweg sehen konnten, ein Paar Sporthosen waren und baumelnde Schuhe mit Gummisohlen. Die Sänfte machte bei uns halt; der bequeme Insasse richtete sich aus seiner halbliegenden Stellung auf und begrüßte uns.

»Es war ein so wundervoller Tag, und ich habe euch alle so sehr vermißt, im Büro war es langweilig, so nahm ich mir einen freien Tag und eine hua-kan und beschloß, doch mit euch zu gehen.« Es war Pu Kuang-ti. Er trug eine Joppe, einen Tropenhelm, eine Sonnenbrille und die schon erwähnten Kniehosen. Außerdem führte er ein zweites Paar Schuhe, eine Thermosflasche, eine Wärmflasche, einen schweren Stock und ein Seil mit sich – so war er ausgerüstet für große Taten im Bergsport! Er musterte mit einiger Verachtung unsere unzulängliche Ausrüstung. Wir hatten weder Stecken noch Stab oder auch nur einen Hut. Pao hatte unseren einzigen Rucksack umgehängt. Er trug kurze Hosen, ein ärmelloses Hemd und hatte einen Sweater um die Schultern geschlungen. Yu-lin und ich trugen unsere alltäglichen blauen Kleider, an der Seite geschlitzt, leicht und praktisch. Wu Kwei-fan hatte keinerlei Konzessionen an den Sport gemacht. Er schwitzte tüchtig in seiner wollenen Uniform.

Die Träger hatten die hua-kan abgesetzt und ließen sich nieder, um zu essen, zu rauchen und auszuruhen. Pu Kuang-ti lehnte es ab, unseren Proviant mit uns zu teilen. Er hatte sich reichlich mit Vorräten versehen und schon eine Mahlzeit, eine für schwere Muskelarbeit angemessene Ration, eingenommen.

* hua-kan: Tragstuhl aus Bambus.

Er schwenkte seinen Stock, marschierte vorweg und forderte uns auf, ihn zu überholen. Wu Kwei-fan sah ihm nach, bis er hinter einer Wegbiegung verschwand. »Ich bin gespannt, welchen von diesen Gipfeln er stürmen wird«, murmelte er nachdenklich. »Wenn er auf dem Weg bleibt, scheint das Seil wenigstens überflüssig zu sein.«

Wir bezahlten unsere Mahlzeit und nahmen unseren Weg wieder auf. Nach der zweiten Kehre sahen wir Pu Kuang-ti in anmutig erschöpfter Stellung im Farnkraut liegen. »Wo ist meine hua-kan?« fragte er kläglich. »Hättet ihr die Träger nicht zur Eile antreiben können?« Dann gewann er seine Höflichkeit zurück und beschloß, sich selbst zu opfern und seinen Platz in der Sänfte seiner Braut anzubieten. Aber Yu-lin hatte viel zuviel Spaß mit uns, in der Gesellschaft des vergnügten Wu Kwei-fan, um das Anerbieten anzunehmen, und so ließen wir Pu Kuang-ti zurück, um seine Bergbesteigung so fortzusetzen, daß sie seiner Denkfähigkeit keinen Schaden zufügte.

Nun gab es keine Stufen mehr und keine dunklen Klippen, die über uns aufragten. Wir hatten den Gipfel erreicht. Der Weg endet hier an der Schwelle des letzten Tempels. Wir ließen uns auf die Stufen nieder. Pao holte Mandarinen aus seinem Rucksack, wir schälten und aßen die Früchte, deren säuerliche Frische unseren trockenen Kehlen wohltat. Die Sonne versank plötzlich hinter dem wolkenlosen Horizont, und das Licht spielte in rosenfarbenen und kupfernen Tönen auf unseren Gesichtern. Ein jäh aufstoßender Wind fuhr um die Bergspitzen und drang uns bis ins Mark. Wir erschauerten, standen auf und wandten uns den dunkel gähnenden Toren des Tempels zu. Wir schritten durch die vielen, geheimnisvoll dämmerigen Hallen. Vorbei an den drohenden Göttern bei den Toren, den stark gewappneten Riesen, die, auf Elefanten und Tigern reitend, ihre Waffen schwangen. Vorbei an der hingelagerten, fettleibigen Figur des lachenden Buddha. Vorbei auch an Kuanyin, dem Allbarmherzigen mit den hundert Händen. Wie huschende Fledermäuse versammelten sich die Mönche in ihren weiten, flatternden Gewändern um uns und hießen uns willkommen. Pilger knieten vor den Altären. Leise ertönten Glokken und riesige Kalbfelltrommeln. Der Wind fegte durch die höhlenartigen Hallen, bewegte die roten Fahnen, die von den Balken herunterhingen, und ließ die Kerzenflammen unruhig aufflackern. Alles war so vertraut, so abseits von Alarm und Krieg. Und doch fragten uns auch hier die Mönche, als sie uns in die Gaststube führten, nach den neuesten Frontberichten und waren bestürzt bei der Nachricht über den Fall von Wuhan, obwohl sie es im Verlauf der letzten zehn Tage schon öfters von Pilgern und Reisenden gehört haben mußten.

In China sind die Mönchskloster die besten Gasthäuser und stehen jedermann offen, von der einfältigsten alten Frau, die sich auf einer Pilgerfahrt befindet, bis zum anspruchsvollsten General. Und deren haben sie viele beherbergt. In Sze-tschwan in einem Mönchskloster in der Nähe von Kuan-hsien sah ich später einmal Sun Chuen-fang, einen Kriegsherrn aus dem Norden, der einstmals ein hochangesehener Offizier der nationalen Armee gewesen war. Als Japan den Norden überfiel, »schlief er auf seinem Schwert«, d. h., er verpaßte die Gelegenheit, den Feind aufzuhalten, und zog sich mit seiner Armee feige zurück. Er mußte abtreten und lebte fortan im Exil als Gast der Mönche in dieser fernen Provinz.

Wir saßen in der riesigen Gästehalle auf harten reichgeschnitzten Stühlen. Ein Knabenpriester brachte uns Teetassen. In jede Tasse warf er einige Teeblätter und goß aus einem großen Kessel kochendes Wasser darüber, das in hohem Bogen aus der Tülle sprang. Der Wind blies den Dampf von den Tassen weg, während wir den kochendheißen Tee schlürften. Durch das runde Mondtor, das sich nach dem Hof hin öffnete, sahen wir das Zwielicht sich in tausend Schattenschleiern herabsenken. Die schlürfenden Schritte der Mönche in ihren Filzschuhen, der erstickte Ton einer entfernten Trommel und das bange Seufzen des Windes waren kein Laut, sondern betonten eher das Schweigen.

Der Abt des Klosters erschien unter dem Bogen des Mondtores. Er war ein kleines zwergartiges Wesen, mit glänzenden neugierigen und stechenden Sperlingsaugen. Seine winzigen mageren Hände mit den langen Nägeln tauchten wie Vogelkrallen aus den vielen Lagen seiner Ärmel auf. Er verschwand ganz in seinen weiten Gewändern und seiner Kapuze, die mit roten Zipfeln unter dem Kinn zusammengebunden war und sich als weiter Umhang über seine Schultern ausbreitete. Er näherte sich uns mit gewinnender Miene, mit Verbeugungen und Begrüßungen, die wir höflich erwiderten. Er hüpfte auf einen großen Stuhl und thronte da wie ein Vogel; und seine Füße, die in grotesken großen Filzschuhen staken, baumelten in der Luft.

Die Unterhaltung begann mit dem üblichen Austausch von Höflichkeiten, aber nach dieser Einleitung stürzte sich unser Gastgeber in eine so unaufhaltsam dahinfließende Erzählung, daß es selbst Wu Kwei-fan unmöglich war, ein Wort einzuwerfen. Er erzählte uns die ganze Geschichte seines Tempels, der vor Hunderten von Jahren erbaut worden war. Er schenkte uns kein Detail seiner Chronik. Er berichtete uns von seinen erlauchten Vorgängern, deutete mit seinen krallenartigen Fingern auf die eine oder andere der staubigen Schriftrollen, die an den Wänden hingen und die das Vermächtnis ihres geheiligten Wissens darstellen. Als er endlich bis zu seiner eigenen Zeit gelangt war, erzählte er von berühmten Männern, die das Kloster besucht hatten und für einen Tag oder ein Jahr oder noch länger geblieben waren. Sie kamen mit jener Mischung von Skeptizismus und Leichtgläubigkeit, die typisch ist für die chinesische Art, sich einer geistigen Offenbarung zu nähern. Nach der Aussage des Abtes verließen sie das Kloster erbaut und tief beeindruckt. Kriegsherren hatten das Kloster gestiefelt und gespornt und laute Befehle erteilend betreten. Aber man begegnete ihnen großmütig und milde, diente ihnen mit der Höflichkeit, die man hoch und niedrig erwies, und sie wurden demütig und schämten sich und gingen geläutert fort, mit dem Vorsatz sich zu bessern. Sie hatten Geschenke angeboten, um die Götter zu versöhnen. Manch einer hatte der Welt entsagt, um den Rest seines Lebens in Meditationen zu verbringen.

Der Abt redete und redete. Blaue Schatten krochen durch die offenen Türen. Die Höflichkeit verbot uns, ihn zu unterbrechen, obwohl es schon dunkelte und wir hungrig und durchfroren waren. Er fuhr fort, alle berühmten Besucher aufzuzählen, wobei er die großen Namen immer wieder nannte. Ein Name vor allem steigerte seine Beredsamkeit: Wu Pei-fu. Welch ein Abt wäre *er* gewesen! Ein Gelehrter, ein sehr berühmter und weiser Mann. Er hatte in Anerkennung der Gastfreundlichkeit des Tempels eine Rolle in seiner eigenen wunderbaren Kalligraphie hinterlassen. Aber wenn der Abt auch auf die Rolle deutete, so konnten wir sie doch nicht entziffern, denn es war inzwischen dunkel geworden, und wir sahen nur einen undeutlichen weißen Fleck an der Wand. Mit seiner hohen dünnen Stimme deklamierte er sie uns. Sein kleines verwittertes Gesicht in der Kapuze seiner Kutte war nur noch ein blasser Schatten in der Dunkelheit.

Zu unserer großen Erleichterung erschienen endlich die Mönche mit brennenden Zinnleuchten und brachten unser Nachtessen. Natürlich war kein Fleisch erlaubt, denn der wahre Buddhist hält alles Leben heilig. Aber die vegetarischen Bankette des Klosters waren berühmt, denn sie wußten mit Bohnenquark, dem tou-fu, und Pilzen, mit schmackhaften Soßen und Pflanzenöl die zahlreichen üblichen Gerichte zu ersetzen. Die Mönche deckten den Tisch, häuften den duftenden Reis in die Schüsseln und murmelten: »Das Mahl ist bereit«; es war die Aufforderung zuzugreifen. Aber der Abt, obwohl er uns mit flüchtigen Gesten einlud, hatte seine Geschichte noch nicht beendet. Die Sitte verlangte, daß wir den Speisen gegenüber, die aufreizend und appetitanregend dufteten, Gleichgültigkeit heucheln und ihm bis zuletzt zuhören mußten. Mit seinem Wortschwall und seinen vogelähnlichen Blicken hielt er uns noch eine Viertelstunde fest. »Und selbst heute abend«, sagte er erregt und mit leiser, eindringlicher Stimme, »beherbergen wir in unserem Gästehaus einen Großen. Sie haben seine Leibwachen in den Höfen gesehen. Es ist General Feng Yu-hsiang, der zweite Oberkommandierende der chinesischen Armee.« Er stieß diese Worte triumphierend heraus, als sei alles Vorangegangene nur eine Einführung gewesen.

Wu Kwei-fan stürzte sich in diese dramatische Pause: »Aber wir dürfen Sie nicht länger aufhalten. Sie tun uns zuviel Ehre an. Verzeihen Sie uns, daß wir so viel von Ihrer kostbaren Zeit in Anspruch genommen haben, und lassen Sie sich bitte durch uns nicht mehr von Ihren wichtigen Pflichten abhalten.« Mit diesen Worten drängte er den Abt der Tür zu, wie man eine widerspenstige Ziege durch einen Torweg lockt. Was uns anbelangt, ließen wir uns durch keine Anstandsregeln mehr zurückhalten. Hastig griffen wir nach Schüsseln und Eßstäbchen und begannen gierig zu essen. Der Abt verschwand in die Dunkelheit.

In der Nacht wich der Wind einer durchdringenden Kälte. Wir schliefen unruhig unter den Decken, die wer weiß wie alt und schwer und steif wie Holz waren. Wu Kwei-fan donnerte vor Tagesanbruch an unsere Tür: »Alles heraus zum Sonnenaufgang.« Es war halb fünf. Aus einem entfernten Tempel hörte man den Gesang der Priester, leise und monoton wie das Geplätscher eines still am Ufer dahinfließenden Wassers. Fröstelnd, schlaftrunken und mit schmerzenden Muskeln taumelte ich zum Fenster. Stählern kalt standen die Sterne am klaren dunklen Himmel, der sich gegen den Horizont zu dem farblosen Glanz von Perlen erhellte. Pao hüllte mich in die am wenigsten harte Decke, und wir erklommen mit unseren Freunden die nächste Anhöhe. Als wir über das kurze, silbrig bereifte Gras gingen, wurde es schon heller. Ein einziger strahlender Stern noch stand am Himmel, und wir konnten unsere Gesichter scharf und in der Helle des ersten Frühlichtes erkennen.

Der Tou Yun Feng stand einsam in einer überschwemmten Welt, sein Gipfel, eine Felseninsel, tauchte allein aus dem Wolkenmeer auf. Wolken umwogten seine Klippen. Das sanfte Weiß erstreckte sich weithin bis zu den geisterhaftgrauen Bergen, die noch unwirklicher schienen als die Wolken selber. Über uns wölbte sich der Himmel, ein fleckenloses Blau, das am östlichen Horizont zu einem kalten bleichen Glanz entbrannte. Königlich und gelassen erhob sich die Sonne aus den Wolken. Sie trat in die stille Erwartung des Morgens wie ein Fürst, der von seinem Reich Besitz ergreift. Sogleich löste sich die Nebelbank in lange, leuchtende Lichtstreifen auf und trieb in weißen, geballten Wolken aufwärts in die Helle des Himmels. Es war kaum zu fassen, daß wir jeden Morgen durch den feuchten Nebel tappten, während über uns diese Ruhe und glanzvolle Herrlichkeit.

Nachdem wir gefrühstückt und unseren Beitrag für den Tempel gespendet hatten (sie folgen der Regel, nur anzunehmen, was man ihnen freiwillig gibt, und verlangen nie mehr), nahmen wir Abschied von den Mönchen. Der Abt war anderswo beschäftigt – glücklicherweise, denn wir wollten nachmittags wieder daheim sein. Wir hinterließen ihm einen Brief, der unseren Dank für seine Freundlichkeit enthielt, und begannen unseren Abstieg. Der steil abfallende Weg beanspruchte andere Muskeln, er war weniger anstrengend als der Aufstieg, und doch blieben Yu-lin und ich ein wenig zurück, von der gestrigen Anstrengung noch etwas mitgenommen. Pu Kuang-ti begleitete uns. Mutig und männlich, wie er sich fühlte, nötigte er uns seinen hua-kan zu benützen, denn es tat ihm leid, die Träger müßiggehen zu lassen.

Stiefelabsätze und Sporen hallten auf den Steintritten. Begleitet von acht Mann seiner Leibwache kam General Feng Yu-hsiang den Abhang herunter. Etwas gealtert, aber dieselbe stramme Haltung und das breite, ehrliche Gesicht, an das ich mich erinnerte.

Wir blieben stehen und verbeugten uns. Der General erwiderte den Gruß mit einem Nicken und einem breiten Lächeln. Er war tief gebräunt, unrasiert und hatte kleine, scharfe, wachsame Augen. Er war längst nicht so gut angezogen wie seine Wachen; er trug die ausgebleichte zerknitterte Baumwolluniform des gewöhnlichen Soldaten und schwarze Tuchschuhe; er hatte breite eckige Schultern; und nach Bauernart zog er durch die geblähten Nüstern die frische Morgenluft ein. Ich dachte an jenen Abend in Sinjang, als General Feng, damals nur ein untergeordneter Kriegsherr, unser Gast zum Abendbrot gewesen war. Jetzt nahm er einen hohen militärischen Rang ein und war Vertreter des Generalissimus. Er war aber derselbe einfache, aufrechte Soldat geblieben, der allen Pomp und Aufwand ablehnte. Er hielt sich keinen eigenen Wagen; er war in einem Militärlastwagen in Nanju angekommen und hatte sein Hauptquartier in einer Lehmhütte aufgeschlagen. Seinen Gewohnheiten nach war er noch stets Nordchinese. Er konnte seinen großen Hunger nicht wie die Südchinesen mit Reis stillen, sondern ließ sich täglich aus dem neueröffneten Pekinger Restaurant die kleinen Weizenkuchen schicken. Feng Yu-hsiang, einst ein unabhängiger Kriegsherr, war jetzt Mitglied der zentralen chinesischen Regierung und stieß mit der ganzen unbändigen Vitalität seines riesigen Körpers und der Stärke seiner ihn verehrenden Armee gegen den gemeinsamen Feind vor.

Einen Bergvorsprung umgehend, sahen wir Nanju unter uns liegen: graue Dächer und goldene Dächer, dunkle Bäume, nach allen Seiten ausstrahlend rote und gelbe Straßen. Wir sahen auf die Ebene jenseits der Bergketten und den Fluß, der, ein glänzendes Seidenband, zwischen niedrigen Hügeln dahinfloß. Irgendwo in südlicher Richtung, unsichtbar im mittäglichen Dunst, lag Hengschau, wo die Eisenbahn auf ihrem Weg von Tschangscha nach Kweilin vorbeifährt.

»Horcht!« Yu-lin erhob warnend die Hand. Wir blieben stehen. Nur das Rascheln der windbewegten Blätter, nur das Rauschen des stürzenden Wassers ... Nein! Ein Dröhnen, ein ferner singender Donner, ein Zischen wie platzende Knallfrösche, aber schwach und weitab; dann dumpfe Explosionen und ein Schüttern in der Luft. Aus dem Dunst, wo wir Hengschau vermuteten, stieg trüber schwarzer Rauch auf. Ein Fliegerangriff!

Die Flugzeuge kamen auf uns zu, das Summen der Motoren verstärkte sich und schien aus allen Himmelsrichtungen zu kommen. Wir strengten unsere Augen an sie zu finden, mußten sie aber in dem hellen leeren Himmelsraum übersehen haben ... »Da!« Wir warfen uns in das hohe Gras neben dem Weg. Die furchtbare Musik umbrauste uns ... Deutlich und ganz in der Nähe bellten die Abwehrgeschütze. Dann glitt etwas mit schrillem sausendem Zischen zur Erde und barst. Wir spürten den Boden erzittern. Der Donner der Flugzeuge wuchs, bis er mehr war als Lärm – Schwingungen gegen die Haut, die auch ein Tauber wahrgenommen hätte. Pao und ich starrten im Gras liegend mit einer Spannung hinauf, die stärker war als Furcht.

Die japanischen Flugzeuge flogen direkt über unsere Köpfe hinweg, zehn Maschinen in einer Formation von drei, vier und drei. Sie flogen stetig, rasch, mit müheloser Kraft und stolzer unbekümmerter Sicherheit, in der Sonne silbern aufleuchtend, unvorstellbar schön. Wir verfolgten sie mit den Blicken, bis sie hinter den Bergen verschwanden.

Wir standen auf, etwas blaß, und bürsteten die Grassamen von unseren Kleidern: »Jetzt haben sie herausgefunden, daß der Generalissimus hier ist«, sagte Pao nachdenklich. Wir sahen uns nach den anderen um. Wang Yu-lin kroch unter einem Felsen hervor und sah mit Zweigen und Flechten im Haar etwas zerzaust aus. Wu Kwei-fan drängte sich auf Dornsträuchern heraus, hinter denen er Deckung gesucht hatte, und war unter allerhand Verrenkungen bemüht, die Dornen aus seinen Kleidern zu ziehen. Pu Kuang-ti blieb unauffindbar. Yu-lin hatte ihn zuletzt noch wie einen aufgescheuchten Hasen den Weg hinunterlaufen sehen, und wir gingen in diese Richtung weiter und riefen ihn. Hinter der nächsten Straßenkrümmung stand ein kleines strohgedecktes Lehmhäuschen, das ein Menschenfreund zur Bequemlichkeit der Wanderer errichtet hatte, und ehe wir es erreichten, brachte uns der Wind ein untrügliches Zeichen seines Zweckes. Aus der Tür trat Pu Kuang-ti, grün wie ein Grashüpfer, und hielt sich ein seidenes Taschentuch vor die Nase. Er tappte zu uns heran, und wir brachen in lautes Gelächter aus. Er tauchte aus dem Taschentuch auf, um uns vorwurfsvoll anzustarren.

»Mir scheint das kein Vergnügen. Wenn es ums Leben geht, kann man nicht mehr wählerisch sein. Wenn wir bombardiert worden wären, hätte euch euer langes Gras nichts geholfen, während die dicken Lehmmauern dieses Häuschens ... und ihr hättet nicht so roh nach mir zu rufen brauchen, ich habe euch gleich gehört, aber da ich ja nicht wußte, ob der Angriff wirklich vorbei sei, konnte ich euch auch nicht antworten, die Luft da drin war ziemlich dick ...«

Wir lachten, bis uns schwach wurde. Kein sehr feiner Humor, nein, aber wenn man gerade gesehen hat, wie der Tod auf leuchtenden Silberschwingen über einen wegfliegt, ist das innere Gleichgewicht etwas labil, und man verliert leicht die Fassung. Plötzlich wurden wir wieder ernst.

Aus dieser Entfernung war es nicht möglich festzustellen, wie schwer der Angriff Nanju getroffen hatte. Rauch und Staub breiteten sich über den Dächern aus – es waren kaum zehn Minuten vergangen – und verbargen die Verwüstungen, die es erlitten haben mochte. Wir eilten, ohne zu rasten, weiter, bis wir nach einer Stunde auf dem Berghang über Nanju waren. Das dumpfe verworrene Murmeln einer großen Menschenmenge drang wie das zornige Gebrumm eines aufgestörten Bienenschwarms zu uns herauf, und schrille Schreie übertönten das allgemeine Stimmengewirr. Wir blickten auf das Dorf hinunter. »Nein!« schrie ich abwehrend. »Nein! Nein!«

Es ist unser Tempel, der getroffen wurde! Unser Tempel, der Schrein ewigen Friedens. Die goldenen Dächer klafften offen gegen den Himmel, die Marmorterrasse war zerschmettert, mit einem riesigen Krater in der Mitte, da wo der große Weihrauchkessel gestanden hatte. Durch eine Öffnung in der roten Mauer gelangten wir mitten unter die aufgeregte Menschenmenge. Die schlanken Zypressen in den Höfen waren niedergestürzt und zersplittert. Die weitausschwingenden Dächer mit ihren Glocken und dem Zug der freundlichen Tiere lagen im Staub. Die Marmorbalustraden zerstört mitsamt ihren wundervollen Schnitzereien, den fliehenden erschreckten Rehen, dem harmonischen Flug der Vögel und den zwischen Wolken springenden Leoparden. Rettungstrupps gruben zwischen den zerbrochenen Balken und dem Schutt, während Zuschauer wie hypnotisiert vor Schreck dabeistanden.

Ich war wie vor den Kopf geschlagen. Ich schloß die Augen, krank vor Entsetzen, und wandte mich ab. Die Mönche liefen in ihren weiten fliegenden Gewändern aufgeregt hin und her, ihre Gebete und lauten Wehklagen übertönten das leise Stöhnen der Verwundeten. Sie brachten glimmenden Weihrauch und brennende Kerzen und steckten sie zu Füßen jedes Toten in die Erde. Ein Offizier schrie ihnen zu, Strohmatten und Decken für die Verletzten zu holen. Verwirrt hasteten sie umher, wie Nachtvögel, die vom Sonnenlicht plötzlich geweckt wurden.

Der Einbruch des Krieges hat Verwüstung über den von alters her behüteten Frieden unseres Tempels gebracht. In den Trümmern der Hohen Halle liegt der abgeschlagene Kopf des großen Buddha in der verstreuten Weihrauchasche und lächelt noch sein goldenes nachdenkliches Lächeln. Eine seiner großen Hände, zwanzig Ellen weg in einen Garten zerstampfter Blumen geworfen, zeigt feierlich ermahnend nach oben.

Achtes Kapitel

UNTERWEGS NACH DEM SÜDLICHEN KWANGSI

Hierauf änderte sich alles sehr rasch für uns. Die Arbeit mußte wegen Fliegeralarms ein- bis zweimal am Tage unterbrochen werden. Es wurde für die Leute von Nanju, die gelernt hatten, was Bombardierung bedeutet, zu einer selbstverständlichen Gewohnheit. Sie warteten nicht mehr auf die Alarmsirenen, sondern schlossen jeden Vormittag ihre Läden, verriegelten ihre Türen und flüchteten in die Bergtäler, von wo sie erst bei Einbruch der Dunkelheit ängstlich nach Hause zurückkehrten, um zu schlafen.

Die Geschäftsleute, die den Regierungsstellen nach Nanju gefolgt waren, verließen ihre Schuppen und Buden und suchten mit ihren Vorräten sichere Regionen auf. Der Schneider nahm auf seiner Flucht zwei meiner Kleider mit und kam nie mehr zurück. Nach drei Tagen hatten Pao und ich das Grand Nanju Hotel fast zu unserer alleinigen Verfügung. Jedermann hatte das Dorf verlassen, um hoch oben in den Bergen in abgelegenen Bauernhäusern Schutz zu suchen. Die Gezeit des Tages kam bestimmt wie die Gezeiten des Meeres. Beim ersten Tageslicht hörte man Schritte und Rufe in der Straße. Männer, Frauen und Kinder strömten aus dem Dorf hinaus, ihre wertvollsten Habseligkeiten in Bündel geschnürt, denn keiner wußte, ob er sein Heim am Abend noch vorfinden würde. Mit ihnen zogen die Orangen- und Kuchenhändler und die kleinen Wander-Restaurants. Um acht Uhr lag die Straße verlassen zwischen den festverschlossenen Läden, und eine große Stille hing über dem Dorf. Man konnte von einem Ende zum anderen gehen und begegnete außer ein oder zwei patrouillierenden Wachposten keinem Menschen. Wo sonst die Landleute jeden Morgen Markt hielten, in flachen Körben ihre sauber gewaschenen Gemüse zum Kauf boten – glatte purpurfarbene Aubergine, korallenrote Karotten und zartgrünen Lauch; wo der Lärm des Feilschens und der Ruf der Verkäufer die Luft erfüllt hatten, war nun alles still und tot; nur ein herrenloser Köter wühlte in den Abfällen, die in der Gosse lagen. Nanju glich einem Marktplatz, auf dem der Markt abgelaufen ist, mit leeren, ungefegten, verlassenen Buden.

Nach Sonnenuntergang kehrte die Flut zurück. Die Leute von Nanju kamen nach Hause, öffneten die Läden und zündeten die Lampen an. Aus den Berghäusern kamen all die Offiziere und Büroleute herunter, begierig nach Gesellschaft, Lärm und gutem Essen. Die Gastwirte zündeten ihre Feuer an und arbeiteten mit wildem Eifer, um ein ganzes Tagesgeschäft in die drei oder vier Stunden hineinzupressen. Tag und Nacht waren vertauscht. Es herrschten bis spätabends lautes Gelächter und Gesang und lebhafter Verkehr in der Straße. Dann, ganz plötzlich, hörte aller Lärm auf, denn wir lebten unter dem Gesetz des Krieges, und um elf Uhr war Sperrstunde.

Trotz der dauernden Unterbrechungen ging Paos Arbeit natürlich weiter. Wir blieben in unserem Hotel; wir hingen an dem bißchen Bequemlichkeit und zogen diese Zurückgezogenheit einer kümmerlichen Unterkunft, die wir draußen vielleicht – vielleicht auch nicht – hätten finden können, vor. Solange uns hier das Dach über dem Kopf erhalten blieb, war es wirklich luxuriös im Vergleich zu den Wohngelegenheiten auf dem Lande, wo wir niemals ein Zimmer für uns allein bekommen hätten.

Unser verschlafener Zimmerboy blieb bei uns. Ich weiß nicht, ob seine Vorstellung von Treue ihn dazu nötigte; jedenfalls waren unsere Trinkgelder zu unbedeutend, um ihn zu solcher Ergebenheit zu veranlassen. Er begegnete den Schwierigkeiten mit unerwarteter Energie. Frühmorgens und abends versorgte er uns mit heißem Wasser und reinigte unaufgefordert das Zimmer. Bei Alarm ängstigte er sich schrecklich, ging aber nie weg, ehe wir das Haus verließen. Er mißbilligte aufs schärfste unsere Gewohnheit, während des Alarms außerhalb des Dorfes unter einem Baum zu sitzen. Aber selbst darum verließ er uns nicht und schloß nur insofern einen Kompromiß, indem er einen ausgetrockneten Graben in unserer Nähe als Schutzraum aufsuchte. Er schlief unweigerlich ein, aber nach der Entwarnung rüttelten wir ihn wach, und er machte sich mit bemerkenswertem Erfolg auf die Suche nach etwas Eßbarem. Es grenzte fast an Zauberei, wie er die der Jahreszeit angepaßten, wohlschmekkenden, heißen Mahlzeiten für uns herzubereiten verstand, während im Dorf bis abends kaum ein Ei oder eine Schüssel Reis aufzutreiben war. Er wuchs uns sehr ans Herz, und die Trennung von ihm fiel uns schwer, als wir Nanju verlassen mußten. Pao schenkte ihm als Zeichen unserer Anerkennung seinen alten Tennisschläger. Er brauchte zwar neue Saiten, aber der Junge hatte ihn als das Sinnbild der Vornehmheit immer sehr bewundert und freute sich unbändig über das Geschenk.

Wir verließen Nanju am 16. November. Am 12. November war Tschangscha niedergebrannt worden. Es fällt mir schwer, über diese unnötige Tragödie zu berichten. Diejenigen, die Ruhe und Ordnung aufrechterhalten hätten sollen, versagten im Augenblick der Gefahr. Der Feind stand in Jongtschou und rückte gegen Hunan vor. Seine Schiffe lagen auf dem Pojang-See, und nichts konnte sie zurückhalten, nach Tschangscha zu kommen. In der Stadt brach eine wilde Panik aus. Verbrannte Erde! Nichts durfte zurückgelassen werden, nichts den Japanern in die Hände fallen. Es wurde keine geordnete Evakuierung möglich gemacht. Männer rannten mit Fackeln von Straße zu Straße, und wer sie hindern wollte, wurde erschossen. Die verzweifelten Menschen wurden von der Flucht abgeschnitten; zu Tausenden kamen sie in den Flammen um. Wer das offene Land erreichte, geriet in bittere Not, alle Habe war in den Flammen verloren. Die japanischen Flugzeuge flogen dicht über sie hin und schossen mit Maschinengewehren in die verzweifelten Menschen ...

Tschangscha war damals noch nicht gefallen. Der Generalissimus eilte der Stadt zu Hilfe, sie zu verteidigen. Der Angriff kam zum Stillstand. Als die Japaner im folgenden Jahr wieder einen Angriff versuchten, wurden sie zurückgeworfen und entscheidend geschlagen. Die schuldigen Führer, die keinerlei Anstrengungen gemacht hatten, die Stadt zu halten, wurden wegen ihrer Wahnsinnstat zur Verantwortung gezogen. Das Urteil sprach den Tod gegen sie aus. Durch ihre unüberlegte, feige Haltung war Tschangscha zerstört worden. Als strategischer Punkt war es noch von Bedeutung, aber die Stadt mit ihren Tempeln und Schulen, ihren schönen Läden, ihren alten Höfen und Gärten und Häusern war zu Ruinen abgesunken. Keine Stadt des freien China, mit Ausnahme von Tschung-king, hat so furchtbar unter dem Krieg gelitten wie Tschangscha.

Fast über Nacht wurde Nanju aufgegeben. Weder damals noch später wurde es von den Japanern erobert; aber die Panik in Tschangscha und der Fall von Jongtschou hatten es zu sehr exponiert. Eine Beratung entschied, daß der Generalstab nach Tschung-king verlegt werden sollte, wohin sich die zivile Regierung schon früher begeben hatte. Aber die direkte Strecke nach Tschung-king war gefährlich, denn die Straße streifte an manchen Stellen beinahe die Front, und man lief Gefahr, abgeschnitten zu werden. So ging man zunächst südlich nach Kweilin, wo das Hauptquartier vorübergehend bleiben sollte, bis Vorkehrungen getroffen werden konnten, die den Transport bis Tschung-king auf der Straße ermöglichten.

Wenn ich über diese Reise nach dem Süden schreibe, möchte ich keinen falschen Eindruck über ihre Drangsal erwecken. Es war eigentlich nichts. Wenn ich übertreiben sollte, ist daran meine eigene Schwäche schuld. Mehr, tausendmal mehr hat mein Volk, das der Sturm des Krieges vor sich hertrieb, klaglos ertragen. Es gab Zeiten, in denen fünfzig Millionen Flüchtlinge auf den Straßen Chinas umherirrten . . . Diese Reise war nur ein unbedeutender Vorfall in der Sage der Irrfahrten.

Etwas steht mir rückschauend besonders deutlich vor Augen. Ungeachtet des Alptraums jener zehn Tage auf den Straßen — des Elends, der Schlaflosigkeit, des Schmutzes, des Zusammengepferchtseins – ließ sich niemand gehen, niemand beklagte sich. Nur mich selbst ausgenommen (ich fühlte mich während der ganzen Zeit besonders elend und war nicht sehr erfolgreich in meinen Bemühungen, meine Gefühle zu verbergen), ertrugen die Hunderte von Reisenden die Strapazen dieser Übersiedlung nach Kweilin nicht nur mit stoischer Ergebung, sondern mit fröhlicher Miene und gutem Humor.

Sinn für Humor ist wohl der hervorragendste und beste Zug im chinesischen Charakter. Das chinesische Lachen, manchmal weich, manchmal scharf, hilft oft durch rasches Erfassen der komischen Seite über die gespanntesten Situationen hinweg. Es rettete uns vor der lächerlichen Feierlichkeit der Japaner. Wir gewinnen damit den nötigen Abstand; es ist das Geheimnis unserer Elastizität. Wir haben Ausdauer, wir kommen durch. Nach einer Katastrophe erheben wir uns und bauen aus den Trümmern wieder auf. Ich habe es in Tschung-king so oft beobachtet, wie die Leute aus zerbrochenen Steinen und zersplittertem Holz, das sie aus ihren zerstörten Häusern gerettet hatten, eine Unterkunft errichteten. Unser Sinn für Humor läßt uns über Unbequemlichkeiten lachen; unser glückliches Temperament hilft uns über Verdrießlichkeiten hinweg. Wir sind nicht so fortschrittlich und so tüchtig, wie wir es eigentlich sein könnten, wenn wir alles ernst nähmen, aber so sind wir glücklicher.

Wir können uns den Umständen anpassen. Heute sind wir vielleicht Gäste in einem Nankinger Blumengarten. Morgen sind wir vielleicht Flüchtlinge, zusammengepfercht in einer armseligen Lehmhütte. Aber wir lachen. Es ist ein befreiendes, ursprüngliches Lachen. Wenn wir diesen Krieg gewinnen – und wir werden ihn gewinnen –, so geschieht es durch unseren Sinn für Humor.

Es war ein rauher, regnerischer Tag, als wir mit hundert anderen auf die Abreise aus Nanju warteten. Das goldene Wetter hatte schließlich doch umgeschlagen und war einem trüben Geriesel und heftigen schneidenden Windstößen gewichen. Das Pflaster war naß und glitschig; Nässe tropfte von den überhängenden Dächern. Schon am frühen Nachmittag fiel die Dunkelheit ein, aber in den Häusern wurden nirgends Lampen angezündet. Das Aussehen Nanjus hatte sich verändert wie das Gesicht einer Frau, die alt und nachlässig geworden ist. Wir dachten an jenen ersten Abend, an den Duft von Weihrauch und Blumen, an das rote Sonnenlicht, das durch die Zweige leuchtete, an die blühenden Gardenien an den Berghängen, an den seit Jahrhunderten ungestörten Frieden dieses ruhigen Dorfes, das am Fuße des heiligen Tou Yun Feng träumte. Damals war jeder Tag wie ein Markttag und jede Nacht wie der Fünfzehnte des Neujahrstages, mit der von Lampen und Kerzen erleuchteten Straße, dem roten Schein der Kochfeuer, dem fröhlichen Gedränge und dem festtagähnlichen Lärm in der Luft. Weder der unaussprechliche Friede von Nanju, wie wir ihn am Anfang erlebt hatten, noch der Betrieb und die Fröhlichkeit der späteren Tage hatten auch nur etwas gemein mit den elend zusammengedrängten grauen Dächern unter grauem Regen.

Wir hatten den Befehl bekommen, uns um Mittag zur Abreise bereit zu halten. Hunderte von Offizieren und ihre Familien sollten mitsamt der Ausrüstung und den Archiven verschiedener Regierungsstellen befördert werden über mehrere hundert Meilen auf einer eingleisigen Strecke, die schon überlastet und verstopft war von Truppentransporten und Flüchtlingszügen. Aber zuerst mußten wir diese Eisenbahn erreichen. Privatwagen waren so gut wie keine da. Die Militärlastwagen waren mit dem Transport der Lager beschäftigt. Zehn Autobusse waren bestimmt worden, den Generalstab mit Familien und deren Gepäck nach Hengkiang oder einer anderen Bahnstation zu bringen, wo sie den Zug nach Kweilin erreichen konnten – zehn veraltete abgenutzte Wagen, die zwischen Nanju und der Eisenbahn endlos hin- und herpendelten.

Wir waren müde und deprimiert. Seit zwei Uhr nachmittags hatten wir mit unserem Gepäck im Regen gestanden, gewartet und gehofft, einen Platz in einem Autobus zu erhaschen. Nachts um elf Uhr hatten weder die Menschenmenge noch der Haufen Gepäck merklich abgenommen. Es waren zu viele Menschen, zuviel Gepäck – Lederkoffer, riesige, mit Netzen überspannte Körbe, gerollte, in Ölpapier eingeschlagene Wolldecken, sogar Möbel waren darunter. Leute, die bei ihrer Flucht Tische und

Stühle gerettet und sie von Nanking oder Shanghai bis hierher gebracht hatten, sahen nicht ein, daß sie sich davon trennen sollten. Sie klammerten sich an diese ungefügen unwichtigen Stücke, eine große Schwierigkeit für sie selbst und ein ärgerliches Hindernis für alle anderen. Es gab keine geordnete Reihenfolge. Wenn die Leute ankamen, stellten sie ihr Gepäck zur Seite und setzten sich darauf. Es gab keine Wartehalle, kein Schutzdach. Wir warteten auf dem kahlen Hügel überm Dorf, unter Schirmen oder schutzlos dem unaufhörlichen Regen ausgesetzt. Meistens verhielt sich die Menge still und apathisch und wurde nur hie und da von dem Tuten einer Hupe oder dem Aufblitzen eines Scheinwerfers aufgeschreckt, wenn ein Auto die Straße herunterfegte. Jeder ankommende Bus wurde gestürmt. Bevor er anhielt, sprangen die Männer auf und kämpften an den Türen oder zwängten sich durch die Fenster. Diejenigen, die einen Platz erobert hatten, zogen ihre Angehörigen und ihr Gepäck mit hinein, schleppend, stöhnend, schreiend, das Gepäck verwechselnd und einander den Weg versperrend. Pao und ich ließen einen Bus nach dem anderen abfahren, ohne den Versuch zu machen, uns in dieses Handgemenge einzulassen; wir hatten keine Lust, uns um einen Platz zu balgen.

Nun war es beinahe Mitternacht... Der Regen fiel noch heftiger, und es sammelten sich braune Bäche in den Wagengeleisen. Laternen bildeten schwache Lichtkreise in der weiten hohlen Dunkelheit, in die der Regen schräge Striche zeichnete. Die Gesichter sahen in dem trüben Licht blaß und erschöpft aus. Wir waren gefangen in dem langsam kreisenden Stauwasser der Zeit. Minuten, Stunden verrannen; aber die Nacht und der Regen waren zeitlos, endlos, und das lange Warten brachte uns unseren Wünschen nicht näher. Schließlich entwickelte sich aber doch eine gewisse Organisation. Jemand hatte die Leute überzeugen können, daß die Abfertigung beschleunigt werden könne, wenn man eine Schlange bilden und der Reihe nach einsteigen würde. Die Frage eines berechtigten Vortritts hatte nun keinen Sinn mehr, denn wir hatten alle den halben Tag und die halbe Nacht gewartet...

Immer seltener kamen die Autobusse an. Wenn sie zurückkehrten, waren sie mit rotem Lehm überzogen, denn auf den unfertigen Straßen waren sie bis über die Radnaben in dem dicken Schlamm versunken. Sie waren bis über die Windschutzscheiben bespritzt; keuchend und ratternd kamen sie an, und bei jeder Rückkehr sahen sie älter und verbrauchter aus. Oder sie kamen überhaupt nicht mehr zurück. Irgendwo unterwegs waren sie zusammengebrochen. Es war für uns unter unseren Schirmen kaum ungemütlicher als für die, die einen Platz erobert hatten und die Nacht nun in einem gestrandeten Autobus, zwischen dem Gepäck eingeklemmt, im Regen zubringen mußten.

Während der letzten zwei Stunden waren wir nun stetig vorgerückt; das Ende unserer Wartezeit schien gekommen – beim nächsten Autobus waren wir an der Reihe. Wir würden ruhig einsteigen, unsere Plätze einnehmen und unsere Füße auf das Gepäck stellen. Der Wagen würde unter Zittern und Rumpeln abfahren, und wir waren auf dem Wege nach Kweilin!

Aber kein Autobus kam ... Um elf Uhr, während der Regen auf unsere Schirme trommelte und schmutzige Bäche die Straße überschwemmten, wurde eine Ankündigung verlesen: »Keine Autobusse mehr. Schlechtes Wetter. Verkehr bis zum nächsten Tag gestoppt! Keine Autos mehr heute nacht!« Beinahe erleichtert gaben wir das Warten auf und machten uns auf die Suche nach einer Schlafgelegenheit. Es war kaum noch eine Enttäuschung, in den langen Wartestunden war schon fast alle Hoffnung erloschen.

Wir fanden ein Unterkommen im Schulhaus, das den Büros des Generalstabs gedient hatte. Es war ein großer, dürftiger, weißgetünchter Raum, leer bis auf ein paar Pulte und Tische. Der schwache Lichtschein von ein paar in Spalten eingeklemmten Kerzen erhellte notdürftig die Dunkelheit. Durch die leeren Fensterrahmen – die Scheiben waren vom Luftdruck der Bombenexplosionen eingedrückt worden – drang der Wind und blies die Flammen zu wehenden Fahnen auf, konnte sie aber nicht auslöschen.

Wir breiteten unser Bettzeug aus und legten uns nieder. Die Stunden zwischen Mitternacht und Morgen brachten ein wenig Schlaf, und doch blieb uns der mühselige Ablauf der Zeit bewußt, wir hörten das Grunzen und Schnarchen und Gemurmel der vielen Menschen, die in unbequemer Lage und mit schmerzenden Gliedern auf dem harten unnachgiebigen Boden ausgestreckt lagen, und das monotone Geräusch von Regen und Wind...

Tagesanbruch! Kaltes graues Frühlicht sickerte durch den Nebel. Die Luft war ruhig und kalt, der Regen hatte aufgehört. Kinder erwachten und weinten; die Kleinsten bekamen die Brust. Wir richteten uns auf und blickten uns mit Widerwillen um. Es ist ein Glück, daß wir im allgemeinen allein schlafen. Diese aufgezwungene Intimität eines improvisierten Massenschlafens und -aufwachens zerstört zu viele Illusionen. Es liegt keinerlei Würde in den schlaffen, ungeschützten, stupiden Gesichtern noch irgendein Reiz in ihrem verwirrten suchenden Ausdruck beim Erwachen.

Ich fühlte mich beim Aufstehen müde und fiebrig und konnte Paos gesunden Morgenappetit nicht teilen. Trotzdem ging ich mit ihm auf die Straße, um etwas Eßbares zu suchen. Wir gingen durch die ganze Straße im Nebel und kamen an Strohhütten vorbei, wo einst blühende Gaststätten Hunderte von Menschen gespeist hatten. Die Lehmöfen waren zerbrochen, die großen eisernen Töpfe hatte man fortgeschafft; wir gingen an geschlossenen Teestuben vorbei und erreichten das Grand Nanju Hotel. Es sah schon feindlich und fremd aus. Die Höfe waren leer, die Türen nach der Galerie standen offen. Vor unserem ehemaligen Zimmer standen traurig und verloren die geköpften Stengel unserer Chrysanthemen; alle Blüten waren abgerissen. Wir durchstreiften das Haus. Niemand war da, der uns hätte hindern können, nur der Türhüter, und der streifte uns nur mit einem gleichgültigen Blick, der kaum unsere Gegenwart wahrnahm. In der Küche brannte kein Feuer, in der Speisekammer waren keine Vorräte, die Köche waren fort. Unser Zimmerboy, der sicher ein paar Nahrungsmittel für uns aufgetrieben hätte, war auch fort. Wir kamen uns vor wie abgeschiedene Seelen, die nach vielen Jahren diesen Ort wieder aufgesucht hatten. Wir fühlten uns unsichtbar. Nanju hatte uns vergessen.

Wir kehrten zum Schulhaus zurück. Noch immer kein Bus. Der Nebel wurde dünner, und die Sonne, schon hoch am östlichen Himmel, war klein und rund wie der Mond und schien weißlich durch den dahintreibenden Dunst. Dann ertönte der übliche Frühalarm, und die Leute zerstreuten sich aufs Land hinaus. Pao und ich stiegen weiter bergauf und legten uns in das feuchte Gras und tranken aus dem Bach, um unseren Durst zu löschen. Gegen Mittag wurde die Sonne wärmer, und wir schliefen eine Weile. In meiner Erinnerung ist alles verwirrt von beunruhigenden Träumen, denn inzwischen war ich ganz krank, und mir schwindelte leicht. Die Entwarnungssirenen ertönten wohl um die Mittagszeit, und wir kehrten auf unseren Posten an der Straße zurück. Um drei Uhr kam ein Omnibus, und man wies uns einen Platz an.

Der Bus war ein selbstgebauter, hölzerner Wagenkasten, den man auf ein altes abgenutztes Chassis gestellt hatte, und der Motor litt an einem Herzfehler, am Schluckauf und am Keuchhusten. Bei einem Tempo von zwanzig Kilometern knarrte und stöhnte er, krachte in allen Fugen, als wollte er sich selber in Stücke reißen. Auf der holprigen Straße benahm er sich wie ein seeuntüchtiges Segelschiff in einem Taifun. Wir wurden von einer Seite auf die andere geschleudert, aus den Sitzen geworfen und stießen mit unseren Köpfen gegen die Decke.

Auf den Plätzen vor uns saß ein Unteroffizier mit seiner Frau und zwei kleinen Kindern. Der Mann bemühte sich, so sehr er konnte, seine Frau vor den heftigen Erschütterungen zu beschützen. Sie klammerte sich mit beiden Händen an die leeren Fensterrahmen. Ich bemerkte sogleich, daß sie hochschwanger war. Plötzlich wurde ihr Gesicht grau und verzerrte sich vor Krampf und Schmerz. »Wenn das so weitergeht, wird es bald losgehen«, stieß sie keuchend hervor. Es ging noch eine halbe Stunde so weiter. Dann hielten wir mit einem Ruck an. In der plötzlich eintretenden Stille konnten wir das Dröhnen von Flugzeugen hören: »Steigt aus und lauft!« schrie uns der Fahrer zu und war mit einem Satz im nächsten Gebüsch verschwunden. »Bomber!« Aus allen Öffnungen krochen wir aus dem Wagen. Die Frau schleppte sich mühsam vorwärts, fiel hin und wimmerte leise vor Schmerzen. Der Mann konnte ihr, da er sich um die Kinder kümmerte, nicht viel helfen. Ich hätte ihr meine Hilfe angeboten, aber der Boden schwankte unter meinen Füßen, und es flimmerte mir vor den Augen, daß ich nichts mehr sah. Ich hätte nicht sagen können, ob das Donnern in meinen Ohren von den Flugzeugen oder von meinem Herzen und meinem Blut herrührte. Wir rannten zu einem Bauernhaus, das abseits der Straße wohlgeborgen in einem Bambusgebüsch versteckt lag. Wahnsinniges Hundegebell wurde laut. Die Bauersleute versammelten sich im Hofe um uns: ich hörte nur ein undeutliches Geschnatter. Der Himmel drehte sich, das Brausen eines großen schwarzen Strudels umwirbelte mich und riß mich in einen schwarzen Abgrund. Als ich wieder zu mir kam, lag ich auf einer Strohschütte, und Pao rieb mir das Gesicht mit einem mit Tee durchtränkten Taschentuch ab. In der Nähe, auf der Türschwelle, kauerte die Frau, ganz in ihren eigenen Schmerzen aufgehend. Die Bomber flogen hoch über uns hinweg, so hoch, daß wir sie in dem dunstigen Blau des Himmels nicht entdecken konnten. Wir erfuhren später, daß Hengkiang bombardiert worden war. Als der letzte Widerhall ihrer Maschinen verhallt war, rief uns das Tuten des Busses zurück. Wenn wir nicht kamen, fuhr der Bus ohne uns ab. Die holpernde Reise wurde wieder aufgenommen, und nach einer weiteren halben Stunde kamen wir nach Santang.

Santang war nicht viel mehr als ein Name. Hier traf die Landstraße mit der Eisenbahnlinie zusammen, und es gab einen Bahnhof. Zu beiden Seiten der Straße lagen, über eine kurze Strecke verstreut, ein paar schäbige strohgedeckte Lehmhütten mit kleinen Läden, wo Nahrungsmittel einfachster Art zu bekommen waren. Seit gestern hatten wir nichts gegessen. Man brachte uns einige Schüsseln mit Reis, fade weiße tou-fu* mit rotem Pfeffer. Lastwagen rasten auf der Straße vorbei, Staub wirbelte auf, es hatte hier weniger geregnet. Der Staub ließ sich auf unser Essen nieder, aber so etwas konnte uns nicht mehr stören. Wir handhabten eifrig unsere Eßstäbchen und schoben große Portionen des groben Reises und tou-fu, heiß

* tou-fu: Bohnenküchlein.

vom scharfen Geschmack des roten Pfeffers, in den Mund. Meine Schwäche mußte teilweise wenigstens einfach von Hunger hergerührt haben, denn nach der Mahlzeit fühlte ich mich ein wenig besser.

Wir gingen zum Bahnhof und kamen an Strohschuppen vorbei, in denen Reihen verwundeter Soldaten lagen und auf den Zug warteten, der sie in die Lazarette hinter der Front bringen sollte. Man hatte etwas Stroh auf dem kahlen Boden ausgebreitet, und darauf lagen die Soldaten, die wenigsten hatten eine Decke, die meisten waren unbedeckt. Sie blickten nach uns mit geduldigen trüben Augen, oder sie schliefen und atmeten schwer. Einige lagen so ruhig, so steif und unbeweglich, als wären sie schon tot. Der Anblick dieser Verwundeten ließ uns erkennen, daß die Gerüchte über eine Schlacht bei Jongtschou wahr sein mußten.

Im Warteraum der Station waren die Offiziere des Generalstabes damit beschäftigt, die Zahlen und Papiere zu überprüfen, indem sie die Korbladungen, so wie sie hereingebracht wurden, einfach abwogen. Man hatte alles Material in aller Eile in Bambuskörbe gepackt und durch Träger von Nanju hierher bringen lassen. Mit diesem alten Transportmittel — die Kulis mit ihren Schulterjochen trugen hundert Pfund fünfundzwanzig Meilen am Tag — waren alle Arten von Fracht- und Expreßsendungen durch Kriegszonen hindurch sicher an ihren Bestimmungsort gebracht worden. Wenn alle modernen Transportmöglichkeiten zusammenbrechen, die Straßen abgeschnitten und die Brücken gesprengt sind, übernimmt das zuverlässige alte System der Träger diese Aufgabe. Post, Maschinenteile, Salz, Eisen, Benzin für Flugzeuge, Munition, Vorräte aller Art schwanken über schmale Pfade, zwischen Feldern und über Berge dahin, fünfundzwanzig Meilen am Tag, und nichts kann sie aufhalten.

Eine laute fröhliche Stimme rief uns zu — Wu Kwei-fan, der schon früher angekommen war. »Es hat keinen Zweck, nach Zügen zu fragen, alle fahren in nördlicher Richtung, bringen Truppen an die Front. Sie sagen, unser Zug stehe irgendwo auf einem Seitengleis und warte, bis die Strecke frei werde.

Heute wird er nicht mehr fahren, vielleicht morgen oder übermorgen. Es hängt vom Ausgang der Schlacht bei Jongtschou ab. Ehe die Krise nicht überwunden ist, gibt's keine Möglichkeit. Übrigens, wo sind Sie untergekommen?« Wir sahen uns hilflos um: »Wo?« Jeder Zollbreit in Santang, wo ein Mensch seine Glieder ausstrecken könnte, war besetzt.

Wir verließen Santang mit seinen überfüllten Schuppen und machten uns auf den Weg, um draußen auf dem Lande in einem Bauernhaus Unterschlupf zu finden. Die Dämmerung und ein feiner nebliger Regen — wir nennen ihn Federregen — verschleierten die Umgebung. Die Berge am Horizont waren verschwunden, eins geworden mit dem trüben Himmel, und die Felder breiteten sich aus in die zunehmende Dunkelheit, wurden da und dort unterbrochen von eingesunkenen Begräbnishügeln oder verfallenen Lehmhütten. Auf dem schmalen Pfad gingen wir einer hinter dem anderen. Die Männer trugen die Koffer und das aufgerollte Bettzeug. Wir waren vor Müdigkeit und Entmutigung verstummt, alle bis auf Wu Kwei-fan, der immer noch seine fröhliche Laune bewahrte. Vorwärts marschierend sang er Bruchstücke aus chinesischen Opernarien, mit sonderlicher Fistelstimme und einem wilden, traurigen Unterton. Auch als uns ein Haus nach dem anderen abwies, weil es schon bis in den letzten Winkel mit Flüchtlingen vollgestopft war, ließ er den Mut nicht sinken, sondern suchte uns aufzumuntern und erbot sich, einen oder alle, die nicht mehr gehen konnten, zu tragen.

Wir kamen immer weiter in die Felder hinaus. Es war inzwischen dunkel. Ich trug nichts und war froh, mich überhaupt noch schleppen zu können und den Weg nicht aus den Augen zu verlieren. Außer daß ich erschöpft war, fühlte ich unbestimmte Schmerzen, die mir kalte Angst einjagten. Zunächst noch erträglich, wurden sie schlimmer, quälend und wiederholten sich regelmäßig. Ich biß die Zähne zusammen, um das Schluchzen in der Kehle zu unterdrücken. In den letzten beiden Wochen hatte ich eine leise geheime Hoffnung gehegt. Ich hatte nicht gewagt, es Pao zu sagen, ehe ich es nicht mit Sicherheit wußte. Nach meiner englischen Ausbildung war es mir jetzt klar, was sich abspielte: der Fieberanfall, das fortgesetzte Gerüttel in dem Omnibus, der Fliegeralarm und meine Ohnmacht in dem Bauernhaus ... Ich wußte, daß ich meine Hoffnung auf ein Kind jetzt aufgeben mußte, wenn ich nicht absolute Ruhe haben konnte. Und ich konnte nicht ruhen ...

Bittere Enttäuschung und Schmerzen ließen mich erzittern. In der Dunkelheit ließ ich meinen Tränen freien Lauf, sie mischten sich mit der Feuchtigkeit des Regens, und ich wischte sie nicht weg. Ich stolperte weiter und suchte meinen Platz in der Reihe einzuhalten. Wir wanderten nun schon sieben Li, mehr als zwei Meilen, und endlich kamen wir zu einem Bauernhaus. Bellende Hunde rasten uns entgegen, aber vor dem Blinklicht von Oberst Huangs Taschenlampe wichen sie zurück. Das Haus war dunkel, die Türen versperrt, die Bewohner schliefen. Wu Kwei-fan donnerte mit den Fäusten an die Tür und rief. Die Hunde umkreisten uns schnurrend und bellten mit verdoppelter Wut. Nach langen Minuten knarrte eine Tür, ein Kopf schob sich vorsichtig heraus. Der Schein der Taschenlampe zeigte uns das Gesicht einer steinalten Bauersfrau, die uns aus rotumränderten Augen mißtrauisch anstarrte. Die Unterlippe hing ihr herab und ließ zwei oder drei gelbe Fangzähne frei, die verrunzelte Haut zog sich in zwei großen Falten von dem vorgestreckten Kinn hinunter zu der hageren Kehle. Ehe wir ein Wort sagen konnten, machte sie abwehrende Gebärden, aber Wu Kwei-fan ließ sich nicht abschrecken. Es *gäbe* hier Platz, wir müßten irgendwo unterkommen, beharrte er. Mit einem Schwung holte er seine Visitenkarte mit seinen akademischen Titeln hervor und hielt sie der alten Frau unter die Nase. Er sei eine wichtige Persönlichkeit (hier reckte sich Wu Kwei-fan zu seiner ganzen Höhe auf und sprach mit tiefer eindrucksvoller Stimme), und wenn sie uns nicht einließe, würde er am nächsten Tag mit Soldaten zurückkommen, und es würde böse Folgen haben. Der Kopf der Frau verschwand wieder, man hörte einen Wortwechsel, und dann kam sie mit einer Lampe heraus: »Folgen Sie mir«, sagte sie verdrießlich und führte uns hinter das Haus zu einem Vorratsraum, der zur Hälfte mit Säcken voll Reis, Bohnen und Samen angefüllt war. Links von der Tür befand sich eine Senkgrube. Rechts an der Mauer führte eine kleine Tür in den Raum, wo die alte Frau und ihre sechsköpfige Familie schliefen. In einem kleinen Anbau waren Rechen, Pflüge und andere landwirtschaftliche Geräte untergebracht. »Da«, sagte die alte Frau, »da ist Platz, wenn ihr wollt. Zehn Dollar.«

»Sehr gut«, sagte Wu Kwei-fan und rieb sich die Hände. »Wir werden nun gleich alle diese Säcke an die innere Wand stellen, und dann wollen wir Stroh herausziehen – eine Menge Stroh – und unser Bettzeug darauf ausbreiten. Aber wir werden nur fünf Dollar bezahlen.« Die Männer waren bereits dabei, das Stroh aus der trockenen Unterseite des Haufens herauszuzerren. Die alte Frau zeterte und protestierte, das sei zuwenig Geld, wir würden ihr Stroh verderben, wir sollten machen, daß wir fortkämen, sie wolle den Raum nicht vermieten. Aber wir hatten schon von der ganzen Scheune Besitz ergriffen und ließen uns nicht mehr vertreiben. Ohne auf das zornige Gekeife zu achten, fuhren wir fort, uns für die Nacht einzurichten, selbst als ein Mann, eine Frau mit zwei Kindern und zwei Jungen ihr zu Hilfe kamen und in ihr Geschimpfe einstimmten. Man wußte nicht, ob sie mit dem Geschrei mehr Geld herausschlagen wollten, oder ob sie sich wirklich sorgten, wir könnten schlimme Absichten auf ihre Getreidevorräte haben.

In diesem Augenblick wurde die Frau von uns abgelenkt. Man hörte von neuem wütendes Hundegebell und von der Straße her rufende Stimmen. Andere, von der Nacht überraschte Reisende, die dem gleichen Weg (den einzigen von Santang) gefolgt und von einem Hof zum anderen weitergeschickt worden waren, um schließlich auf denselben kalten Willkomm zu stoßen. Sie würden weitergehen müssen, denn hier gab es nur den einen Raum, den wir innehatten. Wenn unsere sechs Steppdecken nebeneinander ausgebreitet waren, konnte man keinen Fuß mehr dazwischensetzen.

Die alte Frau ging zu der vorderen Tür, um zu sehen, was es gäbe. Man hörte eine Männerstimme mit großer Eindringlichkeit um Aufnahme bitten und die schroffe Weigerung der Frau. Dann, als das Hundegebell einen Augenblick aufhörte, ertönte ein Schrei, nicht mehr menschlich — eine wachsende Verzweiflung, die in einen Angstschrei abbrach. Ich kannte diesen Schrei, es war die Stimme einer Frau in Kindesnöten, ein Laut, dem kein anderer Laut gleicht. »Rasch«, sagte ich zu Pao und zu Wu Kwei-fan, »es muß die Frau von unserem Bus sein. Sie müssen sie aufnehmen.« Man konnte hören, wie die alte Frau heftig protestierte: »Geh fort, wir haben keinen Platz. Ihr dürft uns das Haus nicht verunreinigen. Nein, für kein Geld, packt euch!«

Dies mag äußerst hartherzig erscheinen, aber ganz so ist es nicht. Der Aberglaube hat den Geburtsakt mit einer Aura des Geheimnisses und des Schreckens umgeben. Obwohl das Verlangen nach Kindern und die Liebe zu ihnen ein charakteristischer Zug der Chinesen ist, wird doch die Geburt als solche gemein und niedrig empfunden. Es müssen nachher reinigende Zeremonien vollzogen werden, wie das Verbrennen von Zedernzweigen, Weihrauch und das Abfeuern von Knallfröschen. Dreißig Tage lang sind Tabus zu berücksichtigen. Die junge Mutter darf die Schwelle des Hauses nicht überschreiten, bis der Mond einen Zyklus durchlaufen hat, wenn nicht Unheil über die anderen Hausbewohner kommen soll. Da solche Gefahren drohen, ist es nicht verwunderlich, wenn Leute wie diese alten Bauern sich weigern, ein solches Risiko wegen einer Fremden auf sich zu nehmen.

Aber ich konnte keine Rücksicht auf ihren Aberglauben nehmen, ich konnte nicht dulden, daß man die arme Frau wegjagte und sie ihr Kind draußen in den nassen Feldern zur Welt bringen sollte. Alle meine Berufsinstinkte wurden wach: ich war Hebamme! »Der Geräteschuppen«, rief ich, »er ist immerhin ein Dach über dem Kopf, und sie braucht die Schwelle nicht zu überschreiten.« Wu Kwei-fan ging hinaus, um sie zu holen. Seine starke freundliche Stimme brachte jeden Widerspruch zum Verstummen. Ich ergriff eine Kerze und ging in den kleinen Anbau. Pao und Oberst Huang räumten alles Werkzeug weg und breiteten Stroh auf dem Boden aus. Wu Kwei-fan führte die Ankömmlinge herein. Es war, wie ich vermutet hatte, die Familie, die mit uns gereist war. Der Mann trug seine Frau herein, und die Kinder stolperten schlaftrunken hinterher.

Ungefähr eine Viertelstunde später kam das Kind zur Welt.

Während meiner Ausbildungszeit in England hätte ich mir nie träumen lassen, daß sich meine erste Geburtshilfe in China auf diese Weise abspielte. Die Talgkerze tropfte im Luftzug. Sie verbreitete ein unstetes rauchiges Licht und höhlte eine schwachdurchleuchtete Vertiefung in die pechschwarze Finsternis der Nacht. Ich kniete im Stroh neben der Frau, die auf einer Decke auf dem Boden lag. Die beiden Kinder hatten sich wie zwei junge Hunde zusammengerollt und waren sofort eingeschlafen. Der Mann kauerte neben seiner Frau und hielt ihre Hände fest, als sie sich mit allen Kräften bemühte, das Kind auf die Welt zu bringen. Kein Feuer erwärmte den öden Raum, und es gab kein heißes Wasser zum Waschen. Ich konnte nur das Kind in Empfang nehmen und die Nabelschnur mit einem jodgetränkten Bindfaden abbinden. Die stöhnenden Schreie der Mutter hörten plötzlich mit einem Seufzer der Erleichterung auf, und man hörte das schwache jämmerliche Weinen des Neugeborenen. Es lag zwischen meinen Händen, ein winziges, vorzeitig geborenes Kind, das nicht leben konnte. Das kleine Greisengesichtchen zog sich zusammen, als litte es Schmerzen; die schmale Brust rang nach Atem; die spinnenartigen Glieder zuckten hilflos. Ich wickelte es rasch in ein altes Tuch, das der Vater aus einem Bündel zog, und legte es neben die Mutter.

Ich stand auf, und der halbdunkle schattenhafte Raum drehte sich um mich. Der saubere starke Jodgeruch mischte sich mit dem Gestank der Senkgrube, dem warmen dampfenden Geruch frischen Blutes und der durchdringenden Süße von Kölnisch Wasser, das ich an Stelle von Alkohol zum Desinfizieren der Hände verwendet hatte. Ich wurde plötzlich von Übelkeit geschüttelt und tastete mich zurück über den Hof zu unserem Lager und sank neben Pao auf meine Decke. Die Schmerzen ließen langsam nach, und ich weinte mich in den Schlaf, aber ich bemühte mich, mein Schluchzen und Zittern zu unterdrükken, damit Pao nichts merkte.

Ich schlief in einer Art Betäubung bis in den späten Vormittag. Als ich erwachte, saß Wang Yu-lin neben mir. Die anderen waren nach Santang gegangen, um sich nach einem Zug zu erkundigen. Yu-lin ging hinaus, um mir etwas zu essen zu holen. Ich saß auf der Erde und starrte lustlos zu dem Strohdach hinauf. Die zerrenden Schmerzen waren verebbt, und ich fühlte mich matt und zerschlagen; das Schlimmste war überstanden, aber das Kind, auf das ich gehofft hatte, würde nicht kommen. Wie hätte ich mich gefreut, selbst wenn ich es, wie die Frau gestern abend, in einem Schuppen hätte zur Welt bringen müssen.

Wang Yu-lin brachte mir Reissuppe, und nachdem ich sie heruntergeschluckt hatte, stand ich auf. Vielleicht mußten wir unsere Reise schon sehr bald fortsetzen, ich durfte nicht krank sein. Ich kämmte mein Haar, wusch mich und glättete meine Bettdecke. Ich wollte sogleich im Anbau nach meiner Patientin sehen; wenn das Zittern in meinen Knien nachließ, würde ich gehen. Ich blickte über den Hof. Der Mann kam aus dem Schuppen; er hatte ein kleines, in ein blaues Tuch eingeschlagenes Bündelchen auf dem Arm und trug eine Hacke auf der Schulter. Die beiden Kinder liefen hinter ihm her. Sie gingen hinter ein Bambusgehölz, an den Rand des Begräbnisplatzes. Der Mann legte das steife kleine Bündel auf die Erde und begann ein Loch zu graben. Die Kinder schauten ihm verdutzt und mit verständnisloser Neugier zu. Der Vater legte den kleinen Körper in die Vertiefung, häufte Erde zu einem Hügelchen darüber und ging mit müden Schritten zu dem Schuppen zurück. Als ich später hinüberging, um nach der Mutter zu sehen, erwähnten weder sie noch ich das Kind. Unbewegt empfing sie Geburt und Tod; ich wußte nicht einmal, ob sie trauerte. Vielleicht war sie erleichtert, daß das Kind gestorben war.

Wang Yu-lin hatte vor unserer Tür aus Spänen und Holzkohle ein Feuer angefacht, und wir bereiteten ein Mahl. Wir liehen uns ein wackliges Tischchen und ein paar Bänke und Schemel. Pao und Wu Kwei-fan kamen mit der Frau des Obersten Huang zurück und berichteten, daß heute kein Zug führe. Die Linie war immer noch durch Truppentransporte verstopft. Einige Herren des Stabes versuchten, im Stationsgebäude von Santang auf improvisierten Pulten aus alten Packkisten die laufende Arbeit weiterzuführen, und Oberst Huang war dort geblieben, um an einigen Akten zu arbeiten.

Wir richteten uns ein, so gut wir es vermochten. Die Männer nahmen Hacken und arbeiteten mit den Bauern auf den Feldern. Wir ernährten uns von rotem Pfeffer, tou-fu und Kohlrüben. Ich konnte an diesem ersten Tag nur etwas braunen Zucker und in Reiswasser gekochten ginseng* genießen; ich war immer noch schwach und elend, aber ich durfte der Krankheit nicht nachgeben. Ich bewegte mich vorsichtig, darauf bedacht, die latenten Schmerzen nicht zu wecken. Wang Yu-lin und Madame Huang besorgten unseren primitiven Haushalt. Bei Einbruch der Dunkelheit entzündeten wir eine kleine irdene Öllampe, die die Form einer Teekanne hatte, mit dem Schnabel für den Docht. In einer gemeinsamen Waschschüssel wuschen wir abwechselnd unsere Gesichter und krochen dann unter unsere Decken. Wir lagen in dem kleinen Raum alle nebeneinander bis auf Wu Kwei-fan, der sich als Wache quer vor die Tür legte. Aber selbst Räuber hätten auf ihn treten können, ohne ihn zu wecken. Er schlief tief und wachte nie von selbst auf, obwohl er im Schlaf lange, unverständliche Monologe hielt. Wenn das Licht aus war, begannen allerlei Geräusche – es raschelte im Dachstroh; es kratzte und nagte, es klapperte und quietschte – Ratten! Sie knabberten am Leder unserer Koffer und liefen quer über uns hinweg. Ich hatte tödliche Angst, daß sie mich, während ich schlief, beißen könnten.

Am nächsten und übernächsten Tag fuhr immer noch kein Zug. Am Tage kämpften wir gegen die Fliegen (die Senkgrube brütete sie aus) und in der Nacht gegen die Ratten. Um sich Bewegung zu machen, jäteten die Männer das Unkraut in den Feldern. Die Bauern wurden mit der Zeit zutraulicher, alle bis auf die alte Frau, die auch fortan mit Mißtrauen und Abneigung auf uns sah. Für unsere Bitten um heißes Wasser, Brennholz oder ein Putztuch hatte sie taube Ohren. Aber Wu Kwei-fan machte es sich zur besonderen Aufgabe, den alten

* ginseng: eine Art chinesischer Ingwer.

Zankteufel aus seiner kalten Feindseligkeit herauszulocken, und bis zu einem gewissen Grad hatte er Erfolg. »Ach komm, alte Mutter«, pflegte er zu bitten. »Du hast doch ein Glückszeichen in deinem Gesicht, das Zeichen eines guten Herzens. Sei gut zu uns armen Reisenden, dann werden sich deine Enkel und Urenkel vermehren und reich werden, und du wirst die am höchsten verehrte Stammesmutter der ganzen Provinz werden.« Dann lächelte sie ein krummes Lächeln mit weitgeöffnetem Mund und entblößte dabei unregelmäßig gelbe Zähne, den oberen Gaumen und eine überraschend saubere, rosarote Zunge.

Am vierten Morgen sagte man uns, daß der Zug um vier Uhr nachmittags abfahren würde. Die Mitteilung wirkte auf uns wie der frische Wind auf ein Segelschiff, das im Schilf des Sargasso-Meeres verirrt und in eine Flaute geraten ist. Sie vertrieb das verlorene ziellose Gefühl der langen Tage des Aufschubs. Wir rollten unser Bettzeug zusammen, ergriffen unsere Koffer und sagten den Ratten, dem roten Pfeffer und der Senkgrube Lebewohl.

Im Gänsemarsch marschierten wir durch die Stoppelfelder. Schon von weitem sahen wir eine Menschenmenge, die das Dorf wie zusammengeballte Insektenwolken, wie Ameisen oder Bienen umschwärmte. Es waren nicht nur unsere Gefährten vom Generalstab, sondern auch Flüchtlinge aus Tschangscha und den besetzten nördlichen Gebieten. Sie waren auf ihrer Flucht der Bahnlinie gefolgt, hatten sich auf jeden beliebigen Zug gestürzt, einerlei in welche Richtung er fuhr, und sich geweigert, wieder auszusteigen. Wir bahnten uns einen Weg durch die brodelnde Menge. Sie war überall; Flüchtlinge in den grauen oder fadblauen gebleichten, schmutzigen Farben der Armut, eine menschliche Flut, die in jedes Plätzchen, jede Spalte eindrang und sich in die abfahrenden Züge hineinpreßte.

Wir gelangten endlich zu unserem Zug. Für uns war ein Wagen zweiter Klasse vorgesehen, mit zwei Reihen schmaler zweisitziger Holzbänke. Wu Kwei-fan, Wang Yu-lin, Pao und ich bildeten eine Vierergruppe.

Als der Wagen bis zum letzten Platz besetzt war und Kinder noch dazwischengestopft worden waren, brachte man das Gepäck herein, verstaute es unter und über uns. Riesige Bündel hingen gefahrdrohend über unseren Köpfen. Ein Mann mit sechs Kindern drängte sich durch den überfüllten Seitengang und setzte da und dort ein Kind auf den gastfreundlichen Schoß irgendeines Fremden. Nachdem der Zug auf diese Weise mit Menschen vollgestopft war, stürmten die Flüchtlinge auf den Zug, kletterten auf die Wagendächer, zwängten sich in die Gänge und klammerten sich an den Tritten fest in einer so dichten Masse, daß niemand sich rühren konnte. Der für den Transport verantwortliche Offizier rannte im letzten Moment den ganzen Zug entlang, um für sich selbst noch einen Platz zu finden, aber vergebens, und so machte er die ganze Reise bis Kweilin auf der Lokomotive mit.

Wir warteten von vier Uhr bis Mitternacht. Die Sonne hatte den ganzen Tag auf das Wagendach gebrannt, und im Wagen herrschte eine Ofenhitze. Als es dunkel wurde, zündete man eine Petroleumlampe an. Kinder weinten vor Müdigkeit und Hunger oder lagen schlafend auf den Bündeln. Die Familie, die in dem Bauernhaus in dem Schuppen neben uns gewohnt hatte, war im selben Wagen wie wir. Die Mutter öffnete ihr Kleid und gab einem Kind nach dem anderen die Brust, und sie wurden satt und schliefen in ihren Armen ein. Niemand konnte wagen, den Zug auf der Suche nach Lebensmitteln oder Wasser zu verlassen, denn er konnte jeden Augenblick abfahren. Um Mitternacht fuhr er dann wirklich ab. Sofort wurde es kühl, dann empfindlich kalt. Die Fenster wurden knallend heruntergelassen. Die verbrauchte Luft wurde erstickend dick. Eine Weile hielten wir unser Fenster offen, aber Leute mit Kindern erhoben Einspruch, und wir mußten es schließen.

Wir verbrachten fünf Tage in diesem Zug. Es war eine kurze Lebensspanne, eingeschoben zwischen Zukunft und Vergangenheit. Siebenundachtzig Menschen waren in unserem Wagen, die hinzugekommenen Flüchtlinge nicht eingerechnet. Jeder hatte gerade Platz zum Sitzen, nicht mehr, und in dieser Enge lebten wir fünf Tage lang. Wenn der Zug einmal hielt, hätte man die Möglichkeit gehabt auszusteigen, Wasser zu kaufen, das Gesicht zu waschen oder eine Mahlzeit einzunehmen. Aber die Gänge und Tritte waren derart verrammelt mit Körben, Bündeln und Flüchtlingen, daß es stets ein Kampf war, durchzukommen. Man wußte zudem nie, wie lange der Zug hielt. Einmal wurde eine ganze Anzahl Reisender zurückgelassen. Der Zug fuhr ohne Signal ab, die Leute rannten ihm auf den Gleisen schreiend und winkend nach, und nur, weil sie ihrer so viele waren, hielt er nach einer Meile an. Oft standen wir für Stunden oder halbe Tage auf offener Strecke, wo es weder Wasser noch Lebensmittel gab. Wir ernährten uns mit trockenen, ungesäuerten Kuchen, die mit Sesam-Samen bestreut waren. Tagsüber war es furchtbar heiß, in der Nacht aber kalt, so daß wir, wenn es dunkel war, alle unsere Kleider übereinander anziehen mußten. Es war nicht einmal möglich, sich in eine Decke einzuwickeln, die Sitze waren zu schmal für solche Polsterung.

Die Leute schliefen entweder aufrecht sitzend oder legten den Kopf auf ihre gekreuzten Arme, die sie auf die Armlehnen zwischen den Sitzen stützten. Pao und ich schliefen in zweistündigen Schichten, indem eines den Kopf in den Schoß des anderen legte. Da Yu-lin und Wu Kwei-fan sich nicht auf diese Weise helfen konnten, räumte er ihr seinen Platz ein und legte sich im Gang mit angezogenen Knien auf seinen großen Lederkoffer. Diese Einrichtung hatte ihre Nachteile, denn bei dem ewigen Hin und Her traten die Leute immer wieder auf ihn. Es störte ihn weniger, als es die meisten Menschen gestört hätte. Wie alles, was er tat, schlief er auch mit einer solch konzentrierten Energie, daß ihm solch kleine Unbequemlichkeiten nicht viel ausmachten.

Am Abend des zweiten Tages unserer langsamen Reise war der Boden des Wagens fußhoch mit Abfällen übersät: Orangenschalen, Papier, Erdnußschalen, abgekaute Reste von Zuckerrohr. Es wurde nie gekehrt. Nach und nach entwickelte sich ein Gestank, der schlimmer war als der Geruch zusammengedrängter ungewaschener Körper und verbrauchter Luft. Es gab nur einen Abort für die siebenundachtzig Menschen. Viele Leute hatten Dysenterie (wohl infolge von Fliegen, rotem Pfeffer und der unregelmäßigen Ernährung), und Tag und Nacht standen die Leute Schlange. Sehr bald war der Abort verstopft und lief über, und es gab kein Wasser. Die Tür klemmte und konnte nie richtig geschlossen werden. Der Gestank wurde überwältigend, und doch mußte das unvermeidliche Hin und Her weitergehen.

Für die Flüchtlinge auf den Wagendächern war das Problem noch schwieriger. Eines Abends, als der Zug sehr lange nicht gehalten hatte, erleichterte sich ein Mann auf dem Dach. Der Urin tropfte auf den Rahmen unseres geöffneten Fensters und spritzte auf die Kuchen, die auf meinem Schoß lagen. Nun verlor ich völlig die Nerven; ich wurde hysterisch und zitterte und schluchzte vor Ekel. Pao wurde glatt verrückt. Er faßte seinen Stock, stieg mit seinem »hsiung« Gesicht auf das Dach des fahrenden Zuges und schlug auf die dort kauernden Flüchtlinge ein und nannte sie Tiere und Wilde. Später schämten wir uns beide. Es war meine Schuld gewesen, ich hätte mich beherrschen sollen.

Außer diesem einen Versagen unserer Selbstbeherrschung lebten wir – siebenundachtzig Menschen – während fünf Tagen zusammen, ertrugen Durst, Gestank, Gedränge und Schlaflosigkeit und blieben doch höflich gegeneinander, machten Witze und benahmen uns im allgemeinen so, als wären wir auf einer Vergnügungsreise, Höflichkeit, meine ich, ist in Notzeiten eine der höchsten Tugenden, und die chinesische Tradition legt darauf besonderes Gewicht. Die geschmeidige Oberfläche guter Manieren glättet alle Reibungen. Wir lächeln und verbeugen uns und murmeln die üblichen Höflichkeitsphrasen, und wie durch ein Wunder verflüchtigen sich die tausend Verdrießlichkeiten.

Wir hatten weder Bücher noch Zeitschriften zu lesen. Wir vertrieben uns die Zeit mit Geschichten, Versen und Gesprächen, und alle beteiligten sich. Natürlich sprachen wir auch vom Krieg, und doch hörte ich nicht ein einziges Mal, daß man die Japaner beschimpfte oder ihnen die Schuld an unserer schlimmen Lage gab. Fast alle hatten Heim und Vermögen durch die Invasion eingebüßt. Die meisten hatten in Nanking gelebt. Aber sie verschmähten es, viel Aufhebens von ihren materiellen Verlusten zu machen. Nur eines erregte ihren brennenden Zorn – die Massenvergewaltigungen der chinesischen Frauen. Das ist etwas, was sie nie verzeihen werden! Doch selbst dabei schworen sie keine Rache. Aber sie waren überzeugt, daß diese Abscheulichkeiten dem japanischen Charakter und einer grundsätzlichen Unmoral entstammen und daß die Japaner dieses dekadenten Charakters wegen verdammt seien.

Durch die Ebene von Hunan kroch der doppelbelastete Zug langsam weiter – auf den Dächern die Flüchtlinge, in den Wagen der Generalstab. Diese Flüchtlinge trugen, im Gegensatz zu jenen, die wir in Jongtschou gesehen hatten, nicht den Stempel hoffnungsloser Armut. Sie waren ärmlich gekleidet, aber nicht zu ärmlich; sie waren hungrig, aber verhungerten nicht. Aber ihre Anzahl! Ihre Anzahl war beängstigend. Es waren ihrer so viele, sie überrannten alles, sie waren überall. Am Anfang sah ich nichts als Flüchtlinge, aber allmählich fielen sie mir nicht mehr auf. Nicht, daß sie nicht dagewesen wären. Sie saßen immer noch auf den Dächern, hingen auf den Trittbrettern und Plattformen der Wagen und überfluteten die Bahnsteige. Aber sie waren einfach ein Teil unserer Umgebung geworden, etwas, das zum täglichen Leben gehörte wie der Durst, die Gerüche, die Hitze, die Bomben, die schreienden Kinder; sie hatten aufgehört, die Aufmerksamkeit auf sich zu lenken.

Am dritten Morgen hatten wir Aufenthalt. Wir wußten, daß die Maschine eine Reparatur nötig hatte und daß das mindestens eine Stunde dauern würde. Im Nu zerstreuten sich alle – Generalstab und Flüchtlinge – über das ganze Dorf und die Umgebung. Die Landschaft war voll von Menschen, die mit den intimsten Angelegenheiten beschäftigt waren – Waschen, Sichkratzen, Entkleiden für eine Flohjagd, Durchsuchung der Rocksäume nach Läusen –, ohne sich um Zuschauer zu kümmern, taten sie alles, was im allgemeinen nicht in der Öffentlichkeit verrichtet wird. Nach einiger Erfahrung im Gemeinschaftsleben habe ich beobachtet, daß die Männer viel eher ihre Manieren vergessen und den Sinn für Anstand verlieren als die Frauen.

Pao und ich rannten mit unseren Waschbecken ins Dorf und suchten heißes Wasser aufzutreiben. Beim ersten Teehaus fanden wir alle Kessel schon leer, und zehn oder zwölf Leute standen um den flachen Topf herum und warteten auf heißes Wasser. Beim nächsten Haus war es genauso. Vor jedem Haus, das einen Ofen hatte, ob Gasthaus, Teehaus oder Privathaus, standen die Leute, schwenkten Waschbecken, Handtücher oder Dollarnoten und schrien nach heißem Wasser. Wir folgten dem Strom. In einem Hof begegneten wir Leuten, die mit vollen Becken herauskamen, aber bis wir selber zu dem Ofen gelangten, war das letzte heiße Wasser schon verbraucht, und die Frau des Hauses wollte gerade einen Kübel kaltes Wasser in den Topf gießen. Pao aber nahm ihr den Kübel aus der Hand und schubste mich durch eine Tür: »Hier gehst du nun hinein, Suyin« — er verriegelte die Tür und stellte sich als Wache davor. Ich fand mich in einem kleinen dunklen Schlafzimmer. Ich goß das Wasser in mein Becken, zog alle meine Kleider aus und badete. Das kalte Wasser ließ mich erschauern, aber es war herrlich. Ich schrubbte mich, bis meine Haut glühte. Nachher kam Pao an die Reihe. Die Leute, denen das Schlafzimmer gehörte, protestierten heftig; aber ich hielt sie zurück, während sich Pao wusch. Sie murrten noch, als wir weggingen, aber doch schon etwas besänftigt, da sie sich überzeugten, daß nichts gestohlen war.

Plötzlich ertönte der Pfiff der Lokomotive. Wir kletterten durch das Wagenfenster auf unsere Plätze. Pao hob mich hinein und schwang sich über den Sims nach, es war die übliche Art des Ein- und Aussteigens geworden, denn es war einfach nicht mehr möglich, sich durch die kompakte Masse der Flüchtlinge an den Türen und in den Gängen durchzuwinden. Wir glänzten vor Sauberkeit und selbstbewußter Tugend. Die Luft um mich duftete nach Eau de Cologne, denn ich hatte meine letzte Flasche in mein Waschwasser geschüttet. Zufrieden verkündeten wir, daß wir gebadet hätten. Während andere nur an ein Frühstück gedacht hatten, hatten *wir* gebadet! Eine komische Stille um uns — Neid oder Verblüffung, ich weiß es nicht.

Ein Bad hält nicht lange vor, und wir hatten noch zwei Tage in diesem fahrenden Pfuhl vor uns. Uns war heiß, wir schwitzten und es juckte. Unsere Kleider klebten am Körper und strömten einen scharfen Geruch aus. Unsere Haare waren verfilzt von Staub, Schweiß und Ruß. Unsere Kehlen schnürten sich zusammen vor Durst, und unsere Augen brannten vor Rauch und Wind. Und doch war es eigentlich nichts.

Alle unsere Freunde aus Peking, denen wir später begegneten, hatten viel Schlimmeres durchgemacht als wir. Eine meiner Freundinnen hatte auf der Reise von Hankau nach Itschang zwei Tage und zwei Nächte mit vier kleinen Kindern auf einem Flußboot zugebracht. An ein Geländer gepreßt, mußten sie zwei Tage und zwei Nächte stehend zubringen, und sie beklagte sich nicht. Ein Mädchen, das mit mir auf der Universität gewesen war, konnte eines Nachts aus Peking fliehen und erreichte zu Fuß, durch zerstörte Städte, durch japanische Linien, durch Partisanenkampfgebiet, auf einem Marsch von sechshundert Meilen, das freie China. Nein, was wir erduldeten, war nichts.

Es ist jetzt der fünfte Tag. Der sanft bewegte Horizont von Hunan, die breiten Flüsse und reichen Felder gehen über in eine Landschaft so fremd, so wild, wie wir sie nur in alten Legenden antreffen. Vereinzelte Felsen, die aus den grünen Feldern aufragen, deuteten zuerst eine Veränderung der ebenen Landschaft an. Eine Ebene, flach wie das Meer, wird jäh und unvermutet von Bergen unterbrochen, die die Erdkruste mit Spitzen und Klippen durchstoßen. In früheren Zeiten hat das Meer diese steinernen Inseln umspült. Es hat lange Strecken felsigen Bodens mit gerundeten ausgewaschenen Kieselsteinen zurückgelassen. Die Berge kommen näher — seltsame, unbegreifliche Wesen, starr unter der heißen Mittagssonne. Sie scheinen lebendig, phantastische Ungeheuer, die brüllend und knurrend an uns vorbeirasen. Die nächsten Berge stürzen sich brüllend auf uns, die weiter entfernten schreiten neben dem Zug her, schleichende Bestien, die uns belauern. Am Horizont stehen sie schweigend und drohend.

Der Sonnenuntergang erfüllt den Himmel mit einem tiefroten Licht. Die Felsen rücken näher, werden immer wilder, höher und drohender, blutrot und flammengleich. Fast verschlägt es einem den Atem. Im sinkenden Tageslicht rast der

Zug durch purpurdunkle Schatten, der schrille Pfiff verwandelt sich in eine lange verzweifelte Klage.

Der Lichtschein am Himmel trübt sich zu Asche. Ohne ein Warnungszeichen hält der Zug mit einem Ruck, der uns aus den Sitzen schleudert.

Wir sind in Kweilin.

Neuntes Kapitel

DURCH KWEILIN

In der Dämmerung kamen wir in Kweilin an. Pao schwang sich durch das Fenster, und ich reichte ihm die Koffer heraus. Als er mich nach dem letzten Koffer in seinen Armen auffing, wurden wir sogleich von Trägern umringt, zum größten Teil Frauen mit rauhen Stimmen, und nur wenige schüchterne Männer darunter. Die Frauen sahen erstaunlich aus: beinahe so groß und stark wie die Männer, untersetzt, vollbusig, muskulös, barfuß, mit schönem Gang. Ihre Füße sind niemals gebunden worden. Sie tragen Lasten, bestellen die Felder, übernehmen ihren Teil an den öffentlichen Arbeiten beim Straßen- und Eisenbahnbau. Sie tragen kurze Jacken und Hosen, die übliche Bauerntracht, mit der typischen blauen Tuchschürze, die von dünnen silbernen Halskettchen im Nacken gehalten wird. Eine große, finster blickende Amazone bemächtigte sich unseres Gepäcks. Sie riß es den Männern gewaltsam aus den Händen und sagte wütend: »Diese Arbeit besorgen wir, geht ihr hinaus und kämpft.«

Es wird etwas eintönig, wenn ich immer wieder erzähle, daß wir irgendwo ankamen, eine Unterkunft suchten und keine Zimmer zu haben waren. Aber in einem Leben, in dem es keine Abgrenzungen mehr gibt, bedeutet ein Zimmer, ein Heim, sei es auch nur für eine kurze Zeit, so viel.

Kweilin war schon voll von Flüchlingen. Seit Monaten waren die Menschen aus den kriegsbedrohten und überfallenen Gebieten hierhergeströmt. Wir gingen zuerst zu dem »Hotel zum lachenden Volk«, einem sehr guten, staatlich geleiteten Gasthaus, nicht weit vom Bahnhof. Natürlich wurde uns keine wunderbare Unterkunft zuteil. Alle Zimmer waren von hohen Regierungsbeamten, ausländischen Korrespondenten und ähnlichen bevorzugten Personen besetzt. Aber nun überfluteten dreihundert Menschen, die mit dem Zug angekommen waren, das Haus und trafen ihre Vorbereitungen, die Nacht auf dem Fußboden des Speisesaals zu verbringen.

Pao war einer der wenigen, der eine andere Unterkunft ausfindig machte. Während er und Wu Kwei-fan auf der Suche waren, versperrten Yu-lin und ich mit dem Gepäck unserer ganzen Gesellschaft einen Eingang des Hotels, bis wir einen Hotel-Boy überreden konnten, uns wenigstens für einige Stunden ein Zimmer zu überlassen. Das Zimmer war bereits vermietet, und wir konnten nicht darin übernachten. Aber es war schon ein unbegreiflicher Luxus, allein in einem Raum mit verschließbarer Tür zu sein. Wir nützten die kurze Zeit nach Möglichkeit, bestellten heißes Wasser, und noch mehr heißes Wasser, badeten und wuschen uns die Haare. Wir zogen frische saubere Wäsche an und gaben die schmutzigen übelriechenden Kleider in die Hotelwäscherei, von wo wir sie später abholen würden.

Als wir vertrieben wurden, gingen wir hinunter in den Gesellschaftsraum, wo inzwischen Bettzeug ausgebreitet worden war und die dicht nebeneinander liegenden Steppdecken sich wie ein großer Flickteppich ausnahmen. Wu Kwei-fan kam zurück, er hatte nichts finden können. Es war spät und dunkel, und alle Wirtshäuser waren überfüllt. Um Mitternacht erschien Pao: »Ich habe etwas gefunden«, sagte er. »Es ist gerade lang genug, um sich hinlegen zu können, und breit genug für uns beide.«

In einem engen Höfchen stand an der schmalen Haustür »Osttor-Hotel«. Ein verschlafener cha-fang* hieß uns eintreten und zeigte uns die Kammer. Die Leute waren hier zu sechs und acht zusammengepfercht wie Schweine oder Schafe

* cha-fang: Hoteldiener, Portier.

in ihren Hürden. Nur durch Geflüster in der Dunkelheit war es möglich, ein wenig für sich zu sein. Aber es war eine Unterkunft. Man konnte dort wohnen. Für zwanzig Tage war es unser Zuhause.

Wir bewohnten das allerkleinste Kämmerchen, genau sieben Fuß im Quadrat. Von dem Bett, das fünf Sechstel Fuß maß, wurde es so gänzlich ausgefüllt, daß wir nie zu gleicher Zeit aufstehen konnten. »Es *ist* klein«, gab ich zu, »aber um so leichter ist es sauber zu halten.« Jeden Morgen weckte uns die Stimme des cha-fang. Er sang die ersten Verse eines bekannten Kriegsliedes:

»O Republik von China,
Bedroht von dem lauernden Feind ...«

Dann brach er ab und begann von neuem. Er wiederholte die Stelle in verschiedenen Tonarten und bemühte sich um die richtige Tonhöhe, kam aber nie weiter, da er den Text nicht kannte. Wenn er wohl fünfzig Male von dem »lauernden Feind« gesungen hatte, brachte er den Gästen heißes Wasser, Tee und einen Besen. Der Besen war zu unserem eigenen Gebrauch; der cha-fang kehrte kein Zimmer. Um zehn Uhr polterte er an unsere Tür und schrie: »Das Frühstück ist fertig!« Pao ging immer schon früh in sein Büro, aber ich aß im Hotel. An den rotlackierten Tischen nahmen die Gäste gemeinsam ihre Mahlzeiten ein, Frühstück um zehn Uhr, die Hauptmahlzeit um fünf Uhr. Das Essen war reichlich und gut – Reis, Suppe, zweierlei Gemüse und etwas Fleisch. Die Preise waren mäßig – ein Dollar pro Zimmer und Verpflegung – wir hatten Glück.

Als wir einige Tage später Wu Kwei-fan aufsuchten, fanden wir ihn bei einem Weber vor der Stadt draußen einquartiert. Der Weber hatte zwei Zimmer, und Wu Kwei-fan war im Schuppen untergebracht, wo er einen Raum für sich hatte. Dies hätte ihn völlig befriedigt, wäre nicht der Schweinestall nur durch eine dünne Strohmatte von seinem Zimmer getrennt gewesen. Durch breite Risse in diesen Strohmatten starrten wir auf das Schwein, ein großes, mißgelauntes Tier, das mit feindseligen Augen zurückstarrte. Wu Kwei-fan sagte: »Wenn der Wind von Osten kommt, höre ich das friedliche ferne Gesumme der Stadt, und es riecht nach Wiesenblumen und frischem Gras; aber wenn der Wind von Westen kommt, rieche ich nichts als Schwein . . .«

Unsere ersten Tage in Kweilin verliefen ruhig. Pao arbeitete im Büro, das in der wundervoll proportionierten Säulenhalle eines alten Tempels untergebracht war. Schon lange wohnten keine graugewandeten Priester mehr hier, und die Heiligen wurden nicht mehr mit Weihrauch und feierlichen Gesängen verehrt.

Die Büros des Generalstabs lagen in der Nähe des Westtores. Es gingen Gerüchte um, daß große Munitionslager irgendwo in der Nachbarschaft versteckt seien. Unsere Wohnung lag einen Steinwurf weit vom Osttor entfernt. Von dort führte die Straße über eine Pontonbrücke zu den Hügeln und den geräumigen Höhlen, die besseren Schutz boten als alle von Menschenhand gebauten Unterstände. Die Höhlen von Kweilin sind ein Naturwunder und werden oft von Reisenden besucht. In jenen ersten Tagen, ehe der Krieg uns auch hier erfaßte, besichtigten wir die Höhlen der »Sieben Sternfelsen«, ein Labyrinth untereinander verbundener Gänge, weitverzweigt wie eine unterirdische Stadt. Die Führer trugen Palmrohrfackeln, aber ihr Licht verlor sich fast in dem riesigen Gewölbe dieser ungeheuerlichen Räume. Es blitzte zurück vom funkelnden Kristall der gekehlten Säulen und Stalagtiten. Es flackerte über phantastische Bildwerke, die das tropfende Kalkwasser in Jahrhunderten gebildet hatte – den Betenden Mönch, den Frosch, die Vier Elefanten, den Philosophen – unsere Führer nannten uns all ihre Namen. Wir wurden von ihnen zur Vorsicht ermahnt, als wir am Rand eines ungeheuren Abgrundes, der in unermeßliche Tiefen abstürzte, entlang gingen. Die Führer neigten sich darüber und schwenkten dramatisch ihre Fackeln, die den Rand des schwarzen Schlundes aufleuchten ließen. Diese Höhlen waren Kweilins Zuflucht vor Luftangriffen, groß genug, um der ganzen Stadtbevölkerung Schutz zu bieten.

Vor unserer Ankunft waren noch keine Luftangriffe gewesen. Aber der Spionagedienst hält die Japaner über alle unsere Bewegungen auf dem laufenden. Sie erfuhren von der Anwesenheit hoher militärischer Führer, und in der zweiten Dezemberwoche begannen die Bombardierungen.

Beim ersten Luftangriff befanden Pao und ich uns an der Kreuzung der beiden Hauptstraßen. Wir wollten Besorgungen machen, aber es gab wenig zu kaufen in Kweilin; die Provinz ist sehr arm. Wir durchstöberten die Buchläden; für unsere Lektüre gaben wir mehr Geld aus, als wir uns eigentlich leisten konnten. Pao suchte nach politischen Werken. Ich hätte lieber einen Roman gehabt, aber es gab fast nichts, die Leute dieser Provinz sind so seriös. Das Beste, was ich finden konnte, waren »Die drei Königreiche«, ein klassisches Werk, das vor mindestens tausend Jahren geschrieben wurde. Ich brauchte auch ein neues Winterkleid. Wir gingen in ein Seidengeschäft, das genau im Zentrum der Stadt lag. Da ertönte die Sirene.

Als der unheilvoll schrille Ton anschwellend jedes andere Geräusch aufschluckte, wurde der Verkäufer, der uns bediente, kreideweiß und stand einen Augenblick wie gelähmt vor Schrecken da. Dann begann er hastig die Seidenstoffe zusammenzufalten, um sie wegzubringen. Auf einmal war überall das Klappen der Fensterläden zu hören, die in ihre Angelhaken gehängt wurden. Pao und ich wanderten gelassen und ohne Furcht zu unserem Quartier zurück. Wir hatten schon so manchen Alarm mitgemacht, wenn auch nur erst einen Angriff, und selbst der mutete uns eher als historische Tatsache an als ein persönliches Erlebnis, so weit schien er schon zurückzuliegen.

Im Hotel empfing uns der cha-fang. Er trug einen komischen, schwarzlackierten Helm, ein Zeichen, daß er der freiwilligen Feuerwehr angehörte. Seine Pflichten hielten ihn zurück, erklärte er uns. Er riet uns, unsere Sachen unter seiner Obhut zurückzulassen und nur unsere wertvollsten Besitztümer mitzunehmen. Kaum waren wir wieder auf der Straße, als wir auch schon von dem Menschenstrom mitgerissen und gegen das Stadttor gedrängt wurden.

Wir hatten gerade das Tor hinter uns, als der zweite Alarm ertönte. Die Flugzeuge kamen näher! Sie kamen nach Kweilin! Die Stadt sollte bombardiert werden! Nun brach ein Entsetzen, eine Panik aus, wie ich sie erst in Tschung-king wieder erleben sollte. So wie uns die Flucht körperlich mitgerissen hatte, so waren wir jetzt gefangen in der Flut der Massenpanik. Wären Pao und ich allein gewesen, hätten wir Ruhe bewahrt. Aber Panik ist ansteckend. Die Furcht, die uns rings umgab, ergriff auch uns. Unsere Herzen schlugen schneller. Anstatt uns einfach schieben zu lassen, drängten wir vorwärts mit allen anderen gegen die »Sieben Sternfelsen«, die über dem Flußtal drüben dunkel aufragten. Wir kamen zur Schiffsbrücke, die sich in einem Bogen von Ufer zu Ufer spannte und sich unter dem Druck der Strömung krümmte. Hier verengte sich die Straße wieder, denn die Brücke war nur acht bis zehn Fuß breit. Zu beiden Seiten stießen Bug und Heck der tragenden Sampans* über die Planken heraus; aber man konnte nicht von Boot zu Boot springen, sie lagen zu weit auseinander. Als wir die Brücke betraten, waren wir mitten in der Kolonne, Pao vor mir, den Weg bahnend, und ich dicht hinter ihm, seinen Gürtel umklammernd. Als wir uns aber der Brückenmitte näherten, wurden wir immer näher an den Rand gedrängt. Alles schrie, alles stieß, wir kamen nur langsam, Schritt für Schritt, vorwärts, in verzweifelter Angst, daß uns die Flugzeuge hier auf der Brücke überfallen und mit Maschinengewehren niedermähen würden. Manche wurden von den Wegplanken der Brücke in die Boote gestoßen und bemühten sich, wieder auf die Planken zu kommen. Ein Mann mit einem riesigen Bündel auf dem Rücken stieß gegen mich, und ich verlor das Gleichgewicht. Ich ließ Paos Gürtel los, stürzte über eine Frau, die etwas aufheben wollte, zu Boden. In solch einem Haufen kann man in wenigen Minuten zu Tode getrampelt werden. Mich verließen die Kräfte. Ich hätte die Besinnung verloren, wäre nicht in diesem Augenblick jemand mit einem harten Lederabsatz auf meine Hand getreten. Der Schmerz jagte mich wieder auf. Ich kämpfte blindlings, um wieder auf die Füße zu

* Sampan: chinesisches Boot mit ein oder zwei Masten und einer Wohnkajüte.

kommen, rollte über den Rand der Planken und fiel zwischen zwei Boote in die heftige Strömung. Atemlos kam ich wieder hoch und klammerte mich an einem Boot fest: »Pao, Pao!« kreischte ich. Pao hörte mich, wie, weiß ich nicht. Er schnellte herum und drängte sich, mit den Fäusten nach rechts und links ausholend, die paar Schritte durch die andrängende Menge zurück. Er stand über mir. Er sprang in das Boot hinunter, beugte sich über den Rand, bekam meine Handgelenke zu fassen – noch nie habe ich sein Gesicht so weiß und »hsiung« gesehen –, zog mich heraus, nahm mich in seine Arme und trug mich bis an das Ende der Brücke.

Es war ein tiefer vibrierender Ton wahrzunehmen, sehr fern noch, aber deutlich hörbar, und selbst diejenigen, die ihn noch niemals vernommen hatten, begriffen seine Drohung. Pao faßte mich an der Hand, und wir rannten in die offenen Felder. Der Weg führte nicht zu den schützenden Höhlen, aber wir rannten weiter, nur darauf bedacht, dem Gedränge und der Panik dieses Menschenhaufens zu entrinnen. Obwohl wir das Dröhnen der Motoren jetzt sehr deutlich hörten, waren wir weniger ängstlich. Wir waren frei und wieder Herr über unsere Gedanken, nicht mehr hilflos dieser Massenpanik ausgeliefert.

Über den schwarzen Hügeln jenseits der Stadt sahen wir die Flugzeuge, sechsunddreißig Bomber, in keilförmigem Flug näher kommen. Sie kreisten zur Erkundung des Geländes. Die Abwehrgeschütze traten in Aktion. Wir sahen die fallenden Bomben, schwarz glänzend und klein. Wir konnten ihren schrägen Flug herunter bis zur knatternden Linie der Explosion verfolgen, von wo dann Flammen und schwarzer Rauch aufsprangen. Die Flugzeuge setzten ihren Weg in unsere Richtung fort. Die gespannten Flügel glitten so sanft durch die Luft, daß man sich ihrer Schnelligkeit nicht bewußt wurde. Sie bewegten sich in stolzer Unbekümmertheit, als stünden sie jenseits von Gut und Böse, beschrieben eine weite Kurve über die Berge und verschwanden ostwärts.

Rauch stand in dichten unbeweglichen Schwaden über den Stellen, wo die Brandbomben niedergegangen waren. Vom Westen her hörte man eine Reihe lauter Detonationen – unsere Munitionslager flogen in die Luft. Die Stadt brannte. Sicherlich auch unser Hotel und damit unsere spärlichen Habseligkeiten. Wir würden wieder nach einer Unterkunft suchen müssen. Das war im Augenblick meine größte Sorge.

Wir haben uns seitdem daran gewöhnt, aber es ist doch jedesmal wieder seltsam, einen vertrauten Ort plötzlich unkenntlich verändert wiederzufinden. Die Reihe der Läden, die einem so vertraut waren, ist nur ein Haufen zerstreuter Trümmer. Im Pflaster gähnt ein Krater, und die Häuser zu beiden Seiten sind nur noch geneigte schräge Wände, ein Skelett ohne Ziegel und Füllungen. Die Sonne schien herein, unwirklich grell, da, wo wir die schattenspendenden Dächer dicht stehender Häuser kannten. Wir erlebten das zum ersten Mal, als wir am frühen Nachmittag zu unserem Gasthaus zurückkehrten. Zerbrochene Ziegel knirschten unter unseren Schuhen; die Straße führte in Flammen und Rauch. Unser Gasthof war unbeschädigt, aber die Läden gegenüber brannten. Unser chafang, halb von Sinnen vor Aufregung und von oben bis unten mit Ruß und Schweiß verschmiert, sah aus wie ein Teufel. Er hantierte mit einem Schlauch und richtete den Wasserstrahl wahllos auf schwelende Ruinen und vorbeihastende Menschen. Endlich gelangten wir in den Hof unseres Hotels. Hier war alles so, wie wir es verlassen hatten, und deshalb konnte man kaum glauben, was geschehen war. Nur der beißende Rauch in der Luft und die schreienden Stimmen der erregten Menge draußen deuteten auf ein Unglück. Dieser erste Angriff zerstörte gerade das ganze Geschäftszentrum von Kweilin. Am nächsten Vormittag, als wir durch die Straßen spazierten, kamen wir vor die Trümmer des Ladens, in dem wir vor vierundzwanzig Stunden Seide gekauft hatten. Wie ein Echo von gestern, auf die gleiche Stunde ertönte wieder die Sirene. Heute kam es nicht mehr zu einer solchen Panik. Schon seit Stunden waren die Leute mit Decken und Bündeln beladen aus der Stadt hinausgeströmt. Wir gingen zu unserem Hotel zurück, holten den kleinen Koffer mit unseren Wertsachen, gaben dem cha-fang den Zimmerschlüssel und gingen über die Schiffsbrücke, zusammen mit Leuten, die heute wie wir freundlich und unbekümmert plaudernd die Stadt verließen. Wenn wir auch genügend Zeit gehabt hätten, die Höhlen aufzusuchen, gingen wir doch lieber in die freien Felder. Wir fürchteten nichts, denn wir hatten nicht genügend Erfahrung. Es ist ein großer Unterschied, ob man der Bombardierung einer Stadt aus sicherer Entfernung zusieht, oder ob man sich vor einer herniedersausenden Bombe schutzsuchend duckt. Wenn man diese Erfahrung einmal gemacht hat, ist der Glaube daran, daß eine Sache in der Regel gut ausgeht, für immer erschüttert, und man geht kein Risiko mehr ein. Aber damals waren wir noch unerfahren, und unsere Abneigung gegen Menschenansammlungen war größer als unser Wissen um die Gefahr. Wir schlenderten durch die Obstgärten und die Kassiahaine und pflückten Blumen. Wir hatten unsere Bücher mitgenommen. Während wir auf die Flugzeuge warteten, die nicht kamen, legten wir uns unter die Bäume und lasen »Die drei Königreiche« und die Reden des Pai Chung-hsi.

Danach hatten wir an jedem sonnigen Tag Fliegeralarm.

An einem der seltenen Vormittage, an denen der Himmel tief verhängt und so kein Fliegerbesuch zu erwarten war, verließen wir Kweilin. Die Berge am Horizont glichen einer phantastischen Bühnenkulisse. Sie hoben sich so plastisch aus dem grauen Dunst ab, als seien sie aus Pappe geschnitten. Heute, ohne die milde Wärme der Sonne wurde einem deutlich, daß der Winter gekommen war. Wir warteten fröstelnd auf den Bus. Es waren heute nicht so viele Menschen wie sonst, denn man hatte den Generalstab schon während der letzten zehn Tage in Gruppen abtransportiert. Es waren genügend Lastwagen und Autobusse zur Verfügung gestellt, um uns in Etappen nach Tschung-king zu bringen. Die ersten zwei Tage hatten wir gute Fahrer und gute Wagen. Aber später waren alle Wagen in auffallend schlechtem Zustand mit defekten Scheinwerfern, eingedrückten rostigen Motorhauben und durchlässigen Kühlern. Die Motoren keuchten und blubberten, weil man schlechtes Benzin verwendete. Einige fuhren mit Holzgas und hatten große, vier Fuß hohe Zylinder neben dem Führersitz aufmontiert, in denen das Gas erzeugt wurde. Diese waren besonders kurzatmig und gaben vor jeder mäßigen Steigung seufzend und würgend jede Bemühung auf. Die Männer, die es unternahmen, diese rollenden Schrotthaufen zu steuern, hatten nur oberflächliche Kenntnisse vom Motor. Nachdem wir die Grenze zwischen Kwangsi und Kweitschou passiert hatten, vertrauten wir unser Leben sehr zweifelhaften Fahrern an.

Aber verglichen mit unserer Reise nach Kweilin war dies eine Vergnügungsfahrt. An den Haltestellen war für eine heiße Mahlzeit und an den Abenden für eine Schlafgelegenheit gesorgt. Wir freuten uns an der schönen Landschaft, in die wir schauten, nur nicht, wenn die Straße in Schleifen und Zickzacklinien und kühnen Sprüngen über Felsklippen und Abgründe führte und wir auf Gnade und Ungnade einem Wahnsinnigen ausgeliefert waren, der vom Gebrauch der Bremsen nichts zu wissen schien. Am Weihnachtsabend übernachteten wir in der großen Halle eines Hotels in Yischan und schliefen auf dem Boden einer Estrade, die Theaterzwecken diente. Am folgenden Tag erreichten wir Kweitschou, eine wilde bergige Provinz, bis vor kurzem von der Welt abgeschnitten und beinahe unzugänglich. In den Schluchten und abgelegenen Bergtälern leben heute noch viele Stämme der Ureinwohner. Die Männer, groß und kräftig, tragen weite kurze, pelzgefütterte Röcke von roter, gelber oder violetter Farbe, und die Frauen schwere Armbänder, Ohrgehänge und lange, mit Türkisen und Korallen eingelegte Silberketten. Wir sahen sie in den Marktflecken, wo sie Körbe, rohe Töpferwaren und Tierfelle gegen Lebensmittel eintauschten. Man erkannte sie an ihrem freien, ausschreitenden Gang, ihre schrägstehenden Augen hatten das wachsam Spähende von Leopardenlichtern.

Es gibt wenig große Städte in Kweitschou; aber überall hörten wir vertraute Dialekte – »Die kommen von Hopei! Die von Nanking, Ningpo, Hankau.« Hier im freien China haben sich Millionen Menschen zusammengefunden, die nicht gewillt sind, das geistige und körperliche Joch der japanischen Herrschaft zu tragen.

Als sich die Straße in weiten Schleifen und Kurven zu den hohen Bergpässen hinaufwand, kamen wir in den Winter;

Rauhreif versilberte die schmalen jungen Weizenschößlinge auf den kleinen Bergäckern. Der Wind trieb uns Schnee und Hagelkörner ins Gesicht. In schwindelnden Kehren kletterte der Wagen höher und höher, er schwankte und taumelte, bis es uns schien, als ob sich die Berge um uns drehten und wir zitternd in der Mitte des Wirbels stünden.

Wir hatten Fahrer aller Arten, waghalsige Männer, die sich weder um ihr noch um unser Leben zu kümmern schienen. Einer fuhr unbesonnen, wie man es nur auf geraden gepflasterten Straßen hätte wagen dürfen. Hoch über dem Abgrund raste er um die Kurve und entging einem Zusammenstoß mit entgegenkommenden Wagen nur durch scharfes Herumreißen des Steuerrades, wodurch wir dann die steilen Straßenböschungen hinaufgeschleudert wurden. Ein anderer war infolge einer Augenentzündung halb erblindet. Zwei sogenannte Mechaniker begleiteten ihn. Diese verstanden aber vom Wagen genauso wenig wie er. Wenn der Motor aussetzte, was sehr häufig vorkam, hielten sie eine feierliche Beratung unter der Motorhaube ab, brachten ihn aber ohne die Hilfe von Reisenden, die etwas von der Technik verstanden, nie wieder in Gang. Der Wagen war ein Wrack auf Rädern, ohne Hupe und ohne Scheinwerfer. Ein dritter Fahrer war ein Spieler. Er hatte die halbe Nacht hindurch Mah-jong gespielt, mit dem Erfolg, daß wir unser Ziel an dem Tag nicht erreichten und die Nacht in einer Opiumhöhle verbringen mußten.

Es gibt in einigen Teilen von Kweitschou, Yuannan und Sze-tschwan immer noch Opiumhöhlen, die allgemein bekannt, wenn auch verboten sind, ähnlich den Flüsterkneipen in den Vereinigten Staaten zur Zeit des Alkoholverbotes. Man darf nicht vergessen, daß noch vor wenigen Jahren die Kriegsherren in diesen Gegenden ihre größten Einkünfte aus dem Opiumverbrauch zogen. Im März und April stehen die Mohnfelder in Blüte und gleichen dann einem riesigen bestickten Gewand, das, rosa, weiß und lila, in Falten über die Hügel gebreitet ist. Das Opiumrauchen ist wohl vermindert, aber nicht verschwunden.

Wir waren nun schon lange ohne Licht in der Dunkelheit

unterwegs. Ein dünner, kalter Regen rieselte hernieder. Die Straße, die man bis jetzt noch als undeutlichen blassen Streifen erkennen konnte, verschwand nun gänzlich in der Finsternis. Es war klar, daß wir die Stadt, die wir uns als Ziel für heute gedacht hatten, nicht mehr erreichen konnten. So hielten wir gegen neun Uhr abends bei der ersten Häusergruppe, auf die wir stießen, an. Es war ein seltsam verfallenes Dorf von zehn bis zwanzig Lehmhütten, die sich im Dunkel an den kahlen Berghang duckten.

Wir drängten uns in das einzige Wirtshaus des Dorfes und baten um ein Nachtquartier. Ein warmer süßlicher Geruch, beißend wie der Rauch brennender Orangenschalen, hing schwer in der Luft, unvergeßlich, wenn man ihn einmal eingeatmet hat. Ich kannte ihn damals noch nicht, aber als ich mich in dem Raum umsah, erriet ich, was es war — Opiumdünste. Die Wände entlang standen mit Strohmatten bedeckte Bänke, und über jeder Bank war eine niedrig brennende, sonderbar eckige Lampe angebracht. Überall lagen Männer, nicht wachend und nicht schlafend, versunken wie in einen geheimnisvollen Ritus. Hände bewegten sich vor den kleinen Flammen und warfen groteske Schatten. Die über die Lampen gebeugten Gesichter sahen aus wie vergilbtes Elfenbein, wie geschnitzte Elfenbeinschädel, die Haut straff über die Knochen gespannt. Die Lippen waren blaß und trocken, und über den Augen lag ein gelblicher Schleier. Sie nahmen keinerlei Notiz von uns, als wir eintraten, so apathisch und teilnahmslos waren sie in ihrem Rausch. Die Wirtin ging von Bank zu Bank und stellte winzige Schalen mit rohem Opium hin. Sie sah schlampig aus, mit ungekämmtem Haar und einem verschlagenen Lächeln in ihrem runden wachsgelben Gesicht. Die Raucher nahmen das schwarze, dickliche, sirupähnliche Opium auf ein kleines, stricknadelähnliches Stäbchen, drehten es über der Flamme hin und her, bis sich Bläschen bildeten, und verfolgten mit jenem verhüllten gespannten Blick, wie sich ein klebriges Kügelchen auf der kleinen polierten Steinfläche formte. Dann brachten sie es in die enge Öffnung des zinnernen Pfeifenkopfes, sanken auf ihr Lager zurück und zogen den Rauch in tiefen Zügen ein. Es waren nicht mehr als zwölf Männer in dem Raum, aber es schienen ihrer viele mehr, durch die Schatten, die gigantisch gegen Decke und Wände geworfen wurden. Alle anderen Passagiere stiegen die schmale Treppe zu dem Speicher hinauf, während Pao und ich uns das Zimmer neben der Wirtsstube geben ließen. Zwei viereckige Tische, die wir zusammenstellten und auf denen wir unsere Decken ausbreiteten, dienten als Bett. Auf einen Schemel setzten wir die chin-yu*-Lampe, die mit ihrer ruhigen Flamme ein weichgoldenes Strahlenzentrum schuf.

Der Opiumdunst war hier ebenso stark wie im Nebenzimmer. Er stieg uns ein wenig zu Kopfe und warf mit seinen scharlachroten Flügeln Schatten über uns. Wir zogen uns bald zurück. Ich rieb mein Gesicht nur mit einem feuchten Tuch ab, zog mein Kleid aus und legte mich nieder. Pao saß auf der Tischkante, frisch und golden in seinem dunkelroten Pullover. Das sanfte Licht der chin-yu-Lampe betonte den lebhaften Kontrast seines schwarzen Haares zu seinen tiefliegenden Augen, die dunkel und leuchtend waren in dem goldgetönten Elfenbein seines Gesichts mit den vollen roten Lippen. Er beugte sich zu mir herab, und ich streckte meine Hände nach ihm aus ...

Die Tür knarrte in ihren hölzernen Angeln, und das heisere schrille Lachen einer Frau brach herein in die zärtliche Stille. Pao sprang vom Tisch herunter und riß die Tür auf. Mit unverschämter Miene trat die Frau des Wirtes über die Schwelle. Im Schein der Lampe schielte sie nach uns, sagte etwas Gemeines und lachte und erwartete, daß wir mitlachten. Ich hatte den Sinn ihrer Bemerkung nicht verstanden, aber Pao packte sie bei den Schultern und stieß sie zur Tür hinaus. Er schloß die Tür und schob einen Stuhl davor. Er war empört, sein Gesicht brannte dunkelrot. Er blies die Lampe aus, sprang ins Bett und drehte mir, gequält durch die Demütigung und den Ärger, den Rücken zu.

Am nächsten Morgen kam der Motor nicht in Gang, und wir mußten ein bis zwei Stunden warten, bis der Fahrer ihn

* chin-yu: Kampfer- oder Teeöl.

in Ordnung gebracht hatte. Nach langem Feilschen um den Preis des Frühstücks brachte man uns Reis, Salzgurken und Paprika und eine dünne fade Suppe. Die ersten Raucher erschienen, hagere ausgemergelte Kreaturen, in Lumpen gekleidet und mit einem schmutzigen weißen Turban um den Kopf. Einige unserer Mitreisenden begannen, sie zu ermahnen und ihnen die furchtbare Wirkung des Opiums klarzumachen. Sie starrten uns aus schwarzen, erloschenen Augen an, und ihr Schweigen schien wie eine unheimliche Drohung. Sie machten nicht mehr den Eindruck von normalen Menschen. Es war auch keine Angst, die sie uns einflößten, denn es waren harmlose menschliche Wracks, aber ein instinktiver Schauder ergriff uns in ihrer düsteren Gegenwart. Die Opiumraucher ließen sich auf ihre Matte fallen, und die schlampige Wirtin entzündete die Lampen und brachte ihnen die kleinen Opiumschälchen. Man konnte sie aus ihrer Versunkenheit nicht aufrütteln, und sie waren taub gegen alles, was wir sagten. Mir kam ein geschichtliches Datum in den Sinn: 1839 – der erste Opiumkrieg, als Großbritannien China ein Abkommen aufzwang, das die Einfuhr von Opium aus Indien gestattete.

Als wir uns am Ende unserer Reise Sze-tschwan näherten, kamen wir in eine grüne fruchtbare Gegend, die reich bebaut, gut kultiviert und dicht bevölkert war. Von einer hohen Paßstraße aus schauten wir auf die niedrigen Hügel und weiten Täler hinunter, wo schwarz-grüne Zypressen, das weitausladende dunkle Laubwerk indischer Feigenbäume und blaßgrüne Bambussträucher wie Farnwedel die ummauerten Gehöfte umdrängten. Die Terrassen der Hänge waren für die Winterernte bestellt, leuchtende smaragdgrüne Weizen- und blaugrüne Bohnenfelder; selbst die Deiche und Dämme waren bepflanzt. Nach der Neigung des Tales sich krümmend, spiegelten die brachen, von Wasser überfluteten Reisfelder den Himmel wider wie die Stücke eines zerbrochenen Spiegels. Wir näherten uns dem reichen Hinterland von Sze-tschwan.

Unser heutiges Transportmittel war ein aus Holz und Benzinkanistern zusammengebauter alter Omnibus. Der automatische Anlasser produzierte nur ein vages internes Gerumpel, ohne zu zünden. Zwanzig Kulis mußten den Wagen mit vereinten Kräften einige Meter weit schieben, bis der Motor seine Aufgabe begriff und zu funktionieren begann. Wenn er einmal auf Touren gebracht war, lief er ganz ordentlich, aber diese anfängliche Zaghaftigkeit hielt uns jedesmal lange auf. Wir waren nach einem halbstündigen Aufenthalt gerade wieder in Fahrt gekommen, als wir auf der Straße einen Mann mit einem prächtigen lebenden Fasanen erblickten. Die ellenlangen Schwanzfedern des Vogels hingen über den Korb herunter und schleiften im Straßenstaub. Im Näherkommen verlangsamte der Fahrer das Tempo und schrie dem Mann zu: »Verkaufe mir deinen Fasan.« — »Fünf Dollar«, gab der Mann über die Schulter weg zurück. Der Motor gab unheilverkündende Geräusche von sich; der Fahrer schaltete gerade noch rechtzeitig den niedrigeren Gang ein, dann schrie er wieder:

»Zuviel, ich gebe dir zwei Dollar.«

»Nichts zu machen«, der Mann stapfte weiter.

Wir alle baten den Fahrer, doch schneller zu fahren, bevor der Motor aussetzte. Er beachtete es gar nicht.

»Zwei fünfzig?«

»Zwei Dollar und fünfundsiebzig.«

Wir stöhnten, als der Motor endgültig erstickte und der Wagen in seinen Spuren einsank. Gänzlich ungerührt sprang der Fahrer vom Wagen herunter und ging auf den Mann zu, um sich den Vogel, der sein Gefallen erregt hatte, näher anzusehen. Nach zehn Minuten lebhaftesten Feilschens kehrte er lachend und triumphierend zurück und hielt den Fasan an den Flügeln fest. Er war so beglückt von seinem Kauf, daß wir nur lachen konnten. Es dauerte eine Viertelstunde, den Motor wieder in Gang zu bringen, und alle Männer mußten absteigen und schieben. Einige Male setzte er ohne Erfolg an, aber schließlich sprang er doch unerwartet an, fort waren wir, und die Männer mußten ihm nachjagen und in voller Fahrt aufspringen.

Am Abend traf der Fahrer in dem Gasthaus, wo wir übernachteten, mit Freunden zusammen, und sie tranken Wein bis in die Nacht. Am nächsten Morgen mußte er geweckt und immer wieder zur Eile angetrieben werden, denn es war der letzte Reisetag, und wir hatten bis Tschung-king noch eine große Strecke zurückzulegen. Noch etwas benebelt, fuhr er aus der Stadt, und erst nach mehreren Meilen Fahrt fiel ihm der Fasan wieder ein. Er hatte den Vogel zur Sicherheit an den Füßen gefesselt und in sein Waschbecken gestellt. Durch den eiligen Aufbruch und da er beschwipst war, hatte er seine Morgenwaschung vernachlässigt, und so waren der Vogel und das Waschbecken zurückgeblieben. Er fluchte und wäre am liebsten umgekehrt, wagte es aber angesichts unseres gemeinsamen entrüsteten Protestes doch nicht.

Im Dunst eines trüben Winternachmittags, als schon die Dämmerung einbrach, gelangten wir an den Jangtse, zu dem stolzen »Sohn des Ozeans«, den wir zuletzt in Hankau gesehen hatten. Hier in Tschung-king, fünfzehnhundert Meilen von der Küste entfernt, ist er immer noch ein König unter den Flüssen, ein mächtiger Strom, der seine trüben roten Fluten schnell und kraftvoll dahinträgt. Das südliche Ufer entlang stehen hohe tannendunkle Bergketten. Parallel zum Ufer läuft ein nacktes Felsenriff, an dem sich der Strom in schäumenden Wogen bricht. Wir standen am Ufer und schauten über die breite, weite, gefahrvolle Wasserfläche hinüber zu dem Felsen, der Tschung-king heißt.

Im grauen Abendnebel gleicht Tschung-king dem spitzen Bug eines Schiffes, das sich zwischen den Kialing- und Jangtsefluß hineingedrängt hat. Reihe um Reihe ragen hohe Gebäude über den Klippen auf. Rauch hängt über der Stadt und verwischt alle Einzelheiten, aber die Umrisse zeichnen sich in feiner Präzision grau gegen den grauen Himmel ab. So über das Wasser gesehen, erscheint die Stadt unwirklich, im Nebel schwimmend, eine Luftspiegelung. Die Entfernung verleiht die Illusion der Stille. Es ist unmöglich sich vorzustellen, daß das Getöse dichter Menschenmassen über diese blassen grauen Türme aufsteigen könnte. Es ist eine Stadt unserer eigenen Phantasie, schweigend über der grauen Wüste aus Wasser und Nebel.

Zehntes Kapitel

DIE GROSSE FAMILIE

Von unserem Sampan starrten wir zu den Klippen von Tschung-king hinauf, die sich groß und massiv vor dem trüben Himmel auftürmten. Die Landschaft schien sich gleich einem Fächer zu öffnen und zu schließen, da uns der Fluß rasch vorübertrug. Verräterische Unterströmungen stießen siedend zur Oberfläche des braunen Wassers und bildeten riesige Wirbel, und unsere Ruderer, die nach vorn spähend an ihren Rudern standen, verdoppelten ihre Schläge, stampften auf den Planken und schrien: »Hai – Hai.« Wir bekamen eine günstige Querströmung und trieben diagonal dahin. Die Bootsleute konnten sich ausruhen, aber der Steuermann warf sich mit seinem ganzen Gewicht gegen das Heckruder und drehte den stumpfen Bug dem Ufer zu. Nach dem Kampf mit der Strömung wurde es plötzlich still, und übers Wasser konnten wir schon die Stadt hören. Eine große brausende Stimme drang gleichmäßig und unaufhörlich aus diesem menschlichen Bienenkorb. Tausende und aber Tausende Stimmen vereinigt zu einem ungeheuren Rauschen. Wir waren nahe genug, um das ameisengleiche Gewimmel auf der »Lung Men Ma-to«, dem Drachentor-Anlegeplatz, und auf den vielen Treppen darüber zu sehen. Jenseits der schmalen Sandbank, die bei Hochwasser überschwemmt wird, formen die Klippen eine Palisade aus den Fluten. Hier, mit Pflöcken gegen die Felsen gestützt, klebten die Wohnungen der Armen wie Schwalbennester daran. Dunkle, enge, treppenähnliche Gäßchen führten durch diese Ansiedlung elender Hütten in den Felsspalten empor. Seitliche Durchgänge bilden, auf den Felssimsen entlanglaufend, eine Verbindung zwischen den Häusern. An manchen Stellen sind diese senkrecht aufsteigenden Armenviertel verschwunden, indem sie einer großen Feuersbrunst, die an den Klippen emporloderte, zum Opfer fielen, aber die meisten haben die Bombenangriffe überstanden. Heute, drei Jahre später, säumen immer noch dieselben alten Häuser die Treppen nach dem Drachentor, obwohl diese Treppen höher hinauf zu einer von Bomben zerstörten und vom Feuer verwüsteten Wildnis führen.

Unsere Bootsleute zogen die Ruder ein und steuerten unseren Sampan zwischen den Flußbooten hindurch, die eng aneinandergedrängt in mehreren Reihen am Landungsplatz lagen. Langsam arbeiteten sie sich mit Hilfe von langen Bambusstangen, die an beiden Enden mit Haken und Spitzen versehen waren, hindurch. Alle Boote waren durch die Stöße der Enterhaken zerschrammt und zerkratzt, aber niemand regte sich darüber auf, denn es war gang und gäbe und galt als Regel. Eine Planke führte ans Ufer. Wir wurden augenblicklich von Kulis überrannt. Sie sahen aus wie Räuber in ihren Turbanen. Sie balgten sich um unser Gepäck und schrien sich in ihrer sze-tschwanschen Mundart, die nichts mit der weichen melodischen Zunge von Peking gemein hat, aufgeregt zu.

Die einzige Transportmöglichkeit zur Stadt waren die Schultern der Kulis. Wir nahmen daher eine hua-kan und ließen uns die siebenhundertachtzig Stufen durch die Felsen hinauftragen. Nur dieses eine Mal! Seitdem steige ich zu Fuß hinauf! Es ging durch einen schmalen Engpaß in der Schlucht, zwischen dichtgedrängten Hütten den Berg hinauf. Aus offenen Gräben sickerte zu beiden Seiten des Gäßchens schwarzer, klebriger Schmutz herunter. Über die Klippen breiteten sich riesige Müllhaufen aus, in denen die Bettelkinder und Hunde herumwühlten. Die Leute, die uns begegneten, schauten sich nach uns um und murmelten in ihrem Sze-tschwansch: »Fremde Leute vom Fluß unten.« In der Dämmerung sahen sie feindselig aus. Aber jetzt weiß ich, daß es nur ihre dumme Neugier war und unser Gefühl des Fremdseins.

Wenige Minuten später setzten uns die Träger am Ende einer breiten, gepflasterten Straße ab, in der sich hellerleuchtete Läden mit kostbaren Auslagen dicht aneinanderreihten. Überall das blendende elektrische Licht. Unsere Augen, an den schwachen Schimmer der chin-yu-Lampen gewöhnt, blendete der Glanz. Gut angezogene Leute belebten die Straßen; Zeitungsjungen schrien ihre Blätter aus. Man sah Omnibusse, sauber und gut gepflegt und glänzend lackiert. Hübsche Privatrikschas mit polierten Schutzblechen sausten gongschlagend vorbei. Pao und ich sahen uns an, und unsere Augen glänzten vor Erregung. Endlich eine große Stadt! Wir konnten einkaufen. Wir konnten ins Theater oder ins Kino gehen. Für mich gab es noch etwas Packendes: ich war nach Hause gekommen! In dieser Stadt, in dieser Provinz, die ich nie gesehen hatte, war ich keine Fremde. Ich war zu meinen Angehörigen, zu der Familie meines Vaters zurückgekehrt.

Ich wollte in diesem Buch eigentlich nur erzählen, wie Pao und ich vom Tumult des Krieges in China erfaßt wurden. Das wäre dann die Geschichte zweier junger Chinesen geworden, typisch für viele Millionen; sicher, mit einem Leben und Erfahrungen, die in ihren Einzelheiten besonders und persönlich, in der großen Linie aber die Geschichte unseres Volkes wäre. Doch kann ich kein getreuliches Spiegelbild von China übermitteln, wenn ich nicht von der Großen Familie erzähle, die die Einheit im chinesischen Leben ist. Wenn ein Botaniker eine Pflanze beschreibt, begnügt er sich nicht, nur vom Stengel oder einem Blumenblatt zu sprechen. Er wird Samen, Wurzeln, Stengel, Blattwerk und Blüte genau untersuchen, da er die Pflanze als eine Ganzheit ansieht. So geht es mir mit dieser Geschichte. Wenn ich China wahrhaft und genau, nicht in Bruchstücken und irreführend, schildern will, muß ich von meiner Familie berichten und ihrer Lebensweise, ihrer Art zu denken, zu essen, sich zu freuen, ein Unglück zu ertragen — denn es sind die Dinge, die mustergültig sind für das Leben in meinem Lande. Ich hatte mich zu lange einfach treiben lassen und mir eingebildet, ein sich selbst genügendes Einzelwesen zu sein. Ich mußte nach Sze-tschwan kommen, um zu begreifen, daß ich »Ich selber« nur bin, weil ich ein Teil der »Großen Familie«.

»Aber natürlich kannst du sehr schön mit dem Pinsel schreiben«, sagen sie zu mir und sind nicht erstaunt über meine Fertigkeit. »Dein Erster Onkel war ein Gelehrter hohen Ranges, und dein direkter Großvater war ein berühmter Schriftkünstler.« Wenn ich mich vor dem Bild meiner Großmutter verbeuge, entdecke ich, daß ich die Form meiner Augenbrauen von ihr geerbt habe, und meine Art zu lächeln finde ich auf den Lippen eines kleinen Vetters wieder. Deshalb bin ich nicht mehr stolz auf meine Unabhängigkeit, denn ich weiß jetzt, daß mein Leben unvollständig wäre ohne die Wurzeln, aus denen es entsprungen ist.

Sogar die Namensgebung der Verwandtschaft läßt des Chinesen Sinn für die Solidarität der Familien erkennen. Die Kinder von Brüdern, Vettern also und Basen, werden als Brüder und Schwestern angesehen. Vom Erstgeborenen an werden sie der Reihe nach als Söhne und Töchter der Familie gezählt, unabhängig von ihrem Vater. So sind meine beiden Schwestern, die Töchter meines eigenen Vaters, meine Fünfte und Achte Schwester. Älteste Schwester ist die Tochter von Erstem Onkel, ich bin Dritte Schwester. Mein Vater hatte fünf Brüder, alle verheiratet und mit Nachkommenschaft. In meiner Generation leben vierzehn Söhne und sechzehn Töchter; beinahe ebenso viele sind gestorben (werden aber auch mitgezählt, wenn sie nicht im frühesten Kindesalter starben), so daß die Bezeichnung durch Nummern wohl tatsächlich die einzige Möglichkeit bietet, Irrtümer zu vermeiden.

Auch bei unseren Ahnen schließen wir nicht nur die direkte Linie ein. Mein direkter Großvater, der der Älteste seiner Generation war, vor vielen Jahren verstorben, wird Erster Großvater genannt. Seine Brüder werden nicht mit Großonkel, sondern mit Zweiter Großvater und Dritter Großvater, je nach ihrem Alter, bezeichnet. In der jetzigen Generation leben nur noch Dritter Großvater und Fünfte Großmutter. Und da sich Dritter Großvater dreimal verheiratet hat, gibt es viele direkte Nachkommen von ihm; ich nenne sie alle Onkel und Tante, obschon einige gleichen Alters mit mir oder jünger sind.

Außer den Ordnungszahlen deuten auch unsere Eigennamen auf eine bestimmte Verwandtschaft hin. Alle Namen der Kinder einer Generation enthalten eine der zwei allgemeinen Familieneigenschaften. In der Generation meines Vaters herrscht die Eigenschaft »Ta« – groß – vor; in meiner Generation die Eigenschaft »Kuang« – glänzend. Glänzende Weisheit,

Glänzende Perle, Glänzende Koralle sind die Namen der Mädchen. Man kann im Lauf des Lebens verschiedene Namen tragen – einen Babynamen, einen Schulnamen, einen offiziellen Namen, aber diesen Namen von einer Silbe, den alle Schwestern und Brüder gemeinsam tragen, behält man durch das ganze Leben. Diese Eigenschaft, Kennzeichen einer einzelnen Generation, ist weit vorausbestimmt und wurde auf Grund tiefgehender philosophischer Forschungen gewählt. In unserer Familie sind die Eigenschaften und somit die Namen für die Nachkommen der nächsten zwölf Generationen schon bestimmt und in das Familienbuch eingetragen. Alle diese Mitglieder der »Großen Familie« sind durch den einen Familiennamen, der sich in der männlichen Familie fortsetzt, miteinander verbunden. Die Mädchen heiraten in die Familien ihrer Ehemänner, bleiben aber doch die Töchter ihrer eigenen Familie. Aber die Verwandtschaft durch Heirat ist eine noch zartere Bindung als das Familienband. Meine Kinder werden die Vettern der Kinder meiner Brüder sein. Da sie aber verschiedene Familiennamen tragen, besteht kein Hindernis gegen eine Heirat untereinander. Unter den Kindern meiner Tanten ist eine solche Inzucht häufig vorgekommen. Bei uns hängt der Verwandtschaftssinn mehr vom Namen als von der Blutsverwandtschaft ab. Alle gleichen Geschlechtsnamen werden als Verwandte angesehen, und Heiraten zwischen solchen Familien werden nicht gern gesehen, auch wenn keine Blutsverwandtschaft nachgewiesen werden kann. Geschlechtsnamen sind in China viel seltener als in anderen Ländern. Es gibt eine Redensart von den »Hundert Namen«, damit meint man: das Volk. Tatsächlich gibt es zwei- bis dreihundert Namen, so haben mindestens die Hälfte der Einwohner Chinas den Namen Chen, Liu, Li, Chang, Wang, Yang oder Wu. Es sind die Meier und Müller in China, nur sind sie verhältnismäßig viel zahlreicher.

Wenn ich auch alle diese Tatsachen um die »Große Familie« kannte, ehe ich nach Sze-tschwan kam, hatte ich doch keinen richtigen Begriff ihrer Bedeutung für mich. Außer Drittem Onkel, der vor sieben Jahren nach Peking gekommen war, um die Angelegenheiten meines Vaters zu ordnen, kannte ich niemanden aus meiner Verwandtschaft. Die »Große Familie« in Sze-tschwan war mir nur ein vager Begriff. Ich gestehe, daß – als wir die Rikschas nahmen, um meines Onkels Haus zu erreichen – mein einziger Gedanke war: Hoffentlich ist Dritter Onkel in Tschung-king; ich bin so müde, nach meiner Unterkunft zu suchen!

Dritter Onkel ist Direktor einer Bank, mit Zweigniederlassungen in Tschung-king und Tschengtu. Er hatte in beiden Städten ein Haus, aber seine Familie lebte in Tschengtu. Wir hatten ihm von Kweilin geschrieben, daß wir nach Tschungking kämen, und er hatte uns ein Telegramm mit einer herzlichen Einladung geschickt. Aber es war natürlich nicht möglich gewesen, Tag und Stunde unserer Ankunft anzugeben. Er konnte sehr wohl abwesend und das Haus der Obhut der Dienerschaft überlassen sein. Dann würden die Tore geschlossen sein, da es schon Abend war, und wir würden auf die Suche nach einem Gasthaus gehen müssen ...

Unsere Rikscha-Männer keuchten eine Anhöhe hinauf und beugten sich dabei so weit vor, daß ihre Köpfe beinahe die Knie berührten. Dabei gerieten die Sitze in eine solch schräge Lage, daß wir mit vorgerecktem Hals auf der vordersten Sitzkante balancieren mußten, um das Gleichgewicht zu halten und einen Sturz zu vermeiden. Mit dem Ruf »Shao-lai« (zurückbleiben!) als Warnung für den Verkehr hinter ihnen, setzten uns die Männer mit einem Ruck vor einem großen, glänzendschwarzen Tor nieder und schleuderten uns heraus. Wir standen vor meines Onkels Haus. Das Tor war nicht geschlossen – Dritter Onkel war zu Hause!

Wir nannten dem Torhüter unsere Namen. Er führte uns durch drei Höfe zu dem keh-tang* und meldete mit lauter Stimme: »Dritte kleine Herrin ist nach Hause gekommen, und der Gatte von Dritter kleiner Herrin.« Mein Onkel kam mit strahlendem Gesicht auf uns zu und streckte uns beide Hände zur Begrüßung entgegen. Ich stellte ihm Pao vor, der ihm eine

* keh-tang: Gasthalle, Empfangsraum, befindet sich gegenüber dem Eingang, hinter dem Hausgarten.

korrekte, soldatische Verbeugung machte. Mein Onkel erwiderte die Verbeugung, und ich konnte den anerkennenden Ausdruck seiner Augen sehen, während er Pao musterte. Er schien großen Gefallen an Pao zu finden, denn er sagte später zu mir, daß ich einen guten Blick habe, womit er sagen wollte, daß ich gut gewählt hatte. »Ganz allein, ohne Rat und Erfahrung, hättest du Übles anrichten können«, meinte er. Nichtsdestoweniger bedauerte er, daß Pao kein Geschäftsmann war. Er hoffte, Pao würde nach ein paar Jahren den Soldatenberuf aufgeben und sich der Finanz zuwenden, da die militärische Laufbahn nicht genug Geld einbringe. Ich mußte ein Lächeln unterdrücken, denn Pao versteht nicht das mindeste von Geld. In unserer Ehe bin ich diejenige, die für Einnahmen und Ausgaben verantwortlich ist. Aber das konnte ich Drittem Onkel nicht erklären, denn er ist mit ganzer Seele Geschäftsmann und schätzt die praktischen Vorzüge.

Mein Onkel war in den sieben Jahren, die ich ihn nicht gesehen hatte, wenig gealtert. Er ist sehnig, von mittlerem Wuchs, mit scharfblickenden schwarzen Augen und lauter, fröhlicher Stimme; sein ganzes Wesen strömt Energie und gesunden Menschenverstand aus. Obwohl er weichgepolsterte ausländische Möbel den steifen, förmlichen Stühlen aus dem Nachlaß meines Urgroßvaters vorzieht, lehnt er doch die westliche Kleidermode ab und behauptet mit Recht, daß das chinesische Gewand im Winter wärmer und im Sommer kühler und das ganze Jahr über in jeder Beziehung bequemer sei. Modevorschriften lehnt er weder ab, noch akzeptiert er sie, sondern er trifft seine eigenen Entscheidungen, Geschmack und Wohlbehagen sind sein Prüfstein. Er vermeidet großen Aufwand. Wohl trug er eine Robe aus Atlas, mit Eichhörnchenpelz gefüttert, und Unterwäsche aus feiner Kiating-Seide, die man durch den Seitenschlitz seines äußeren Gewandes sehen konnte, aber dieses Gewand war aus gewöhnlichem, blauem Baumwollstoff.

Dritter Onkel nötigt uns mit vielen Verbeugungen in den keh-tang und läßt Tee bringen ...

Aber das kann nicht wahr sein! Es sind Träume und Erinnerungen aus einer Vergangenheit, die vorbei ist, mit all ihrer

Anmut und ihren Annehmlichkeiten. Die sauber gekehrten Höfe, der geräumige keh-tang mit dem sanft abgeschirmten Licht, die dicken Teppiche, die weichen Sessel und Sofas überdeckt mit Tigerfellen und goldenen Affenpelzen, der Schimmer von Lack und Vergoldung, die hohe blaue Vase mit den großen Zweigen der la-mei, durchscheinenden, goldenen Blumen mit dem Duft vom Frühling. All dieser Luxus und Komfort gehören zu einer anderen Welt. Noch im Reisestaub, lehnen wir uns in weiche Sessel und schlürfen Tee aus den feinen Kiukiang-Tassen. Keine Schiffe verkehren mehr auf dem Jangtse, die kostbare Ware aus Shanghai und den fernen Ländern und den Häfen am unteren Jangtse nach Tschung-king bringen. Kiukiang ist vor einem Jahr gefallen. Der Künstler, der mit zart zugespitztem Pinsel die schlanken Damen und die schwankenden Weiden auf diese Teetassen malte, ist tot oder er wandert als Flüchtling durch das Land, hungernd und ohne Möglichkeit, die Kunst seiner Hände auszuüben. Diese blaurosa Teppiche wurden in Tientsin im Norden gewebt. Die geschnitzten Lampenschirme kommen aus Peking, und auf die seidenen Tapeten sind seine Brücken und Kanäle und die Gärten des Sommerpalastes gemalt. Auch Peking gehört zu einem anderen Leben ...

Mein Onkel ruft: »Lao Li, Lao Tseng, Hong Sao, kommt herein. Kommt und begrüßt Dritte kleine Herrin und ihren Gatten.« Die Dienstboten knien nieder und machen einen Kotau*. Sie bringen große Kupferbecken mit dampfendem Wasser, wohlriechende Tücher und Elfenbeinseife, die ihr Gewicht in Silber wert ist, denn sie kommt aus Amerika. Sie heizen die großen Kessel für Badewasser und bereiten die Abendmahlzeit vor. Zweiter Bruder, der ein Sohn von Erstem Onkel ist, aber mit Drittem Onkel arbeitet und hier wohnt, kommt von der Bank heim und wird uns vorgestellt: »Dritte Tochter und der Gatte von Dritter Tochter.«

Zweiter Bruder verbeugt sich lächelnd: »Dritte Schwester und Gatte von Dritter Schwester, seid herzlich willkommen!«

* Kotau = tiefe, demütige Verneigung, auf den Knien ausgeführt, der Kopf berührt dabei den Fußboden.

Das Gespräch dreht sich hauptsächlich um unsere Reisen. Dritter Onkel schüttelt den Kopf und bekundet seinen Schrekken und sein Mitleid durch kleine glucksende Laute. Wenn wir die Züge und Omnibusse beschreiben, von dem abscheulichen Essen, dem Schmutz, dem Gedränge, den Flöhen, der Hitze, dem Durst, den Bomben und den Säuglingen erzählen, kommt es uns vor, als wiederholten wir eine Geschichte, die wir nur vom Hörensagen kennen. Zurückblickend nimmt sich alles sehr komisch aus und scheint ganz unwirklich. Wie wir hier in diesem schönen keh-tang sitzen und die Dienstboten sich eilen, uns jeden Wunsch zu erfüllen, so wie dieser ganze kostbare Raum, diese Sauberkeit, dieses »für sich sein können« uns gehört, ist es undenkbar, daß wir – die gleichen zwei Personen – in Santang Rüben für unsere Mahlzeit aushackten und in der Opiumhöhle von Kweitschou übernachteten. Es war am Vorabend des neuen Jahres. Diese Nacht schliefen wir in einem jadegrünen, erst frisch gestrichenen Zimmer, in einem großen, geschnitzten, schwarz-goldenen Bett hinter rosa Seidengardinen. Wir hatten weißseidene Betten und blaßgrüne, lavendel- und elfenbeinfarbene seidene Steppdecken, die mit Drachen, Chrysanthemen, Pflaumenblüten und Goldfischen reich bestickt und unbegreiflich leicht waren, denn statt mit Baumwolle waren sie mit Seidenwatte gefüllt. Die samtenen Vorhänge vor den Fenstern waren gegen die winterliche Kälte zugezogen, und in einem glänzenden Messingbecken, das auf einem geschnitzten Schemel stand, glühte ein Holzfeuer. Für etwaige Wünsche hielt sich ein junges Dienstmädchen in Rufweite auf. Nach einem heißen Bad in einer tiefen Sochow-Badewanne empfanden wir herrlich prickelndes Wohlbefinden. Diese Sochow-Badewannen sind riesige grünglasierte Steingutbecken von drei bis vier Fuß Durchmesser, die man ursprünglich als Fischbassins verwendet hatte. Zwei solcher Becken standen mit Goldfischen im Hof, und die anderen beiden hatte Dritter Onkel ins Bad bringen lassen. Sie sind so tief, daß das Wasser, wenn man mit gekreuzten Beinen darin sitzt, bis zum Hals herauf reicht. Es war das erste richtige Bad, das Pao und ich seit Hankau nehmen konnten. Alles war wundervoll! Wir streckten uns in den vorgewärmten Betten aus, wir seufzten vor Behagen und inniger Zufriedenheit und schliefen ohne Unterbrechung bis tief in den Nachmittag des Neujahrstages hinein.

Als wir uns beim Erwachen an die Bedeutung des Tages erinnerten, küßten wir uns und wünschten uns ein glückliches neues Jahr, das erste, das wir zusammen verlebten. Wir fühlten uns so sauber und ausgeruht, so glücklich, hier zu sein, wo der Krieg noch nicht eingedrungen war, um alles zu zerstören. Dieser Tag, als Beginn eines neuen Abschnittes, erschien uns als ein gutes Omen. Die Dienerin brachte uns Tee; sie brachte auch Narzissen und la-mai mit den Neujahrswünschen von Drittem Onkel. Eigentlich hätten wir ganz früh aufstehen und ihm für seine Gastfreundschaft danken müssen; aber als wir dann erst so spät erschienen, hatte er volles Verständnis und wehrte unsere Entschuldigung ab.

Die nächsten Tage ruhten wir uns aus und vergnügten uns untereinander. Es waren Feiertage, nach dem westlichen Kalender war es Neujahr. Die Regierung strebt an, das alte chinesische Neujahrsfest durch den westlichen Neujahrstag zu ersetzen. Aber die Bevölkerung sträubt sich, ein Fest von so alter Bedeutung aufzugeben. Der neue Kalender mochte für Geschäftszwecke gut sein, aber der erste Monat des alten Mondkalenders bleibt doch der wahre Jahreswechsel und die Zeit der größten Festlichkeiten.

Wir schlenderten durch die Straßen und bewunderten die schönen Läden. Wir gingen ins Kino, wir gingen ins Theater; wir gingen zu Kuan Sun Yuan und nahmen ein köstliches Kantoneser Frühstück ein, eine Pastete mit einer vielfältigen Auswahl pikanter Mischungen, süß, salzig oder sauer, wurde uns mit parfümiertem grünem Tee serviert. Es war dasselbe Restaurant, in dem wir unser Hochzeitsmahl gehalten hatten und das jetzt von Hankau nach Tschung-king übergesiedelt war. Sein Aushängeschild war wie das Gesicht eines alten Freundes. Wir hörten zu, wie ein altmodischer Phonograph mit Schalltrichter alte verkratzte Platten spielte; wir hörten durch das Radio die große Oper von Berlin und die monotone und lärmende Swingmusik aus San Franzisco oder die neuesten populären chinesischen Lieder aus Shanghai. Nie hatten uns diese leichteren Gaben der Zivilisation mehr angesprochen. Im Frühling, nach der Bombardierung von Tschung-king, stürzte ich mich in diese Orgien billiger Vergnügungen. Ich vermute, es ist die instinktive Reaktion der überspannten Nerven, die in dieser Art von Vergnügungen einen zerstreuenden, heilenden Ausgleich finden.

Pao meldete seine Ankunft in Tschung-king, wurde aber nicht sogleich zum Dienst herangezogen. Es vergingen mehrere Tage, bis der bedeutsame Brief ankam. Der Briefumschlag war groß und eindrucksvoll und mit dienstlichen, roten Siegeln verschlossen. Darin steckte ein dünnes Blatt Papier mit zwei, drei Zeilen und einem anderen großen quadratischen Siegel. Pao überflog das Blatt und reichte es mir mit bebenden Händen. Der Brief enthielt die Aufforderung zu einer Unterredung mit dem Generalissimus.

Diese Unterredung ist eine Ehre, die jedem zum Offizier beförderten Kadetten der Zentralen Militär-Akademie gewährt wird. Tschiang Kai-schek ist ihr Lehrer; sie sind seine Schüler, seine Söhne, und es ist eine Beziehung, ein Bund fürs Leben. Mit klopfendem Herzen bereiteten wir uns für Paos Begegnung mit Chinas Führer vor. Ich reinigte und bügelte Paos Uniform und polierte den Ledergürtel und die Schuhe auf Hochglanz. Ich überredete ihn, zum Friseur zu gehen, aber beide waren wir dagegen, daß er sich den Kopf kahlscheren lasse.

Dieser Brauch, sich den Kopf kahlscheren zu lassen, ist unter Offizieren und Soldaten verbreitet und hat seine humoristische Seite. Ursprünglich diente er einfach dem hygienischen Zweck, die Läuse fernzuhalten. Mit der typischen Bescheidenheit ihrer Rasse haben sich auch kriegserfahrerene Offiziere von höchstem Rang dieser Maßnahme unterzogen. Selbst Pao Chung-hsi, Li Tschung-jen und sogar der Generalissimus machen darin keine Ausnahme. Daraus ist das kuriose Gerücht entstanden, daß ein eiglatter, kahlgeschorener Schädel erstes Erfordernis sei, um beim Generalissimus einen guten Eindruck zu machen. Ebenso wünschenswert sei es, daß man dunkel gebräunt sei, als käme man direkt von der Front. Auf der Rückreise von Europa waren auf unserem Schiff drei junge Offiziere, die aus Deutschland zurückkehrten. Sie ließen sich unterwegs tüchtig bräunen, und ihre erste Tat bei der Ankunft war ein Besuch beim Barbier, um sich den unschätzbaren Haarschnitt machen zu lassen. Als wir sie am selben Abend in der Hotelhalle wieder trafen, starrten wir ihre polierten, blassen, schwitzenden Schädel, die im Licht der elektrischen Lampen glänzten, mit offener Verwunderung an. Wir konnten uns nicht beherrschen und brachen in Lachen aus. Als wir den Herren einige Monate später in Tschung-king wieder begegneten, mußten wir erfahren, daß sie uns das nicht verziehen hatten.

Die ganze Geschichte ist natürlich ganz grundlos. Der Generalissimus ist in seinem Urteil nicht so oberflächlich, daß er sich durch eine so triviale Sache beeinflussen ließe. Pao hat sein dichtes welliges Haar behalten und hat sich auch nicht um eine besondere Bräunung bekümmert, und es hat seine Beförderungschancen nicht vermindert.

Während ich mich mit Putzen und Polieren um Paos äußere Erscheinung bemühte, waren seine Vorbereitungen vor allem auf innere Betrachtungen gerichtet. In diesen zwei Tagen konzentrierte er sein ganzes Denken auf die Lehren, die man ihm auf der Militär-Akademie eingeschärft hatte, und die ihm seither als Richtschnur dienten. »Tso-jen«, das heißt ein Mensch sein, mit der gleichen Würde und Aufrichtigkeit, wie Tschiang Kai-schek es ihnen vorlebte. Mit Ruhe und innerem Vertrauen ging er zum Generalissimus. Zwei Stunden später kam er zurück, blaß vor Erregung, mit zusammengepreßten Lippen und leuchtenden Augen. Mit leicht zitternder Stimme erzählte er mir, daß der Generalissimus ihn für einige Zeit zur Ausbildung seinem Privatstab zugeteilt habe; später würde er nach Nordwesten an die Front kommen.

»O Suyin«, sagte Pao, »er ist älter geworden. Er hat tiefe Linien um den Mund, aber seine Augen sind noch die gleichen.« Pao schilderte mir den einfachen kahlen Raum, den riesigen, mit Akten überladenen Schreibtisch, und an dem Schreibtisch sitzend den Mann, der die Last von Chinas Schicksal auf seinen Schultern trägt. Ein Mann ganz allein! Auf ihm lag die letzte Verantwortung! Im Vorraum warteten mehrere hohe Offiziere und ein ganzer Schwarm minder wichtiger Leute, die ihn sprechen wollten. Er gewährte jedem einige Minuten seiner Zeit und kam ohne Umschweife auf den Kern der Sache. Und alle, die sein Zimmer verließen, nahmen die Erinnerung an die tiefliegenden, braunen, fordernden Augen mit auf den Weg, die jeden mit brennendem Glauben erfüllten und von der Gerechtigkeit der guten Sache überzeugten. Wenn Pao auch schon seinem Führer Treue geschworen hatte, kehrte er nun vom Hauptquartier mit einer so tiefen Verehrung und Ergebenheit zurück, wie er sie seit dem Tode seines Vaters nie mehr für einen Menschen empfunden hatte.

Dritter Onkel flog nach Tschengtu, um dort das chinesische Neujahrsfest zu feiern, und ich sollte ihn begleiten, um die gesamte Große Familie kennenzulernen. Ich sollte auch das Grab meiner Großmutter besuchen. Da ich zur Zeit ihres Todes in England gewesen, war es nun meine Pflicht, an ihrem Grabe zu trauern und ihr ein Weihrauchopfer zu bringen. Das chinesische Neujahrsfest kam spät in diesem Jahr, denn das vergangene Jahr hatte dreizehn Monate gedauert. Um die Diskrepanz zwischen dem Sonnenjahr und dem Mondjahr auszugleichen, wird in den nötigen Abständen ein dreizehnter Monat eingeschoben. Die Zeremonien und Festlichkeiten dauerten volle fünfzehn Tage und begannen am 19. Februar. Es fiel mir schwer, jetzt wegzugehen, denn Pao mußte nach dem Norden abreisen, ehe die Neujahrs-Festzeit zu Ende war, und konnte uns daher nicht nach Tschengtu begleiten. Ich wäre noch eifriger auf diese wenigen letzten Tage bedacht gewesen, wenn ich gewußt hätte, wie lange die Trennung dauern sollte, oder wenn ich geahnt hätte, daß es beinahe eine Trennung für immer hätte werden können ...

Der Flugplatz von Tschung-king liegt auf einer flachen Sandbank einer Insel, nahe der Nordküste, die je nach dem Wasserstand ihre Größe verändert, aber immer die Form einer Muschel behält. Zweiter Bruder und Pao und einige Freunde begleiteten uns zum Flugplatz. Wir setzten in einem Sampan über. Pao und ich saßen für die kurze Zeit der Überfahrt eng nebeneinander auf einer Ruderbank, aber wir hatten uns nichts mehr zu sagen. Dichter Winternebel lag über dem Wasser und der Stadt. Wir waren allein in einem Nebelkreis. Das schlammige Wasser überspannte ein matter Lichtschimmer. Der Schiffer, der am anderen Ende des Sampans die Ruder führte, war wie ein graudunkles Gespenst. Die Stimmen klangen überraschend nahe, obwohl das Ufer, die Insel und alle anderen besetzten Boote unsichtbar blieben.

Es war sieben Uhr, als wir auf dem Flugplatz ankamen. Es wurde elf, bis wir abflogen. Erst wartete man darauf, daß der Nebel sich lichten sollte. Dann wurde am Flugzeug ein Schaden entdeckt, der repariert werden mußte, und das dauerte wieder zwei bis drei Stunden. In einer trostlosen Stimmung schlenderten wir auf der Insel umher. Ich hatte Sand in den Schuhen. Alles, was man sich zu sagen hatte, war gesagt. Endlich war das Flugzeug startbereit, und die Passagiere stiegen ein. Dritter Onkel machte mir ein Zeichen, und ich sagte: »Auf Wiedersehen, Pao«, und ging die Treppe hinauf. Pao blieb auf demselben Fleck stehen. Durch die Scheiben lächelte ich ihm zu, aber sein Gesicht war ganz verzogen, verzerrt. Das Flugzeug lief an; ich preßte mein Gesicht gegen die Scheiben und winkte, während wir über die Rollbahn glitten. Aber Pao hatte sich schon umgedreht, obschon er noch auf derselben Stelle stand, bewegungslos.

Wir stiegen langsam hoch. Tschung-king lag unter uns und sah aus wie ein Hundekopf mit der Schnauze am Zusammenfluß der beiden Ströme. Der klare blaugrüne Kialing ergoß sich in den trüben Jangtse. Man sah deutlich die Grenzlinie, wo die beiden Wasser zusammentrafen. In einem hellen Raum zwischen zwei grauen Wolkenbänken flogen wir gegen Tschengtu, und wir konnten weder die Erde noch den Himmel sehen. Die Luft war stark böig. Erstaunlicherweise, denn ich bin ein armer Seefahrer, machte es mir nichts aus. Auf der anderen Seite des Ganges saß eine Frau mit einem Säugling, der kaum einen Monat alt sein mochte. Plötzlich, als das Flugzeug etwas schwankte, drehte sie mir ihr qualvoll verzerrtes Gesicht zu, warf mir fast das Baby in den Schoß und übergab sich in den Behälter, der dafür vorgesehen war. Bis zum Schluß der Reise war sie ganz mit ihrer Übelkeit beschäftigt und überließ mir das Baby. Es schlief während des ganzen Fluges, und ich freute mich über das weiche Bündelchen in meinen Armen. Ich malte mir aus, daß das Flugzeug abstürzte und alle Passagiere umkämen, und keiner frage jemals nach dem Kind! So behielte ich es.

Der Flug von Tschung-king nach Tschengtu dauert eine Stunde. Wir glitten durch die graue Wolkenbank hinunter und flogen im Tiefflug über die Felder, bis die Radiotürme und die zahllosen grauen Dächer von Tschengtu in Sicht kamen und wir zur Landung auf dem nördlichen Flugfeld ansetzten. Ich gab das geliehene Baby seiner Mutter zurück, die sich sofort erholte, als sie wieder festen Boden unter den Füßen spürte. Der Omnibus der Fluggesellschaft fuhr uns in die Stadt und setzte uns vor dem Büro in der Hauptstraße ab. Wir nahmen eine Rikscha, die uns nach Hause brachte, dem Zuhause, das ch noch nie gesehen hatte, zu dem Haus der Großen Familie.

Die Rikschas bogen in eine ruhige Seitenstraße ein und hielten vor einem großen, überdachten Tor an. Die Torflügel standen zum feierlichen Empfang weit offen, und die Dienerschaft hatte sich zu beiden Seiten aufgestellt, denn wir wurden erwartet. Sie stürzten sich auf unser Gepäck und riefen: »Lao-yeh*, du bist nach Hause gekommen, Dritte kleine Herrin, du bist nach Hause gekommen.« Die frohen Rufe schallten laut durch das große Tor und erfüllten die kleine Straße mit fröhlichem Lärm. Wir überschritten die hohe Türschwelle und gingen durch die äußeren Höfe. Die mei-hua-Bäume** auf den Höfen standen in Blüte, und ihre dunklen, reich verzweigten Äste waren mit rosa Blüten, die kleinen gefüllten Rosen gleichen, dicht übersät. Die ganze Familie von Drittem Onkel und eine Menge Verwandter hatten sich versammelt und hatten sich auf der Terrasse vor der Ahnenhalle in Reihen aufgestellt, als ob sie fotografiert werden sollten. Dritte Tante trat vor, um uns zu begrüßen. Dritter Onkel verbeugte sich vor ihr und sie

* Lao-yeh: ehrfurchtsvolle Anrede, hier: ehrwürdige Herrin.
** mei-hua-Bäume: Pflaumenbäume, die nur blühen, ohne Früchte zu tragen.

sich vor ihm, beide sehr würdevoll. Dann wandte sie sich mir zu und strahlte über das ganze weiche, runde, schalkhaft lächelnde Gesicht: »Willkommen Dritte Tochter, du hast einen langen Weg zurückgelegt, wir sind sehr glücklich, daß du zu uns kommst.« Ich liebte sie auf den ersten Blick. Sie war eine rundliche kleine Person, viel kleiner als ich. Ihr Haar war tiefschwarz, es glänzte wie polierter Lack und war am Hinterkopf zu einem weichen Knoten geschlungen. Ihre Hände waren wie die eines Kindes, klein und weiß. Ihre gebundenen Füße steckten in winzigen, spitzen Schuhen. Sie nahm mich bei der Hand und nannte mir der Reihe nach alle Namen der anwesenden Verwandten, und wir verbeugten uns viele Male voreinander. Als Fremde und jünger als viele der Verwandten hätte ich ihnen zuerst meine Aufwartung machen und meine Ehrerbietung ausdrücken müssen. Aber als Dritter Onkel ihnen telegrafiert hatte, daß ich mit ihm käme, hatte Dritte Tante schnellfüßige Boten zu allen Haushaltungen der Familie gesandt und sie eingeladen. Ich glaube, mit meiner ausländischen Erziehung und meiner romantischen Heirat war ich in ihren Augen eine Art legendäre Erscheinung.

Ihre Begrüßung war so herzlich, daß ich mich wie eine Tochter des Hauses aufgenommen fühlte. Aber um völlig dem Hause anzugehören, mußte ich erst in aller Form den Ahnen vorgestellt werden. Ich zog mich zurück, um mich zu säubern und mein Reisekleid gegen einen dem Ereignis angemessenen »shan« aus schwerer dunkler Seide zu vertauschen. Dann nahmen mein Onkel und meine Tante mich in ihre Mitte und geleiteten mich zu der Ahnenhalle.

Im innersten Hof nimmt die Hohe Halle mit dem Saal für die Zeremonien den Ehrenplatz ein. Es ist stets ein hoher Raum, der bis zum Dachfirst reicht, denn es wäre ungehörig, wenn über dem Familienaltar Schritte hin und her gingen. Selbst in ärmlichen Häusern, die nur aus einem Zimmer und einem Dachboden bestehen, wird der Boden nicht durchlaufend, sondern über dem Heiligen Schrank unterbrochen sein, vor dem zu Ehren der Abgeschiedenen Kerzen und Weihrauch brennen. Im Hause der Großen Familie ist dieser Raum die Ahnenhalle.

Darin sind die Porträts und Ahnentafeln der Verstorbenen aufgehängt, und dort erweisen ihnen alle Nachkommen ihre Verehrung. Nach der Tradition hätten alle Familien aus fünf Generationen unter einem Dache wohnen müssen. Aber unsere Große Familie war so zahlreich geworden, daß dies nicht mehr möglich war. Erster Onkel hätte mit seiner Familie in den Höfen seiner Ahnen bleiben müssen, aber Großmutter, die Großvater überlebte und die Entscheidungen über diese Dinge traf, zog Dritte Tante ihren anderen Schwiegertöchtern vor und erwählte sie zur Herrin des Hauses. Auf diese Weise hatte Dritter Onkel das Haus mit der Ahnenhalle bekommen. Die anderen Söhne bezogen neue Häuser, und alle, bis auf meinen Vater, blieben in Tschengtu.

Wir betraten die Hohe Halle. Vergitterte Türen, die weit zurückgeschlagen werden können, lassen die ganze Breite des Raumes nach dem Hof zu offen. Der Raum hat keine Fenster. Die Wände sind mit dunklem Holz getäfelt. Das Licht goß sich in breitem Strom direkt und wirkungsvoll aus dem Hof herein und flutete über die Ahnenbilder an der gegenüberliegenden Wand und auf die Borde, auf denen die Seelentafeln mit den Namen der Toten stehen. Auch meines Vaters Tafel befindet sich unter ihnen. Auf einer großen Rosenholztafel der Tür gegenüber waren mit den sicheren, wunderbaren Pinselstrichen der berühmten kalligraphischen Handschrift meines Großvaters die Worte zu lesen: »Treue und kindliche Frömmigkeit bleiben in dieser Familie erhalten.« Davor steht der Altar, ein langer schmaler, mit einer Steinplatte bedeckter Tisch aus dunklem Holz, darunter die »Tafel der Erde«*, mit einem kupfernen Weihrauchbecken davor. Vom höchsten Dachbalken herab, über dem Altar, hängt die Lampe an einer Kette, die mitten in dem in Gold gemalten Schriftzeichen »Himmel« befestigt ist. Sie ist mit wohlriechendem Öl gefüllt und brennt Tag und Nacht. Auf dem Altar stehen Leuchter, Weihrauchschalen, Vasen mit mei-hua-Sträußen und eine Bronzeglocke

* »Tafel der Erde«: Holztafel, dem Erdgeist gewidmet, auf der der Name des Geistes, »Erdenfürst«, steht. Meist handelt es sich nicht um eine Tafel aus Holz, sondern um ein Stück rotes Papier.

ohne Schwengel, die durch sanftes Anschlagen einen leisen Ton aufklingen läßt. Auch die Tassen und Schüsseln, die die Opfergaben an Wein, Früchten und Körnern enthalten, werden hier an den Festtagen aufgestellt. Der Steinboden ist sauber gescheuert, und vor dem Altar liegen Kissen aus braunem Kokosbast, auf denen man niederkniet.

Dritte Tante weist mir den Platz an, wo ich knien soll; dann deutet sie auf ein vom Alter vergilbtes, entrolltes Bild, das am Ehrenplatz über dem mittleren Weihrauchbecken hängt, und sagt: »Dies ist dein Ur-Urgroßvater.« Es ist ein stattlicher alter Herr in pflaumenblauem, mit Grün und Gold verziertem Gewand, einem Mandarinhut mit Korallenknöpfen und Seidenschuhen mit dicken weißen Sohlen. Er sitzt auf einem hohen geschnitzten Stuhl, die Füße weit gespreizt und die Hände auf die Knie gestützt. Neben ihm seine Frau mit einem Kopfschmuck aus Perlgehängen und Silberfiligran und verziert mit einer schimmernden Eisvogelfeder. Sie trägt ein weites rotes, goldenbordürtes Gewand. Alle Farben sind nachgedunkelt, und die Gesichter ausdruckslose braune Ovale, aber die echte Vergoldung leuchtet prächtig in den alten Porträts. Ich beuge tief mein Haupt. Dann ruft Dritte Tante mit heller Stimme, als spräche sie zu jemandem, der sehr alt, sehr ehrwürdig und ein wenig taub ist: »Ur-Urgroßvater, dies ist Dritte Großtochter aus der fünften Generation.«

Nun wurde ich der Reihe nach jeder Generation meiner Vorfahren vorgestellt. Sie waren alle hier, Männer und Frauen, in klassischer Malerei, einfachen Zeichnungen oder – aus jüngerer Zeit – in vergrößerten kolorierten Fotografien. Ihre Namen sind hier auf den schwarzen Steintafeln eingraviert. Die Augen von Erster Großmutter – ihr Tod liegt noch kein Jahr zurück – schauen sinnend und ohne Lächeln aus dem Bild. Trotz ihrer eingesunkenen Schläfen, ihren tiefliegenden, von schweren Lidern verdeckten Augen und ihren welken Lippen spürt man die Lebendigkeit um sie und daß sie humorvoll und sehr schön war. Da man noch um sie trauert, sind die Blumen auf dem Altar und sonst im Haus alle von weißer Farbe. Im äußersten Hof breiten sich die Zweige der mei-hua-Bäume mit ihren verschwenderisch blühenden, süßduftenden rosa Blüten wie ein Baldachin aus. Hier wohnen die höhergestellten Dienstboten, der Schneider und die Konkubine des verstorbenen Stiefsohnes eines entfernten Vetters. Ihnen war es gestattet, sich der leuchtendroten Blüten zu freuen; wir durften es nicht tun, denn Rot ist die Farbe der Freude. Keiner im ganzen Hause durfte Rot tragen, sogar Wangenrot und Lippenstift waren verbannt. Gemälde, bunte Wandbehänge und alles Schmückende waren entfernt worden, und in der Hohen Halle und im kehtang hingen an den Wänden Schriftrollen in Weiß, Hellblau und Lichtgelb, den Farben der Trauer, und beschrieben mit Versen zur Verherrlichung von Erster Großmutter. Diese Rollen waren als Zeichen der Teilnahme zum Begräbnis von Freunden geschickt worden. In ihrem eigenen Zimmer stand das große reichgeschnitzte Bett immer aufgedeckt bereit. Die gestickten Decken und die feinen Moskitonetze wurden der Jahreszeit gemäß gewechselt, und die Wasserpfeife lag stets frisch gefüllt und vom Bett aus leicht zu greifen auf dem Tisch. Bei jeder Mahlzeit wurde der Ehrenplatz gegenüber der Tür für sie gedeckt. Ihre Reisschale wurde gefüllt, und Dritte Tante legte die besten Stücke der Fleisch- und Gemüsegerichte dazu und sagte: »Großmutter, ich bitte dich zu essen.«

Alle diese Obliegenheiten gehören zum Brauchtum der Trauer, aber sie werden ganz heiter und selbstverständlich erfüllt. Achtundzwanzig Monate lang werden die Zeremonien des Gedenkens in langsam abnehmendem Maße vollzogen. Es ist eine Zeit des Übergangs, während der, so stellt man sich vor, die Abgeschiedenen noch ein wenig verweilen, um sich an der Aufmerksamkeit der Kinder zu erfreuen. So langsam ziehen sich die Seelen von der vertrauten Umgebung zurück, so sanft lösen sie sich aus der irdischen in die geistige Welt.

Ich war in die Große Familie und in ihr tägliches Leben aufgenommen. Manchmal war mir zumute wie einem eigenbrötlerischen Regentropfen, wenn er, dem Meere einverleibt, die Rechte, ein kugelförmiges Einzelwesen zu sein, verliert und sich den Massengesetzen der Gezeiten unterordnen muß. Am Morgen wurde ich von den weichen Glockentönen aus der Ahnenhalle geweckt, wo Fünfter Bruder, der älteste Sohn des Hauses, dem Himmel, der Erde und den Ahnen seine Huldigungen in unser aller Namen darbrachte. Durch meine Fenster konnte ich im Hof die Zweige der Bäume sehen und die ersten grünen Blättchen des Frühlings. Fünfter Bruder kam mit brennenden Weihrauchstäbchen auf die Terrasse heraus und verbeugte sich dreimal in der Richtung der Tore. Der Tag hatte begonnen.

Ich lag im Bett und lauschte müßig den Geräuschen des erwachenden Hauses, dem rhythmischen Sausen der kehrenden Besen, wenn sie Terrasse und Höfe fegten, das weiche Puffen der Federwische, wenn sie Fenstergitter und Schnitzereien abstaubten, das Knirschen des Brunnenschwengels, das dumpfe Aufsetzen der Wasserkübel auf den Steinboden, das Rauschen des fließenden Wassers, die Stimmen der Dienstboten. Dann brachte eines der Mädchen in einem großen emaillierten Bekken heißes Wasser und kehrte nochmals zurück mit einer Kupferkanne voll glühender Holzkohlen. Ich stand auf und zog mich an. Nun erschien die Friseuse meiner Tante, eine magere kleine Witwe mit harten Augen, aber eine Künstlerin in ihrem Fach. Zuerst legte sie mit einer Gänsefeder eine Art Brillantine auf und bürstete und glättete mein Haar, bis es glänzte, dann machte sie, anstatt den für verheiratete Frauen üblichen tiefgeschlungenen Haarknoten, eine Frisur von sechs kleinen rosenknospenförmigen Knoten, die sie zu einer Halbkrone an meinem Hinterkopf aufsteckte. Daraufhin verbrachte ich zehn Minuten damit, Coldcreme auf mein Gesicht aufzulegen und wieder abzureiben, Tagescreme aufzutragen und einzumassieren, mit der Puderquaste leicht über die Haut zu fahren, die Augenbrauen mit duftendem Öl zu betupfen – ein Ritual, das mir seltsam vorkam nach all den Monaten, in denen ein Minimum anständiger Körperpflege meistens unmöglich gewesen war.

Jetzt trat Dritte Tante ein, lächelnd, duftend, gepudert und mit glänzendem, wundervoll frisiertem Haar. Wir begrüßten uns und gingen zum Frühstück hinüber. Alle Brüder und Schwestern saßen an einem großen runden Tisch mit polierter

Holzplatte, Dritter Onkel und Tante an den zweitbesten Plätzen und Großmutters Reisschale mit Eßstäbchen und dem leeren Stuhl am Ersten Ehrenplatz. Der große, hölzerne Dampftopf, dichtverschlossen, um den Reis heiß zu halten, stand auf einem Nebentisch, und eine Dienerin schöpfte den duftenden frischen Reis in die Schalen. Es war ein leichtes Mahl aus tou-fu und eingemachten weißen Rüben als Zuspeise; aber für mich wurde eine Extraschüssel mit Taubeneiersuppe gebracht, um mich zu kräftigen. Dritter Onkel neckte mich wegen meiner Schlankheit, und mit zärtlichen, anerkennenden Blicken auf seine Frau forderte er mich auf, ihrer Rundlichkeit nachzueifern.

Im ganzen Hause herrschte eine geschäftige Tätigkeit. Alles mußte frisch und tadellos sauber sein, poliert, gefegt und abgestaubt, damit wir das neue Jahr würdig begrüßen konnten. Die Anlage des Hauses entspricht dem unabänderlichen Muster der chinesischen Architektur und besteht aus einer Anzahl Höfe, deren jeder von Zimmern umgeben ist. Die Türen der Zimmer führen auf die Galerien und schmalen Terrassen, über die sich die weiten Dächer neigen. Nur in den Seitenhöfen bleibt manchmal etwas Spielraum für Änderungen. Die kleineren Höfe sind gepflastert und von runden, mit blühenden Topfpflanzen eingefaßten Baumgruppen bestanden. Die größeren Höfe sind Gärten mit Wegen, die von Iris und Orchideen umsäumt werden, mit Fischteichen und Miniaturbergen, mit Steinbänken und Bambusgebüschen wie grünsprühende Springbrunnen und mit blühenden Bäumen für jede Jahreszeit: Magnolia, Rotdorn, japanische kuei-hua, Quitten, Myrthen, Granatäpfelbäume, Glyzinien und über die Lauben sich windender wilder Wein.

Die Zimmer sind, dem wählerischen Geschmack meines Onkels entsprechend, mit alten und neuen Möbeln ausgestattet. In der Ahnenhalle stehen an beiden Wänden große geschnitzte Stühle im Stil der konfuzianischen Zeit, immer zwei und zwei zusammen mit einem kleinen Abstand zwischen jedem Paar. Wie viele Generationen chinesischer Frauen mußten sich mit den unbequemen steifen Stühlen abfinden, die so hoch sind, daß ihre kleinen Füße hilflos herunterbaumeln, ohne den Boden berühren zu können. Selbst den Männern ist es nicht möglich, sich auf diesen zeremoniellen Sitzen wohl zu fühlen. Sie müssen in ihren langen, in prächtigen Falten herabwallenden Gewändern, steif aufgerichtet, auf der vordersten Stuhlkante sitzen. Dritter Onkel, mit seiner Vorliebe für Behagen, hatte im ganzen Haus diese Stühle durch ausländische niedrige, gepolsterte Sofas und Lehnsessel ersetzt. Überall hatte er Neuerungen eingeführt. Es gab ein Badezimmer, jedoch keine Wasserleitung, denn unsere ganze Wasserversorgung bestand aus einem alten Ziehbrunnen, und die hölzernen Kübel wurden von den Dienstboten hereingeschleppt. Es gab auch ein Telefon, das Dritter Onkel zu seiner Bequemlichkeit einrichten ließ. Außer ihm benützte es kein Mensch. Großmutter konnte es nicht leiden, und Dritte Tante fürchtet es. Schon der Gedanke ängstigt sie, Nachrichten empfangen zu müssen, die aus dem Apparat in dünnen, unmenschlichen Stimmen herauskommen und die sie obendrein nicht einmal versteht. Einst in Kunming war Dritter Onkel, nach einem ausgezeichneten Essen mit vielen Trinksprüchen auf sein Glück und seine gesunde Familie, in so gehobener Stimmung, daß es ihn danach verlangte, mit seiner fernen geliebten Frau zu sprechen. Er meldete ein Ferngespräch nach Tschengtu an. Dritte Tante, die allein zu Hause war, wurde durch das anhaltende Geklingel gezwungen, das Gespräch abzunehmen. Aber über die Hunderte von Meilen lange Bergwüste hinweg erklang die Stimme von Drittem Onkel so schwach, so geisterhaft, daß die arme Tante für ihr Leben nicht verstehen konnte, wer zu ihr sprach, noch was man ihr mitteilte. Verzweifelt schrie sie in den Apparat: »Wei! Wei! La-ko?« (hallo, hallo, wer ist da?). Dies entmutigte Dritten Onkel für alle Zeiten, denn Ferngespräche sind teuer, und er versuchte nie wieder, sich mit ihr durch das Telefon zu unterhalten.

Wenn auch nicht mehr alle Glieder der Großen Familie unter einem Dach wohnen konnten, so blieben die vier Generationen von Urgroßvaters Nachkommen doch in engster Verbindung untereinander. Sie statteten sich ungezählte Höflichkeitsbesuche ab und versammelten sich im Hause von Drittem Onkel bei allen wichtigen Anlässen: wenn sich Geburts- und Sterbetage jährten – durchschnittlich acht im Monat –, zu der Ahnenverehrung und den gemeinsamen Festmählern. Ich begann nun meine Besuchsrunde, um all die zahlreichen Verwandten kennenzulernen. Begleitet von meinem Onkel und zwei Brüdern, ging ich zuerst in das Haus von Drittem Großvater. Er war das älteste noch lebende Mitglied der Familie; ihm hatte man besonderen Respekt entgegenzubringen. Inmitten großer, weitausgedehnter Höfe lebte Dritter Großvater mit seinen zwölf Söhnen — sechs davon verheiratet und mit Familie —, seinen sieben unverheirateten Töchtern, seiner Frau, seiner Konkubine und vielen anderen Verwandten. Wir brauchten volle fünf Minuten vom Eingangstor bis zu dem keh-tang, in dem Dritter Großvater uns empfing. Er war ein schmaler, vertrockneter alter Mann mit einem kleinen drahtigen Bärtchen, das ungefähr fünfzig Haare zählte. Da nur wenigen Chinesen vor dem vierzigsten Lebensjahr ein Bart wächst, ist dieser Schmuck eine hochgeschätzte Auszeichnung. Dritter Großvater erhob sich, um Dritten Onkel zu begrüßen. Ich wurde vorgestellt. Wir saßen auf hohen unbequemen Stühlen, und man brachte Tee in zugedeckten Tassen. Dritter Großvater rauchte eine Wasserpfeife. Das tat er nur gelegentlich. Mit einer kleinen Pinzette entnahm er einem Behälter feingeschnittenen Tabak und stopfte ihn in den Pfeifenkopf. Mit einem Fidibus aus gerolltem braunem Papier zündete er die Pfeife an, und nach drei Zügen war die Pfeife ausgeraucht. Der Tabakrest wurde herausgeblasen, die Pfeife neu gefüllt, der Fidibus wieder über der Flamme angeblasen, und er genoß drei weitere Züge des wassergekühlten Tabakrauches. Dieser Turnus nahm mehrere Minuten in Anspruch und wurde »ad infinitum« wiederholt.

Jetzt betrat Dritte Großmutter das Zimmer. Sie war noch ziemlich jung, denn Dritter Großvater war dreimal verheiratet. Sie hatte keine eigenen Kinder, deshalb trat eine Konkubine an ihre Stelle, ein Mädchen, das sie selbst ausgesucht und das mehrere Kinder geboren hatte. Augenblicklich war das ganze Zimmer voller Menschen: Vetter, Tanten und Onkel, Wickelkinder auf den Armen, kurzgeschorene Schuljungen, kleine Kinder mit lustig bestickten Mützchen und Höschen ohne Boden – so praktisch und wäschesparend! – alles lächelte, verbeugte sich und begrüßte mich mit meinem Namen. Nach den Begrüßungen und Verbeugungen setzten wir uns wieder, schlürften Tee und aßen Süßigkeiten. Dritter Großvater und Dritter Onkel unterhielten sich über das Wetter, die steigenden Preise der Gebrauchsartikel und die Gesundheit der beiden Haushaltungen. Das waren sichere Gesprächsthemen. Denn wenn in Europa eine Unterhaltung aus widersprechenden Meinungen besteht, so werden in China nur übereinstimmende Ansichten diskutiert, endlos wiederholt und in sorgsam ausgewählten, übertriebenen Phrasen ausgedrückt. Es wäre nicht höflich, dem Patriarchen der Familie zu widersprechen, deshalb müssen alle strittigen Punkte vermieden werden. Dritter Großvater war sehr konservativ und mißbilligte fast alles. Er saß da, rauchte seine Wasserpfeife, starrte in die Luft und verlieh seinen salbungsvollen Bemerkungen Nachdruck, indem er zielsicher in einen Messingnapf spuckte, der neben seinem Stuhl stand.

Dritter Onkel machte Anstalten aufzubrechen, aber der ganze Haushalt nötigte uns, noch ein wenig länger zu »shua«, zu verweilen. »Shua« ist eine sze-tschwanesische Eigenart. Im Park herumschlendern, durch die Straßen bummeln, in großen Gesellschaften die Tempelmärkte besuchen, ins Theater oder Kino gehen, in den Teestuben herumsitzen, Tabak rauchen, Opium rauchen – alles dies ist »shua«. Besuche machen ist »shua«. Wenn man einen halben Tag lang Tee geschlürft, Melonenkerne aufgeknackt und Süßigkeiten gegessen hat und alles, was man zu sagen weiß, wieder und immer wieder gesagt ist, wird man dringend gebeten, doch noch ein wenig länger zu »shua«. Wenn man drei Monate oder noch länger zu Besuch war und mit der ganzen Familie auf Kosten des Gastgebers gelebt hat, wird er ernstlich protestieren und behaupten, man sei nur ein paar Tage dagewesen, und bitten, doch noch etwas länger zu »shua«. »Shua« bedeutet: zu spielen, sich zu versäumen, zu faulenzen, seine Pflichten zu vernachlässigen, sich zu amüsieren. Es ist bezeichnend für die Muße in der chinesischen Lebensweise, die in Sze-tschwan schon in regelrechte Faulenzerei ausartet. Es ist eine geistige Einstellung aus den alten Tagen der Indolenz, als die Leute – ganz gleich ob sie viel Geld hatten oder ob es ihnen, wie Weisen und Dichtern, nichts bedeutete — tatsächlich nichts zu tun hatten, als von früh bis spät in die Bambussträucher zu schauen, die sich im Fluß spiegelten. Sie rauchten die Wasserpfeife, tranken aus schönen Tassen Tee und aus winzigen Schalen Wein, ruhten im kühlen Schatten und schwätzten oder verfaßten mit ihren Freunden gut abgestimmte Verse.

Trotz der allgemeinen Aufforderung, noch eine Weile zu »shua«, erhob sich Dritter Onkel, verbeugte sich und beteuerte lebhaft, daß wir heute noch eine Menge Besuche zu machen hätten. Dritter Großvater und Großmutter gaben uns das Geleit, und alle Kinder und Enkelkinder zogen hinterdrein. Beim zweiten Tor überredeten wir die älteren Leute, nicht weiter mit uns mitzukommen. Beim dritten Tor verabschiedeten wir uns unter Verbeugungen von den jüngeren erwachsenen Verwandten, während uns die Kinder und die Dienerschaft unter Lachen und Geplapper bis zum Straßentor brachten. An diesem Tag machten wir allen Onkel, Tanten, Brüdern, Schwestern und Vettern, die in direkter Linie von meinem Großvater abstammten, unsere Aufwartung; es war ein ausgefüllter Tag. An den beiden nächsten Tagen besuchten wir die weitere Verwandtschaft. Bei vielen ist mir der Verwandtschaftsgrad heute noch unklar. Manchmal dauert es zehn Minuten, ehe man, die einzelnen Zweige des Familien-Stammbaumes auf und ab verfolgend, den genauen Verwandtschaftsgrad bestimmen kann.

Im Hause von Vierter Yima – der ältesten Schwester von Dritter Tante – bereitete man die Trauer für die Konkubine ihres Onkels mütterlicherseits vor, die im Nebenzimmer auf dem Sterbebett lag. Kleider aus grobem ungebleichtem Stoff, mit ungesäumten, ausgefransten Kanten, lagen zwischen uns aufgehäuft auf dem Tisch, an dem Vierte Yima, Dritte Tante und ich Tee tranken und Süßigkeiten knabberten. Daneben lagen Stöße weißer Begräbniskerzen und »Geld« aus grobem, braunem Papier mit dem Stempel der alten, quadratisch gelochten Münzen, die am Grab als Opfergaben verbrannt werden sollten. Und im Hof unter dem breiten Dach stand der

Sarg aus schwarzlackiertem lan-mu*, das den Körper vor Verwesung schützt. Alles war vorbereitet für den Fall, daß der Tod eintrat. Vierte Yima zeigte uns stolz und mit Genugtuung alle Einzelheiten. Die im Sterben liegende alte Frau, für mich eine Nebengroßmutter, hatte schon seit zwei Tagen nichts mehr zu sich genommen. Die Ärzte hatten sie aufgegeben. Aber sie kämpfte lange mit dem Tode. Sie war von ihrem bevorstehenden Ableben unterrichtet worden, und sie konnte ihre Wünsche für ihr Begräbnis äußern. Sie wußte, daß das ganze Haus mit ihrem Tod rechnete. Obschon sie dem Ereignis halb ärgerlich, halb ängstlich entgegensah, mit dem Bangen, mit dem wir alle dem letzten Hinübergleiten ins Unbewußte entgegensehen, so interessierte sie sich doch lebhaft für die Zeremonien, die ihr zu Ehren vollzogen werden sollten; sie fragte nach dem Preis des Sarges, den sie durch das Fenster sehen konnte, und entschied die letzten Einzelheiten für den Leichenzug.

»Wir hoffen alle, daß sie bald sterben kann«, sagte Vierte Yima, »es wäre das beste. Sie leidet schon so lange.« Beim Begräbnis würden sie weinen; sie würden laut klagen und sich an die Brust schlagen. In den Todesanzeigen wird man lesen, daß sie »blutige Tränen« vergossen haben. Diese herkömmliche Zurschaustellung des Schmerzes würde nicht nur Heuchelei sein. Sie liebten die alte Frau wirklich, und wenn sie geglaubt hätten, ein chinesisches Heilmittel könne ihr Leben verlängern und ihre Schmerzen lindern, so würden sie keine Ausgabe gescheut haben. Aber alles, was sie versucht hatten, war vergeblich gewesen. Sie war alt, die Zeit war gekommen, da sie sterben sollte. Alle, auch sie selbst, hatten sich damit abgefunden. Wozu also der Vorwand, ihr ein langes Leben zu wünschen?

Die Zeitungen berichteten von Kämpfen, von Siegen und von Rückzügen. Aus der Gegend von Hankau stießen die Japaner, dem Jangtse folgend, vor. Schasi, halbwegs Itschang, war bedroht. Im Nordwesten hatten sie das Land bis zum Gelben Fluß besetzt. Sobald der Fluß zugefroren sei, so prahlten sie, würden sie herüberkommen und auf Sian marschieren. Im Südosten drangen sie von Kanton schon in Kwansi ein.

* lan-mu: wohlriechendes Holz, wie Eukalyptus oder Kampfer.

Schasi, Kanton, Sian – es waren Namen, gedruckte Buchstaben auf einer grün-gelben Landkarte. Es waren Namen, die man in der Zeitung las, von Angriffen und Gegenangriffen. Alles war weit weg von Tschengtu, von Sze-tschwan. Tschengtu dachte kaum an den Krieg. In den ersten Wintertagen waren einmal japanische Flieger gekommen, zwei Gruppen von je neun waren bei bewölktem Himmel in geringer Höhe vorbeigeflogen. Sie hatten einige Bomben abgeworfen und ein paar Löcher in den Flugplatz gebohrt und waren wieder weggeflogen. Tschengtu bereitete sich auf das Neujahrsfest vor. Niemand verschwendete einen Gedanken an den Krieg.

Ich fühlte mich in dieses unbesorgte, von Tag-zu-Tag-Leben hineingleiten, in Anspruch genommen von den Familienangelegenheiten der Großen Familie. Ich schlenderte, Einkäufe besorgend, mit meinen Schwestern durch die fröhlich belebten, breiten, modernen Geschäftsstraßen, wo hinter Spiegelglasscheiben Uhren und Schönheitsmittel, glänzende Seidenballen, Lampen, Füllfedern und bunte Hausschuhe ausgebreitet lagen, oder durch die engen Gassen, in denen Siegelschnitzer, Jadesteinschneider und Silberschmiede ihr Kunsthandwerk ausübten und gestickte Seidendecken, Armbänder und sanftschimmernde Zinngefäße, Messingbecken und Kupferkrüge zum Kauf angeboten wurden. Die Spielwarenläden waren für das Neujahrsfest vollgestopft mit versilberten Bambusschwertern, verzierten Speeren, Lampions in der Form von Kaninchen, Fischen, Grillen oder Lotosblumen. Da gab es glänzende Pferde, groß genug, um darauf zu reiten, kleine Trommelkarren, die einen Wirbel schlugen, wenn sie über das Pflaster gezogen wurden, rosarote Äffchen, die an Trapezen Purzelbäume schlugen, und riesige Löwenmasken mit langen Hanfbärten und schwarzgoldenen, beweglichen Augen. Am späten Abend bummelten wir über die Große Oststraße, wo der Nachtmarkt die ganze Straße entlang von Kerzen flackerte und die Händler ihre Waren am Bordstein auf Bastmatten ausgebreitet hatten: geflochtene Bambuskörbe, Eßstäbchen in Bündeln, antike Bronzen, Tuscheblöckchen, Töpfereien und überall hochaufgeschichtete Haufen herrlicher Orangen und Mandarinen, die im Kerzenlicht golden glühten.

Im Gehen flüsterten mir meine Schwestern, von links und rechts, den ganzen Familienklatsch ins Ohr. Es lag keinerlei Bosheit in ihrem Geplapper. Daß sie mich so schnell von allen laufenden Angelegenheiten unterrichteten, war ein Zeichen dafür, daß sie mich akzeptiert hatten. Eines Abends kam Vierte Schwester, die Tochter von Drittem Onkel, mit Siebenter Schwester und Neunter Tante in mein Zimmer. Um die Mädchen war die Atmosphäre einer Verschwörung, sie wechselten Blicke, kicherten, stießen mich an, waren sichtlich verlegen und taten sehr bedenklich. Ich bat sie Platz zu nehmen, und wir gruppierten uns in einem engen Kreis um das glühende Holzkohlenbecken, denn die Nacht war kalt. Die Spitzen unserer Schuhe auf dem Rand des Kohlenbeckens wellten sich vor Hitze, während der Atem weiß in der kalten Luft hing. Ich bot Melonenkerne an. Eine Weile hörte man nichts als das Aufknacken der Kerne.

Endlich, durch bedeutungsvolle Zeichen von den beiden anderen ermutigt, brachte Vierte Schwester hervor: »Wir gehen morgen mit Siebenter Tante ins Kino, und sie möchte, daß du mit uns kommst.« Siebente Tante war die Tochter von Drittem Großvater aus zweiter Ehe, ein Mädchen meines Alters, noch unverheiratet, ziemlich still und nicht sehr anziehend. Ich hatte sie anläßlich meines Besuches in ihrem Hause gesehen, aber ich konnte mich ihrer nur undeutlich erinnern. Immerhin war es sehr freundlich von ihr, mich einzuladen; ich bedankte mich bei Neunter Tante, ihrer Schwester, und nahm die Einladung an. Und nun sprachen sie plötzlich alle auf einmal.

»Wir freuen uns ja so, daß du mitkommst! Denn du bist modern – du hast niemandem erlaubt, einen Gatten für dich zu wählen. Siebenter Tante ist es sehr wichtig, daß du mitgehst. Weißt du, weil Dritter Großvater so schrecklich altmodische Ideen hat. Er meint, ein bescheidenes, wohlerzogenes Mädchen dürfe es nicht wagen, vor der Heirat seinen Verlobten auch nur anzusehen, sondern alles soll von den Eltern vereinbart werden. Aber wo sind heutzutage noch gebildete junge Männer zu finden, die damit einverstanden wären? Sie wollen keine schieläugigen oder pockennarbigen Bräute mehr. Sie bestehen darauf, das Mädchen vorher zu sehen. So steht es bei uns, und wie soll Dritter Großvater da Männer für alle seine unverheirateten Töchter finden? Gewiß, es gibt ein paar Vettern mütterlicherseits — zwei Heiraten gibt es schon mit ihnen —, aber es gibt keinen Vetter, der im Alter zu Siebenter Tante paßt.«

Ich hörte verwirrt zu, konnte mich aber in dieser Flut von Erörterungen nicht zurechtfinden: »Aber das Kino?« fragte ich.

»Wir haben es eingerichtet, daß sie einander im Kino sehen können — oh, nur von weitem —, Siebente Tante und dieser Bruder einer Freundin. Es ist sehr gewagt, und Dritter Großvater wäre außer sich, wenn er davon erführe. Aber Siebente Tante hat sich nun selbst umgesehen, weil sie schon über einundzwanzig Jahre alt ist und nun heiraten sollte. Und diese Schulfreundin von ihr hat einen Bruder, der ans Heiraten denkt. So haben wir verabredet, daß Siebente Tante morgen mit uns ins Kino geht, und diese Freundin und ihr Bruder werden auch dort sein. Wir werden ihn daran erkennen, daß er neben seiner Schwester sitzt, und sie wird ihm Siebente Tante zeigen. So werden sie Gelegenheit haben, einander zu sehen, und wenn sie Gefallen aneinander finden — wer weiß?«

Wenn ich an die langsam wachsende Freundschaft zwischen Pao und mir denke – wir zwei allein in London –, war ich von dieser jämmerlichen und ungemäßen Kriegslist betroffen, die meinen Schwestern so gewagt modern vorkam. Alle Arten moderner und altmodischer Ansichten über die Eheschließung bestehen in dieser Zeit des Überganges nebeneinander. Alle, von den meist konservativen, nach denen sich die Brautleute das erstemal sehen dürfen, wenn der Bräutigam den roten Brautschleier nach vollzogener Zeremonie lüftet, bis zu den freiesten und modernsten Ansichten. Dritter Großvater, der so eigensinnig an den alten Gebräuchen festhielt, ärgerte sich schon über die geringfügige Abweichung vom Herkömmlichen, die dem jungen Mann erlaubte, die Fotografie der Braut zu sehen. Niemals hätte er einem Freier gestattet, eine seiner Töchter in ihrem Hause zu besuchen, um sie vor der Heirat kennenzulernen. In unserer Familie setzten sich die Neuerungen während der letzten zehn Jahre durch. Vor zehn Jahren hätte Dritter Großvater in allen Entscheidungen, die seine direkten oder indirekten Nachkommen betrafen, das letzte Wort gesprochen. Jetzt hören ihm die jungen Männer scheinbar respektvoll zu, aber sie tun, was sie wollen. Und langsam fangen auch die jungen Mädchen an, sich über seine Autorität und die durch die Konvention bedingten Beschränkungen hinwegzusetzen.

Sechste Tante, die zweiunddreißig Jahre alt war, fügte sich dem alten Herkommen. Dritter Großvater hatte sie im Alter von sechzehn Jahren mit einem Vetter verheiratet, der schon gestorben war. Sie waren als Kinder einander verlobt worden, so war es ihnen nicht gestattet gewesen, sich zu sehen. Kurze Zeit vor dem festgesetzten Hochzeitstag war der »Noch nicht angetraute Gatte« gestorben. Das änderte aber nichts an den Plänen. Da er der einzige Sohn war, mußte er für Nachkommen sorgen, die einst an ihren Gräbern beten sollten, auf daß ihre Seelen in der nächsten Welt geehrt würden. So wurden die Hochzeitsfeierlichkeiten in allen Einzelheiten durchgeführt, als hätte er noch gelebt, nur daß die Braut ausgefaserte weiße Trauerkleider anstatt roter Seide trug und der Bräutigam durch seine Schwester vertreten war, die seine Seelentafel* in den Händen hielt. Auf diese Weise wurde Sechste Tante verheiratet und trat als Witwe in die Familie des toten Gatten ein. Sie adoptierte einen Sohn und lehrte das Kind die Tafel mit dem eingravierten Namen des Vaters zu verehren. Sechste Tante wird nie mehr heiraten, sondern bis zu ihrem Tode wie eine Nonne leben. Dritter Großvater wies auf sie als auf ein Vorbild der Tugend hin.

Der andere extreme Fall war Zweite Schwester, die ich nie kennenlernte. Sie ist die Tochter von Erstem Onkel. Sie war das schwarze Schaf der Familie und wurde von den Eltern nie erwähnt. Nur in verhaltenem Flüsterton und im Vertrauen erzählte man mir von dem Skandal um sie. Zweite Schwester

* Seelentafel: ein Holztäfelchen, auf dem der Name des Verstorbenen steht, dessen Seele in dem Täfelchen wohnt. Am dritten Tage nach dem Tode zieht die Seele in das Täfelchen.

war zu den Kommunisten im Nordwesten gelaufen. »Sie sieht aus wie ein Junge, in der Uniform würde man sie nie für ein Mädchen halten«, sagte Vierte Schwester. »Eines Tages kam sie von der Schule nicht mehr nach Hause. Sie schrieb einen Brief, in dem sie erklärte, daß sie sich in Yenan den Roten anschließen wolle. Der Onkel und Dritter Großvater dachten natürlich, sie sei mit einem Jungen durchgebrannt. Eine ganze Gruppe von Jungen und Mädchen ging damals weg. Aber ich glaube nicht, daß sie sich um solche Dinge kümmerte. Es war das Abenteuer, das sie lockte.« Ich würde sie gern kennenlernen wollen; sie muß ein hochherziges, intelligentes Mädchen sein.

Älteste Tochter aus demselben Hause hatte auch ihren eigenen Willen, wenn sie auch einem anderen Ziel zusteuerte. Sie arbeitete als Buchhalterin in der Bank in Tschengtu, wo sie genug Gelegenheit hatte, dem anderen Geschlecht zu begegnen. Sie hatte sich schon zweimal für einen Mann interessiert, aber Dritter Großvater und Erster Onkel machten der Sache ein Ende. Als sie achtundzwanzig Jahre alt war, sah man sie gelegentlich mit einem jungen Mann im Theater. Er war ein Lehrling aus der Bank und weit unter ihrem Stand. Früher hätte man auch dieses verhindert. Aber alles hatte sich verändert! Es wurde viel geklatscht, aber Älteste Schwester kümmerte sich nicht darum. Hatte nicht ihre jüngere Schwester an einer Universität studiert, wo junge Mädchen und Jungen miteinander verkehrten? Hatte sie nicht dasselbe Recht, sich ihre Freunde auszusuchen? Es gab viel Kopfschütteln und mißbilligendes Murren, aber es wurde nichts unternommen. Die Autorität der Alten war gebrochen.

Und nun machte Siebente Tante, zögernder als Älteste Schwester und mit geringeren Aussichten auf Erfolg, aber gelangweilt durch die öde Untätigkeit ihres häuslichen Daseins, den Versuch zur Freiheit. Sie holte uns früh ab, und wir waren die ersten im Kino. Wir waren allein in dem leeren Saal, eine kleine Gruppe, auf der ersten Reihe des Balkons. Siebente Tante war blaß vor Erregung, und ihre Augen hatten einen fiebrigen Glanz. Sie war einfach angezogen, aber ihr Haar bauschte sich in ölglänzenden Löckchen zu beiden Seiten ihres schmalen weißen Gesichtes (es gibt in den alten Trauervorschriften noch keine Bestimmung in bezug auf Dauerwellen). Mit nervöser Lebhaftigkeit spielte sie die Gastgeberin, bot uns Erdnüsse und Süßigkeiten an, bestellte Tee, den man uns auf der Brüstung des Balkons servierte, und machte Bemerkungen über die Leute, die nach und nach hereinkamen. Der Raum füllte sich, der Film sollte gleich beginnen. Die Lebhaftigkeit von Siebenter Tante wurde etwas quälend, da sie sich bemühte, die Unterhaltung weiterzuführen und die eintretenden Leute zu beobachten. Plötzlich verstummte sie und hielt ihre Hände im Schoß gefaltet. Vierte Schwester berührte meinen Arm: »Da ist er!« Und sie deutete auf ein Paar, das durch den Seitengang zu den vorderen Sitzen ging. Ein glänzender schwarzer Scheitel und die Schulterpartie eines europäisch zugeschnittenen braunen Rockes war alles, was wir von dem jungen Mann, der Siebente Tante vielleicht heiraten würde, sehen konnten. Er und seine Schwester setzten sich, dann drehten sie sich um und verrenkten sich den Hals – das Licht ging aus.

In der Pause brannten auf den Wangen von Siebenter Tante rote Flecken, sie hatte ihr Rouge ein wenig ungleichmäßig aufgetragen. Sie saß da mit niedergeschlagenen Augen wie ein Götzenbild, warf aber doch rasche, verstohlene Blicke nach dem jungen Mann. Aus dieser Entfernung und für meine unbefangenen Augen war es ein fast kinnloses Gesicht mit Brillengläsern. Am Ende der Vorstellung, beim letzten Geflacker des Films, stolperten wir zur Treppe, um den Vorraum zu erreichen, ehe er herauskam. Er könnte – es war möglich –, er könnte darum bitten, vorgestellt zu werden ... Über die Köpfe hinweg konnten wir ihn ein wenig deutlicher sehen, und ein Seitenblick, als er vorbeiging, bestätigte mir den Eindruck, daß er kein Kinn hatte und ganz alltäglich aussah. Er ging, ohne sich umzublicken, vorbei. Siebente Tante zwinkerte heftig mit den Augen: »Das Licht tut den Augen weh nach der Dunkelheit dort drinnen ...«, und alle begannen von dem Film zu sprechen. Nach ein paar Tagen machte die Schwester des jungen Mannes einen Besuch. Sie sprach von allem möglichen, erwähnte aber nichts von ihrem Bruder. Niemand fragte. Jedermann verstand. Der Eindruck war ungünstig gewesen. Er hatte kein Interesse mehr. Als die Freundin sich verabschiedet hatte, weinte sich Siebente Tante die Augen rot, legte sich zu Bett und klagte über einen Schmerz »am Munde des Herzens«. Mehrere Ärzte kamen, befühlten den Puls der rechten und der linken Hand und verschrieben einige Mittel. Vierte Schwester und ich brachten ihr Blumen. Ein kleiner Topf mit brauner Arznei dampfte über dem Holzkohlenbecken, und Siebente Tante zählte mit düsterem Behagen, nachdem sie von den Ärzten einiges aufgeschnappt hatte, in laienhaftem Kauderwelsch ihre verschiedenen Leiden auf.

Die Sache von Ältester Schwester machte bessere Fortschritte. Ermutigt durch mein Beispiel, sich selbst den Mann zu wählen, brachte sie ihren Freund zu einem Besuch in die Familie. Mit gerötetem Gesicht und herausfordernder Besitzermiene stellte sie ihre Errungenschaft vor. Sie konnte ihn nicht als ihren Bräutigam vorstellen, da keine Geschenke ausgetauscht und keine Verlobung stattgefunden hatte. Er war ein sanfter Junge, sechs Jahre jünger als sie, mit verträumten Augen und welligem Haar. Als sie gegangen waren, nahm Dritter Onkel seine kalligraphischen Übungen wieder auf. Nach einer Weile hielt er mit erhobenem Pinsel inne, spitzte kritisch die Lippen und sagte: »Die älteste Tochter sollte an erster Stelle stehen, aber mit diesem da als Gatten fügt sie sich an den Schwanz des Drachens.«

Die Große Familie gestattete keinem ein eigenes Leben. Jeder war nur ein Teil; die Einheit war die Familie. Ich hatte mir das zuerst nicht realisiert und glaubte, daß es zwischen Pao und mir Beziehungen gäbe, die nur uns beide angingen. Ich schrieb jeden Tag einen Brief an Pao, und er schrieb jeden Tag an mich. Es war unsere erste lange Trennung – es wurden Monate aus den Wochen, mit denen wir gerechnet hatten. Ich hielt es für ganz natürlich, daß jungverheiratete Eheleute einander täglich schreiben. Aber meine Schwestern, wenn sie mich an meinem Schreibtisch fanden, wie ich Seite um Seite mit der flüssigen »Graszeichenschrift« füllte, waren erstaunt, daß wir einander so viel zu erzählen wußten. Und mit Luftpost! Hatte es denn solche Eile, daß wir nicht zehn Tage auf Antwort warten konnten?

Das Gerücht von dieser beinahe unanständigen Extravaganz sprach sich herum, bis es die ganze Familie wußte. In diesen Vorneujahrstagen kamen mehr Besuche als sonst; sie blieben, um zu »shua«, tranken Tee, knackten Melonenkerne auf und rauchten die Wasserpfeife. Aus bestimmten Gründen war die Familie von Drittem Onkel im keh-tang gewöhnlich am zahlreichsten versammelt gegen fünf Uhr, wenn der Postbote kam, der dann seinen großen Lederbeutel abnahm, eine Handvoll Briefe herausholte und mit lauter Stimme die Namen vorlas. Es stand bei mir, zu entscheiden, welches das kleinere Übel war: entweder den Brief, rot vor Verlegenheit, unter den Augen der Verwandten, persönlich in Empfang zu nehmen, oder abwesend zu sein und darauf zu warten, daß eine meiner Schwestern ihn mir brachte, nachdem er herumgereicht, von allen Seiten beguckt und besprochen und das Porto zusammengerechnet worden war. So oder so war es eine Geduldsprobe für mich. Meistens behielt meine Ungeduld die Oberhand, und ich war anwesend. In vernehmbarem Schweigen versammelten sich die Verwandten um mich herum. Mit Neugier, die sich zu Verwunderung und schließlich zu Verständnislosigkeit steigerte, begrüßte man das Phänomen. Wenn einmal ein Tag verging, ohne daß ich einen Brief bekam, dann war es, weil kein Flugzeug angekommen war; und am nächsten Tag erhielt ich zwei. So das gute Geld zu verschleudern und dreiunddreißig Cents für Flugpost zu bezahlen, wo man für fünf Cents einen doppelt so schweren Brief mit gewöhnlicher Post schicken konnte! Der Höhepunkt aber kam, als Pao mir zum neuen Jahr ein Telegramm schickte. Die Älteren waren empört! Sie besprachen die Angelegenheit ganz unpersönlich, als ob ich gar nicht anwesend wäre. Diese jungen Leute wußten nichts von den Sorgen des Lebens; sie hatten keine Ahnung vom Wert des Geldes! Dritter Großvater, der an diesem Tag bei uns war, ließ sich lang und breit darüber aus. Er starrte dabei in die Luft, spuckte zielsicher in den Spucknapf an seiner Seite und mißbilligte aufs schärfste solch taktlose Zurschaustellung der Gefühle, die weder üblich noch wünschenswert sei in unserer Provinz und in unserer Familie. Ich fühlte mich sehr schuldig. Ich bat Pao, mir kein Telegramm mehr zu schicken, worauf Pao wütend wurde und mich nachts um elf Uhr telefonisch anrief – und d a s verursachte einen wahren Aufruhr!

Als Pao nach dem Nordwesten versetzt wurde, kamen die Briefe nicht mehr täglich, denn es gab keine so regelmäßige Verbindung wie zwischen Tschung-king und Tschengtu. Wir schrieben daher Tagebuchbriefe, für jeden Tag ein Blatt, bis es so viele waren, daß man sie kaum noch in einen Umschlag hineinstopfen konnte. Als meine Familie von Paos Versetzung erfuhr, überboten sie sich in ihren Bemühungen, meine Traurigkeit zu zerstreuen, daß ich nicht etwa den Kopf hängen ließe und am Ende noch krank würde. Sie nahmen mich mit zu Festen und zu Mahjong-Gesellschaften; sie nahmen mich mit in die Stadt, zu Wu Chao Shou seines leckeren Geflügels wegen und zu den feinen Zuckertörtchen von Si Tang Yuan. Während dieser wenigen Wochen in Tschengtu nahm ich fünf Pfund zu. Sie trösteten mich mit Geschenken – Neujahrsgeschenken, Hochzeitsgeschenken – und besiegelten auf diese Art ihr Einverständnis mit meiner unkonventionellen Heirat. Ich bekam Kisten voll gestickter Seidendecken, kleine Schalen und Vasen aus Silber, reizende Pantoffeln mit gestickten Kappen, Seide für mehrere Kleider und fünfzehn Meter echte, weiße Kiating-Seide. Es war genug für jede Frau, um ihr über die zeitweise Trennung von ihrem Gatten hinwegzuhelfen. Fünfte Großmutter schickte mir Ohrringe aus kleinen Perlen und Edeljade, die in einem kleinen Glaskästchen lagen. Sie ließ mich wissen, daß sie nach dem Anblick von Paos Fotografie voraussagen könne, daß wir viele Kinder bekommen würden, wenigstens sechs Söhne, und daß Pao nie eine Konkubine nehmen werde.

Am letzten Tag des alten Jahres, als der helle Rand des abnehmenden Mondes so schmal geworden war, daß er am Morgenhimmel ganz verblaßte, begann ein geschäftiges Hin und Her. Diener mit Geschenken beladen verließen das Haus, andere kamen zurück vom Markt und von den Läden mit Lebensmitteln für die drei Festtage. Besucher oder Boten erschienen mit Blumenspenden, Kuchen, Orangen oder Spielsachen für die Kinder. Mei-hua und Narzissenduft vermengte sich mit dem kräftigen Geruch des Backfettes, des siedenden Zuckers, des Weins, den man für das Festmahl am Abend in Flaschen füllte. Es ist der Tag, an dem alle Konten abgeschlossen und alle Schulden bezahlt sind. Alle Freunde mußten ein passendes Geschenk bekommen, jeder Streit mußte geschlichtet und jeder Feind versöhnt werden. Um die Mittagszeit erschienen die ersten Verwandten, denn an diesem Tag begrüßen sich alle Familienmitglieder und erweisen den Ahnen ihre Ehrerbietung. Vierte Schwester und ich unterstützten Dritte Tante in ihren Gastgeberpflichten, und als die Gäste einzeln und in Gruppen ankamen, begrüßten wir sie, verbeugten uns und hießen sie willkommen. Das Haus konnte die Große Familie gerade fassen. Die Männer rauchten in Dritten Onkels Arbeitszimmer, die Frauen plauderten in den Schlafzimmern, die älteren Leute saßen im keh-tang, die Kinder tummelten sich im Garten und in den Höfen, und die Kleinsten wurden von ihren Ammen und Kinderfrauen herumgetragen – überall herrschte eine fröhliche, erwartungsvolle Stimmung.

Die Sonne neigte sich gegen Abend. Alle waren nun versammelt. Im Hof verbrannten die Diener Gold- und Silberpapiergeld als Opfergabe für die Geister der Verstorbenen. Die ching-sen*, Zeremonien zu Ehren der Vorfahren, nahmen ihren Anfang. In der Ahnenhalle wurden reihenweise Kissen vor den Altar gelegt. Einer nach dem anderen, gemäß Rang und Würde, oder in Gruppen einer Generation knieten wir auf den braunen Kissen und verneigten uns ein jeder fünfzehnmal. Die Ahnentafeln waren zu zahlreich, um einzeln verehrt zu werden, und so machten wir drei Verbeugungen vor jeder der fünf hier vertretenen Generationen. Dann legten wir das Kissen um und verneigten uns gegen den Hof, erhoben uns und

* ching-sen: das eigentliche Totenfest, das Fest der »reinen Hellen«, der guten Geister. Es wird fast allerorts im Frühling gefeiert und ist eine feierliche Anbetung der Ahnen, der ein großes Festessen folgt.

machten den nächsten Verwandten Platz. Den ganzen Spätnachmittag hindurch, während der Weihrauch blau zu den Ahnentafeln aufstieg und der Tag verdämmerte, knieten und verneigten sich die Familienmitglieder, eine Generation nach der anderen, vor den Bildern ihrer Ahnen, die — je mehr sich die Schatten vertieften — desto düsterer dreinschauten. Endlich, als es schon dunkel war und nur der geheimnisvoll huschende Glanz der roten Kerzenflammen als schwacher Lichtkreis auf dem Altar schimmerte, kamen die Jüngsten an die Reihe und, auf den Armen ihrer Ammen, die Babys. Gewickelt in bunte Seide, wurden die Kleinen vor ihre Ahnen gebracht. Man hatte ihnen Mützen auf den Kopf gesetzt, die mit Goldfäden bestickt und mit silbernen Emblemen versehen waren, die Gesundheit und langes Leben verhießen. Ihre kleinen Händchen wurden zusammengelegt und die Köpfchen sanft nach vorn zur vorgeschriebenen Verneigung gedrückt. Die ching-sen-Zeremonie war beendet.

Nun konnte das Fest beginnen. Im Eßzimmer, im keh-tang, im Arbeitszimmer meines Onkels und in dem offenen Gartenhäuschen zwischen den Höfen waren Tische gedeckt. Die Frauen aßen von den Männern getrennt. Für die Kinder waren keine Plätze vorgesehen, sie gingen von Tisch zu Tisch, aßen hier und dort einen Bissen, holten sich Erdnüsse oder geröstete Walnüsse, Mandarinen, ein Stück Kuchen oder ein Hühnerbein, an dem sie knabbern konnten. Wir aßen, bis wir nicht mehr konnten, denn es war das erste Bankett der Neujahrs-Festzeit, und wir waren noch nicht übersättigt von guten Dingen. Die Küche von Sze-tschwan mutet den Nordchinesen fremd an, da er den milderen Geschmack den reichlich mit Paprika, Ingwer und dem scharfen hua-chiao* gewürzten Speisen Sze-tschwans vorzieht. Aber der knusprig gebratene Fisch, mit Essig, Sojasauce, gehackten Zwiebeln, Sellerie, Paprika und gemischtes Öl serviert, ist unübertrefflich. Und dann gibt es ein süßes Schweinefleischgericht: dünngeschnittene Fleischstücke, mit Zucker und braunen Bohnen gefüllt und in süßem Reis gedämpft; eine

* hua-chiao: ein aus verschiedenen Pfeffersorten und anderen scharfen Pflanzen hergestelltes Gewürz.

Suppe aus kleinen Fleischklößchen, grünen Erbsen und einem Hauch des hua-chiao-Gewürzes. Ein anderes Gericht besteht aus einer Mischung von weißem Hühnerfleisch und schaumig geschlagenem Eiweiß, die in Öl gebacken wird. Dann die kleinen Frühlingskuchen, weich und dünn wie Seidenpapier, die mit Karottenstückchen, Schinken, Geflügel und Lauch zu kleinen Päckchen zusammengewickelt, ganz rasch gegessen werden müssen, ehe die kräftige Sauce herausläuft ... Die Küche von Szetschwan hat ihre Qualitäten!

Es war schon spät, als sich das Bankett seinem Ende näherte, aber niemand dachte daran zu gehen. Die Babys schliefen friedlich und unbekümmert um das Getümmel in den Armen ihrer Ammen. Die größeren Kinder waren noch hellwach, und ihre Augen glänzten vor Aufregung. Wir versammelten uns von neuem zu der Begrüßungszeremonie der Lebenden in der Ahnenhalle. Die ältere Generation nahm die Ehrenplätze an der linken Seite der Halle ein, die Jüngeren standen ihnen gegenüber auf der rechten Seite. Wir verbeugten uns einmal vor den Älteren, die noch Jüngeren waren ihnen zwei Verbeugungen schuldig. Dann begannen die persönlichen Begrüßungen, angefangen bei Drittem Großvater, dem alle als dem lebenden Ahnherrn eine Verbeugung machten. Jeder wurde, gemäß seinem Rang in der Großen Familie, mit der ihm zukommenden Achtung begrüßt. Dann traten die Diener ein. Sie nahmen auf der minder ehrenvollen, auf der rechten Seite Aufstellung, während wir von der jüngeren Generation der Familie uns zu den Alten auf die linke Seite begaben. Die Dienstboten knieten nieder und machten ihren ergebenen Kotau bis zur Erde. Zum Zeichen ihrer Verpflichtung den Dienern gegenüber, die auch zur Familie gezählt wurden, kniete die Herrschaft mit ihren Kindern nieder und erwiderte, wenn auch weniger tief, die Verbeugungen.

Damit wurden die Zeremonien des Abends beschlossen. Es erfolgte nun ein allgemeiner fröhlicher Aufbruch, und alle Verwandten kehrten in ihre eigenen Häuser zurück. Im Haus von Drittem Onkel sollten wir das Neujahrsfest noch weiterfeiern, denn die Sitte verlangte, daß man bis zum Morgengrauen wach blieb. In früheren Zeiten, als unsere Familie noch Handel trieb, blieben die Läden bis spät in die Nacht hinein offen, und jeder arbeitete fieberhaft, um die Geschäfte des vergangenen Jahres abzuwickeln und die Konten abzuschließen. Aber jetzt führte Dritter Onkel die Bank nach dem westlichen Kalender, und der Neujahrstag war am ersten Januar. Die Küchengötter pflegten wir nicht mehr auszuwechseln, wie es in manchen Häusern charakteristisch für die nächtliche Feier ist. Kurz vor Mitternacht des alten Jahres werden die alten verräucherten Herd- und Küchengötter herabgenommen und verbrannt, und neue kommen an ihre Stelle. Aber in unserem Hause war dieser Brauch aufgegeben worden. Erster Großvater hatte erklärt, daß der Glaube an fox-fairies*, Wind- und Wassergeister, Bilder, Götter oder Teufel Aberglaube sei. Er schrieb viele Essays, in denen er darlegte, daß die einzig erhabene Form der Ehrfurcht und der einzige, Familie und Staat festigende Ritus die Ahnenverehrung sei. Keine Ahnenanbetung – keine Religion, sondern ein achtungsvolles Gedenken. Dritter Onkel hatte die gleichen Ansichten.

Als nun die Verwandten alle gegangen waren, saßen wir in bequemen Stühlen und plauderten oder erzählten uns Geschichten, spielten chinesisches Schach und Mah-jong, lösten Rätsel und lauschten den Erzählungen Dritten Onkels aus der guten alten Zeit in Sze-tschwan, ehe die Fremden eingedrungen waren und hohe Preise, schlechtes Benehmen und Bombardierungen gebracht hatten. Um Mitternacht sollte ein zweites Festessen sein, aber das überstieg die menschlichen Fähigkeiten. Gleichgültig betrachteten wir die würzig duftenden Gerichte und winkten ab, ohne sie zu kosten. Um ein Uhr begann Dritte Tante zu gähnen, und ihre Augen verschwanden in den Fettpölsterchen ihres runden Gesichtes. Sonst ließ sie sich keine Müdigkeit anmerken, sondern saß gerade aufgerichtet, die kleinen Füße nebeneinander, die Hände im Schoß gefaltet und das Haar genauso glatt und duftend, wie es vor sechzehn Stunden frisiert

* fox-fairies: Fuchs-Feen. In der taoistischen Lehre und Überlieferung spielen Halbgötter, Feen, Elfen und Kobolde eine Rolle. Die fox-fairies hausen in den wilden Bergen, in den Schluchten, auch an Wassern, besonders im Kunlung-Gebirge.

worden war. Ich lag halb schlafend in meinem Stuhl zurückgelehnt, mit einer kleinen, aber nicht unangenehmen Sehnsucht nach Pao im Herzen. Das Gespräch stockte. Um zwei Uhr, als Dritter Onkel aus einem Nickerchen aufschreckte, verzichtete er auf die herkömmliche Nachtwache und schickte uns alle zu Bett.

Außer dem häufigen Explodieren der Knallfrösche, wodurch die bösen Geister und Teufel vertrieben wurden, war der erste Tag des neuen Jahres auffallend ruhig. Der Morgen schien herab auf geschlossene Läden und Straßen, die ohne das übliche Stoßen und Drängen des Verkehrs, ohne die schwerbeladenen, zweiräderigen Karren, ohne die Träger mit Kübeln, die Träger mit Körben, die Leute mit Bündeln und die eilenden Rikschas leer und ausgestorben schien. Denn an diesem einzigen Tag des Jahres ruhte alle Arbeit. Die Leute schliefen lange, nachdem sie den Einzug des neuen Jahres abgewartet hatten. Kein Besen wurde gebraucht, damit man nicht aus Versehen das Glück des Jahres mit hinausfegte; kein Wasser wurde ausgegossen, aus Angst, des Jahres Reichtum könnte ausgegossen werden. Am Nachmittag spazierten die Leute durch die Straßen und besuchten ihre Freunde. Handwerker und Arbeiter, in langen Gewändern aus neuem blauem Tuch und kleinen schwarzen Seidenkäppchen schlenderten mit ihren Kindern umher. Die Frauen trugen neue blaue shans, hellrote Kreise auf ihren Wangen und Blumen im Haar. Sie gingen zusammen durch den kühlen, sanften Sonnenschein und trugen Zweige von mei-hua und Kamelien in den Händen, die sie einander schenkten. Rikschas sah man selten, denn an diesem einen Tag ruhten auch sie aus. Am Abend hängte man aus Holz geschnitzte, mit roter Seide bespannte Laternen unter den breiten Dächern der geschlossenen Läden auf. Wieder blitzten Funken von platzenden Knallfröschen durch die Dämmerung, und ein leichter Pulver- und Rauchgeruch hing festlich und harmlos in der Luft. Kinder zogen bunte Kaninchenlampions auf Rädern über das Pflaster. Die schmale Sichel des Neuen Mondes stand silbern am blassen Abendhimmel.

Das neue Jahr wird fünfzehn Tage lange gefeiert. An diesem

ersten Tag standen wir spät auf und aßen zum Frühstück die traditionellen Weizenmehlnudeln, und am Nachmittag brachten wir in den Häusern, die irgendwann einmal von unseren Ahnen bewohnt gewesen sein mochten, Weihrauchopfer. Vor Mitte des Monats nahmen mich Dritte Tante, meine drei Schwestern und einige Brüder und Vettern mit aufs Landgut meiner Familie in Pihsien, dem einstigen Besitz meines Urgroßvaters. Von der Familie wohnte niemand mehr dort. Das Land war verpachtet, und das Haus stand leer. Damals hätte sich niemand träumen lassen, daß das Haus innerhalb weniger Monate von Frauen und Kindern überfüllt sein würde, die vor den Fliegerangriffen und den häufigen Alarmen in Tschengtu Schutz suchten.

Als wir uns an diesem frostigen Vormittag auf den Weg machten, glich die Straße nach Pihsien einem umgepflügten Feld, es war Morast aus zerwühltem rotem Lehm. Tief gebeugt zwischen den Stangen, mußten sich unsere Rikschamänner riesig anstrengen, um die Räder immer wieder aus dem Schlamm zu ziehen. Trotz des eisigen Windes waren sie nackt bis zum Gürtel, und der Schweiß strömte ihnen nur so herunter. Zu beiden Seiten der Straße lag das reiche Ackerland der Tschengtu-Ebene, das durch eine zweitausend Jahre alte, nie versagende Bewässerungsanlage grün und fruchtbar erhalten blieb. Wie Inseln standen die Bauernhäuser, von roten und weißgetünchten Mauern umhegt, in der weiten Ebene, und ihre Ziegel- und Strohdächer schimmerten durch Baumgruppen und Bambusgehölz. Die winterlichen Felder bildeten ein buntgeflecktes Mosaik: das gleichmäßige Hellgrün des jungen Weizens; das dunkle Blaugrün der Stangenbohnen, deren grau-violette Blüten wie Motten an den Stengeln saßen; der Raps, aus dem chin-yu für Lampen und Kochzwecke gewonnen wird und der, wenn er blühte, wie ein kühles helles Feuer über den grünen Blättern stand; und dazwischen schoben sich die brachstehenden Reisfelder, deren ruhige Oberfläche den Himmel und die ziehenden Wolken spiegelte. Vor uns lagen die Berge, die, unsichtbar oder schattengrau, die Ebene von Tschengtu beschützen, bis eines Morgens, nach einer Regennacht, der dichte Nebel zerreißt und sie wie Kristalle am Horizont stehen.

Wenn man die Ebene überfliegt und von oben herunterschaut, sehen die kleinen, von Mauern umgebenen Städtchen in der chinesischen Ebene wie ordentlich umrandete Pasteten aus, die man da und dort in die Felder gesetzt hat. Unter dem Druck ihres Wachstums haben sich manche in alle vier Richtungen durch die Tore in die Felder hinausgedrängt, oder sie haben sogar ihre Mauern eingerissen und sich ganz formlos ausgebreitet. Aber Pihsien blieb innerhalb seiner Grenzen. Die graue Steinmauer mit ihrer zinnengeschmückten Brustwehr schaut auf das freie Feld hinaus, aber wenn man durch das enge Stadttor tritt, befindet man sich gleich in einer Straße mit dichten Häuserreihen und vielen Läden. In Pihsien flatterten von allen Türbalken rote Papierstreifen mit den goldenen Schriftzeichen der Freude, und alle Häuser in der Straße waren mit den hellen Sonnenfahnen der Republik beflaggt. Auf die Haustüren waren neue Hausgötter geklebt und Krieger oder bärtige Weise in grellen Farben.

Wir durchwanderten die Stadt und verließen sie wieder durch das Westtor, das gerade so eng war wie das Osttor, durch das wir hereingekommen. Draußen standen mehrere Schubkarren verlassen da, und die Kulis lungerten rauchend und sich sonnend an der Mauer. Als sie uns erblickten, begannen sie sofort unter lautem Geschrei und Rufen und Winken ihre Preise zu nennen. Während Minuten umtobte uns ein Sturm des Feilschens, dann setzte sich ein Zug von Schubkarren mit quietschenden Rädern im Gänsemarsch in Bewegung und folgte einem Zickzackweg durch die Felder bis zu dem Hause meines Großvaters. Ich kann dieses Gefährt nicht empfehlen. Man balanciert gefährlich auf seinem Sitz über dem Rad, und es geht über so schmale Pfade, daß auch nur das geringste Straucheln den Reisenden in ein überflutetes Reisfeld stürzt. Im Nacken fühlt man den Atem des keuchenden Mannes. Eine Wange wird von der heißen Sonne verbrannt, und die andere erstarrt im eisigen Wind. Jeder Ruck erschüttert das Rückgrat bis zum Schädel, und als wir die drei Li auf dem schmalen, holprigen Weg zurückgelegt hatten, schien mein Kopf nicht mehr festzusitzen.

Es gibt keine Worte, die den Zauber dieses Hauses meines Urgroßvaters in Pihsien beschreiben können. Als ich es zuerst erblickte, stockte mir der Atem vor Entzücken. Es war ein Haus, wie man es auf eine chinesische Bildrolle malen könnte, mit seiner umfassenden Steinmauer, den schlanken lan-mu-Bäumen, den Bambusgebüschen, die das Dach in eine Laube verwandeln, den blühenden mei-hua in den Höfen, umgeben von Bächen und bewässerten Feldern; am Horizont ragen die Schatten der hohen grauen Berge in den dunstigen Himmel. Bezeichnenderweise war das Haus nach dem Kompaß gebaut, mit der Stirnseite nach Süden, unbesorgt um die vielen Wege, die sich wie ein Netz über die Felder ausbreiteten. Wir überschritten eine Brücke, die aus einer einzigen Steinplatte bestand, gingen auf einem breiten, baumbestandenen Weg an der Mauer entlang und gelangten so zu dem großen Rasenplatz vor dem überdachten Tor. Gegenüber waren die Familiengräber, mehrere eng aneinandergedrängte Hügel mit einem großen Grabmal der Ching-Dynastie in der Mitte – und dahinter eine Wand aus lan-mu-Bäumen, schlank und hoch, mit lorbeerähnlichen Blättern, die sich ganz leise im Hauch des ungewissen Windes bewegten.

Auf der rechten Seite war ein kleiner hölzerner Schrein gegen die Mauer gebaut, der eine ausgewaschene, unleserliche Inschrift mit einem blassen roten Siegel vor dem Regen schützte. Trotz des schützenden Daches war das Papier verdorben, wie es wohl nicht anders sein konnte, denn es war des Kaisers eigene Handschrift und sein Siegel, Zeugen, daß mein Urgroßvater vor sechzig Jahren zum Friedensrichter des Distrikts ernannt worden war. Niemand, außer der Zeit, hatte hier etwas verändert. Wie einst lag der große geschorene Rasenplatz vor dem Tor, und die bewässerten Reisfelder spiegelten die Silhouetten der Berge wider. Damals gab es nur weniger Gräber, und die lan-mu-Bäume waren noch kleine Stämmchen. Ich sah jenen Tag vor mir: Der kaiserliche Kurier, in einem prächtigen, von der Reise verstaubten Gewand, hielt auf seinem Pferd vor dem Tor. Mein Großvater eilte herbei, seinen seidenen Staatsrock rasch zuknöpfend, um die kaiserliche Botschaft kniend zu empfangen. Er warf sich nieder (auf ein Kissen, das ein aufmerksamer Diener vor ihn hingelegt hatte, wie man es im Theater sieht), und der Kurier kniete auch nieder. Die Ernennung wurde mit lauter Stimme verlesen und an die Mauer geheftet – wo die bruchstückartigen Reste heute noch zu sehen sind. Nichts war verändert, nur die Zeit selber. In der Welt draußen waren Kaiser und Reich vergangen. Hier stand noch das alte Haus, leise nur berührt von den Jahren. Hier war noch die Mauer mit den alten Schriftzügen, und das Grab von Großvater und Großmutter, zwei Hügel vor der sanftgeschwungenen Linie der lan-mu-Bäume, und ihre Seelentafeln, die wir für die letzten Feierlichkeiten des Neujahrsfestes mitgebracht hatten.

Das Tor war offen, denn die Diener waren vorausgeschickt worden. Große Becken mit heißem Wasser und frisch aufgegossener Tee standen für uns bereit. Die Pächterskinder verkündeten schreiend die Neuigkeit: »Die Familie des Hausherrn ist angekommen!« Die Frauen kamen unter vielen Verbeugungen zu unserer Begrüßung, und wir tranken Tee in dem großen dämmerigen Raum, der Hohen Halle, gegenüber dem Eingangstor, wo die Seelentafeln, die wir mitgebracht hatten, schon auf dem Altar standen.

Nachdem wir ausgeruht, führte mich meine Tante durch das Haus, durch die kahlen Zimmer, die nur spärlich mit großen rotlackierten Schränken und Kommoden, hohen steifen Stühlen und riesigen Baldachin-Betten möbliert waren. Ich bin nicht so spartanisch, daß ich die Stühle und Betten meiner Vorfahren dem Behagen von Polstermöbeln und Sprungfedern vorziehe. Aber ich wäre entzückt, wenn ich die Schränke meiner Tante mit den schönen glatten Wänden, den Messinghandgriffen und Türbeschlägen erben dürfte. Sie öffnete die Schränke und zeigte mir einen Schatz an Staatskleidern und Schmuckgegenständen. Festliche, über und über mit Drachen bestickte Gewänder, deren breiter, vielfarbiger Saum das Licht der Meereswogen wiedergab; da waren pu-tzu, quadratische Seidentücher für Brust und Rücken, in deren feine Seide die Insignien der Mandschu-Dynastie mit Gold- und Silberfäden eingestickt waren; Röcke aus schwerem steifem Taft, die Falten mit kleinen Blumen verziert, und weitärmelige, kurze Jacken mit breiten reichgestickten Bändern. Niemand würde jemals diese prachtvollen, schönen Kleider tragen, aber man wird sie auch nicht verkaufen oder verschenken. Man bewahrt sie in den Schränken, um sie hin und wieder einmal zu bewundern. Sie bildeten einen Teil der Familiengeschichte.

Ich betrachtete einen bräutlichen Kopfschmuck aus geschwärztem Silberfiligran und blauschimmernder Emaille, die leise abblätterte. Die Perlenquasten fehlten, aber sonst glich er genau dem Schmuck, den meine Großmutter auf dem Porträt trug, das am Ehrenplatz in der Hohen Halle hing. Meine Tante entnahm einer anderen Schublade einen runden Fächer. Auf das Papier, von der Zeit in dunkles Elfenbein getönt, war von Künstlerhand eine Berglandschaft gemalt — ein Abgrund mit einer düsteren Tanne und einem kleinen Wasserfall, der steil in den Nebel hinunterstürzt. Man konnte eine Kritzelei in »Grasschriftzeichen« und ein kleines rotes Siegel erkennen. Dritte Tante sagte: »Er gehörte deiner Großmutter. Vor vierzig Jahren hat ein berühmter Künstler ihn gemalt und seinem Freunde, deinem Urgroßvater, verehrt. Er gehört dir. Als Erste Großmutter starb, dachte sie an dich und wünschte, daß du ihn zu ihrem Gedenken aufbewahren möchtest.« Ich hatte Tränen in den Augen, als ich den Fächer in die Hand nahm. Er schien mich der lieben und klugen Frau sehr nahezubringen, die mir ihre Augen, ihre Stirn und ihre gerade, kleine Nase vererbt hatte.

Die Sonne brannte hier am Rand des Gebirges heiß hernieder. Ich stand vor den Gräbern auf dem schönen großen Rasenplatz und zerriß einige Geldscheine, die ich einen um den anderen in ein kleines Feuer fallen ließ. Zu beiden Seiten des neuen grauen Grabmals mit Großmutters eingraviertem Namen hatte ich Weihrauch angezündet und rote brennende Kerzen aufgestellt. Ich hatte mich hingekniet und mich dreimal bis zur Erde verneigt. Während ich zuschaute, wie sich das Papiergeld in der kleinen gelblichen Flamme kräuselte und langsam verkohlte, dachte ich an die Bedeutung meiner Ehrerbietung. Ich betete nicht zu dem Geist der Großmutter. Aber ich fühlte, während ich in der Kühle des späten Nachmittags stand und der Duft der Raps- und Bohnenblüten zu mir herüberwehte und die letzten Strahlen der untergehenden Sonne hinter dem Bergrand hervor schräge Lichtstreifen über das Gras warfen, eine innige Zugehörigkeit zu ihr, aus dem starken Lebensgefühl heraus, das auch sie in so hohem Maße besessen hatte. Ich war ihr dankbar für dieses Erbe, und ich vollzog diese Riten als Ausdruck meiner Dankbarkeit. Sie hätte sich darüber gefreut. Es war so, wie sie es gewünscht haben würde.

Während des ganzen Nachmittags kamen die Pächtersleute und brachten unter ehrerbietigen Begrüßungen allerlei Geschenke. Sie kamen mit Eiern und feinstem Reis, mit lebendem Geflügel, geräuchertem Fleisch und den ersten zarten jungen Erbsen. Wir ließen uns alle die guten Dinge schmecken; und nach dem Essen arbeitete der Koch mit zwei Gehilfen bis spät in die Nacht hinein, um den »tang-yuan«-Teig für den morgigen Tag vorzubereiten.

Die »tang-yuan« sind traditionell. Es sind kleine süße Klöße aus feinem Reismehl, gefüllt mit einer Mischung aus braunem Zucker, Fett, Walnüssen und Sesamsamen, der manchmal auch noch gehacktes Fleisch und eingemachtes Obst beigefügt wird. Sie werden zwei bis drei Minuten in kochendes Wasser getaucht, herausgefischt, mit Sesamöl besprengt und mit Zucker bestreut. Wir im Norden rösten sie im heißen Fett, damit sie eine zarte, knusperige Kruste bekommen. Jeder ißt sie. Jeder findet sie köstlich. Sogar Pao, der nichts Süßes mag; und Sechster Bruder stellte in Tschengtu einen Rekord auf, als er zu einer Mahlzeit achtzig der allergrößten vertilgte! Es würde fast an Verrat grenzen, wenn man zur Neujahrszeit nicht gern »tang-yuan« äße.

Es war der fünfzehnte, der letzte Tag des Neujahrsfestes, als wir auf schmalen Pfaden, durch blühende Felder, nach Pihsien spazierten. Die Sonne schien warm, und die Bienen summten geschäftig und munter. Es war Frühling, Anfang März, und die Luft weich und duftig. Die Frühnebel hatten sich verflüchtigt, der Himmel war klar, noch nicht getrübt vom weißen Dunst, der nachmittags die Berge in Äther aufzulösen schien.

Im Westen erhoben sich die Berge, in strahlender Schönheit, in reinem blendendem Weiß, scharf geschnitten wie Kristall, in ihrem Umriß in einer Klarheit, wie sie uns nur an seltenen Tagen im Jahr geschenkt wird. Über einem goldenen, von schwarz-grünen Zypressen eingerahmten Rapsfeld thronten die Berge rein und fern im leuchtenden Neuschnee, und ihr höchster Gipfel, der Minya-Koncha, wetteiferte mit dem hohen Himalaja.

Wegen der letzten Festlichkeiten, deren Höhepunkte die Drachenprozession war, blieben die Läden in Pihsien geschlossen. Durch die offenen Türen, in der höhlengleichen Dunkelheit der Häuser, sahen wir im Vorübergehen die Leute ihren »tang-yuan«-Teig ausrollen.

Bei einbrechender Dunkelheit, bei Freudenfeuern und Feuerwerk, wird der Drachen auf hohen Stangen durch die Straßen getragen werden, unter Trommeln und Pfeifen und beim Klang schriller Zimbeln. Dann wird es zur Stadt hinaus und durch die Felder gehen, damit er Wohlstand und gute Ernte bringen möge. Gegen Abend wird der Mond aufsteigen, der runde, volle Mond des fünfzehnten Tages, und ganz Pihsien wird in Hochrufe ausbrechen, den Drachen umtanzen, »tang-yuan« essen und sich freuen in der Hoffnung auf ein gutes, reichgesegnetes Jahr ...

Im Hause meiner Achten Nebengroßmutter erwarteten wir den Drachen. Wir saßen auf Bambusstühlen unter dem Dach bei der Tür. Über jedem Eingang hingen viereckige, weiß- und rotgemusterte Papierlaternen, die die Dunkelheit ein wenig erleuchteten, so daß wir unsere Gesichter wahrnehmen konnten. Wenn der Mond aufging, würde es heller sein. Von weit her kam dumpfer Trommelwirbel, der helle Klang der Zimbeln und ein vielstimmiges Gemurmel. Von Zeit zu Zeit hörte man einen seltsam zischenden Laut, gefolgt von einem lauten Schrei – eine Pause, dann »Hiss-ss-s« und der Schrei; wieder eine Pause, in der nur das eintönige Trommeln zu hören war, dann wieder das Gezisch und der Schrei. Es war fast zum Fürchten in der dunklen Nacht, ehe der Mond aufging, bei dem nur schwachen Schein der Laternen.

Aber dann, auf einmal, war die Straße voller Buben; sie rannten und schrien und sprangen vor Freude hoch in die Luft. Dicht hinter ihnen, wohl zehn Fuß über den Schultern der drängenden, stoßenden Menge, tauchte der große gehörnte Kopf des Drachen auf, Glied um Glied wälzte sich sein Körper nach. Mindestens hundert Männer trugen, nackt bis zum Gürtel, barfuß und schwitzend, das riesige Ungetüm. Diejenigen, die die Glieder trugen, schwangen sich im Tanze, fünf Schritte nach rechts, fünf nach links, hin und zurück, während sich der schöne, fürchterliche Kopf des Drachen, zwischen den brennenden Fackeln, scharlachen, purpurn, grün und golden, hob und senkte im wahnsinnigen Rhythmus der Trommeln und Zimbeln. Im Augenblick der höchsten Spannung trat eine plötzliche Stille ein, als ob alle in höchster Erwartung den Atem anhielten. Dann »Hiss-s-ss!« Funken sprühten aus den pulvergefüllten Bambusrohren in den Händen der Fackelträger, stoben umher in feurigen Kometenschweifen und fegten über die nackten Körper der Drachenträger dahin. Die Menge wich aufschreiend zurück. Der Drache krümmte und wand sich beim Hin- und Herspringen der Träger und ihren Verrenkungen im Funkenregen. Es sah aus, als würden sie gefoltert, und es gibt tatsächlich Gesetze, die den Drachentanz dieses Zuges wegen verbieten. Aber der alte Brauch hält sich. Gewiß, die Männer fühlen in ihrer Erregung nichts, und nur selten erleiden sie ernstliche Brandwunden, wenn auch hie und da Unglücksfälle vorkommen. Aber es fehlt doch nie an jungen Männern, die darauf erpicht sind, ihre Kraft zu beweisen, denn die Drachenträger sollen während eines ganzen Jahres gegen Krankheit und körperlichen Schaden gefeit sein, und durch ihre Tat wird der Wohlstand der Stadt gesichert. Mit all dem Lärm, der ihn begleitet, setzte der Drache seinen Weg fort. Der große Kopf bückte sich vor dem Stadttor, und der ganze Zug wanderte hinaus in die Felder. Wir folgten ihm nicht. Beim Licht einer kleinen weißen Laterne kehrten wir auf schmalen Pfaden im Gänsemarsch nach Hause zurück. Groß war der Mond aufgestiegen, plötzlich und schweigend zu unserer Rechten. Über die Felder kam der ferne Lärm des Drachentanzes, aber leiseren Tones als das Gemurmel des Baches unter der Brücke. Die lan-mu zeichneten ihre Schatten auf die Mauer, und die Grabhügel schimmerten silbern im Mondlicht.

Die »tang-yuan« waren fertig. Die Schüsseln mit den hoch aufgeschichteten weißen Bällen waren zu den Pächtersleuten hinübergebracht worden. Dritte Tante nahm dann zwölf kleine Silberschalen, tat in jede zwei »tan-yuan« hinein, übergoß sie mit etwas gesüßtem Wasser und legte Elfenbeinstäbchen auf jede Schale. Die Diener trugen sie in die Ahnenhalle und setzten sie auf den Altar vor die Tafeln. Zwei Schalen wurden auf das Steinpflaster vor dem großen Grab der Ching-Dynastie niedergesetzt, das außerhalb des Tores lag. Nachdem wir auf diese Weise die »tang-yuan« mit den Ahnen geteilt hatten, ließen wir uns im Hof nieder und bewunderten den Mond.

Die Nacht war frühlingshaft, still, von einer leichten Mattigkeit trotz ihrer Kühle, von einer weichen unbestimmbaren Sehnsucht. Ich saß auf der Türschwelle, ein wenig entfernt von den anderen, und ließ meinen Gedanken freien Lauf — in vagem Erinnern und Verlangen. Es fiel mir schwer, so viel Lieblichkeit allein zu ertragen, sie nicht mit Pao teilen zu dürfen. Wo er jetzt war, gab es noch keinen Frühling, dort in den finsteren Lößhügeln von Schensi. Die kahlen Äste und die zarten kleinen Zweige des Gingko und der Kräuselmyrte im Hof bildeten ein feines Gewebe vor dem Mond. Das Lampenlicht hinter den Fenstern war schwach golden und vom komplizierten Muster des Gitters überkreuzt. Draußen, vor den Toren, im sickernden Silber des Mondlichtes war alles voller Geheimnis. Ein dünner Nebel lag auf den Feldern und bildete einen blassen, spiegelnden See. Die lan-mu ragten hoch auf, silberne Schatten hinter den Grabhügeln. Hecken und Bambusgesträuch und die Weiden, die den Fluß umsäumten, alles war nebelhaft und blaß und dahinter das Nichts ... Silbernebel ohne Form, ohne Wirklichkeit.

Nichts hat sich verändert, die Zeit ändert nichts. Mein Urgroßvater blickte hinaus über diese Felder, sah, daß es gutes Land war, und kaufte es für seine Kinder. Auf Holztafeln links und rechts vom Eingangstor sind seine Verse eingeschnitten:

In den Abendnebeln, weit entfernt vom Lärm der Städte,
Unter dem Bambus, den ich gepflanzt, spiele ich meine Flöte.
Im Frieden meiner letzten Jahre, die Pflicht erfüllt,
Ruhe ich mit meinen Söhnen und den Kindern meiner Söhne
Und schreibe Verse.

Tief unter der Oberfläche der Kriegswoge ruht dieser unerschütterliche Friede Chinas. Das Vermächtnis der Ruhe. In mir spinnt der Faden des Lebens weiter, unaufhörlich, fort und fort.

Elftes Kapitel

BRENNENDES TSCHUNG-KING

Im Norden sagen wir »jeh-nao«, und in Sze-tschwan sagt man »nao-jeh«, die Silben werden versetzt, bedeuten aber dasselbe. Wörtlich übersetzt heißt es »heiß und laut« und bedeutet: viele Menschen, großer Lärm, ein vergnügtes Gewimmel, Erregung, Knallfrösche, leuchtend rote Farbe, helle Lichter und glückliche Menschen. Es ist mir nie gelungen, meinen englischen Freunden die Bedeutung ganz verständlich zu machen. Amerikaner, glaube ich, würden es eher verstehen. »A hot time« (eine heiße Zeit), sagen sie auch.

Solange das Neujahrsfest dauerte, war es auch »nao-jeh«, und als die Festtage vorbei waren, blieb die Stimmung noch stets »nao-jeh«, wenn auch etwas gedämpfter. Auch in der Großen Familie konnte es nicht anders sein; wir waren ihrer so viele. Wir gingen durch die Höfe unter den wachsamen Fenstern der ganzen Verwandtschaft ein und aus und lebten dauernd in Rufweite voneinander. Wir hatten keine Privatangelegenheiten; es war selbstverständlich, daß jede Seele von allen gekannt und von allen besprochen wurde. Natürlich geschah das nur in bester Absicht. Die Familie hielt zusammen, um den einzelnen zu beschützen. Ihr Leben basierte auf Tradition, Förmlichkeit und Fortbestand. Innerhalb der Familie wurde die Jugend in traditioneller Einfachheit und in den festgesetzten bürgerlichen Tugenden erzogen. Sie lernte sich selbst zu beherrschen, ausgeglichen, höflich und sparsam zu sein. Sie wurde nicht mit allzuviel Taschengeld verwöhnt, noch mußte sie sich zu sehr einschränken; denn der Reichtum, den meine Familie besaß, war nicht ererbt, sondern in der letzten und vorletzten Generation erworben.

Meine Familie hätte es gern gesehen, wenn ich bis zu Paos Rückkehr bei ihnen in Tschengtu geblieben wäre. Ich hätte schon zuviel »Bitternis gegessen«, meinten sie. Ich sollte ausruhen und »shua« und an meine Gesundheit denken. Sie wollten mich hegen und pflegen und mich unterhalten, damit ich mich nie einsam fühlen oder traurig sein müßte. Mit vereinten Kräften suchten sie mich zu beschützen und mir zu helfen. Sie ließen mich nie allein. Selbst als das Neujahrsfest vorüber war, wurde das Programm aufrechterhalten: Besuche von Kino, Mah-jong-Gesellschaften, Ausflüge, stets in Gruppen, immer fröhlich, aufmunternd und aktiv. Sogar aus einer Krankheit machten sie eine »nao-jeh«-Angelegenheit. Wenn ich Zahnweh hatte, gingen mindestens fünf Schwestern und Tanten mit mir zum Zahnarzt und waren rührend um mich besorgt. Wenn ich mich erkältet hatte, wurde ich ins Bett gesteckt, unter Decken und Mitleid erstickt, besucht, unterhalten und gedrängt, alle möglichen Sorten chinesischen Kräutertees zu trinken, denen eine wunderbare Wirkung nachgesagt wurde.

Zweifellos ließen sie mir die Behandlung angedeihen, die sie für sich selbst gewünscht hätten. Aber ich war es gar nicht gewöhnt, daß man mir so viel Aufmerksamkeit schenkte. Ob krank oder gesund, ist es mir unerwünscht, daß man so viel Aufhebens von mir macht. Ich habe das Bedürfnis, einmal länger allein zu sein. Aber das konnte meine Familie nicht verstehen. Sie liebten »nao-jeh«. Einsamkeit war eine Sache für Einsiedler. Dichter mit sonderlichen Ideen priesen die Freuden des einsamen Lebens in der Natur. Wer aber in aller Welt würde nicht einen fröhlichen, anregenden, verwandtschaftlichen Verkehr vorziehen? Sie kamen gar nicht auf den Gedanken, daß Mah-jong heute und Mah-jong morgen eintönig, daß die endlosen Wiederholungen der gleichen Vergnügungen schal werden könnten.

Ich war nicht unglücklich in Tschengtu, aber ich war auch nicht glücklich. Ich lebte in einem Dämmerzustand. Meine Interessen beschränkten sich auf oberflächliche Dinge, wie Kleider und Nahrung. Ich spürte kein geistiges Interesse noch Freude an Ideen oder Problemen. Ich fühlte mich gepolstert gegen das Leben. Selbst mein körperliches Empfinden schien abzustumpfen. Ich war weniger empfänglich geworden für scharfe Kälte, für den Duft und die Farben der Blumen. Wenn ich spazierenging, achtete ich kaum auf die Erde unter meinen Füßen. Das intensive Wachsein, das für mich Leben bedeutet hatte, war abgestumpft und eingeschläfert. Ich wurde mir klar, daß die Fürsorge der Familie eine verweichlichende Wirkung auf mich ausübte, und beschloß daher wegzugehen.

Dritter Onkel flog nach Tschung-king. Er mußte seiner Bankgeschäfte wegen für einige Wochen dorthin zurückkehren. Ich begleitete ihn, um ihm seinen Haushalt zu führen. Es hatte die Große Familie schon seit längerer Zeit beunruhigt, daß das Haus in Tschung-king ohne Hausfrau war. Die Leute kamen und gingen, es war eher ein Hotel als ein Zuhause. Außer Drittem Onkel war niemand da, der Anweisungen hätte geben können, und er war sehr beschäftigt und oft abwesend. Dritte Tante hatte in Tschengtu mit den dortigen Geschäften voll zu tun und konnte nicht nach Tschung-king übersiedeln; auch wenn sie Tschengtu nicht als Wohnort vorgezogen hätte. In den bürgerlichen Kreisen Chinas ist es oft üblich, daß sich die Frau um Vermögen und Besitz und alle Geldangelegenheiten kümmert. Nur in den untätigen Oberschichten, die durch ererbten Reichtum verwöhnt sind, werden die Frauen wie Puppen behandelt. Meine Tante kümmerte sich neben ihrem Haushalt, der ein Musterhaushalt war, um Ladenmieten, die Pachtverträge mit den Bauern, die Reparaturen und die Instandhaltung der verschiedenen Häuser; sie mußte in Tschengtu bleiben. Die beste Lösung sei, entschieden die Familienältesten, wenn Dritter Onkel zur Führung des Haushaltes in Tschung-king eine Konkubine nähme. Er willigte ein, aber die Konkubine erwies sich als eine faule, untüchtige Frau und für diese Stellung in keiner Weise geeignet. Um das Beste aus diesem verunglückten Versuch zu machen, schenkte ihr mein Onkel ein Landhaus, wo sie mit einer großen Verwandtschaft behaglich lebte und mit den seltenen Höflichkeitsbesuchen meines Onkels ganz einverstanden war. Daraufhin hatte er die Lust an solchen Experimenten verloren.

März, April, der 1. Mai ... Der Frühling in Tschung-king deutete schon auf den nahenden Sommer hin. In der Ferne, über dem oberen Lauf des Kialing-Flusses, stieg am Morgen eine weiße, grelle Sonne auf. Zu Mittag brannte sie schon heiß herab auf die schattenlosen, schachtartigen Höfe, und am Abend hingen Dunst und Rauch in der reglosen Luft über den sonnenheißen Dächern. Innerhalb der Stadtmauern gab es auf dem felsigen Boden der Halbinsel keine feuchte Erde, wo Bäume, Bambus oder Gras hätten wachsen können. Oft schaute ich vom Dachgarten unseres Hauses über die Dachfirste der Stadt nach den beiden Flüssen hinunter und konnte ein Dutzend Bäume zählen. Ich sah nur ein wirres geometrisches Muster von eng aneinandergedrängten, grauen Ziegeldächern, die sich der Flußebene zuneigten, breitausladende, schattenspendende Giebel über den engen Gassen, deren Straßenzüge in dem dichten Häusergewirr nicht wahrnehmbar waren. Im Osten der Halbinsel, bis nach Fu To Kuan hinauf, hatte sich noch bis vor zwanzig Jahren der größte Friedhof der Welt ausgebreitet: Morgen um Morgen des kahlen, hügeligen Landes voller Gräber, die inzwischen aber verschwunden sind. Jetzt drängt die Stadt weit über ihre früheren Grenzen hinaus, und man schaute über Gärten, Parks und ein Netzwerk neuangelegter Straßen für den Wagenverkehr.

Unser Haus stand auf der Kialing-Seite in erhöhter Lage nahe dem Rückgrat der Stadt, beim Ling Kiang Men, dem Flußtor. Die Anhöhe entlang zog sich die Tu Yu Kai, die reichste Straße, deren Geschäftshäuser höher gebaut als die Wohnhäuser waren; sie führten hinunter bis dahin, wo sich sechs- und siebenstöckige Häuser auftürmten, Wolkenkratzer für Sze-tschwan. Eines dieser Gebäude, ein schöner grüner

Steinbau, war die Bank meines Onkels. Von unserem Dachgarten konnte ich auf den Kialing hinuntersehen, der jetzt mehr Wasser führte als im Winter und beinahe so trüb war wie der Jangtse. Die strohgedeckten Boote, von Hochuan und Suining herunterkommend, glitten mit der Strömung dahin und hoben sich dunkel vom Kupferglanz des Wassers ab; die Bootsleute sangen im Takt der Ruderschläge ihre alten rhythmischen Schifferweisen. Ihr Gesang drang nur schwach herauf durch das Geschrei auf den breiten Treppenwegen, die zu der Landungsstelle führten, und den lebhaften Lärm unter den grauen Dächern am Abhang zwischen Felsen und Ufer. Über den Kialing hinüber konnte ich – über das andere Ufer hinweg, auf dessen Sandstrand Soldaten exerzierten – auf die Altstadt Kiangpeh schauen, deren Steinmauern über die Hügel kletterten. Flußauf und flußab waren die Ufer beider Flüsse mit Häusern besetzt aus weißem Gips, grauen Ziegeln oder rotem Stein. Sie drängten sich dicht an die Landungs- und Hafenplätze und folgten in doppelter Reihe der Straße, konzentrierten sich um die Geschäftszentren der Dörfer zu Knoten oder zerstreuten sich zwischen Feldern und Bäumen. So war es am 1. Mai 1939.

Meine Pflichten als Gastgeberin im Hause von Drittem Onkel waren nicht anstrengend. Die Diener kannten den täglichen Ablauf des Haushaltes viel besser als ich. Es waren acht oder zehn Dienstboten da, aber sie wechselten so häufig, daß ich mir nie ihre Namen merken konnte. Ein innerer Kreis von drei Leuten jedoch war ganz mit dem Haushalt verwachsen. Das war einmal Lao Tseng, der Haushofmeister, ein magerer, gebeugter ernster Mann mittleren Alters, verläßlich und verschwiegen. Er mietete und entließ die niederen Diener, prüfte die Abrechnungen und verwahrte die Schlüssel. Er wußte alles, was er wissen mußte: – wo man Theater- und Fahrkarten kaufen konnte, wie man komplizierte Sendungen verpackte, wo und zu welcher Stunde die Geschäftspartner meines Onkels anzutreffen waren, wer von den Besuchern gleich in den keh-tang geführt wurde oder vorerst am Tor zurückgehalten werden mußte, bis die nötigen Weisungen erteilt waren. Er entschied, wann und bei welchen Gelegenheiten Geschenke geschickt wurden. Er erkannte auf den ersten Blick, ob mein Onkel gut oder schlecht gestimmt war, und sorgte dafür, daß der Haushalt sich entsprechend verhielt. Er fürchtete niemanden außer dem Koch; wenn die beiden einmal zankten, gab Lao Tseng immer nach.

Lao Li war der Koch und ein guter, denn man sagt, daß eine schmutzige Schürze kulinarische Geschicklichkeit verbürgt und daß alle guten Köche dick wären. Wenn er für meinen Geschmack zuviel Speck und Paprika verwendete, so war das nur nach der Sitte in Sze-tschwan. Er war eifersüchtig auf seine Würde bedacht. Als ich einmal vorzuschlagen wagte, die Nudeln nur aus dem Wasser gezogen, ohne rote Sojasoße, Öl und Paprika zu servieren, so wie wir sie im Norden zu essen pflegten, schenkte Lao Li mir einen mitleidigen Blick, und zu dem Wasserkessel gewendet, murmelte er: »Gekochte Nudeln und Wasser! Sie haben anscheinend überhaupt keine Köche, die Leute aus dem Norden.« Da aber diese Küche Drittem Onkel und seinen Gästen zu behagen schien, machte ich keine Vorschläge mehr.

Die Dritte im Bunde war Hong Sao, die Haushälterin. Ihr Mann war irgendwo an der Front, und sie hatte ein achtzehn Monate altes Kind. Sie war eine gesunde junge Frau, aber herrschsüchtig und launisch, so daß die beiden Mädchen, die ihr unterstanden, jedesmal nicht länger als ein oder zwei Wochen aushielten und Lao Tseng sich stets wieder von neuem nach Ersatz umsehen mußte.

Sie trug ihr Kind, in ein viereckiges blaues Tuch gebunden, auf dem Rücken überall mit sich herum. Ohne sich im geringsten um die kleine Last zu kümmern, bewegte sie sich so heftig, daß man befürchten mußte, der kleine Kopf könnte abfallen. Aber dem Kind schien diese Behandlung durchaus zu behagen, es schrie nie und schlief friedlich trotz des hin und her baumelnden Köpfchens.

Die einzige Aufgabe, die mir die Diener überließen, war die Anordnung der Blumen. Wenn wir auch keinen Garten hatten, da auf dem unfruchtbaren felsigen Boden der Höfe nichts gedieh, konnte man doch alle Frühlingsblumen, die es in Sze-tschwan gab, auf der Straße kaufen: duftige Pflaumenblüten, weiße oder hellrote, gefüllte Pfirsichblüten, wilde Orchideen, deren durchsichtige, geäderte Blumenblättchen den Duft von Citrusfrüchten ausströmten; Rosen; »Chi-li-hsiang«, den weißen oder gelb-rötlichen »Siebenmeilenduft«, der in großen Blütenbüscheln an den Zweigen hing; tiefrote japanische Quittenblüten; blasse, lavendelblaue wilde Iris; elfenbeinfarbene Freesia. Alle Blumen wurden in flachen breiten Körben vom Land hereingebracht und für wenige Cents verkauft. Es war eine Wonne, sie in die Hand zu nehmen, feucht und frisch, und sie in großen Sträußen in blaue Vasen oder alte Bronzegefäße zu stellen und sie täglich zu erneuern, im keh-tang wie auch in den Schlafzimmern.

Es war ein unberechenbarer Haushalt. Dritter Onkel mußte seine Zeit zwischen Tschung-king und Tschengtu teilen. Zweiter Bruder schlief einmal im Haus und einmal in der Bank, wo er ein Zimmer hatte. An Wochenenden und während der Ferien waren immer eine Menge junger Leute da, meine Schwestern und Brüder und Vettern mit ihren Freunden, die an Universitäten in oder bei Tschung-king studierten. Auch Geschäftsfreunde meines Onkels, alles Sze-tschwanesen, die früher in Verbindung mit den jeweiligen Kriegsherren der Provinz gewesen, waren häufige Besucher. Von Paos Freunden sah ich keinen. Vielleicht wußten sie gar nicht, daß ich in Tschungking war, oder, wenn sie es wußten, hielten sie es für unziemlich, mich während der Abwesenheit meines Mannes zu besuchen.

Wenn in Tschung-king in diesem Frühling vielleich doch eine gewisse Unruhe zu spüren war, wurden wir uns dessen kaum bewußt. In den stillen Höfen unseres Hauses verliefen die Tage sehr ruhig. Von der Geschäftsstraße führte ein enger Durchgang zwischen hohen Mauern zu unserem Tor. Im ersten Hof wohnte die Dienerschaft. Mein Zimmer lag zwischen dem zweiten und dritten Hof. Wenn Dritter Onkel und Zweiter Bruder abwesend waren, wohnte ich ganz allein in den inneren Räumen. Hier drang der Straßenlärm nur wie leises Gemurmel herein, und ich hatte nun die Einsamkeit, die ich brauchte. Ich las, schrieb Briefe an Pao, übersetzte da und dort etwas, schaute müßig den Goldfischen in der grünen Tiefe der riesigen Sochow-Fischbecken zu, oder ich stieg hinauf zu dem Dachgarten und blickte nach den Booten auf dem Kialing und den hohen dunklen Hügeln auf dem Südufer des Jangtse hinüber. Am Abend waren häufig Gäste da, Freunde von Drittem Onkel mit ihren Frauen. An dem massiven Eßtisch im keh-tang hatten zwanzig Leute Platz, und oft war jeder Stuhl besetzt. Das Gespräch drehte sich um die steigenden Preise, um den unaufhörlichen Zustrom von Flüchtlingen nach Sze-tschwan und um Fliegerangriffe. Aber niemand war wirklich besorgt. Der Krieg war weit entfernt, am unteren Flußlauf, jenseits der Berge.

Es waren wohl Fliegerangriffe gewesen. Nicht viele. Ein paar Flugzeuge kamen gelegentlich und hatten manchmal ein paar Bomben abgeworfen, meist auf militärische Ziele, nur einmal in das Innere der Stadt. Der Schaden war nicht bedeutend. Die Regierung erließ Warnungen und Evakuierungsbefehle. Sie wurden kaum beachtet. Sze-tschwan war doch von jeher so abgelegen gewesen, so sicher hinter seinen Bergketten. Eine gewohnheitsfeste Meinung läßt sich nicht leicht erschüttern. Tschung-king f ü h l t e sich sicher. Flüchtlinge berichteten von ihren zerstörten Häusern, von brennenden Städten und fliehenden, von Maschinengewehrfeuer niedergemähten Menschenmengen. Das war in Nanking oder Tschapai oder Wutschang, weit entfernt von Sze-tschwan. Für die Bewohner von Tschung-king waren Bombardierungen etwas, das anderen Städten zugefügt wurde; sie konnten sich nicht vorstellen, daß auch ihrer Stadt Gefahr drohen sollte.

Bis die Furcht einmal richtig aufflammt, wie ein Blitzstrahl, der alles nackt enthüllt, fühlt sich jeder vom Schicksal besonders begünstigt. Was anderen auch geschehen mag, ihn selbst wird es, kann es nicht treffen. Weil ... weil er einfach außerstande ist, sich die eigene Vernichtung vorzustellen. Etwas von diesem Vorrecht überträgt er auch auf seine Umgebung. Diesem Haus, dieser Straße, dieser ruhigen wohlbekannten Stadt, wo er täglich ein- und ausgeht – ihr kann nichts geschehen. Gegen alle Vernunft und allen Tatsachen zum Trotz fühlt sich jeder einzelne unsterblich, mitsamt seiner Familie und seinem Hab und Gut, bis zu diesem aufflammenden Blitz wirklicher, tödlicher Angst.

Luftschutzräume wurden vorbereitet. Einer war am Ende unserer Straße, klein und unzulänglich gebaut. Es waren für die vielen Menschen viel zuwenig, und die Zuweisung war nicht geregelt. Die Leute gingen dahin, wo es ihnen gerade am besten paßte, so daß manche Luftschutzräume überfüllt, andere wieder leer waren. Bei Alarm herrschte in den engen Straßen solche Verwirrung und solcher Lärm, daß viele Leute vorzogen, ruhig daheim zu bleiben und zu hoffen, daß nichts geschehen werde. Wir gehörten auch dazu. Ich dachte an die Schiffsbrücke von Kweilin und die Massenangst und ging daher lieber in den innersten Raum des Hauses, in den keh-tang, so weit weg wie nur möglich von dem Geschrei und der Aufregung der Straße, und vergrub mich dort in ein Buch. Dritter Onkel bewahrte immer einen ruhigen Optimismus. Wenn er zufällig zu Hause war, blieb er ruhig an seinem Schreibtisch und setzte mit einem großen Pinsel seine kalligraphischen Studien fort. Jedes Verkrampfen oder Zucken der Muskeln würde die feinen Bogenstriche verdorben haben. Die Hand muß beherrscht, aber ganz gelöst sein, um die wunderschönen Proportionen, die abgetönten Linien der chinesischen Schriftzeichen zu formen. Durch die gleichbleibende Vortrefflichkeit der Schriftzeichen, die er während des Alarms malte, bewies Dritter Onkel seine Ruhe.

Wenn die Entwarnung ertönte, ging er gleich zur Bank, um nach dem Rechten zu sehen. Einmal begleitete ich ihn, und wir betraten die Bank durch einen kleinen Nebeneingang, denn die großen eisernen Türen blieben geschlossen, bis die Bank, gewöhnlich eine halbe Stunde nach der Entwarnung, wieder geöffnet wurde. Innerhalb der Bank bot sich ein Anblick, der in nichts dem ordentlichen ruhigen Betrieb während der Geschäftsstunden glich, und doch herrschte Ordnung und System in der scheinbaren Verwirrung. Die Diener brachten unförmige Bündel mit Bettzeug aus dem Keller herauf. Mädchen eilten mit Schachteln und Koffern und Waschbecken hin und her. Die Männer brachten die Schubladen mit den Konten, die sie wieder einordneten. Eine Amme mit einem Säugling an der Brust und einem dreijährigen Kind an der Hand schlurfte vorbei, und zwei andere versperrten die Tür mit einem überladenen Wäschekorb.

Die Angestellten wohnten nämlich alle in der Bank und bildeten eine große Familie mit Köchen, Wasserträgern und Waschfrauen. Die sechzig oder mehr männlichen Angestellten schliefen in großen Schlafsälen, die dreizehn Mädchen in einem kleineren Saal unterm Dach, und einige verheiratete Paare hatten ihr eigenes Zimmer. Jedes größere Unternehmen, sei es staatlich oder privat, ist auf diesem halb genossenschaftlichen, halb patriarchalischen System aufgebaut. Die Angestellten wählen aus ihrer Mitte Aufseher für die Schlafsäle sowie Leute, die verantwortlich sind für die Küche, für die Abrechnungen und für die Einkäufe. Für die gesundheitliche Betreuung war ein Arzt angestellt, der sein Sprechzimmer im Bankgebäude hatte. Hinter den korrekten geschäftsmäßigen Räumen blühte ein wimmelndes Gemeinschaftsleben. Man ging durch hohe Hallen, wo sich bei Schreibmaschinengeklapper und Telefongeklingel ernsthafte Geschäfte abwickelten, und trat durch die Hintertür in das lebhafte Treiben des Familienlebens von ganz erheblichem Umfang: mit hin- und hergespannten Wäscheleinen auf den Höfen, zankenden Frauen und dem fröhlichen Lärm spielender Kinder.

Während des Luftalarms strömte alles, mit Bettzeug und den wertvollsten Habseligkeiten beladen, in den Keller hinunter. Zweiter Bruder hatte die Aufsicht darüber, eine Stellung von großer Verantwortung. Auf der Suche nach ihm stiegen Dritter Onkel und ich in das Kellergeschoß und fanden Zweiten Bruder, wie er gerade die Kellerräume abschloß. Gegen die schwere Stahltür des Gewölbes (amerikanischer Herkunft, deren Kosten sich auf zwanzigtausend Dollar in Gold beliefen) wirkte er schmächtig und zart. Er wog noch nicht einmal hundert Pfund und war kaum fünf Fuß groß. Seine Hände und Füße waren so klein wie die eines Mädchens. Er hatte schwarzes welliges

Haar und sehr lebhafte Augen. Er war dauernd unterwegs, verteilte Schlüssel, unterzeichnete Quittungen, stempelte Papiere, telefonierte und erteilte laut Befehle. Während des Alarms blieb er sehr kaltblütig. Wenn alles in das Gewölbe hinunterströmte, stieg er mit einem Feldstecher aufs Dach und suchte den Himmel nach den japanischen Flugzeugen ab.

März, April, die erste Maiwoche. Die Fliegeralarme wurden häufiger, und die Regierung verlangte immer dringender die Evakuierung der Stadt. Wie in Kweilin, war fast an jedem sonnigen Vormittag um zehn Uhr Alarm. Eine leichte Spannung machte sich bemerkbar. Die Diener suchten nach allerhand Vorwänden, um für einige Zeit aus der Stadt wegzukommen — der Reis mußte umgepflanzt werden, es gab Krankheitsfälle oder eine Hochzeit in der Familie. Sie verlangten Urlaub und gingen zurück aufs Land. Aber die drei Unentwegten, Lao Tseng, Lao Li und Hong Sao, blieben da. Sie weigerten sich sogar, während des Alarms den Schutzraum aufzusuchen. Es war teilweise ihre Trägheit, teilweise ihr Verantwortungsgefühl, das bei chinesischen Dienstboten stark ausgeprägt ist. Sie mußten dableiben und sich um Haus und Eigentum ihres Herrn kümmern; Diebe nutzten die Zeit des Alarms aus. Wir hätten es nicht von ihnen verlangt. Im Gegenteil nötigten wir sie zu gehen, aber sie wollten nicht.

Am 1. Mai flog Dritter Onkel nach Tschengtu. Ich begleitete ihn zum Flugplatz, ohne daran zu denken, wie der Anblick des großen Silbervogels auf dem gelben Sand mich in Erinnerungen an den Abschied von Pao überwältigen würde. Ich war blind und halb erstickt von zurückgedrängten Tränen. Als ich nach Hause kam, stürzte ich mich mit wahrer Wut in die Arbeit, um der verzweifelten Verlassenheit und Sehnsucht nach Pao Herr zu werden. Dritter Onkel hatte alles meiner Obhut anvertraut. Ich beschloß, alle wertvollen Gegenstände zu verpacken und wegzuschaffen — Bücher, Gemälde, Pelze, seine Antiquitätensammlung —, denn er würde mehrere Monate wegbleiben. Und im Unterbewußtsein, kaum wahrnehmbar, meldete sich immer mehr die Besorgnis wegen der Fliegerangriffe. Ich hatte keine Angst, fand es aber vernünftig, Vorsichtsmaßnahmen zu treffen. Die Sachen waren in der Bank besser aufgehoben. Natürlich waren die Stahlkammern schon gestopft voll, aber wir waren bevorzugt, für unsere Sachen mußte eben Platz gemacht werden. Ich begann die Bücher zu verpacken.

Zwei Tage später hatten wir einen Angriff. Ich war mit den Dienern allein, und wir blieben, wie gewohnt, zu Hause. Die Flugzeuge kamen, wir hörten das dumpfe Dröhnen der Motoren direkt über uns. Sie flogen sehr hoch, sie flogen vorbei... Man hörte das Krachen von Explosionen, und unsere Fenster erzitterten heftig. Bomben! Und so nahe, innerhalb der Stadt! Hong Sao und ich starrten uns über die Bücherkiste hinweg ungläubig an. Es konnte nicht wahr sein. Eine Luftströmung mochte den Schall verstärkt haben, in Wirklichkeit waren sie weit weg. Wir warteten gespannt in der Stille der Stadt, durch die andrängende Angst, die wir fühlten, keines Wortes mächtig; mit jeder Minute wuchsen unsere Zweifel. Sicherlich war der Angriff viel weiter weg, als es schien. Was für ein Ziel war denn auch in der Nähe?

Plötzlich ein scharfer Pfiff auf der Straße. Ich rannte mit den Dienstboten zum Tor, um zu sehen, was es gab. Leute vom Unfallkommando kamen mit Tragbahren vorbei. Überall drängten sich die Menschen an den Türen und unter die Vordächer, schauten und fragten: »Wo?« Gleich da drüben, in der nächsten Straße. Die Tragbahren kamen zurück – eine Frau mit blutverklebtem Haar, ein totes Kind, von Schrapnells zerissen, noch andere ... Ich hatte genug gesehen. Ich ging zurück ins Haus. Das Telefon läutete, Zweiter Bruder rief von der Bank aus an: »Ist bei euch alles in Ordnung?«

»Gleich die nächste Straße ...«

»So nahe! ... Sie flogen zu hoch, um richtig zielen zu können. Wahrscheinlich hatten sie es auf den Flugplatz abgesehen; in der Stadt gibt es ja kein Bombenziel; was nützt es ihnen schon, einen Haufen Häuser zu zerschmettern? Es muß ein Irrtum gewesen sein. Du bist beim Packen? Ich werde dir einige Männer schicken, die die wichtigsten Sachen holen. Schicke alles, was du gepackt hast. Es könnte ja doch noch mehr – Unglücksfälle geben.«

Den ganzen Nachmittag packte ich mit Hilfe der Diener, und wir schickten mehrere Körbe mit den Schätzen meines Onkels hinüber. Den keh-tang hatte ich so ziemlich abgetakelt, aber vieles blieb zurück – die Winterkleider, die Teppiche, noch viele Bücher, meine und Paos Sachen. Die anderen Zimmer hatte ich noch kaum berührt. Aber am Abend war ich völlig erschöpft durch die Hitze, diese erstickende, drückende Hitze von Tschung-king. Es war für diese Jahreszeit schon viel zu heiß. Das Land war ausgedörrt und staubig; und doch war die Luft schwer von Feuchtigkeit, die sich erstickend über die Höfe herabsenkte und das Atmen erschwerte. Ich stieg zum Dachgarten hinauf, aber auch hier war die Luft schwül und bewegungslos wie in einem fensterlosen Raum. Die Sonne war untergegangen, aber die große Masse der grauen Dächer strömte fast sichtbar die Hitze aus. Der Himmel war kupferfarben und glich einem dichtaufsitzenden, am Horizont festgeschraubten Deckel. Im Osten stand der Mond in einem rauchigen violetten Dunst, ein schwerer mißgestalteter Mond, dem noch drei Tage zur völligen Rundung fehlten. Ich schaute über die Stadt und konnte eigentlich keine Spuren des vormittäglichen Angriffs erkennen. Von einem höheren Punkt aus hätte man wohl Lücken bemerkt, aber von dieser geringen Höhe aus schien die Linie der Dächer unversehrt wie zuvor.

Aus der Tiefe des Treppenaufgangs tauchte der Kopf von Lao Li auf, und er verkündete: »Der Tisch ist gedeckt.« Ich ging hinunter in den keh-tang, wo er an einer Ecke des riesigen Eßtisches mein Essen aufgetragen hatte. Obwohl die Türen nach dem inneren Hof offenstanden, war keine Kühle und kein Lufthauch zu spüren. Das grelle Licht der unabgeschirmten elektrischen Lampen schien die Hitze wie in einem Brennpunkt zu sammeln. Dieser sonst so freundlich anmutende Raum mit den schönen Bildrollen und den frischen Blumensträußen machte einen unbewohnten Eindruck: die kahlen Wände, die in einer Ecke zusammengeschobenen Sessel, eine halbgepackte Kiste mitten im Zimmer und die herumliegenden Dinge, die noch eingepackt werden sollten. Und am trostlosesten wirkte der große leere Tisch mit dem einen gedeckten Platz ...

Am nächsten Morgen stand ich, kaum ausgeruht nach einem dumpfen Schlaf, früh auf und packte eine Kiste mit Paos Büchern, die ich später zur Bank brachte. Es war geflaggt. Dieser Tag, der 4. Mai, war ein bedeutungsvoller Tag für die chinesische Jugend. Sie feierte das Wiedererwachen des chinesischen Nationalbewußtseins, das im Jahre 1919 Schüler und Studenten gegen die »Einundzwanzig Forderungen« aufstehen ließ, die China den Japanern gebunden und geknebelt ausgeliefert hätten. Bis auf ein paar ältere Männer – Schriftsteller und Revolutionäre – war sich niemand dieses Verrates bewußt gewesen. Nur die Jugend hatte sich erhoben und verteidigte ihr Geburtsrecht. Boykott, Aufruhr, Propaganda – sie benutzten jede Waffe, derer sie habhaft werden konnten, und das ganze Volk erwachte und unterstützte sie. Und jetzt, während des Krieges, da unsere Freiheit mehr denn je bedroht war, erhielt der »Tag der Jugend« erneute Bedeutung.

Wegen der vereinzelten Bombeneinschläge von gestern herrschte eine seltsame, aus Aufregung und Gleichgültigkeit gemischte Stimmung. Die Vorbereitungen für den »Tag der Jugend« wurden unverändert fortgesetzt. Es wurden Tagungen und Versammlungen der verschiedenen Jugendorganisationen abgehalten. Am Abend sollte die Parade mit Laternen und Fackeln stattfinden. Die Läden waren offen, und die Leute gingen wie gewöhnlich ihren Geschäften nach. In der Tu Yu Kai-Straße waren wunderschöne Dinge zum Verkauf ausgestellt, und auf den Regalen waren die Waren hoch aufgetürmt. Hier herrschte, im Gegensatz zu Kweilin, keinerlei Besorgnis. Aber unserem Tor gegenüber wurde ein Auto mit Gepäck vollgestopft, und Rikschas, mit Haushaltungsgegenständen beladen, verließen die Stadt. In der Bank war mir Zweiter Bruder behilflich, die Bücherkisten unterzubringen. Zweiter Bruder, der noch nie Fliegerangriffe gefürchtet hatte, machte ein bedenkliches Gesicht: »Natürlich war es ein unglücklicher Zufall und dürfte sich kaum wiederholen, aber ... es wäre vielleicht doch besser, wenn du nach Ta Er Woh hinauszögst.« Ta Er Woh war ein kleines Landgut; es lag, über Fu To Kuan hinaus, etwa zehn Meilen von Tschung-king entfernt. Die Bank besaß dort Vorratshäuser für Waren, die sie als Geldanlage gekauft hatte, und ein kleines Haus, in dem der Verwalter wohnte. Dort würden nie Fliegerangriffe zu erwarten sein, es lag so weit entfernt von allen strategisch wichtigen Punkten – ein eingefriedeter Garten auf einem waldigen Hügel, der von Reisfeldern umgeben war. Dort würde man sicher sein. So dachte Zweiter Bruder im Mai 1939 ... Jetzt waren die umliegenden Felder von Bombenkratern durchlöchert, ein Krater gähnte mitten im Garten, die Föhren waren zersplittert und die Gebäude halb zerstört. Bei Alarm raste alles in die Unterstände ... Ich erwiderte, daß ich es nicht für nötig hielte, die Stadt zu verlassen. Wenn es schlimmer würde – aber in Nanju hatte es nach dem einen Angriff nur noch blinden Alarm gegeben. Die Flugzeuge waren nie wieder gekommen. Auch in Kweilin war es so gewesen. Ich konnte abwarten.

Als wir aus dem Gewölbe heraufkamen, hörten wir, daß es »ching-pao«*, Fliegeralarm, war. Es war ungefähr zehn Uhr, die Zeit, in der man Alarm erwartete. Ich blieb noch in der Bank, wenn ein Angriff erfolgen sollte, war ich hier gut aufgehoben – mit sieben Stockwerken über mir, um eine Bombe aufzuhalten, und darunter noch das Gewölbe, das in den harten Felsen gehauen war, auf dem Tschung-king liegt. Ich frühstückte mit den Bankbeamten und wartete mehrere Stunden.

Heute verlief die Sache nicht programmäßig. Meistens verging nach der ersten Warnungssirene, die den Einflug japanischer Flieger in die Provinz meldete, kaum eine Stunde, und die Sirenen heulten wieder, um Vollalarm oder die Entwarnung anzuzeigen. Aber an diesem Tag verging nach dem ersten warnenden »kung-hsi« Stunde auf Stunde ohne ein weiteres Signal. Um zwei Uhr schien alles ganz normal zu sein. Die Leute gingen durch die Straßen, die Läden hatten wieder geöffnet. Ich dachte an die viele Packerei, die zu Hause noch auf mich wartete. Es schien sinnlos, noch länger zu warten.

Es war ein schwüler Tag, mit einer weißen, blendenden Sonne. Vorüberfahrende Autos – jetzt schon mehr, und alle

* ching-pao: da pao: eine Glocke oder einen Gong schlagen; ching-pao: Lärm machen, Alarm.

mit Gepäck beladen – wirbelten dicken Staub auf. Der übliche Verkehr schien die Straße zu beleben, aber doch war eine leichte Unruhe zu verspüren. Von Zeit zu Zeit überlief die Menschen eine Welle des Unbehagens. Ich betrat einen Laden und kaufte ein Stück Seife: »Haben wir eigentlich noch Alarm oder nicht?« fragte ich den Verkäufer. »An der Sirene ist etwas nicht in Ordnung«, meinte er. »Natürlich ist der Alarm abgeblasen; wann hätte er je mehrere Stunden gedauert? Die Leute sind nervös wegen gestern, das ist alles. Eben rannte ein Mann vorbei und schrie Ching-pao! und die ganze Straße rannte mit. Wahnsinn. Ohne jede Vernunft. In einer Minute schon wußten sie, daß nichts los war, und beruhigten sich wieder. Natürlich waren Flieger da, aber sie sind wieder abgeflogen – Kampfflieger, keine Bomber. Am Südufer, hinter den Bergen, kam es zu einem kleinen Gefecht mit unseren Fliegern. Für heute ist alles vorbei, Sie können beruhigt sein.«

Es war wohl am vernünftigsten, nicht mehr darüber nachzudenken und weiterzuschaffen. Zu Hause angelangt, fuhr ich fort, zu sortieren und zu packen. Paos Wintermantel hatte einen muffigen Geruch; ich hing ihn im Hof über einen Stuhl zum Lüften. Alle Schuhe hatten von der feuchten Hitze einen leichten Schimmelüberzug bekommen; ich rieb sie sauber und stellte sie zum Trocknen auf. Dann packte ich meine Hochzeitsgeschenke zusammen, die feingestickten Decken und die Seidenstoffe, die ich von meiner Familie bekommen hatte. Von Stunde zu Stunde wurde die Hitze unerträglicher. Um fünf Uhr unterbrach ich meine Arbeit und zog mich auf mein Zimmer zurück, um etwas auszuruhen. Eine halbe Stunde später wurde ich durch Hong Sao gestört, die den Drücker des Lichtschalters ohne Erfolg auf- und abschnappen ließ.

»Die Glühbirne ist ausgebrannt«, meinte ich. Aber warum wollte sie eigentlich das Licht einschalten ... es war noch heller Tag ... »Nein, Dritte Herrin, ich probierte im Badezimmer, und dort brannte es auch nicht, überhaupt im ganzen Haus.« Sie sah verängstigt aus.

Ich ärgerte mich über ihre Angst, um so mehr, als ich sofort mit einem Angstgefühl reagierte, mit einem unvernünftigen

Aufblitzen physischen Entsetzens, ehe der Verstand wieder die Oberhand gewann. Es gab genug Gründe, weshalb der Strom unterbrochen sein konnte, und gleich fiel mir auch ein: »Sie reparieren die beim gestrigen Angriff beschädigte Leitung, natürlich, daher kommt es. Wir hängen wohl an derselben Leitung wie die nächste Straße.« Und beide vergaßen wir, daß ja das Licht gestern abend gebrannt hatte. Hong Sao gab sich mit der Erklärung zufrieden und verließ das Zimmer. Erst später kam mir zum Bewußtsein, daß sie, zum erstenmal, das Baby nicht auf dem Rücken trug – es war zu heiß – vielleicht.

Ich döste weiter. Zehn Minuten vergingen, dann, sehr schwach und von weit her, hörte man die Sirene, einen einzigen Ton, jäh unterbrochen. Hätte ich nicht im Unterbewußtsein schon den ganzen Tag gelauscht – etwas in mir war in Alarmbereitschaft –, würde ich es kaum gehört haben, so undeutlich war es und so weit weg. Ich hielt den Atem an – Gefahr oder Entwarnung? Stille. Ein einziger Sirenenstoß bedeutete: Ende. Es war vorbei. Lao Li kam mit einem erleichterten Lächeln herein: »Es ist vorbei, die Leute kommen aus den Bunkern heraus. Ich werde das Nachtessen auftragen, Dritte Herrin.«

Ich reckte mich und setzte mich auf, strich mein feuchtes Haar zurück, streckte meine Füße in leichte Pantoffeln, rutschte lässig vom Bett herunter und schlenderte nach dem keh-tang hinüber. Zu dieser späten Nachmittagsstunde lag der Hof halb im Schatten; es war an der Zeit, die Sachen hereinzuholen, die ich zum Lüften hinausgetragen hatte, Paos Mantel, die Schuhe. Im selben Augenblick, als ich mich nach den Sachen bückte, fernes Brummen, ein Dröhnen ... Ich richtete mich steif auf. Der Ton schwoll zu dem schweren, schleifenden Donner eines rasch laufenden Motors an – ein startender Wagen? Oder ... ich drehte mich um, ich wollte zum Tor gehen, ich wollte mich vergewissern ... Ich kam bis zum zweiten Hof. Das Donnern hatte sich verdoppelt, der Himmel war eine donnernde Erschütterung. Ich sah nach oben ...

Ein Blick – Flugzeuge! Die Bomben, schon ausgelöst,

schwarz in der Luft, dicht hinter den Maschinen, fielen herab. Ich flog, rannte, wie noch nie in meinem Leben durch die Zimmer, durch den dritten Hof, riß Paos Mantel an mich und warf ihn mir über den Kopf, in den keh-tang und mit einem Sprung unter den großen Tisch. Dann kam, den Donner zerreißend, ein fürchterliches zischendes Aufheulen, ein splitterndes, rasendes Krachen – Erdbeben – Finsternis . . .

Aus diesem Moment der Verwirrung und des Chaos heraus fühlte ich nur, wie sich alle meine Sinne in dem Brennpunkt der Freude konzentrierten: Ich lebe! Es ist vorbei, und ich lebe! Ich glaube, ich sagte es laut: »Es ist vorbei, ich hatte Glück, es geschah mir nichts, ich lebe!« Ich kann mich genau erinnern, daß im Moment der Explosion mein Mund weit offen stand – nicht, weil man mich vor der Gefahr des Luftdruckes gewarnt hatte, sondern einfach, weil ich zu betäubt war, um ihn zu schließen. Ich hatte mich zusammengekauert und auf die Holztäfelung der gegenüberliegenden Wand gestarrt. Und plötzlich – Finsternis . . .

Dann, im nächsten Augenblick überflutete mich Angst, eine überwältigende Angst. Ich würgte. Ich konnte nicht atmen, Mund und Nase waren voller Staub. Das Haus war zusammengestürzt. Ich war unter dem Tisch begraben – lebendig begraben. Alles war dunkel, das Dach und die Wände waren eingestürzt. Das Haus war über dem Tisch zusammengebrochen, und der Tisch hatte standgehalten, und ich war darunter – eingemauert . . .

Ich hielt den Atem an und warf mich gegen den Wall meines Gefängnisses, ich stieß und riß an den gesplitterten Holzwänden und dem Schutt. Die Mauer wankte; ich setzte meine ganze Kraft dagegen und brach durch. Unter herabrollenden Steinen kroch ich aus dem Schutt. Ziegelbrocken regneten auf mich herunter. Es handelte sich nur um Sekunden. Blindlings, die tastenden Hände vorgestreckt, stolperte ich vorwärts über die Trümmerhaufen. Ich konnte nichts sehen; die Luft war nichts als dichter schwarzer Staub. Staub knirschte unter meinen Augenlidern, und dicker Staub erstickte meinen Atem. Hustend und halb ohnmächtig lief ich durch den Seiteneingang zum zweiten Hof, tastete mich an der Mauer entlang und vermied so instinktiv den tiefen Krater in der Mitte: »Lao Tseng, Lao Li, Hong Sao«, schrie ich, »seid ihr da? Lao Li! Lao Tseng!«

Aus dem scharzen Wirbelwind tönte ein antwortender Schrei: »Dritte Herrin! Hier durch — bleiben Sie an der Wand!« Lao Lis Stimme. Ich stolperte in die Richtung der Stimme, und seine Hand bekam meine Hand zu fassen und führte mich: »Sind Sie heil? Ist Ihnen etwas geschehen? Lao Tseng und Hong Saos Baby sind verschüttet. Wir müssen sie herausholen. Hong Sao und ich waren vorn beim Tor.« Lao Li begann verzweifelt zu graben; ich fiel neben ihm auf die Knie und versuchte ebenfalls in den Trümmern zu wühlen. Durch den staubigen Dunst hörte man, ganz aus der Nähe, Hong Sao schreien, schreien nach ihrem Kinde. Wir riefen wieder und wieder nach Lao Tseng, aber es kam keine Antwort. Wir gruben verzweifelt, hoffnungslos, wir wußten, es war vergebens.

Der Staub lichtete sich, wir konnten einander undeutlich sehen. Ich blickte über die Schultern zurück, an dem Krater vorbei, nach den inneren Räumen. Durch die Schwärze des langsam aufsteigenden Staubes züngelten gelbe, zuckende Flammen. Brandbomben! Lao Li sah es: »Dritte Herrin, gehen Sie fort«, drängte er, »wir können Lao Tseng und das Baby nicht retten, sie sind tot.« Ich schüttelte den Kopf und grub noch verzweifelter, mit beiden Händen, in den Trümmern.

»Dort! Am Tor!« Die dreistöckigen, leichtgebauten Holzhäuser, die zu beiden Seiten unseres schmalen Durchgangs zur Straße standen, waren brennende Türme, aus denen hohe Flammen schlugen. Hong Sao, von dem Feuerschein grell beleuchtet, warf die Arme hoch und lief schreiend davon; wir sahen sie nie wieder. Lao Li schrie nochmals wild nach Lao Tseng und sagte verzweifelt: »Er antwortet nicht! Wir können nichts mehr tun! Dritte Herrin, kommen Sie!« Wir rannten durch das Tor. Hohe Flammen loderten über unseren Köpfen, als wir durch die Straße rasten. Dann, ein splitterndes Krachen; das Gebäude auf unserer rechten Seite bog sich, schwankte und stürzte in brennenden Trümmern auf das Tor hinunter, durch das wir eben gerannt waren. Diese ganze Straßenseite war ein Flammenmeer. Wir blickten uns um, entgeistert. Dann rannte Lao Li nach einer Seite davon, und ich nach der andern. Ich wollte nach der Bank.

In allen Straßen brannte es, und der Boden war mit zerbrochenen Ziegeln und Trümmern übersät. Telefondrähte lagen in unentwirrbaren Haufen am Boden. Die Telegrafenstangen brannten aufragend wie lodernde Kreuze oder quer über die Straße gefallen. Leise dröhnten die abfliegenden Flugzeuge, ihre Arbeit war getan. Ich bemerkte Menschen um mich herum, verstummte, betäubte, niemand sprach ein lautes Wort. Kleine Gruppen standen schweigend in den Toreingängen oder kauerten auf den Türschwellen, den Kopf in die Hände vergraben. Leute, die auf einem Abendspaziergang überrascht worden waren, hatten sich unter die Vordächer der verschonten Häuser geduckt, ihre Augen waren erloschen wie die Augen Toter. An einer Straßenecke starrten die Menschen in den leeren Himmel hinauf. Polizisten standen mit geladenen Revolvern da, um Plünderungen zu verhüten. Gleichgültig sahen sie an mir vorbei. Ich muß ausgesehen haben wie ein Geist oder ein Teufel mit grauem Staub in Haaren und Kleidern, zerzaust, mein Gesicht eine graue starre Maske unter dem verkrusteten Schmutz. Niemand sprach mit mir, bis mir weiter unten ein Schutzmann einen Umweg zeigte, Tu Yu Kai war nicht passierbar, eine Feuerhölle.

Ich brauchte eine Stunde, bis ich auf immer neuen Umwegen durch steile Gäßchen und unbekannte Straßen die Bank erreichte. Die Sonne war untergegangen und der Himmel klar und opalfarben. Alles war sehr ruhig, bis auf den von allen Seiten kommenden knisternden, sausenden Ton der Flammen. Der Eingang der Bank und die Garage waren vollgestopft von Menschen, Hunderten von zusammengepreßten Menschen. Sie sprachen im Flüsterton, als ob sie fürchteten, der Klang ihrer Stimmen könne die Flugzeuge zurückrufen. Neben all den gebrechlichen Läden aus Holz und Mörtel bot der solide, fast feuerfeste Steinbau der Bank den Leuten eine Zuflucht. Der Schutzmann, der am Seiteneingang stand, kannte mich und führte mich ins Haus, wo wir in völliger Dunkelheit durch die Gänge und die Treppen hinuntergingen. Meine tastenden Hände berührten warme Kleider, warmes Fleisch, und ich konnte den Geruch der aneinandergedrängten Körper wahrnehmen. Wir drängten uns durch die unruhige Menge, deren leises, undeutliches Gemurmel rund um uns weiterging. Über das Gewölbe verbreitete das letzte Tageslicht noch einen schwachen Schimmer. Man hatte zusammengerollte Decken als Schutz gegen Bomben- und Steinsplitter zwischen die vergitterten Fenster gestopft, obwohl sie vom Luftdruck einer Explosion in der näheren Umgebung doch eingedrückt worden wären. Aber die verbrauchte Luft war zum Ersticken unerträglich, und so hatte man hier und da die Decken wieder entfernt. In dem schwachen Licht konnte man nichts als viele, viele Köpfe wahrnehmen.

Ich rief nach Zweitem Bruder, und meine Stimme klang erschreckend laut durch die raunende Stille. Er bahnte sich einen Weg durch die vielen Leute und zog mich zu einem Fenster. Ich faßte ihn beim Ärmel und wollte ihm erzählen, aber ein plötzlicher Tränenstrom und ein würgender Schmerz in meiner Kehle machten es mir unmöglich. Es war ein hysterisches Weinen, das mich unter Schluchzen und wildem Herzklopfen erzittern ließ. Ich hatte vorher nicht geweint, nicht in dem schwarzen, wirbelnden Staub des zusammengestürzten Hauses, nicht in unserem brennenden Hof, und nicht, als ich durch die totenstillen Straßen eilte, wo nur das Sausen der Flammen zu hören war. Aber jetzt, bei der vertrauten Berührung von Zweitem Bruders Rockärmel, schluchzte ich und konnte nicht mehr aufhören. Ich sagte: »Das Haus ist dahin. Lao Tseng ist umgekommen.« Und wir weinten zusammen und suchten einander zu trösten.

Dann holte ich tief Atem und lachte fast dabei, bat um Tee und mußte mich auf den Boden setzen, denn ich zitterte vor Erschöpfung. Zwischen kleinen Schlückchen lauwarmen Tees erzählte ich, was sich ereignet hatte. Die Bankangestellten umdrängten mich, und man sah in dem trüben Licht nur das Weiß ihrer Augen. Ich beantwortete ihre Fragen – wie es in den

Straßen aussah, wo es brannte. Sie waren alle im Keller gewesen, wo sie nur das gedämpfte Krachen der explodierenden Bomben hören, aber nichts sehen konnten. Die Bank war telefonisch gewarnt worden, und alle hatten den Keller rechtzeitig erreichen können.

Aber die Sirenen? Manche behaupteten, es sei im Laufe des Tages drei- oder viermal Alarm gegeben worden; andere hatten überhaupt nichts gehört. Ein Defekt in der Alarmanlage? Nachlässigkeiten der diensttuenden Männer? Es waren alles nur Vermutungen. Zweifellos war der eine kurze Sirenenschrei um fünf Uhr vierzig, den wir für eine Entwarnung gehalten hatten, der Beginn eines »ching-pao« gewesen, der durch das unerwartet rasche Erscheinen der Flugzeuge gleich abgeschnitten worden war.

Inzwischen war es dunkel geworden. Im Mondlicht waren die verschlossenen Fenster nur als grauweiße Flecken zu erkennen. Da und dort wurden chin-yu-Lampen angezündet, denn es gab keinen elektrischen Strom. In dem Gewölbe war es erstickend heiß. Die Flugzeuge mußten längst weg sein, wenn auch keine Entwarnung gekommen war. Die Mutigsten wagten sich zur Erkundung auf die Straße. Alle Telefondrähte waren heruntergerissen; wir waren völlig abgeschnitten. Zweiter Bruder und ich gingen mit einer flackernden chin-yu-Lampe in das Hauptbüro hinauf und setzten uns auf eine Bank gegen die Wand. Dieser Raum war nicht so überfüllt, manche Leute waren weggegangen. Nur die eine winzige Lampe auf dem Pult verbreitete ein wenig Licht, und der Strahl des blassen Lichtkegels vermochte kaum fünf Meter weit in den riesigen Raum zu dringen. Ich hatte großen Durst; die Angst und der Staub hatten meine Kehle ausgetrocknet. Die Wasserleitung war zerstört, und das kostbare Naß, das in Tee- und Thermosflaschen noch vorhanden war, nahm rasch ab. Man mußte sich zurückhalten, durfte nur ganz wenig in die Tasse füllen, mußte langsam schlürfen und höflich darauf bestehen: »Es ist genug, es ist genug«, während man doch am liebsten die ganze Kanne in einem Zug ausgetrunken hätte.

Plötzlich kam wieder eine Menge Leute hereingestürzt: »Die

Flieger! Die Flieger kommen zurück!« In heller Panik raste ich die Treppe hinunter, warf mich zwischen den Decken auf den Boden und vergrub mich ganz hinein. Dort kauerte ich mit so wild klopfendem Herzen, daß ich kaum noch atmen konnte, bis die erstickende Hitze unter den Decken unerträglich wurde. Ich kroch heraus, wischte den Schweiß mit dem Saum meines shan vom Gesicht und sah mich um, stellte Fragen. Niemand hatte die Flieger gehört. Aus der überreizten Angst war ein wildes Gerücht entstanden, eines der vielen dieser Nacht.

Um zehn Uhr erklommen Zweiter Bruder und ich die sieben Treppen bis zum Dach. Von dieser Höhe aus konnten wir ganz Tschung-king überblicken. Es war ein Anblick von erschreckender Schönheit. Feuer strömte in langen Wimpeln und Fahnen herauf, vom Luftzug der leichten Abendbrise ein wenig hin und her geweht. Aus der Tiefe wurden die Flammen durch die wirbelnden Rauchsäulen wie mit schlagenden Flügeln heraufgepeitscht. Wir schauten nach Ling Kiang Men, wo unser Haus gestanden hatte. Dort breitete sich ein Flammenmeer aus, aus dessen bewegter Oberfläche eine feurige Brandung aufstieg. Am Jangtseufer, weit draußen, schossen aus einem Petroleumtank helle gelbe Flammen gen Himmel, höher als die Berge jenseits des Flusses. In allen Richtungen brannte es; wir konnten das ferne dumpfe Brausen hören. Die Luft roch nach Rauch, und es regnete Schlacke und Asche auf uns herab.

Kein Feuer war so nahe, daß es das Bankgebäude bedroht hätte – hoch über der brennenden Stadt stehend, schauten wir hinunter in diese Pracht der Zerstörung. Über uns, an dem milchweißen Himmel, schwamm der nun fast volle weiße Mond. Ich war, durch die seelischen Erschütterungen erschöpft, nicht mehr fähig, Mitleid oder Entsetzen für die Armen zu empfinden, die in den brennenden Straßen gefangen waren. Später erfuhr ich die vielen Tragödien dieser Nacht; ich sah die Leute in den Ruinen graben und fing ihre Worte auf: »Meine Frau kam um – meine Kinder – mein Mann«, und ich konnte meine stumpfe Gleichgültigkeit nicht mehr begreifen.

Ich konnte nicht mehr empfinden; jede Gemütsbewegung ging unter in einer unermeßlichen körperlichen Müdigkeit. Ich kam die Treppe herunter, hielt mich am Geländer fest, um nicht zu fallen, und bemerkte plötzlich, daß ein Gewicht auf meinem linken Arm lastete, etwas Schweres, Warmes, das ich schon lange mit mir schleppte. Es war Paos Mantel... Vor Stunden – vor Jahren – hatte ich ihn an mich gerissen, als ich durch den Hof raste, und hatte mich nun die ganze Zeit über, ohne es zu wissen, daran geklammert. »Pao« ... ich formte das Wort ganz automatisch, es war ein Name, es hatte keine Bedeutung. Ich war so entsetzlich müde. Ich legte mich zum Schlafen auf eine der Holzbänke und knüllte den Mantel zu einem Kopfkissen zusammen. Die rauhe Wolle rieb an meiner Wange. Ich drehte einen Knopf zwischen meinen Fingern herum und versuchte, mir Pao zu vergegenwärtigen, seine Augen, seinen Mund, seine Stimme. Aber unter meinen geschlossenen Augen wurde jede Erinnerung an ihn durch die Bilder springender, züngelnder Flammen verdrängt. Ich weinte, geschwächt und weil er mir entschwunden war und ich mir sein Bild nicht zurückrufen konnte.

Durch das große Büro gingen die Leute dauernd ein und aus; sie kamen von der Straße herein, stiegen zum Dach hinauf, um Umschau zu halten, und kamen wieder herunter. Ich konnte nicht schlafen, aber dämmerte vor mich hin, war mir jedoch des Ablaufs der Zeit ganz bewußt, jeder Minute, jeder Sekunde, die sich langsam wie ein Alptraum hinschleppte. Ich hörte sie sprechen: »Vollmond ist schlimm – Nachtangriffe – das Feuer zeigt den Fliegern den Weg.« Auf einmal waren wieder viel mehr Menschen da, und alle schrien: »Es gibt wieder einen Angriff, die Flieger kommen wieder!« Zweiter Bruder rüttelte mich: »Flieger! Wir gehen hinunter ins Gewölbe.« Aber selbst Angst bedeutete mir nichts mehr. Ich wollte nicht mitgehen.

Der Raum war nun sehr ruhig, leer und dunkel, denn bei der Meldung eines Angriffs hatte man die kleine Lampe gelöscht. Vielleicht schlief ich jetzt ein. Um zwei Uhr morgens wurde ich von einem der Mädchen geweckt: »Wir gehen alle weg. Die Japaner kommen bei Tagesanbruch zurück, und dieses Mal wollen sie die Stadt völlig zerstören. Hunderte von Fliegern. Sie sagen, der Sender von Tokio habe es durchgegeben — sie wollen Tschung-king bombardieren, bis kein Stein mehr auf dem andern bleibt. Wir gehen alle weg.«

»Wohin?«

»Ta Er Woh. Wir haben uns beraten, und es wurde so beschlossen.«

Ich zögerte: »Aber das Gewölbe ist doch sicher genug.«

»Aber kein Stein auf dem andern ...«

Die Angestellten versammelten sich in der Halle. Sie trugen ihre Wertsachen in kleinen Bündeln mit sich; einige hatten Decken bei sich. Zweiter Bruder sagte: »Ich habe das Gewölbe abgeschlossen. Steh auf und komm mit!« Wenn alle weggingen, konnte ich nicht allein zurückbleiben. So nahm ich Paos Mantel an mich und ging mit den andern auf die Straße. Die Türen wurden hinter uns geschlossen.

Die Bank wurde von allen Angestellten verlassen. Wenn der Schutzmann und zwei oder drei Diener dablieben, taten sie es freiwillig; niemand verlangte es von ihnen. Es mag wie Wahnsinn aussehen, diese übereilte, plötzliche Flucht aller verantwortlichen Leute. Es war Wahnsinn. Aber alle waren fest überzeugt, daß Tschung-king vor Sonnenaufgang völlig zerstört werden würde — kein Haus würde stehenbleiben, kein menschliches Wesen am Leben. Sie flohen vor der sicheren Vernichtung. Später, nach vielen Monaten, nachdem Tonnen auf Tonnen von Sprengkörpern über Tschung-king abgeworfen worden waren — dieses schmale, felsige Eiland hat mehr Bomben erhalten als irgendein Ort der Welt —, waren wir nicht mehr so leichtgläubig.

Durch die Straße, halb vom Mond beschienen, halb im Schatten bewegte sich ein einziger riesiger vorwärts drängender Menschenstrom. Unter schweren Lasten keuchend, Bündel und Decken schleppend, mit baumelnden Körben an den Enden ihrer Schulterstangen, zogen sie vorüber. Sie kamen mit Babys auf den Rücken gebunden, mit Babys auf den Armen. Familien mit einer Schar Kinder, die sich an den Händen hielten, um beieinanderzubleiben. Alte Frauen mit Stöcken, die mühsam auf ihren kleinen gebundenen Füßen davonhumpelten. Junge Frauen, von denen manche hochschwanger waren. Junge Männer und Buben, die sich rascher einen Weg durch die langsame Masse bahnten, Blinde, bei der Hand geführt. Alle vorwärts drängend mit dem gleichen Ausdruck der Angst in den Gesichtern, keuchend, mit offenem Mund und verzerrten Zügen.

Das weiße Mondlicht wurde von einer fahlen Röte am Himmel übergossen. An Straßenkreuzungen konnte man in lodernde Flammenmeere hinuntersehen. Die Gesichter, die alle vor Entsetzen und Grausen gebannt nach einer Richtung starrten, wurden von grellem, rotem Feuerschein beleuchtet. Der Menschenstrom schwoll an wie ein von Nebenflüssen gespeister Fluß. Auch einige Rikschas sah man. Da und dort schob sich ein Auto mit abgeblendeten Scheinwerfern und grellem Hupen durch die dichte Menge. Das weiche Schlurfen der vielen, vielen Füße glich dem Rauschen eines fernen Regens. Staub wirbelte auf und hing wie Nebel im Mondschein. Ganz Tschung-king schien auf der Flucht zu sein.

Dann gelangten wir auf die Landstraße über dem Jangtse. Hier war die Straße in den Felsen eingehauen. Links fielen die Felswände senkrecht hinunter, und rechts stieg die aufgemauerte Straßenböschung steil wie eine Wand empor. Als ein schmaler Sims zog sich die Straße über dem Fluß hin. Unter uns konnte man die vom Mondlicht silbern überflutete Ebene des Flugplatzes sehen. Plötzlich brachen aus dem dumpfen Gemurmel Rufe und wilde Schreckensschreie hervor: »Ching-pao!« »Die Flieger kommen!« Verzweiflung übermannte sie, die gefangen waren zwischen den abstürzenden Felsen und den steilen Böschungen. »Ching-pao!« gellte es von allen Seiten. Die Leute warfen ihre Bündel weg und liefen davon. Die Männer waren wie die Tiere, wie in die Flucht geschlagenes Vieh. Die kleinen älteren Frauen mit ihren gebundenen Füßen wurden roh zur Seite gestoßen. Verlorene Kinder schrien nach der Mutter und Mütter nach ihren Kindern. Meine Schuhe fielen mir von den Füßen; ich wagte nicht, mich danach zu bücken. Ich ging barfuß weiter. Ich fürchtete mich nicht vor dem Fliegerangriff, ich fürchtete mich vor dem Wahnsinn des

Schreckens um mich. Es war noch tausendmal schlimmer als auf der Brücke von Kweilin, die Angst hatte einen viel höheren Grad, und ich, allein, ohne Pao, schrie: »Zweiter Bruder, wo bist du?« Aber ich konnte ihn in dem Gedränge und dem Aufruhr nicht finden. Ich mußte weiter, es gab kein Halten. »Ching-pao!« Der Ruf stachelte die Leute an. Wenn eine Sirene geheult hätte oder Bomben explodiert wären, wir hätten es kaum gehört in diesem Höllenlärm.

Eine Meile weiter, da wo die Straße zwischen niedrigen Hängen vom Fluß abbiegt, stand Zweiter Bruder und wartete auf mich. Wir faßten uns an den Händen und liefen, die Straße verlassend, auf Seitenwegen über die Hügel. Die Bäume warfen samtdunkle Schatten. Der Mond zeigte uns die Richtung. Ich ging auf dem kurzen Gras neben dem Weg; es war kühl und für meine zerschundenen Füße eine Wohltat. Lange stiegen wir aufwärts, ehe wir die Anhöhe erreichten. In der Nähe von Fu To Kuan, wo sich die Halbinsel zwischen den beiden Flüssen verengt, setzten wir uns nieder, um auszuruhen. Tschungking war aus der Ferne ein riesiges Freudenfeuer. Im Osten verblaßte der Himmel und nahm die leicht widerliche, schillernde Farbe eines Fischbauches an. Ich saß da und rieb meine Füße und versuchte nachzudenken. Eine Angst, ein vager beunruhigender Gedanke kam mir, nur halb bewußt, in den Sinn, aber ich versuchte vergeblich, mir darüber klarzuwerden.

Es war sieben Uhr und ganz hell. Ein neuer heißer Tag brach an, als wir endlich das kleine Dorf Ta Er Woh erreichten. Ein Teehaus war offen und machte glänzende Geschäfte. Kochendes Wasser sprang im Bogen aus der Schnauze des Teekessels in unsere Tassen. Ich trank aus, ohne den Tee erst ziehen zu lassen, so heiß, daß es die Kehle hinunter brannte, und ich bat um immer mehr. Mein ganzer Körper war durstig. Hatte es je eine Zeit gegeben, wo man nicht durstig, nicht müde war? Wir erklommen die nächste Anhöhe und kamen zu dem Haus, das der Bank gehörte. Neben den Vorratshäusern stand ein kleines Backsteinhaus, in dem der Verwalter mit seiner Familie wohnte. Unsere Gruppe bestand aus vierzehn Mädchen und neununddreißig Männern; die übrigen Bankangestellten waren in ihren eigenen Häusern oder bei Bekannten untergekommen. Oben im Haus stand ein Bett in einem kleinen Zimmer zur Verfügung. Dieses Zimmer wurde den Mädchen zugewiesen. Die Verwaltersfrau brachte uns etwas heißes Wasser, und als ich an die Reihe kam, wusch ich mein Gesicht und meine geschwollenen, blutenden Füße. Dann legten sich alle zum Schlafen hin, sieben auf das Bett, die andern auf den Fußboden. Ich schmiegte mich in Paos Mantel, vergrub den Kopf in den rauhen Falten und schlief wie tot auf dem harten Fußboden.

Die Sonne brannte heiß auf das Tal herunter, durch das sich die Straße zwischen den Hügeln hinzog. Ich saß lustlos auf der Verandatreppe und überblickte die Straße. Die zwei Stunden Schlaf hatten mich kaum erfrischt, aber die furchtbare Hitze unter dem Ziegeldach hatte mich aus dem überfüllten, luftlosen Raum vertrieben. Die Straße unten war ein vorwärts kriechendes Band dunkelgekleideter Menschen, wie ein Ameisenzug, der sich stetig, zielbewußt und unentwegt dahinwälzte. Wo die Straße zwischen den Hügeln heraustrat und zu überblicken war, sah man diesen wimmelnden endlosen Strom. Da war er wieder, wie ich ihn schon so oft gesehen hatte, der Strom der Flüchtlinge – die Frauen mit den Kindern, die Bündel, die Schulterjoche, die unter Lasten gebeugten Rücken. »Straßen von China«, fragte mein Herz, »werden über euren Staub immer die Füße der Fliehenden, der Vertriebenen, der Schwachen, der Unterdrückten gehen? Unbarmherzige Straßen unter der glühenden Sonne . . .«

Paos Mantel lag neben mir auf der Treppe; gedankenlos strich ich darüber hin. Und auf einmal war Pao bei mir – klar, deutlich sah ich ihn vor mir. Ich konnte seine Stimme hören, ich sah, wie sich seine Lippen bewegten. Pao war mir wieder gegenwärtig. »Suyin!« Ich hörte, wie er meinen Namen aussprach. Damit wurde ich aus meiner Teilnahmslosigkeit gerissen. Aus der unbestimmten Angst, die immer am Rand meines Bewußtseins lauerte, blitzte ganz plötzlich eine Erkenntnis auf. Pao wird Nachrichten haben. Er wird von der Bombardierung hören; er wird vor Angst um mich außer sich sein.

Ich muß ihn benachrichtigen. Er wird versuchen, unser Haus telefonisch zu erreichen, und das Haus ist nicht mehr. Er wird auf der Bank anrufen; es wird läuten und läuten in dem leeren, verschlossenen Büro, und niemand wird da sein, der Antwort geben könnte. Ich muß ihn irgendwie erreichen und ihm sagen, daß ich heil geblieben bin. Niemand sonst, keiner von Paos Freunden weiß, wo ich bin. Wenn er nichts von mir hört, wenn er erfährt, daß das Haus durch einen Volltreffer vernichtet wurde, muß er denken ... Er wird etwas Übereiltes tun! Ich bebte innerlich bei dem Gedanken, Pao an der Front könnte sein Kommando hinwerfen und, der Disziplin vergessend, alles im Stich lassen, um meinetwegen nach Tschung-king zu kommen, oder, wenn er die Hoffnung aufgibt, wird er ...

Ich sprang auf. Ich mußte zurück nach Tschung-king und ihm ein Telegramm schicken, sofort. Ich suchte Zweiten Bruder und fand ihn, im Schatten eines Baumes sitzend; vor sich hindösend rieb er sich die Arme und schlug nach den Mücken. Ich sagte ihm, daß ich in die Stadt zurückginge. Hier in der Nähe gab es weder Telefon noch ein Telegrafenbüro.

»Aber ganz Tschung-king steht in Flammen«, wandte er ein, erstaunt über mein Vorhaben. »Sicherlich ist das Telegrafenamt auch zerstört, und auch die Leitungen.

»Es gibt doch Radio«, meinte ich.

»Aber wie willst du hinkommen? Du wirst keine Rikscha auftreiben können, sie kommen alle hierher.«

»Ich werde zu Fuß gehen.«

»Es sind dreißig Li.«

»So weit kann ich gehen.«

»Es ist kein Mensch in der Bank, alle sind fort. Und die Flieger werden zurückkommen. In dieser hellen Mondnacht werden sie zu Hunderten kommen. Sie werden in Wellen kommen, Tag und Nacht, bis Tschung-king dem Erdboden gleichgemacht und kein Mensch mehr am Leben ist. Und du wirst mitten hineingeraten.«

»Ich muß aber ein Telegramm abschicken«, beharrte ich. »Pao hat bestimmt von dem Angriff gehört. Ich muß ihn wissen lassen, daß ich lebe.«

Zweiter Bruder suchte es mir auszureden; er beschwor mich und wurde schließlich wütend über meinen Starrsinn. »Was nützt es dir, wenn du getroffen wirst, während du Pao telegrafierst, daß du lebst?«

Aber zuletzt, als er einsah, daß mein Entschluß feststand, gab er mir sein einziges Paar Reserveschuhe (wenn ich sie über dem Knöchel festband, paßten sie ganz ordentlich), vierzig Dollar und die Schlüssel zur Bank. Nachdem ich Tee getrunken und eine Schale Reis gegessen hatte, machte ich mich auf den Weg. Alle suchten mich von meinem Vorhaben abzubringen und schüttelten betrübt den Kopf über meine Hartnäckigkeit, als ich den Hügel hinunterging in der heißen Glut der Sonne.

Der ganze Weg bis zur Stadt führte gegen den Strom. Kein Mensch sonst ging nach Tschung-king. Die Leute starrten mich neugierig an, daß ich, Paos Mantel auf dem Arm, zurückkehrte. Ich begann zu zweifeln und mich zu fragen, ob wirklich alles ganz zerstört sein würde, wie Zweiter Bruder mir versichert hatte. Ich wurde auch ein wenig ängstlich, aber aus lauter Eigensinn wollte ich nicht umkehren. Einmal schlug ich die falsche Richtung ein und kam auf der Kialingseite der Halbinsel heraus. Die Stadt kam, von einer Rauchwolke bedeckt, in Sicht. Ich ging weiter. Es wurde Mittag. Mit jeder Stunde wurden Staub und Hitze schlimmer. Ich war sehr durstig. Bald darauf sah ich in den Vorstädten die ersten Ruinen, wo Spreng- und Brandbomben gefallen waren. Ich ging weiter, immer weiter. Gegen drei Uhr nachmittags kam ich zu dem Y.W.C.A., wo Freunde von mir wohnten. Die Gartentür war offen, und ich ging durch den Garten. Das ganze Anwesen lag verlassen da. Die Haustür gab nach, als ich die Klinke drückte. Ich betrat die Halle und rief, aber es kam keine Antwort. Ich durchstöberte die Zimmer, fand in einer halbleeren Thermosflasche etwas Wasser und trank es aus, aber mein Durst war noch nicht gelöscht. In der Toilette stand ein Krug mit etwas Wasser, kein Trinkwasser, denn es war nicht abgekocht, aber ich konnte mir damit Staub und Schweiß vom Gesicht waschen. Es war nichts Eßbares da, obschon ich alles durchsuchte. Als ich das Haus verließ, begegnete ich einem verschlafenen, übellaunigen Torhüter, der mich mißtrauisch anstarrte. Ich bat ihn um Wasser, aber er schüttelte abweisend den Kopf und gab mir keine Antwort.

Ich ging weiter. Ich war nun schon mehrere Stunden unterwegs. Paos Mantel wurde sehr schwer. Meine Arme begannen zu schmerzen, obwohl ich den Mantel immer von einem Arm auf den anderen nahm. Meine Kehle war rauh von dem beißenden Rauch, der Asche und dem Staub in der Luft.

Es brannte immer noch, und ich mußte Umwege machen. Die Wasserleitungen waren zerstört, und die Feuerwehrleute suchten das Feuer mit dem Wasser, das man in Kübeln die Hunderte von Treppenstufen vom Fluß herauftrug, zu bekämpfen. Ich begegnete den Rettungstrupps, mit weißen Schürzen über ihren Uniformen und steriler Gaze über Nase und Mund. Elektriker in blauen Overalls bemühten sich, die dichtverschlungenen Telefondrähte zu entwirren. Ich kletterte über umgestürzte Telegrafenstangen, bahnte mir einen Weg durch die Haufen zerbrochener Ziegel, ging durch schweigende Straßen mit den verrammelten Läden, die noch unbeschädigt, aber trotzdem verlassen waren, und gelangte endlich zu der Bank, in die ich, dank Zweiten Bruders Schlüssel, eintreten konnte.

Drinnen war es etwas kühler, aber die durch verschlossene Fenster und Türen gefangene Luft war schal und verbraucht. Das Hauptbüro lag groß und verlassen da. Ich ging auf Zehenspitzen über den polierten Marmorboden und fürchtete mich beinahe vor dem Klang meiner eigenen Schritte. Kein Mensch! Ich war die erste, die zurückkam. Ich ging durch alle Büros auf der Suche nach Wasser. In einem Privatbadezimmer, neben dem prächtigen Büro des Direktors, fand ich Wasser in einem Krug; gekocht oder nicht, ich trank es aus. Dann entdeckte ich, daß noch etwas Wasser in der Leitung war, es lief, als ich den Hahn aufdrehte. Sofort zog ich mich aus und wusch mich von Kopf bis Fuß. Es war wunderbar! Es war das Köstlichste, was ich seit dem gestohlenen Bad, damals auf der Reise nach Kweilin, erlebt hatte. Ich schüttelte den Staub aus meinem shan, wusch meine Unterwäsche in dem Becken, wrang sie aus, schwenkte sie durch die Luft, bis sie etwas getrocknet war, und zog sie wieder an. Als ich fertig war und mein Haar gekämmt, fühlte ich mich erfrischt und fähig, mich wieder auf den Weg zu machen.

Das Telegrafenamt lag in der übernächsten Straße. Es war nicht zerstört; aber es war unmöglich, durch die Menge der Menschen hineinzukommen; alle wollten sie Telegramme an Freunde und Angehörige schicken. Ich stand am äußersten Rand der Menge und wartete, es konnte Stunden dauern. Es wurde schon dunkel. Kurz darauf erschien am Fenster eine Bekanntmachung: Heute werden keine Telegramme mehr angenommen. Kommt morgen nach Huang Chia Ya Kou. Das Büro wird verlegt. Man konnte lernen, Fatalist zu werden.

Die Menge zerstreute sich, und ich war plötzlich wieder allein in dem von rauchiger, schwelender Glut erfüllten Zwielicht. Rasch eilte ich durch die unbeleuchteten Straßen zur Bank zurück. Ich hätte gern etwas gegessen, aber es gab nirgends ein offenes Speiselokal. Es war mir gleichgültig, denn ich war nicht wirklich hungrig. Aber ich schwankte beim Gehen, wie betrunken vor Müdigkeit. Ich war nicht mehr fähig, geradeaus zu gehen. Ich glaubte an eine Sinnestäuschung, als ich beim Näherkommen einen schwachen wandernden Lichtschein hinter den Fenstern der Bank erblickte; aber als ich hereinkam, sah ich, daß es der Schutzmann war und zwei Diener, die zurückgekommen waren. Es war ihre chin-yu-Lampe, die ich gesehen. Sie hatten schon ihre Abendmahlzeit gehalten; es war nichts für mich übriggeblieben, aber sie brachten mir eine Kanne Tee. Sie breiteten ihre Decken im Hauptbüro auf dem Boden aus. Ich tastete mich zu dem Empfangsraum durch, wo ich es mir auf dem riesigen Plüschsofa bequem machte. Es war sehr breit und sehr weich, aber leider von Wanzen bevölkert. Als ich jedoch die Entdeckung machte, war es viel zu spät, um etwas dagegen zu tun. Ich war auch viel zu erschöpft, um noch einen anderen Schlafplatz zu suchen.

Ich deckte mich mit Paos Mantel zu. Er roch nach Staub und Kampfer, aber es haftete ihm auch noch ein leiser, unbestimmbarer Geruch von Pao an. Ich schnupperte daran wie ein Hund, und es tat mir wohl. Ich rieb meine Hand an der rauhen Wolle; es war so, als ob ich ein ganz klein wenig Pao berührte, und ich begann zu schluchzen. Ich hatte nichts gerettet als diesen Mantel. Ich weinte beim Gedanken an unsere verbrannten Heiratsurkunden, die kleine Uhr, die mir Pao geschenkt hatte, an die Bibel mit meinem Namen und dem Datum der Hochzeit auf der ersten Seite ... dann riß ich mich zusammen, sagte mir, es sei töricht über irgend etwas zu weinen, da ich doch das unglaubliche Glück gehabt hatte, lebend herauszukommen, und so schlief ich ein.

Am nächsten Morgen wurde ich schon früh vor Hunger wach. Die Diener schliefen noch, in ihre Decken eingerollt; der Schutzmann war fort. Es war noch zu früh für das Telegrafenamt, aber ich machte mich auf den Weg in der Hoffnung, etwas für mein Frühstück zu finden. Die Straßen waren noch leer, bis auf die Arbeiter, die die Trümmer wegräumten. Kein Laden war offen. Ich ging um die Bombenkrater herum und um die Tümpel, die durch Wasserrohrbrüche entstanden waren und auf denen aufgedunsene Rattenleichen schwammen.

In einer Straße mit blinden leeren Häusern, in der, so weit man sehen konnte, alle Haustüren fest verrammelt waren, traf ich auf einen alten Mann, der auf der Straße an einem Tisch saß, wie sie oft von ärmeren Händlern benutzt wurden, um darauf ihre Waren auszustellen. Er rauchte eine drei Fuß lange schlanke Bambuspfeife, schlürfte Tee und aß ko-kuei – runde flache Weizenkuchen, die auf einem Grill gebacken werden. Hinter ihm hatte man zwei Bretter von der Haustür heruntergenommen, und durch die Öffnung erschienen jetzt zwei jüngere Männer und ein paar Kinder, die noch mehr Tee und ko-kuei herausbrachten, und alle begannen ihr Frühstück zu verzehren. Ich blieb stehen und lächelte: »Hättet ihr wohl ein bißchen Tee und etwas zu essen übrig? Ich kann keinen offenen Laden finden.«

Der alte Mann sprang sofort auf, lächelte und verbeugte sich: »Aber gewiß, gewiß.« Sie brachten mir einen kleinen Hokker, der alte Mann spülte eine Tasse aus, goß Tee ein und reichte sie mir sehr förmlich, mit beiden Händen. Eine Frau kam heraus und brachte noch mehr Kuchen. Die ko-kuei waren warm und knusperig, aber ein wenig zäh. Ich aß zwei davon und trank meinen Tee. Sie stellten mir keine Fragen, sie behandelten mich als ihren Gast, nötigten mich zum Essen, zu einer weiteren Tasse Tee, und gaben mir von den Kuchen mit auf den Weg. Von einer Bezahlung war gar nicht die Rede. Sie teilten mit mir, was sie hatten. Sie waren freundlich und zuvorkommend, und als ich mich bedankte, verbeugten wir uns mehrere Male voreinander. Es waren gewöhnliche Kulis, mit nacktem Oberkörper, verblichenen Baumwollhosen und Strohsandalen. Aber ihre Gastfreundschaft war fürstlich.

Es war noch weit bis Huang Chia Ya Kou, und ich war noch immer sehr müde. Als ich ein Drittel des Weges zurückgelegt hatte, verschwendete ich sechs Dollar an eine Sänfte. Die Preise waren übersteigert, aber es gab kein Handeln, alle Transportmittel waren sehr knapp. Beim Telegrafenamt mußte ich mich wieder am Ende einer langen Reihe anstellen. Ich wartete drei Stunden und konnte dann zwei Telegramme abschicken, eines an Dritten Onkel in Tschengtu, um ihm zu sagen, daß Zweiter Bruder und ich heil geblieben waren, das Haus aber zerstört sei; und eines an Pao: »Unversehrt, in Sicherheit, gehe nach Tschengtu, nicht ängstigen, Suyin!« Ich seufzte vor Befriedigung, als ich das Telegramm zum Schalter hineinreichte und bezahlte. Es würde Paos Angst um mich beruhigen. Ich stellte mir vor, wie die Worte mit Blitzeseile durch die Drähte flitzten. Spätestens heute nacht würde er wissen ... Es dauerte siebenundzwanzig Tage, ehe Pao mein Telegramm erhielt ...

Inzwischen waren Zweiter Bruder und zwei Angestellte zur Bank zurückgekommen. Ein Lastwagen würde sie am Abend wieder nach Ta Er Woh zurückbringen. Jedermann hatte bei Vollmond Angst vor Nachtangriffen. Sie wollten mich überreden, mit ihnen zurückzukehren, aber ich zog die luftige, stille Halle in der Bank dem Lärm und der drangvollen Enge in Ta Er Woh vor. Am Abend waren einige Speiselokale geöffnet worden; mit ihren kleinen chin-yu-Lampen oder Papierlaternen sehen sie aus wie Dorfwirtshäuser. Man konnte Tee und kochendes Wasser bekommen, und Händler mit tragbaren Holzkohleöfchen klapperten mit Löffeln und Schüsseln, zum Zeichen, daß sie mien* zu verkaufen hatten. Eine Stunde vor Mondaufgang gingen wir in die Stadt, um zu essen. Wir trugen Fakkeln, meterlange Stücke alter Schiffstaue aus gezwirnten Bambusfasern, die eine klare helle Flamme geben.

Als die anderen nach Ta Er Woh zurückgefahren waren, ließ ich das letzte Wasser aus der Leitung laufen, badete und tastete mich in der Dunkelheit nach dem Empfangsraum und meinem Plüschsofa hinüber. Aber als ich mich daraufsetzte, ertönte ein ärgerliches Grunzen, gefolgt von einem Ausbruch wüsten Geschimpfes, und unter mir bewegte sich etwas. Entsetzt über die Berührung mit nacktem, schwitzendem Fleisch sprang ich auf und ergriff ohne ein Wort die Flucht. Offensichtlich war der Nachtwächter, der sicherlich auch die Wanzen eingeschleppt hatte, zu seinem gewohnten fürstlichen Nachtlager zurückgekehrt. Ich machte ihm seine Rechte nicht streitig, sondern stieg zu dem Schlafraum der Mädchen unterm Dach hinauf. Zweiter Bruder hatte mir alle Schlüssel zurückgelassen. Ich trat ein und suchte im Schein des Mondes nach einem Schlafplatz. Die meisten Betten waren bis auf die Kokosmatten leer, aber auf einem Bett fand ich noch eine Decke und legte mich hin. Es war nicht so üppig wie das Sofa, erwies sich aber frei von Ungeziefer.

Wir schrieben den 15. Mai. Über der schwer getroffenen Stadt, die, abgesehen von der trüben Röte einiger noch schwelender Brände, unbeleuchtet war, schwamm der volle Mond, rund und makellos wie eine Perle. In den Dörfern und Marktflecken des freien China freuten sich die Menschen über das Frühlingsmondlicht. Sie ruhten sich in der abendlichen Kühle aus, und in jedem Haus wurden Weihrauchstäbchen und rote Kerzen angezündet. Der Vollmond wurde dort noch nicht gefürchtet.

Von weit her kam ein undeutlicher wirrer Lärm, es klang wie Geklapper und dumpfe Gongschläge. Erschrocken sprang ich auf: »Ching-pao?« Wenn die Sirenen versagten, konnte jeder unerklärliche Lärm eine Warnung bedeuten. Ich ging aufs

* mien: Brötchen, Brot, Backwerk.

Dach und lauschte. Das leise Gemurmel von Trommeln und Gongs kam aus allen Richtungen, aussetzend, zurückweichend, dann wieder näher kommend und wieder ferner. Aufblickend sah ich, daß die runde Mondscheibe an einer Seite eine Kerbe aufwies, wie ein glattgerundeter Biß – Verfinsterung. Der Himmelshund nagte am Mond, und in der ganzen Stadt schlugen die Leute auf Waschbecken und Teekessel und klapperten mit Holzstäbchen, um ihn zu verscheuchen. Ich sah zu, wie der Schatten langsam über den Rand des Mondes glitt, bis die Silberscheibe wieder rund und vollkommen war und die Stadt schweigend im weißen Lichte lag. Der Mond war gerettet. Wenn nur alle Gefahren, die uns vom Himmel her drohen, so leicht zu zerstreuen wären!

Am nächsten Tag suchten Zweiter Bruder und ich die Stelle auf, wo unser Haus gestanden hatte. Der ganze Distrikt war zerstört, gänzlich ausgebrannt, eine Wüste aus Trümmern und Staub. Die schwelenden Feuer verbreiteten Hitze und Rauch, und dort, wo Wasserleitungen leckten, kräuselten zwischen den heißen Steinen kleine Dampfsäulen auf. Nur im Grundriß noch konnten wir unser Haus wiedererkennen. Die Höfe, das viereckige Muster auf der Erdgeschoßdecke, das die Zimmer markierte, das alles sah in dem hellen Sonnenlicht seltsam klein aus. Von dem feinen ausländischen Sprungfederbett meines Onkels war nur noch ein Haufen verbogener Eisenstangen übriggeblieben, und ein geschmolzener, grünlicher, mit Asche verschmierter Glasklumpen war der ganze Rest seines glasgedeckten Schreibtisches. Wunderbarerweise waren die beiden großen Suchau-Fischbassins im oberen Hof ganz unversehrt geblieben; die Fische mußten lebendig darin gekocht worden sein. Zwischen einem Haufen zerbrochener Ziegel, an der Stelle, wo Onkels Studierzimmer gewesen war, stand eine Reihe Bücher, scheinbar ganz intakt, aber bei Berührung zerfielen sie zu Asche, die von einem warmen Windhauch davongetragen wurde. Von dem massiven Büchergestell geschützt, mußten sie erst ganz zuletzt, nachdem das Haus schon zusammengestürzt war, verbrannt sein. Im Dienstbotenhof, wo Lao Li und ich zwischen den herabgestürzten Balken gegraben hatten, lagen verstreut nur noch ein paar Steine. Das Feuer hatte alles sauber ausgebrannt.

Und dann, am dritten Tag, ereignete sich etwas Wunderbares – Tschung-king wurde wieder lebendig. Es war herrlich, Zeuge dieser Auferstehung einer Stadt zu sein. Plötzlich war die stumme Betäubung des Schreckens gebrochen; Stimmen wurden laut und schallten fröhlich durch die Straßen; man hörte wieder Gelächter. Die Läden wurden wieder geöffnet. Groß und weithin sichtbar prangten Plakate mit Aufschriften: »Verkauf wie gewöhnlich«, »Wehrt Euch bis zum Letzten!«, »Je öfter wir bombardiert werden, um so stärker wird unser Widerstand!«, »Frische Eier direkt aus Tokio!« – das letzte mit der rohen Skizze eines Flugzeugs, das Bomben abwirft, denn »tan« kann im Dialekt dieser Provinz sowohl Eier als auch Bomben bedeuten. Die Leute kamen zurück. Auch die Bankangestellten waren wieder da, und man einigte sich, die Schalter von sieben bis zehn Uhr vormittags zu öffnen, dann mit Lastwagen nach Ta Er Woh zu fahren, um dort die Buchhaltungsarbeiten zu erledigen. Bis der Bankdirektor, der während der Angriffe verreist gewesen, wieder zurückkam, war alles wieder in Ordnung.

Um vier Uhr hallten die Straßen wider von dem Geschrei der Zeitungsjungen, die aufgeregt einher rannten und ein Zeitungsblatt verteilten, das fast nur aus Titelzeilen bestand. Es war die erste gemeinsame Ausgabe der Tageszeitungen Tschungkings, deren Büros ausgebrannt waren. Sie hatten die Reste der Drucklettern und Druckerpressen aus den Trümmern zusammengesucht und dieses eine Blatt gedruckt. Die Buben warfen den Leuten das Blatt zu, oft ohne auf Bezahlung zu warten, so voller Eifer waren sie, das Wiedererstehungswunder der Zeitung zu verkünden.

Die Evakuierung war jetzt in vollem Gange, nicht mehr die übereilte, kopflose Flucht jener ersten Nacht, sondern ein stetiger Auszug Tausender von Familien. Die Regierung hatte seit Monaten gegen eine Mauer von Gleichgültigkeit angekämpft und immer wieder gemahnt. Es wurden für die Flüchtlinge und Ausgebombten Omnibusse, Lastwagen und Privatautos zur

Verfügung gestellt, um sie aufs Land zu bringen. Hilfsstationen wurden eingerichtet, wo die Opfer der Katastrophe zu essen bekamen. Es wurden Pläne für den Wiederaufbau gemacht, die breite Feuergassen zwischen den Häusern vorsahen, um die Ausbreitung des Feuers zu begrenzen. Jeder dachte an das »nächste Mal«. Niemand gab sich mehr einem falschen Sicherheitsgefühl hin, man bereitete sich vernünftigerweise auf kommende Ereignisse vor.

An diesem Abend hatten Zweiter Bruder und einige Angestellte sich erboten, in der Bank zu bleiben, während die Mädchen nach Ta Er Woh zurückfuhren. Ich war allein in dem Dachschlafraum. Ich ließ meine Blicke über die stille dunkle Stadt schweifen. Hin und wieder wanderte eine hellbrennende Fackel durch die Straßen. Der Mond stieg auf, so riesig, so weiß, so deutlich das Land enthüllend, und leuchtete den japanischen Fliegern über die Berge von Sze-tschwan. Zwischen den blassen, mondbeschienenen Flüssen glich Tschung-king nach dem Brand dem Gerippe einer Stadt, eine deutlich sichtbare, dunkle Zielscheibe. Ich betrachtete den Mond und haßte ihn, diesen unbeirrbaren weißen, verräterischen Scheinwerfer. Ich konnte mir jetzt vorstellen, daß er ein unfruchtbares, in das Weltall hinausgeschleudertes, lebloses, lichtloses, die Sonne nur reflektierendes Bruchstück war. Alles, was Dichter und Liebende in ihm zu sehen glaubten, war Illusion. Es war nicht mehr der Mond, den ich geliebt, der goldene Mond von Nanju, der silberne, verschleierte Mond von Pihsien ...

In dieser Nacht hatten wir den ersten Nacht-»ching-pao«. Wir hatten sowohl ersten als auch zweiten Alarm, aber die Flieger mußten abgedreht haben, denn die Stadt wurde nicht bombardiert.

Tschung-king war noch immer eine Stadt der Trauer, aber sie war nicht mehr in der Erstarrung des Schreckens befangen. Die Evakuierung ging weiter. Bei den Aufräumungsarbeiten kamen immer wieder Tote zum Vorschein. Man sammelte sie und begrub sie in Massengräbern. Die offizielle Schätzung gab sechs- bis achttausend Tote an, aber niemand wußte genau, wie viele umgekommen waren. Immer wieder hörte man: Meine

Mutter – mein Kind – meine Frau – vermißt seit dem Angriff vom 4. Mai –. Familien, die einander in der allgemeinen Panik verloren hatten, suchten sich; alle Verbindungen waren unterbrochen. Viele, die geflohen waren, trauten sich aus Angst vor weiteren Bombardierungen nicht in die Stadt zurück. Jedermann fragte: Waren sie umgekommen? Leben sie noch? Die Zeitungen veröffentlichten die Namen der Toten und Vermißten. An den noch stehengebliebenen Mauern sammelten sich die Menschen und lasen die Namen dieser Listen. Ausrufer gaben unter Gongschlägen die Namen der verlorenen Kinder bekannt: Fu Tseng Pao, drei Jahre alt, hört auf seinen Namen; Lui Mai-Mai, zwei Jahre alt, trägt ein silbernes Medaillon mit Namen... Ich glaube, nur wenige dieser Kinder wurden je gefunden – die Eltern warteten von Tag zu Tag, und die Hoffnung schwand.

Eine einzige Woche – sieben Tage – schuf eine neue Art zu leben. Ich konnte mich kaum noch an eine andere Existenz erinnern; oder ich dachte daran wie an eine Geschichte, die ich einmal gelesen hatte, an Gebräuche und Bilder, die meiner eigenen Erfahrung ganz fernlagen. So war es, als ich eine Woche nach dem Luftangriff nach Tschengtu zurückkam, weniger eine Rückkehr als eine Ankunft in einer seltsamen und fremden Stadt. Ich brauchte Tage, bis ich die zerrissenen Fäden der Zusammenhänge wieder verknüpfen, bis ich Abstand zu den Ereignissen dieses furchtbaren Zwischenspiels gewinnen konnte. Als ich in einer Rikscha durch Tschengtu fuhr, hätte ich vor Glück weinen können beim Anblick der Schönheit einer unversehrt gebliebenen Stadt. Die Läden zu beiden Seiten der breiten Straße hatten so gute Dächer, so ordentliche Mauern und Fenster, und die Straßen selbst waren so sauber, ohne Schutt, ohne Bombenkrater. Eine bombardierte Stadt ist unordentlich, ein halbzerstörtes Haus wie ein verstümmelter Körper, mitleiderregend und fast unanständig mit seinen vor aller Augen ausgebreiteten Schäden. Tod und Leiden sind die größeren Tragödien, aber für mich – vielleicht weil ich eine Frau bin – ist die schmutzige Unordnung des Krieges kaum eine geringere Anklage als seine Grausamkeit.

Zu Hause empfing mich Dritte Tante mit Tränen in den Augen, fragte mich aus und weinte bei jeder neuen Einzelheit meiner Erzählung von neuem; aber ich glaube, daß sie mehr aus Teilnahme als über den Verlust des Hauses weinte. Dritter Onkel lachte und meinte: »Nun, ich habe immer behauptet, daß es ein feiner Tisch war, heutzutage bekommt man kein solches Holz mehr.« Der Verlust des Hauses berührte ihn nicht, er machte eine Handbewegung, als schöbe er etwas von sich, und sagte: »Suan-la«, nichts zu machen! Aber der Tod von Lao Tseng bewegte ihn tief, denn Lao Tseng hatte dem Hause lange Jahre gedient und gehörte zur Familie. Dritter Onkel wünschte, daß Zweiter Bruder, zum Trost für die Seele des Verstorbenen, an der Unglücksstelle Kerzen anzünden und braunes Papiergeld verbrennen sollte.

Von Pao kam keine Nachricht. Er mußte doch mein Telegramm und mehrere Briefe, die ich später geschrieben und darin meine Rettung geschildert hatte, längst erhalten haben. Hätte ich geahnt, daß er nichts von mir gehört hatte, hätte ich vor Unruhe nicht schlafen können, denn ich kannte doch sein ungestümes Temperament.

Erst einige Tage, nachdem die Kabel die Nachricht nach Amerika und Europa gemeldet hatten, erfuhr Pao an der Nordwestfront die ersten Berichte. Es sickerten Gerüchte durch, daß Tschung-king heftig bombardiert worden wäre. Selbst in Friedenszeiten ist die Verbreitung von Nachrichten in China mit unbegreiflichen Schwierigkeiten verbunden. Berichte werden durch allerlei Gerüchte entstellt. Im Krieg waren die Truppen an den Frontabschnitten völlig von den täglichen Gefahren in Anspruch genommen und kümmerten sich nicht um das, was in anderen Provinzen vor sich ging. Jemand hatte eine amtliche Meldung gesehen und ziemlich gedankenlos weitergegeben: »In Tschung-king hatten sie einen schlimmen Fliegerangriff.«

Nun, man hörte ja jeden Tag von Fliegerangriffen, leichte, schwere – wie der jeweilige Bericht es gerade durchgab. Zuerst dachte sich Pao nicht viel dabei. Dann begannen Einzelheiten durchzusickern: die Stadt stünde in Flammen! Ganze Stadtteile wären dem Erdboden gleichgemacht! Daraufhin versuchte Pao, sofort eine Verbindung nach Tschung-king zu bekommen, und dabei erfuhr er, daß jegliche Verbindung dorthin unterbrochen war. Er schickte ein Telegramm, natürlich hat es mich nie erreicht.

Immer mehr beunruhigende Einzelheiten wurden bekannt. Pao erfuhr, daß die Zahl der Toten in die Tausende ging, und er hatte seit dem Tag des Angriffs nichts von mir gehört. Seine Beunruhigung wuchs, und er telegrafierte an den Generalstab mit der Bitte, jemand möge im Haus meines Onkels Erkundigungen einholen. Da Militärnachrichten bevorzugt wurden, ging das Telegramm sofort durch, und ein Offizier wurde zu der angegebenen Adresse geschickt. Er fand nur Ruinen und einen Bombenkrater innerhalb der Mauern, die unser Haus umgaben. Er mußte annehmen, daß ich tot sei. Er erkundigte sich, und die Leute erzählten ihm von dem Tod einer jungen Frau namens Cheng (Dritter Onkel heißt Cheng), sie und ihr neugeborenes Kind wären im Nachbarhaus verbrannt; man hätte die Leichen geborgen und begraben. Nach dieser Geschichte mußte Paos Freund annehmen, daß ich wirklich umgekommen sei. Er kehrte zum Hauptquartier mit der Nachricht meines Todes zurück. An Pao telegrafierte er: »Bei Bombardierung vom 4. Mai Ihr Haus zerstört und verbrannt, Volltreffer. Keine Spur von Ihrer Frau, suche weiter.«

Aus dieser Nachricht konnte Pao nur einen Schluß ziehen; zwischen den taktvoll ausgedrückten Worten konnte und sollte er herauslesen, ich sei tot. »Volltreffer!« »Keine Spur von Ihrer Frau«... Nur wer von meinem Tode überzeugt war, konnte ein solches Telegramm schicken. Betäubt starrte Pao auf die gekritzelten Schriftzeichen des Telegrammformulars. Er konnte weder denken noch etwas empfinden – er konnte nur immer wieder die Worte mit seinen Lippen formen – und warten auf den Ansturm des Schmerzes, der, wenn er kam, sein Innerstes erschüttern und ihm jede Besinnung rauben würde...

Dies ist nur der fälschlicherweise für gefühlsarm und leidenschaftslos gehaltene Chinese. Pao faßte einen Entschluß, es entstand ein klarer Gedanke aus dem furchtbaren Aufruhr in seinem Innern. Er würde nach Tschung-king gehen und mich suchen – meinen Leichnam suchen oder den Platz, wo man mich begraben hatte. Sollte er ihn finden, so wollte er seinem Leben ein Ende machen. Er schloß einen Pakt mit dem Schicksal: er würde sich nicht töten, bevor er sich persönlich von meinem Tode überzeugt hatte. Aber wenn er mit eigenen Augen gesehen hatte, wenn er nicht mehr zweifeln konnte und keine Hoffnung blieb – dann wollte auch er nicht mehr leben ...

Er ging zu seinem Vorgesetzten und bat um Urlaub. Hätte er keinen erhalten, wäre er auch ohne Erlaubnis gegangen. Es waren harte Männer, durch Pflicht und Disziplin verhalten. Sie mochten es als Schwäche angesehen haben, daß Pao seine Gefühle für mich so offen zeigte. Aber sie ließen ihn gehen, da sie sahen, daß er fast von Sinnen war.

Er kam bis Sian, aber nicht weiter; es gab keine Flugzeuge, keine Autobusse. Er hörte von einem Militärlastwagen, der in zwei oder drei Tagen nach Tschung-king fahren würde, früher gab es keinerlei Möglichkeit. Während dieser zwei Tage irrte Pao ruhelos durch die Straßen von Sian. Nichts, das er bisher erlebt, kam dieser Seelenqual gleich. Die lindernde Wirkung des ersten betäubenden Schreckens hatte nachgelassen. Jetzt war er wach, und jede Minute wurde ihm bei seiner lebhaften Einbildungskraft zur Qual. Die Ungewißheit – nicht zu wissen! Ein endgültiger Beweis, daß ich tot sei, wäre fast leichter zu ertragen gewesen.

Er telegrafierte an meinen Onkel und bat um mehr Einzelheiten, um Beweise, dreiundzwanzig Tage später erhielten wir dieses sein Telegramm. Das Hauptquartier in Sian telegrafierte für ihn ein zweites Mal nach Tschung-king und ersuchte den Generalstab, weitere Erkundigungen einzuziehen. Er rannte Tag und Nacht durch die Straßen, er aß nicht, er schlief nicht. Pao, der Agnostiker, der alle Diskussionen über die Existenz Gottes als reine Vermutungen abwies, Pao ging in Tempel und Kirchen und sprach überall dasselbe Gebet: Laß sie noch am Leben sein, o laß mich Gewißheit erlangen! Er zündete vor der Jungfrau Maria weiße Kerzen an, verbrannte roten Weihrauch vor Kuanyin, der Gütigen, der Göttin der Gnade. Er gab den graugewandeten Buddhapriestern Geld, damit sie weissagten aus den Stäben des heiligen Bambus, die sie zu Füßen des Lotosthrons niederwarfen; und als sie eine glückliche Prophezeiung gaben, nötigte er ihnen weiteres Geld auf und ging fort mit derselben heißen, brennenden Angst in der Brust, denn im Grunde wußte er doch, daß es Aberglaube war. In einer kleinen weißgetünchten, protestantischen Kapelle kniete er nieder und las die Worte: »Und erlöse uns von dem Übel«, und er fügte hinzu: »Erlöse sie ...«

Und ich war schon seit mehr als einer Woche in Tschengtu in Sicherheit.

Es war der 20. Mai, sechzehn Tage nach der Bombardierung und beinahe zur selben Stunde. Ich saß im äußersten Winkel des Gartens, meine Hände im Schoß gefaltet, und betrachtete die in der goldenen Abendsonne durchscheinenden Blätter des Bambus. Von weit her hörte man das eindringliche, sich immer wiederholende »Zing-ng-ng!« der Telefonklingel, und da ich wußte, daß Dritte Tante allein im Haus war, eilte ich ihr zu Hilfe. Sie hatte den Hörer abgenommen, und wie jedesmal war sie aufgeregt und schrie: »Wei! Wei! Wer ist da? Ja, sie ist hier, wei!« Ich nahm ihr den Hörer aus der Hand. Zuerst hörte ich nur ein Geknatter, dann Paos Stimme – sehr erregt stritt er sich mit dem Telefonisten, der die Verbindung unterbrechen wollte.

»Pao! Pao!« stieß ich atemlos hervor.

»Suyin!« – und ich wußte, daß sein Gesicht gespannt war, wie ich es noch nie gesehen hatte; seine Stimme klang so erstickt, seine Worte stürzten so unzusammenhängend hervor.

»Du bist es, Gott sei Dank, es ist deine Stimme – du! Suyin, ich fahre morgen von Sian weg – ich habe einen Platz auf einem Militärlastwagen. Ich gebe meinen Posten auf, ich trete aus der Armee aus. Ich will nicht mehr von dir getrennt sein. Wir gehören zusammen! Suyin – wir wollen zusammen fortgehen aufs Land, in die Berge, irgendwohin, wo keine Bomben fallen, wir wollen glücklich sein ...«

Aber ich durfte ihn nicht weitersprechen lassen; es war, als legte ich ihm einen Finger auf die Lippen: »Pao – warte.

Ich bin in Sicherheit. Mir geht es sehr gut. Nein, nichts, gar nichts ist passiert. Ich war in Sicherheit in der Bank. Alle die Zeit, während der du dich umsonst gesorgt hast, war ich in der Bank oder hier in Tschengtu — in Sicherheit —, und ich telegrafierte dir am nächsten Tag —«

Ich konnte nicht zulassen, daß er seinen Treueid brach. Ich wußte, es war die Woche der schrecklichen Unsicherheit, die er hinter sich hatte, das war nicht Pao. Wenn er sich nach einigen Tagen an die Worte dieses wilden Ausbruches erinnerte, würde er sie zurücknehmen wollen. Denn Pao ist in erster Linie Soldat und muß die Pflichten eines Soldaten erfüllen. Anders könnte er nie glücklich sein, denn sein Traum ist noch jung, und er muß die Gewißheit haben, daß er das Rechte tut, wenn er sich diesem Widerstandskrieg zur Verfügung stellt. Dafür ist er geformt und ausgebildet worden. Nicht daß man ihn getadelt oder es ihm verübelt hätte, wenn er zurückgetreten wäre. Er hätte den Dienst ruhig aufgeben können; mein Onkel hätte ihm eine Stellung verschafft, und niemand hätte ihn deshalb verurteilt. Die Herren und die Söhne der Herren in China sind nicht dazu da, ihr Leben im Krieg aufs Spiel zu setzen. Sie sind zu kostbar. Diese rohe Arbeit wird besser von gröber veranlagten Menschen verrichtet, und deshalb marschiert der derbe Bauernsohn in den Krieg und läßt sich töten, während die Söhne der begüterten Familien die Universitäten besuchen, sich in schönen Gärten die Zeit vertreiben, Bücher lesen und sich für Finanzkarrieren, Medizin oder Rechtsberufe vorbereiten ...

Nein, niemand würde es uns verübeln, wenn Pao die Armee verließ und wir uns für eine Zukunft der Sicherheit und des ruhigen Glücks entschieden. Aber unser eigenes Gewissen würde uns verdammen. Es gibt eine Schuld, die wir Bevorzugten an die großen, klaglos standhaltenden Massen Chinas, die für uns in den Tod gehen, abzutragen haben. Um diese Schuld zu begleichen, muß ich der letzten Kulifrau in ihren Geburtsnöten beistehen. Und Pao muß, indem er diese Schuld anerkennt, an die Front zurückkehren, zu den Bauernsoldaten, um einer der ihrigen zu sein.

Mir fehlten jetzt die Worte, um Pao dies zu erklären. Ich konnte nur immer wiederholen: »Du mußt zurückgehen. Jetzt, wo du weißt, daß ich in Sicherheit bin, würde es dich in den Augen deiner Mitoffiziere erniedrigen, wenn du nicht an die Front zurückkehren würdest. Ich muß mich damit abfinden, daß du in Lebensgefahr bist an der Front; nun mußt du es auch ertragen können, wenn ich in Gefahr bin. Pflicht – Ehre – Gehorsam ...« Alles unveränderliche Begriffe.

Es gab eine Zeit, wo mich die Worte »Heldentum«, »Aufopferung« begeisterten. Aber jetzt denke ich nur an »Aushalten«. Man muß einfach durchhalten, durch Bomben, Krankheit, Hunger, Durst, Geburten, Angst, Entbehrung. Mit dem Leben gibt es kein Feilschen, es gibt nur Hingabe – Jasagen. Und deshalb mußte ich Pao wieder gehen lassen, wenn es auch in meiner Macht gelegen hätte, ihn zurückzuhalten. Ich weiß, daß jeder Krieg verabscheuungswürdig, dumm, zerstörend und häßlich ist, und ich verabscheue Gewalt und das jammervolle unnötige Blutvergießen, und doch kann ich nicht anders, als es bejahen, daß Pao daran teilhat. In zehn oder fünfzehn Jahren wird er vielleicht einen anderen Weg des Dienens finden, den Weg des Aufbauens und fruchtbaren Schaffens. Aber jetzt bleibt ihm keine Wahl.

Jetzt ist es beinahe Nacht, und fast zwei Jahre sind verflossen seit dem Abend, an dem ich Pao zu seinem Dienst zurückschickte. Unsere Dichter haben gesagt: »Das Heute vergeht, und wenn es auch den anderen Tag gibt, ist es doch nicht heute. Das nächste Jahr ist nicht mehr dieses Jahr. Unsere Tage verkürzen sich täglich.« Pao und ich, die wir uns so eindringlich bewußt sind, wie rasend schnell das Leben dem Abgrund des Nichts entgegenstürmt – diesem Wasserfall der Zeit –, wir warfen ein ganzes Jahr gemeinsamer Jugend, Schönheit und Liebe von uns. Dieses Jahr und die ganze Zukunft hätten uns gehören können. Wir unterstanden keinem Befehl, den wir nicht hätten zurückweisen können, einzig diesem inneren Drang, diesem Gefühl der Schuld. Wir hätten dieses Jahr gemeinsam verleben können, aber wir haben es nicht getan. Ich glaube nicht, daß wir unrecht taten.

Zwölftes Kapitel

SOMMER IN TSCHUNG-KING

Und das Jahr war vergangen. Im Frühsommer 1940 wurde Pao zum Stab nach Tschung-king zurückversetzt. Ich hatte gehofft, einige Zeit mit ihm zusammen dort oben im Nordwesten verbringen zu können, in dem harten Land der neuen Möglichkeiten, in der alten verlassenen Heimat unserer Rasse. Wenn Pao mir darüber schrieb, sah ich es vor mir, und ich sehnte mich, es mit ihm kennenzulernen. Er schrieb von seinen Ritten auf den Wegen, die sich durch die zerfressenen Hügel winden, wo unter den Hufen seines Pferdes Staubkegel aufstiegen und dahintanzten wie lebendige, boshafte Eigenwesen, sein Gesicht umwirbelten und sich plötzlich wieder in Nichts auflösten. Er erzählte von einsamen, unter Sandwegen halbbegrabenen Wüstenstädten, in deren mächtige Wälle Zeit und Wind tiefe Spuren eingemeißelt hatten. Er berichtete von Spitälern und Industrien und einer Militärakademie mit zehntausend Kadetten, die man aus den besetzten Gebieten nach Schensi evakuiert und in kellerartig angelegten Höhlen in den Bergen untergebracht hatte. Er schrieb von dem bitteren nordischen Winter und den japanischen Truppen, die auf dem anderen Ufer des Gelben Flusses lagen und nur darauf warteten, daß das Eis ihnen eine Brücke über den Fluß schlagen sollte: bärtige, untersetzte, braungesichtige Männer, die er durch seinen Feldstecher deutlich erkennen konnte.

Er erzählte von einer klaren Mondnacht am Fuß einer Bergkette, in der er geweckt wurde von einem Knurren und Brummen, das aus den Wolken von einer riesigen dämonischen Katze zu kommen schien. »Ich ging ins Freie und sah sie, die schwarzen Kreuze in dem weißen Mondlicht, die sich in regelmäßigen Formationen nordwärts bewegten; ich konnte über hundert zählen. Drei Stunden später flogen sie auf dem Rückweg wieder über uns hinweg, und ihre Motoren brummten, als wären sie noch nicht befriedigt. Am nächsten Tag erfuhr ich, daß Lantschou bombardiert worden war.«

Dann schrieb er wieder: »Komm hierher zu mir, Suyin! Du wirst das Land liebhaben. Wir werden Pelze tragen, auf Stein-kangs* schlafen und auf den hartmäuligen Mongolenponys reiten. Wir werden atemberaubende Weiten kennenlernen. Hier im Herzen Asiens werden Sand und Wind unseren Willen erhärten. Hier ist das Land der Jugend, wo wir arbeiten und das Gedeihen unseres Werkes sehen können ...«

Denn der ganze Nordwesten, das Kuomintang-Gebiet, wo Pao weilte, wie auch die kommunistischen Gegenden rund um Yenan, waren zu neuem Leben erwacht. Hier, wie in Kwangsi, steckten sich Demokratie und Fortschritt gegenseitig an. Vielleicht ist das eine gute Eigenschaft des Kommunismus, andere konservative Gemeinwesen zu durchgreifenden Reformen und neuen Projekten anzutreiben. Pao schrieb von einem neueingerichteten, gemeinnützigen Gesundheitsdienst in Lantschou und versicherte, daß er dort eine Arbeit für mich finden könnte. Wäre nicht gerade zu dieser Zeit seine Versetzung gekommen, wäre ich gegangen.

Nach meiner Rückkehr nach Tschengtu war die verzärtelnde Fürsorge der Großen Familie, die Unterhaltung und die Trägheit für kurze Zeit genau das, was ich brauchte. Aber wie das erstemal, war ich auch jetzt dieses unnützen Lebens bald wieder müde. Als Dritte Tante, aus Angst vor Bombenangriffen, nach Pihsien übersiedelte, ging ich nicht mit. Ich nahm eine Arbeit in der Entbindungsanstalt des gemeinnützigen Gesundheitsdienstes an. Es hat etwas Versöhnliches, in einer Zeit, wo viel getötet wird, neuem Leben zum Dasein zu verhelfen.

Oft hatten wir Geburten in Hütten, die kaum besser waren als der Stall in Santang, wo ich meinen ersten Fall erlebte. Aber wir waren besser ausgerüstet. Wir führten alles mit, was gebraucht wurde, um inmitten dieses Schmutzes der Armut eine kleine saubere, weiße Insel einrichten zu können. Manche Nacht durchwachten wir bei dem unsicheren Geflacker einer kleinen Öllampe in einem dunklen Loch, von Flöhen und Moskitos beinahe aufgefressen.

* kang: Ofenbank, die im Winter geheizt ist, wie z. B. die Bänke der »Kunscht«, der Kachelöfen in der Schweiz. Der Chinese des Nordens schläft im Winter auf der kang.

Glücklicherweise gibt es keine Pestfälle in Sze-tschwan. Aber jedesmal, wenn ich an ein verwanztes Bett trat, um ein schmerzstillendes Mittel zu verabreichen, mußte ich gewärtig sein, Körperläuse oder Typhus aufzulesen.

Geburtshilfe besteht zu neunzig Prozent aus Warten und zu zehn Prozent aus aufregendem Geschehen. Während endloser Stunden sitze ich wartend auf einem niedrigen Bambusstühlchen, die Arme auf meinen Knien, den Kopf auf die Arme gestützt, halb schlafend und halb auf das unterdrückte Stöhnen meiner Patientin, das Huschen der Ratten und das Schnarchen der Männer auf der anderen Seite der Strohmattenwand horchend. Dann – rasches Handeln. Meine Gehilfin desinfiziert die Waschbecken, sie sieht aus wie eine Priesterin, die einen heiligen Ritus vollzieht, wenn sie das Becken immer wieder über der blauen Spiritusflamme hin und her wendet. Man hört das Rauschen des kochenden Wassers, das harte Scheuern der Bürsten und riecht den strengen Lysolgeruch. Die Frauen des Haushalts werden zur Hilfe herangezogen, sie müssen die Kerzen anzünden und dahin leuchten, wo ich Licht brauche. Ich muß für sie eine furchteinflößende Erscheinung sein mit meiner enganliegenden, weißen Kappe, der langen weißen, sterilen Schürze, der über den Mund gebundenen Gaze und meinen grotesk-unnatürlich aussehenden Händen in den braunen Gummihandschuhen.

Bei einer normalen Geburt kann man nicht viel mehr tun, als die Schmerzen ein wenig lindern, alles sauberhalten und die Frau vor ernstlichen Rissen und vor einer Infektion schützen. Und im übrigen ermutigen wir die leidende Frau, sich noch mehr anzustrengen: »Noch einmal, atmen Sie tief. Nur noch ein wenig, und das Kind ist da.« Chinesische Frauen schreien fast nie in den Geburtswehen, es käme ihnen unwürdig vor. Man hört keinen Laut außer dem qualvollen Stöhnen und dem erschöpften Keuchen übermenschlicher Anstrengung. Und plötzlich ist es vorbei. Triumphierend halte ich das Kleine bei den Beinchen, reinige mit meinem Gummifinger den Hals, patsche ein wenig auf den kleinen Rücken, bis sich das rote Gesichtchen verzieht, die Händchen in der Luft herumfuchteln und die kleine Brust sich weitet, um einen gesunden Protestschrei auszustoßen. Alle lachen, sogar die Mutter: »Ist es ein Junge oder ein Mädchen? Ach, ein Mädchen ist auch recht.«

Manchmal treten dann plötzlich Gefahren auf. Es gibt nichts Schrecklicheres, aber nichts ist dann befriedigender, als nach glücklich überstandener Krise sicher zu wissen, daß ein Leben, das man verloren glaubte, gerettet ist. Eine Nachgeburtsblutung zu stillen oder ein scheinbar totgeborenes Kind wieder zum Leben zu bringen, sind Dinge, die eine gute Hebamme können muß, denn meist ist keine Zeit, einen Arzt zu rufen. Hätte mich nicht meine Arbeit so brennend interessiert und mir eine tiefe Befriedigung gegeben, wäre das Jahr der Trennung von Pao unerträglich gewesen.

Das lange Jahr war vorbei. Pao und ich waren so lange getrennt gewesen, daß uns ein gemeinsames Leben wie eine abwegige, beinahe unerfüllbare Hoffnung erschien. Dann, auf einmal wurde diese Hoffnung durch Paos Versetzung in erreichbare Nähe gerückt. Sobald er eine Wohnung gefunden hatte, würde ich zu ihm gehen. Ich gab meine Stellung auf und reichte ein Gesuch für einen Platz im Flugzeug ein — man mußte mit mindestens zwei Wochen Wartezeit rechnen — aber so lange würde man auch brauchen, um ein Haus zu finden.

Tschung-king hatte fast täglich Bombenangriffe. Tschung-king wurde in jenen Monaten, mit der gleichen Verbissenheit von hüben und drüben, zerstört und neu aufgebaut, wieder und wieder zerschlagen und teilweise zusammengeflickt. Die Japaner griffen mit großer Beharrlichkeit immer wieder an. Es war wie eine Besessenheit gegen Tschung-king, als ob das fortdauernde Vorhandensein von Leben auf dem felsigen Ausläufer zwischen den Flüssen ihr Machtgefühl beleidigt hätte. Und ihrerseits entwickelten die Bewohner von Tschung-king eine zur Gewohnheit werdende Kraft des Ertragens. Obschon die Einwohner auf ein Viertel der früheren Höchstzahl zusammengeschmolzen waren, lebten doch immer noch fünfhunderttausend Menschen in der Stadt. Luftangriffe wurden zu einem täglichen Ereignis in ihrem Leben, und sie paßten sich dem Schrecken und den Unbequemlichkeiten an und weigerten sich, ihre Stadt aufzugeben. Wenn es die Absicht der Japaner gewesen war, den Geist des Widerstandes mit Terror zu brechen, so konnte ihre Niederlage nicht vollkommener sein. Mit jeder neuen Bombardierung nahm der Wille zu, bis zum Letzten auszuhalten.

»Aber sie ist ja unverändert«, rief ich ungläubig aus, als ich die Stadt bei unserem Anflug zu Gesicht bekam. Dort stand sie, wie ich sie bei meiner ersten Ankunft gesehen hatte. Mauern und turmhohe Gebäude, Reihe um Reihe aufragender Häuser über den Flüssen, an denen sich bei dem niedrigen Wasserstand breite sandige Ufer ausbreiteten. Erst als wir, zur Landung ansetzend, immer tiefer über der Stadt kreisten, sahen wir die Zerstörung durch Feuer- und Bombenschäden, die großen, immer wiederkehrenden Lücken, die abgedeckten Häuser mit leeren Fensterhöhlen, die wie eine Theaterdekoration dastanden und den Eindruck von Dauerhaftigkeit vortäuschten. Wir gingen auf das Flugfeld nieder. Als wir mit einem leichten Ruck auf dem Boden aufsetzten und bis zum Halt noch ein Stück weiterrollten, stemmte ich beide Hände gegen die Fensterscheiben und durchforschte mit den Augen die kleine Gruppe, die auf die Ankunft der Passagiere wartete. Pao war nicht da – nirgends war eine schlanke Figur in Khaki, in gespannter Erwartung zu sehen. Ich hatte ihm meine Ankunft telegrafisch mitgeteilt, aber er war nicht da. Ich war ganz vernichtet vor Enttäuschung, es war, als ob eine schwere Hand mein Herz zusammenpreßte. Wir stiegen aus und überquerten den Sandplatz bis zu den Zollschuppen, wo das Gepäck revidiert wurde. Obschon es erst neun Uhr vormittags war, brannte die Sonne in mittäglicher Glut auf den schattenlosen Sandplatz herunter. Die Luft zitterte in der grellen Glut, und ich spürte die aus dem Sand aufsteigende Hitze durch die dünnen Sohlen meiner Schuhe. Die teils durch das grelle Licht, teils durch meine Tränen geblendeten Augen konnten nicht zu den Klippen von Tschung-king hinaufschauen.

Während die Beamten unser Gepäck durchsahen, blickten sie immer wieder nach dem grellen weißblauen Himmel hinauf und murmelten: »Es wird gleich einen ching-pao geben«, und ängstlich suchten ihre Blicke die Berge ab, denn die erste Warnung wurde nicht mehr durch die kung-hsi* Sirenen gegeben, die, plötzlich und unerwartet die Stille zerreißend, die Leute zu sehr erschreckt hatten. Statt dessen hatte man auf den umliegenden Höhen Stangen aufgerichtet, und bei den ersten Anzeichen eines Angriffs wurden rote Ballons als vorläufige Warnung hochgezogen. Als ich, immer noch auf Paos Kommen hoffend, eine halbe Stunde gewartet hatte, gab es plötzlich ein Geschrei: »Die roten Ballons gehen hoch.« Es hatte keinen Sinn, noch länger zu warten, vielleicht hatte Pao mein Telegramm nicht bekommen. Ich mietete eine Rikscha und machte mich auf den Weg nach dem Hause.

Wir waren kaum durch die steilen Gassen heraufgekommen, als auch schon die kung-hsi ertönte. Meine Träger beschleunigten ihr Tempo und trugen mich beinahe im Galopp durch die Stadt. Aber es war zu weit, sie schafften es nicht. Das Haus, das Pao gefunden hatte, lag außerhalb der alten Stadtmauern, auf einer Anhöhe über dem Kialing-Fluß. »Wir müssen einen öffentlichen Schutzraum aufsuchen«, sagten die Träger, »nach dem kung-hsi darf niemand auf der Straße bleiben.«

In Tschung-king befinden sich alle öffentlichen Schutzräume am Fuße der Hügel; es sind weitverzweigte, sieben oder acht Fuß breite, dunkle, erstickend dumpfe, feuchte Höhlen. Von den Wänden tropft das Wasser auf den lehmigen Boden. Es gibt keine Sitzgelegenheiten. Die Leute stehen hier stundenlang, eng aneinandergepreßt, einige haben Hocker und Klappstühlchen bei sich. Nach einer halben Stunde wird der Gestank unerträglich. Am Eingang stehen, als einzige Gelegenheit, zwei offene Kübel für die Männer, die Kinder erleichtern sich wie kleine Tiere. In einem solchen Unterstand verbrachte ich meinen ersten Tag von zehn Uhr früh bis vier Uhr nachmittags – sechs Stunden!

Die Träger stellten die Rikscha am Rand eines vierzig Fuß hohen Hügels ab, und wir drängten uns in den Eingang der Höhle. An diesem Ausgang war die Menge am dichtesten gedrängt, da die Leute sich möglichst viel frische Luft verschaf-

* kung-hsi: Luftsirene, im Gegensatz zu Trommel und Gong.

fen wollten; so schnitten sie aber den Zustrom an Luft für die Dahinterstehenden ab. Die durch handgetriebene Windfächer hineingepumpte Luft war für die vielen Menschen im Hintergrund ganz unzureichend. Hin und her gestoßen, suchte auch ich meinen Platz möglichst nahe dem Ausgang zu behaupten; nur wenig Frauen konnten sich diesen Platz sichern. Um mich herum standen meistens halbnackte Kulis, die alle in der drükkenden Hitze schwitzten. Wenn es mir irgend möglich ist, vermeide ich eine körperliche Berührung — einer der Gründe, weshalb ich Ansammlungen aus dem Wege gehe. Bei diesem notgedrungenen intimen Kontakt mit nackten, feuchten, übelriechenden Körpern fühlte ich mich angeekelt bis zur Übelkeit. Es half nichts, über das demokratische Prinzip nachzudenken.

Wir hörten das Brummen der Flugzeuge und weit entfernte Detonationen. Zwischen den Angriffswellen wagten wir uns aus der Höhle heraus, um frische Luft zu schöpfen. Aber die Sonne brannte unbarmherzig. Im dürftigen Schatten des einzigen kleinen Baumes in der Nähe standen Kulis, rauchend und sich fächelnd; sie nahmen diese täglichen Prüfungen mit gutmütigem Gleichmut hin: »Wir machen ein bißchen ›shuan‹, es wird bald vorbei sein«, hörte ich einen von ihnen sagen. Ich setzte mich auf der schattenlosen Böschung der Gefahr eines Sonnenstiches aus, aber in der Höhle wäre ich ohnmächtig geworden. Endlich ertönte die Entwarnung, und alles strömte aus dem Unterstand heraus. Meine Träger, erfrischt — tatsächlich erfrischt! — durch die lange Pause, nahmen meine Rikscha wieder auf und trugen mich unter lautem freudigem Geschrei an meinen Bestimmungsort. Ich lehnte mich erschöpft zurück und bewunderte ihre gute Laune.

Das Haus, in dem ich nun wohnen sollte, lag in einem halb ländlichen Distrikt. Die Wege führten in alle Richtungen in die Felder hinaus und wanden sich um die Hügel, an deren Fuß die dunklen Öffnungen der Schutzräume gähnten. Meine Träger verließen die Hauptstraße, stiegen erst einige Stufen hinunter und erklommen dann einen pyramidenförmigen Hügel, auf dessen höchstem Punkt mein Haus stand. Es war ein baufälliges, zweistöckiges Gebäude, wie so viele Häuser Tschung-kings rußschwarz angestrichen, wahrscheinlich um es zu tarnen. Aber dieses Haus, das auf der Höhe des Hügels, umgeben von Kornfeldern und ohne jeden Baumschutz dalag, hätte kaum auffallender sein können. Die Träger setzten mich vor dem Tor ab. Ich stieß die Tür auf und betrat einen engen Hof, der von zerbrochenen Ziegeln und allerhand Scherben übersät war. Im ersten Stock trat eine Frau auf den Balkon heraus und leerte eine ganze Schürze voll Gipsstücke und Schmutz in den Hof hinunter. Ich sprang unter das Tor zurück, um mich vor dem Hagel zu retten. Sie lehnte sich über das Geländer und fragte: »Suchen Sie hier jemanden?«

»Mein Name ist Tang, ich glaube, ich soll hier wohnen«, gab ich zur Antwort.

Eine magere freundliche Frau in schwarzem Kleid, mit einem Kind an der Brust, kam an das Geländer: »Kommen Sie bitte herauf, Tang Tai-tai, Sie wohnen hier oben mit uns zusammen, wir heißen Weng. Wir haben Sie erwartet, wußten aber nicht, an welchem Tag Sie kommen würden. Verzeihen Sie den Schmutz, wir wurden heute von einer Bombe getroffen und konnten noch nicht alles wegräumen. Es war nur eine ganz kleine, so daß das Haus noch ziemlich heil geblieben ist, aber die Küche und Ihr kleines Hinterzimmer sind zerstört.«

Ich stieg die wacklige Treppe zur Veranda hinauf. Weng Tai-tai kam mir aufs freundlichste entgegen und führte mich in mein Zimmer. Unten im Hause waren alle Räume abgeschlossen. Der Besitzer des Hauses, der mit seiner Familie aufs Land gezogen war, hatte sie für sich reserviert, entgegen den Verordnungen, daß alle unbewohnten Räume zur Verfügung gestellt werden müßten. Oben waren zu beiden Seiten eines überdachten offenen Raumes je drei Zimmer. Die beiden Hinterzimmer auf der linken Seite gehörten uns. Im Vorzimmer schliefen vier der Weng-Kinder. Gegenüber wohnte Weng Tai-tai mit ihrem Mann und weiteren vier Kindern und einer anderen fünfköpfigen Familie. Die Dienstboten schliefen im Hof und auf der Veranda.

Es fiel immer noch Gips von der Decke herunter. Die Türen

hingen schief in den Angeln und waren zum Teil herausgerissen. Die Fenster waren leere Löcher, die die Landschaft einrahmten. Holz- und Glaswerk waren längst verschwunden. Die Zimmer waren klein und heiß. Um in unser Zimmer zu gelangen, mußte man durch das Vorzimmer, in dem die Weng-Kinder schliefen. In unserem Hinterzimmer fehlten zwei Wände und ein großes Stück der Decke. Die Ziegel waren heruntergefallen, und man konnte durch das Loch in den Himmel gucken. Im zweiten und noch intakten Zimmer standen ein Tisch, ein Hocker, ein zerbrochener Stuhl und ein billiges schmales Bett. Die Leintücher waren zerknittert und nicht sehr sauber, und das Moskitonetz hing zerrissen herunter. Auf dem Tisch, übersät mit dem typischen Durcheinander eines allein lebenden Mannes, lagen Papier, Schuhe, ein Waschbekken, ein Paar Socken, eine schmierige Lampe, an der tote Nachtfalter klebten, ein Glas mit einer Zahnbürste und zwei schmutzige Hemden. Das ganze Zimmer verriet deutlich Paos Einsamkeit. Gerührt und voll Mitleid begann ich aufzuräumen. Alles war von einer Staubschicht überzogen, und überall lagen Ziegel- und Gipsbrocken. Ich sammelte alles in meinen Rock und leerte es in den Hof. Ich staubte ab, wusch die schmutzigen Kleidungsstücke, befestigte das Moskitonetz und breitete ein frisches Leintuch über das Bett. Es wurde dunkel, und ich zündete die chin-yu-Lampe an, die ich mit Zeitungspapier gesäubert hatte. Die elektrischen Drähte der ganzen Gegend lagen am Boden. Dann wusch ich mich, wechselte meine Kleider, nahm die Lampe und ging hinaus auf die Veranda, in der Hoffnung auf ein wenig Kühle. Die Nacht war genauso heiß und drückend wie der Tag; die Flamme brannte still und ruhig in der Dunkelheit.

Auf der Veranda gab Weng Tai-tai zwei Kindern die Brust und fütterte ein drittes mit Reisbrei. Freundlich winkte sie mir zu und lud mich ein, ihr einfaches Mahl aus Reis und Gemüse zu teilen: »Mein Mann kommt spät nach Hause, er ist erst um acht Uhr frei. Hauptmann Tang kommt meist um dieselbe Zeit. Sicher hat er nicht gewußt, daß Sie heute angekommen sind.«

Die Lichter von Kiangpeh jenseits des Flusses glänzten hell; das nördliche Ufer war heute nicht bombardiert worden. In dem heißen Dunst erschienen die wenigen Sterne klein und trübe. Dann knarrte die Gartentür, und Pao betrat den Hof. Das Jahr war vorüber ... Ich konnte nur eine undeutliche dunkle Gestalt sehen, aber ich kannte seinen Schritt. Ich rief ihn nicht an. Er kam die Treppe herauf und sah mich. Einen Augenblick zögerte er oben an der Treppe, dann sagte er: »Oh, hallo, da bist du ja. Ich hatte dich jeden Tag erwartet. – Nein, ich habe kein Telegramm bekommen. Es tut mir leid, daß ich dich nicht am Flugplatz abholen konnte.« Pao trat in den Lichtkreis, schmaler, als ich ihn in Erinnerung hatte, mit feuchtem Haar und einem verschwitzten Hemd, das ihm am Körper klebte, mit gewollt gleichgültiger Stimme, aber mit Augen, die vor unterdrückter Erregung blitzten. Aus Höflichkeit verweilten wir einige Augenblicke, dann entschuldigten wir uns. Ich nahm die Lampe, wir gingen in unser Zimmer und schlossen die Tür. Im nächsten Augenblick lagen wir uns in einem Sturm von solcher Glückseligkeit in den Armen, daß es beinahe schmerzte: »O Suyin«, flüsterte Pao, »dich wiederzusehen. Es hat so lange gedauert – ein Jahr –, mehr als ein Jahr ohne dich. Ich könnte es nicht ein zweites Mal ertragen. Ich lebte nur halb, du hast mir so sehr gefehlt!«

Es war, als hätten wir die ganze lange Zeit nie richtig atmen können, denn wir waren einander so nötig wie die Luft ... Ich mußte etwas für ihn *tun!* Ich lief und brachte heißes Wasser und frische Handtücher, damit er die Hitze und den Staub des Tages abwaschen könne; ich brachte ihm Tee. »Du hast das Zimmer sauber gemacht«, sagte Pao bewundernd. Ich war glücklich, daß er es bemerkt hatte. Wir saßen nebeneinander auf der Kante des schmalen Bettes und schlürften Tee. In diesem Augenblick stürzte die Decke herunter.

Im Nebenzimmer hatte der Rest der Decke, auf die die Ziegel gefallen waren, plötzlich dem Druck nachgegeben und fiel krachend herab. Sofort bog sich die Gipswand zwischen den Zimmern, knackte und stürzte über unserem Tisch zusammen. Die Decke in unserem Zimmer senkte sich an der Ecke, wo die Wand gestanden hatte, und durch diese Lücke ergoß sich eine Kaskade von Ziegeln, Staub, Steinen und zerbrochenem Gips. Bei dem ersten unheilvollen Krach waren wir vom Bett aufgesprungen und hatten uns an die Tür gestellt. Wir beobachteten ängstlich die schwankende Decke, im nächsten Moment würden wir den Himmel als Dach über uns haben. Aber drei Ecken hielten stand, das Gerumpel hörte auf, und der Staub legte sich.

Das ganze Haus – die Diener, die Kinder, Weng Tai-tai, ihr Mann und die andere Familie von ihrer Seite des Hauses – stürzte erschrocken herein. Mit Hilfe des findigen Weng Hsien-sen, den ich gleich bewunderte und nie mehr aufgehört habe zu respektieren, machten wir einen Plan, wie man die Decke abstützen könnte. Es fand sich eine ausgehängte Tür; da das Haus kaum noch zusammenhielt, hatte man solches Reparaturmaterial genügend zur Verfügung. Mit vier Bambusstangen schob man sie als eine Art Plattform unter die hängende Decke, die dadurch wieder hinaufgedrückt wurde. Bis dieses Kunststück vollbracht war und wir uns allseitig bedankt hatten, war es zehn Uhr geworden, und wir geleiteten die letzten Gäste unter vielen Verbeugungen zur Tür hinaus. Auf Boden, Tisch und Bett lagen noch Massen von Geröll und Staub. Aber wir waren zu müde, um noch aufzuräumen. Wir schüttelten nur das obere Leintuch ab und legten uns zum Schlafen nieder. Aber wir fanden in dieser Nacht keinen Schlaf, es herrschte eine Temperatur von über neunzig Grad*. Wir dösten unruhig und waren in Schweiß gebadet, bis bei Morgengrauen eine leichte Brise aufkam, die durch die gähnenden Löcher in der Rückwand Einlaß fand und die Luft ein wenig auffrischte. Dann ging die Sonne auf, und es war wieder heiß.

Sommer in Tschung-king ... Am frühen Morgen schon, wenn die Sonne über den Horizont kommt, brennt sie unerträglich heiß und erfüllt die Luft mit drückender Hitze. Die leichte Kühle der Morgendämmerung vergeht, und Staub erfüllt die früh belebten Straßen. Die Banken sind offen und die Lebensmittelgeschäfte überfüllt mit Leuten, die eine »Voralarm-Mahl-

* Fahrenheit.

zeit« einnehmen. Alle eilen, ihre Geschäfte zu erledigen, ehe der Alarm kommt. Sie bleiben stehen und schauen nach den Hügeln, sie blinzeln und beschatten ihre Augen gegen das grelle Licht. Noch keine roten Ballons. Aber jedermann weiß, daß ein Angriff kommen wird. Jedermann wartet auf das Signal, und dieses Warten ist fast schlimmer als der Moment, in dem die ganze Stadt wie von einem Schrei erschüttert wird: »ching-pao — die roten Ballons gehen hoch!«

Sofort setzt ein geordneter Aufbruch ein, der Lärm steigt an. Überlastete Wagen und Omnibusse rasen unter schrillem Gehupe aus der Stadt. Rikschas schlagen ihre Gongs; mit spärlichen Habseligkeiten beladene Handwagen werden durch die Menge der Menschen geschoben, die mit Bündeln beladen den Schutzräumen zustreben. Alles hastet, aber es herrscht keine Panik. Es ist wie ein aufregendes, oft gespieltes Schauspiel, das für die Schauspieler von seiner Bedeutung verloren hat, obwohl sie ihre Rollen jedesmal gewissenhaft spielen. Natürlich bleibt immer die Möglichkeit bestehen, daß die Aufführung einmal anders endet ...

Die Stunden vergehen. Wir sitzen in der erstickenden Feuchtigkeit, in Schweiß gebadet, und bewegen unsere Fächer, aber das Fächeln bleibt in der verbrauchten Luft ohne Erfrischung. In dem trüben Kellerlicht leuchten die schweißglänzenden Gesichter fahlweiß. Die kleinen Kinder liegen halb bewußtlos, als hätte man sie betäubt, in den Armen ihrer Mütter. Die größeren Kinder sitzen zusammengesunken auf den Bänken, von Erschöpfung betäubt. In den Angriffspausen raffen sich manche von uns auf und gehen ins Freie, um Luft zu schöpfen. Die Jungen der Jugendgruppen und Mitglieder der weiblichen Rettungskolonnen kommen und gehen, verteilen Aspirin, ein bißchen lauwarmes Trinkwasser, trösten die Kinder mit Süßigkeiten und bringen die neuesten Nachrichten: »Nur noch drei Staffeln — die ersten siebenundzwanzig — die zweiten fünfzig — die dritten ...«, sie gehen von Unterstand zu Unterstand, tröstend, ermutigend, lächelnd.

Drei Uhr nachmittags. Die Leute kommen aus den Höhlen heraus, bleiben eine Weile beim Ausgang stehen und warten auf die Entwarnung. Von weit her hört man eine Sirene heulen, der Ton wird von dem Chor der anderen aufgenommen und vermischt sich mit den lauten Rufen der Erleichterung. Aus den schwarzen Höhlen quillt eine wogende Menschenmenge heraus.

Blaugekleidete Arbeitstrupps und Rekruten in Khakiuniformen marschieren mit Hacken und Schaufeln und Eimern vorbei. Wo die Wasserleitungen noch intakt sind, werden die Brände rasch gelöscht. Wo die Wassereimer von Hand zu Hand weitergereicht werden, geht es langsamer. Alles ist organisiert. Bombenlöcher in den Straßen werden innerhalb einer Stunde aufgefüllt. Rettungstrupps räumen zwischen den zerstörten Häusern auf, bergen die Toten und bringen die Verwundeten zur Rettungswache. Es gibt immer noch Leute, die nicht in die Keller gehen. Elektriker in blauen Overalls entwirren die Leitungsdrähte und richten die Telegrafenstangen wieder auf. Die Leute kehren in ihre Häuser zurück. Dort kann alles unversehrt geblieben, es kann aber auch alles gestohlen sein.

Die Läden werden wieder geöffnet, die Autos kommen zurück. Fröhliche, unbekümmerte Menschen beleben die Straßen. Die Gaststätten sind überfüllt von Leuten, die ihre »Nachalarm-Mahlzeit« genießen. Die Dämmerung kommt. Keine Lichter. Die Leute bringen ihre chin-yu-Lampen hervor. Oben auf den Telegrafenstangen zeichnen sich die Elektriker gegen den amethystfarbenen Abendhimmel ab. Sie arbeiten fieberhaft, wickeln Drähte auf und fügen sie aneinander, beschädigte Stellen werden ausgeschnitten und die Verbindungen wiederhergestellt. Und plötzlich geschieht das Wunder: alle Lichter der Stadt gehen auf einmal an. Ah-h-h! antwortet die Menge. Es klingt wie das Seufzen einer Welle an der Brandung, die sich an der Küste bricht und wieder ins Meer zurückebbt. Stolz schaut sie aus, die Stadt über den Flüssen, wie ein majestätisches Schiff, das mit blitzenden Lichtern über den Ozean fährt.

Wir passen uns an; vielleicht werden wir ein wenig dickfelliger. Nach den Stunden in den dunklen Höhlen kommen wir, begierig nach Licht und Vergnügen, wieder ans Tageslicht. In der einen Straße, die eben getroffen worden war, schaffen die Rettungsmannschaften die Toten weg, und gleich in der nächsten

Straße warten gutangezogene Menschen auf das Öffnen der Kinos und bewundern Plakate mit den überlebensgroßen Bildern sich umarmender Hollywoodstars.

So führten wir alle in diesem zweiten Bombensommer, von den Niedrigsten bis zu den Höchsten, ein Doppelleben – das eine, die dunkle Untergrundexistenz in den Schutzräumen, das andere, ein fiebrig-sprunghaftes Dasein, eingeschoben zwischen die jederzeit drohenden Luftangriffe. Vor und nach dem beinahe täglichen Aufenthalt in den Unterständen verrichtete ich die Hausarbeit. Pao war von früh um sieben bis abends um acht Uhr von zu Hause fort und nahm zwei Mahlzeiten im Büro ein. Ich wußte kaum, ob ich etwas aß oder nicht, es schien so unwichtig. Es war so heiß. Am Abend kochte ich immer ein Nachtessen, das Pao pflichtschuldigst verzehrte. Ich hatte noch nie gekocht. Wir nahmen beide ab. Es machte Pao unglücklich, daß ich Wasser tragen und Fußböden scheuern mußte, so verrichtete ich die grobe Arbeit, solange er nicht zu Haus war, denn eine Dienerin konnten wir uns nicht leisten.

Während ich mich bemühte, die Schwierigkeiten des Lebens in Tschung-king zu meistern, mußte ich immer wieder die reibungslose unbesorgte Lebensart unserer Nachbarn, der Weng-Familie, bewundern. In diesem Haushalt sprach man nie von Geld. Sie lebten einfach, fröhlich, unbekümmert, und alle Welt war herzlich willkommen, mit ihnen zu teilen, was sie besaßen. Ich habe gesehen, wie Weng Hsien-sen einen großen Topf Reis, den Weng Tai-tai gerade für ihr Nachtessen gekocht hatte, ergriff und damit in das Lager der jungen Rekruten ging, um den Reis unter die hungrigen Männer zu verteilen, die nur zweimal am Tag eine dünne Suppe erhielten. Weng Tai-tai sagte nichts, sie schaute ihn nur an, mit dem gleichen Ausdruck in den Augen wie er, und ging in die Küche, um einen anderen Topf Reis für ihre Kinder zu kochen.

Weng Hsien-sen war ein kleiner, krummbeiniger Mann mit großem Kopf und vorgewölbter Stirn. Aber sein Gesicht trug einen Ausdruck solch warmherziger Güte, daß man das Groteske seiner Erscheinung schnell vergaß. Seine Augen waren auffallend, nicht schwarz, sondern braun; es waren die gedankenvollen Augen eines Idealisten, verträumt und doch durchdringend. Er hatte eine sanfte Stimme, seine Bewegungen waren gemessen und etwas müde. Ich sah ihn nie zornig, selbst bei einem Tadel blieb er ruhig und gütig. Einer seiner Jungen zerbrach die Thermosflasche; sie war unersetzlich, denn die Preise waren um das Zwanzigfache gestiegen. Aber Weng Hsien-sen schalt nicht. Er und sein kleiner Sohn sahen sich an, Tränen in den Augen, und der Vater sagte: »Sohn, weil du unachtsam warst, haben nun zwölf Menschen kein Wasser im Unterstand.«

Vor einigen Jahren war Weng Hsien-sen mit seiner Frau und den neun Kindern, die sie damals hatten, in den Nordwesten des Landes gegangen, um bei der kommunistischen Regierung zu arbeiten. Erst als vier seiner Kinder durch die harten Entbehrungen des dortigen Lebens gestorben waren, kehrte er wieder nach dem Süden zurück. Nun, als kleiner Regierungsbeamter, glaubte er fest an die »Drei Grundsätze« und blieb seinen sozialistischen Idealen treu und wendete sie auch praktisch an. Ich habe ihn gesehen, wie er einen Rikschakuli, da dieser eine Kurve zu knapp genommen und Weng Hsien-sen vom Sitz geschleudert wurde, wieder aufrichtete und, ohne seine eigenen Verletzungen zu beachten, ihm half, die Rikscha in Ordnung zu bringen, und ihn ausruhen ließ, bevor er den Weg fortsetzte. Jeder andere Passagier hätte den Mann wegen seines Ungeschicks beschimpft. Er verachtete die körperliche Arbeit nicht, wie es damals in den gebildeten Kreisen üblich war. Er trug Wasser und spaltete Holz mit den Dienstboten, er stieg aufs Dach und rückte nach der Bombardierung die Ziegel wieder zurecht. Er legte einen Garten an, den er mit seinen Kindern umgrub und bepflanzte. Es waren die nettesten Kinder, die ich je kannte, wohlerzogen und untereinander hilfsbereit.

Haushalten hängt davon ab, daß man sein Haus behält. Beim Verlassen des Unterstandes suchte ich ängstlich stets zuerst festzustellen, ob uns unsere Wohnstätte erhalten geblieben. Das Haus war so baufällig, daß es beim leichtesten Schritt erzitterte. Über unserer notdürftig geflickten Zimmerdecke war kein richtiges Dach mehr, obschon Weng Hsien-sen und der Kuli versucht hatten, die übriggebliebenen Ziegel so zu legen, daß sie übereinandergriffen. Beim ersten heftigen Regen löste sich die Wohnung so ziemlich auf.

Nach Wochen großer Hitze – hundert Grad bei Tag und achtzig bei Nacht – brach ein Sturm los. Die dicken Wolken türmten sich auf, und es grollte der Donner. Die Luft war kaum noch zu atmen. Es roch nach Regen, man hörte den Regen und sah die grauen Schleier des Regens über die Hügel näher kommen, und die ersten Tropfen, so groß wie Silberdollars, klatschten auf die Erde nieder. Die Kinder lachten und rannten nackt und mit aufgelösten Haaren in den Regen hinaus, warfen die Arme hoch, wateten durch die Pfützen und schrien vor Freude, als das Wasser aus der Dachrinne auf sie herunterströmte. In unserem Zimmer begann das Wasser durch die Decke zu sickern. Pao und ich schleppten das Bett in die einzige trockene Ecke und stellten im ganzen Zimmer Becken und Eimer und Krüge hin, um die Rinnsale aufzufangen. Die zahlreichen Gefäße vollführten, jedes in seiner eigenen Tonart, ein melodisches Geklingel als leise Begleitung zu dem Rauschen des Regens und dem Grollen des Donners. Bald darauf tropfte das Wasser auch über dem Bett herunter. Wir hängten zwei Regenschirme an Schnüren darüber und spannten je einen Schirm am Kopf- und Fußende des Bettes auf und schliefen auf diese Weise, wenn auch etwas verkrampft, so doch im Trockenen. Als wir am nächsten Morgen erwachten, war der Fußboden überschwemmt. Wir knieten wie Schiffbrüchige auf dem Bett. Die Decke hatte sich mit Wasser vollgesogen und bog sich gefährlich unter dem Gewicht der auf sie gefallenen Ziegel. Es war ein Wunder, daß sie die Nacht über standgehalten hatte. Wir eilten auf die Veranda und berieten uns mit den anderen Mietern, in deren Zimmer es nicht viel besser als bei uns aussah. Es war gefährlich, noch länger oben zu wohnen, und so beschlossen wir, die Vorhängeschlösser an den Zimmertüren des Hauseigentümers aufzubrechen und in diese Zimmer zu ziehen. Wir schrieben ihm einen Brief und unterrichteten ihn von unserem Tun; und dann zogen wir alle nach unten um.

Aber allen Einwänden, die der Hausbesitzer hätte machen

können, kam das Schicksal zuvor. Zwei Tage später brach die Sonne wieder durch, der ching-pao ertönte, und wir suchten den Unterstand auf. Als wir zurückkamen, war das Haus verschwunden, und nur ein großer Krater oben auf dem Hügel und verstreute Brocken waren alles, was wir von unserem Haus noch vorfanden. Weng Tai-tai und ich schauten uns an und mußten lachen. Es war so unbegreiflich, daß es komisch wirkte. Der Angriff schien sich ausschließlich auf dieses Haus konzentriert zu haben, das ganze Feld ringsum war von Bombenkratern durchlöchert.

Danach wohnte Pao zunächst in seinem Büro, und ich ging in die Bank, bis wir eine neue Wohnung finden konnten. Der Mädchenschlafsaal war von einer Bombe getroffen und zerstört worden, aber es waren andere Zimmer zur Verfügung gestellt worden. Ich hatte alles, was ich brauchte, in den Unterstand mitgenommen, und so mußte ich nichts borgen. Nach zehn Tagen fanden wir Zimmer, deren Miete eigentlich über unsere Verhältnisse ging, aber wir hatten wieder ein eigenes Heim.

Die Wirtin, eine rundliche, aber hypochondrische Witwe mit harten Augen, überließ uns die Zimmer erst, nachdem sie sich überzeugt hatte, daß wir keine Kinder hatten und auch in der nächsten Zeit keine zu erwarten waren. Sie weigerte sich, an Familien mit Kindern zu vermieten. Der Lärm schadete ihrer Gesundheit. So wohnte in dem großen, düsteren Haus als einziges Kind ihr Adoptivsohn Maomao. Es war ein kleiner vierjähriger Junge, mager und rachitisch, mit einem Gesicht wie von einem gehäuteten Kaninchen und mit einem verschmitzten Lächeln.

Sie empfand keinerlei Liebe zu ihm. Sie hatte ihn wahrscheinlich um ihres Mannes willen adoptiert; nun aber langweilte sie die Rolle der treuen Witwe, und sie war auch des Kindes überdrüssig.

Mein Herz tat mir weh beim Anblick des verwahrlosten, einsamen Jungen. Er besaß keine Spielsachen, und das große Haus war so düster. So oft er konnte, entwischte er auf die Straße, um mit anderen Kindern zu spielen; seine Mutter erlaubte ihm das nicht, da er sich dabei seine Kleider beschmutzte.

Sie schlug ihn, und er weinte. Aber nach kurzer Zeit vergaß er es und rannte wieder fort. Oftmals am Tage hörte ich, wie sie ihn züchtigte. Aber wo immer er auch sein mochte, wenn der ching-pao ertönte, rannte er nach Hause zurück, so rasch seine kurzen krummen Beinchen ihn zu tragen vermochten. Er setzte dann einen Strohhut, so groß wie ein Regenschirm, auf den Kopf, ergriff sein kleines Bündel und trottete hinter seiner Mutter her zum Bunker. Es war ein steiler Aufstieg von zweihundert Stufen. Oft wimmerte er, und sein kleines Gesichtchen war blaß und verzogen. Er setzte sich auf die Stufen, bis seine Mutter ihn mit ungeduldigen Worten zur Eile antrieb. Gehorsam stand er wieder auf und kletterte in der heißen Sonne weiter.

Sehr bald erhöhte unsere Wirtin die Miete. Wir waren ihr ausgeliefert. Wir mußten bezahlen oder ausziehen, es gab genügend Anwärter auf unsere Zimmer. Von Tag zu Tag verminderten sich die bewohnbaren Häuser in Tschung-king, da immer mehr zerstört wurden. Die arme Bevölkerung zog aufs Land hinaus, suchte die Flüchtlingslager auf oder baute sich aus Strohmatten eine eigene primitive Unterkunft. Die Bessergestellten suchten überall nach Zimmern. Oft wurde ich mitten in den Vorbereitungen für eine Mahlzeit durch die Zudringlichkeit der Leute unterbrochen, die, ohne anzuklopfen, hereinkamen und sich nach einer Bleibe umschauten. Es kamen ganze Familien, sie platzten herein, an der Spitze meistens die Frau mit einem Säugling im Arm, ein Schwanz von Kindern hinterdrein, während der Ehemann sich etwas verlegen mit einem bittenden Lächeln im Hintergrund herumdrückte. Es war immer dieselbe Geschichte: »Wir wurden ausgebombt, wir haben kein Haus, bitte, nehmen Sie uns für ein paar Tage auf!« Was konnte man sagen? Aber die »paar Tage« bedeuteten den ganzen Sommer, das ganze Jahr.

Sie pflegten dann einzudringen und sich unsere Zimmer genau anzusehen. Eines, das Schlafzimmer, war sehr klein, eigentlich nur ein Kämmerchen: »Was! ... Zwei Zimmer! Und nur Sie und Ihr Mann? Aber hier könnten doch gut zehn Personen wohnen und dort drüben drei, und wir sind nur neun. Ich kann kochen ... wir könnten die Miete teilen, das Essen ... nur ein paar Tage, bis wir ein Haus finden ...«

Jetzt hätte ich unsere säuerliche Wirtin beinahe segnen können. Sobald sie den Aufruhr und die schrillen Kinderstimmen hörte, erschien sie unter der Tür: »Entschuldigen Sie, das ist mein Haus. Ich bin sehr leidend. Tang Tai-tai hat dauernd sehr viel Gäste« — dies mit einem vorwurfsvollen Blick auf mich — »sie könnte Sie nicht unterbringen. Verzeihen Sie, ich kann Kinder nicht ausstehen ... Mein eigenes Kind, Maomao, wäre keine gute Gesellschaft für Ihre Kinder; er ist sehr unartig. Wir haben keinen Platz für Sie hier, Sie sehen selbst, wie es hier steht.« Und währenddessen trieb sie die Leute langsam zurück und schob sie schließlich unter einem Strom von Erklärungen zur Tür hinaus.

Eines Tages klopfte ein schlanker junger Soldat bei uns an, in einer abgetragenen, schlechtsitzenden Uniform, mit gebräuntem, feinknochigem Gesicht; er kam mir irgendwie bekannt vor. »Bitte kommen Sie herein«, sagte ich und suchte mich zu erinnern, wer es sein könnte. Mein Besucher lachte über meine Verlegenheit — ein Mädchenlachen! — und nannte seinen Namen. Jetzt erkannte ich sie — Lin Shing-ru, die ich zuletzt auf dem Rasen im Garten unserer Universität in Peking gesehen hatte. Sie hatte sich in einer dunklen Nacht aus Peking herausgeschlichen, war durch alle japanischen Postenketten geschlüpft und in das Partisanengebiet gelangt. Mehrere Monate war sie bei den Partisanen geblieben. Sie hatte gelernt, mit einem Gewehr umzugehen, sie sei ein geschickter Kämpfer, sagte sie lächelnd und zeigte dabei ihre wunderschönen weißen Zähne. Sie war jetzt auf dem Weg zu den Armeen in Kwangsi.

Ich erinnerte mich wieder, wie sie in unserer Studentenzeit ausgesehen hatte: eine gute Sportlerin, eine schlanke Figur in kurzen Sporthosen, lange muskulöse Arme und Beine und kurzgeschnittenes Haar mit Locken auf der Stirn. Jetzt trug sie das Haar kurz, aber sie war nicht kahlgeschoren. Eine Strähne fiel ihr in die Stirn; sie hatte eine eigene Art, sie mit einer lebhaften Bewegung des Kopfes zurückzuwerfen. Sie erzählte von Peking unter japanischer Besetzung: »Sie haben unsere ganze Geschichte seit 1911 aus den Lehrbüchern entfernt. Die Kinder dürfen nichts mehr von Sun Yat-sen und der Revolution hören. Und sie müssen mit Fahnen aufmarschieren – mit der fünffarbigen Fahne des besetzten China und der roten japanischen Sonnenfahne –, um die ›Befreiung‹ am Jahrestag des Falls von Shanghai und Nanking zu feiern.« Es klang Bitterkeit aus ihrer Stimme. Aber wenn sie von sich selbst erzählte, war die Stimme gleichmäßig und beherrscht. Sie war verheiratet gewesen. Sie hatte ein Kind bei ihren Eltern, irgendwo im Norden. Ihr Mann war drei Monate nach ihrer Hochzeit gefallen.

Lin Shing-ru blieb einige Tage bei uns. Wir richteten ihr ein Bett auf der Couch im großen Zimmer her. Als sie uns wieder verließ und die Treppenstraße hinter unserem Haus hinaufstieg, wandte sie sich mehrmals um und lächelte wie ein junger Soldat; sie sah nicht aus wie eine Universitätsabsolventin oder die Mutter eines Kindes. Ich war versucht, ihr nachzulaufen, sie zurückzuhalten und sie zu bitten, nicht wegzugehen. Aber welches Leben war besser als dasjenige, das sie für sich gewählt hatte? Mein eigenes? Und so ging sie, und obschon sie versprochen hatte zu schreiben, habe ich doch nie mehr etwas von ihr gehört.

Wir waren selten ohne Gäste. Eines Abends brachte Pao einen Kameraden von der Militärakademie, Ho Ensui, mit nach Hause. Er blieb zwei Monate bei uns. Er schlief auf der Couch im Wohnzimmer. Dann wurde die Y.W.C.A. ausgebombt, und sie schickten mir zwei ihrer Mieterinnen. Wir brachten das Bett in das größere Zimmer, und die beiden Mädchen und ich kampierten dort, während Pao und Ensui im Schlafzimmer auf dem Fußboden schliefen.

Ho Ensui war sehr groß für einen Chinesen und hatte ein ernstes, breites, rotbackiges und gebräuntes Gesicht. Er war von der Nordwestfront, wo er verwundet worden war, auf Krankenurlaub hier. Er trug den Arm noch in der Schlinge, aber die Verwundung konnte seiner guten Konstitution nichts anhaben. Er war höflich, rechtschaffen, sauber, sehr, sehr aufrichtig, aber ohne den leisesten Sinn für Humor. Er und Pao sind die Vertreter jener Gruppe von jungen Offizieren, deren Patriotismus sich mit solcher Kraft auf den einen Punkt konzentriert, daß nur ein kleiner Spielraum für andere Ansichten bleibt. Der Mittelpunkt ihrer Treue ist Tschiang Kai-schek; er ist für sie der Mann, der ganz China kraft seiner Überzeugung wieder vereinigen kann. Er ist für sie die einzige Hoffnung für Einigkeit, der einzige Mann, der fähig wäre, die verschiedenen Parteien in vaterländischer Übereinstimmung zum gemeinsamen Widerstand und letzten Sieg zu einigen.

Das eine der beiden Mädchen war Chen Kefan. Sie hatte unter den ärmsten Bauern eine Arbeit christlicher Nächstenliebe verrichtet und hatte während der letzten Monate in einer Berggegend unter den allerprimitivsten Verhältnissen gearbeitet und nie genug zu essen gehabt. Um ihre Schwierigkeiten ganz zu verstehen, hatte sie mit den Bauern gelebt, hatte mit ihnen in ihren dunklen, überfüllten, schmutzigen Hütten gewohnt, hatte ihre unzulängliche Ernährung geteilt, hatte versucht, sie auf die eine oder andere Erleichterung hinzuweisen, aber sie war fast stets an der verzweifelten Armut und Unwissenheit gescheitert. Sie hatte gegen das Analphabetentum gekämpft und hatte einen Impf-Feldzug begonnen. Es war ihr gelungen, die Abwehr und das Mißtrauen, das die Bauern Fremden gegenüber hegen, zu durchbrechen. Sie liebten sie und vertrauten ihr. »Das Fundament ist gelegt, und wir können aufbauen«, sagte sie. Aber nach einigen Monaten war sie unter der Anstrengung zusammengebrochen. Sie war völlig überarbeitet und blutarm und hatte sich aus Mangel an Ernährung und Pflege eine Augenentzündung zugezogen.

Sie führte nur ein kleines Kleiderbündel und eine alte Steppdecke mit sich, aus deren Rissen die zusammengeballte Baumwolle herausquoll. Sie trug immer graue, aber ordentliche Kleider. Ich kam ihr nicht näher, denn sie sprach sehr wenig, aber sie kehrte den Fußboden und half mir beim Kochen. Sie hatte eine verständnisvolle gütige Art, mit Maomao umzugehen, der sie anbetete. Merkwürdigerweise hatte sie einen derben schweren Körper und ein tiefgebräuntes Gesicht, was ihr ein kräftiges Aussehen verlieh; aber sie ermüdete rasch. Sie hatte einen sturen

Ausdruck, hinter dem man nie ihren scharfen Verstand vermutet hätte. Aber wenn sie lächelte, änderte man sein erstes Urteil.

Niemand hätte einen größeren Kontrast zu Kefan bilden können als Li Lisan, die ihr so unähnlich wie nur irgend möglich war. Sie stand unter der Tür, als bezweifelte sie einen freundlichen Empfang, und streckte mir das Empfehlungsschreiben vom Y.W.C.A. entgegen. Sie hatte ein kleines blasses Gesicht und straffes schwarzes Haar, das ihr bis auf die Schultern fiel. Ihre Augen blinzelten nervös und hatten einen erschrockenen, traurigen Ausdruck. Sie trug einen geblümten shan, der so wundervoll geschnitten war und so tadellos saß, daß er nur von einem Schneider aus Shanghai oder Hongkong stammen konnte. Sie war vielleicht neunzehn Jahre alt.

Der Brief gab mir einige Aufschlüsse über sie. Sie war für die Y.W.C.A. ein Problem gewesen und hatte ihr mit ihren ausgeprägt kommunistischen Anschauungen viel Schwierigkeiten bereitet. Sie stammte aus einer wohlhabenden Familie in Shanghai, ihre Eltern waren geschieden. Sie hatte eine sehr gute Schule besucht und sprach fließend Englisch. Aber sie konnte nicht in diesem »Paradies inmitten der Hölle«, wie sie es nannte, bleiben. (Das Empfehlungsschreiben meldete nur die bloßen Tatsachen. Lisan selbst erzählte mir später einiges zur Ergänzung.) Voller Begeisterung und Eifer, etwas für ihr Land zu tun, war sie nach Tschung-king gekommen, mit einem Dampfer bis Hongkong, von dort mit dem Flugzeug, denn sie hatte reichliche Geldmittel. Sie hatte sich vorgenommen, in den Nordwesten, in die Lehmhöhlen von Yenan, zu den Kommunisten zu gehen, eine Soldatenuniform zu tragen, ihr Haar abzuschneiden, zweimal am Tag Maisbrei zu essen und alle ihre Strapazen auch auf sich zu nehmen. In Sian hatte man ihr die Weiterreise verweigert. Sie hatte einige Zeit in der dortigen amerikanischen Missionsstation gewohnt, aber man war dort mit ihren Anschauungen nicht einverstanden. So war sie wieder nach Tschung-king zurückgekommen, aber sie war ruhelos und sprach immerfort von einem zweiten Versuch, nach dem Nordwesten zu kommen. Inzwischen verdiente sie sehr gut, indem sie Ausländern Unterricht in der chinesischen Sprache erteilte. Die

Y.W.C.A. hatte ihr diese Arbeit vermittelt und sie damit zu beruhigen gehofft.

Was mich anging, konnte sie so kommunistisch sein, wie sie Lust hatte, mich störte das nicht. Aber mit Pao und Ensui im Hause, zwei ausgesprochenen Kuomintang-Männern, sah ich einige Zusammenstöße voraus. Bei unserer ersten gemeinsamen Mahlzeit erzählte sie uns ihre ganze Geschichte und alle ihre Pläne. Sie erzählte sie jedermann ohne die geringsten Hemmungen. Sie war immer erfüllt von wunderbaren Theorien und edlen Vorsätzen. Wenn sie davon sprach, funkelten ihre großen, schwarzen Augen, und ihr Gesicht rötete sich. Ensui erhob sich etwas und verbeugte sich gravitätisch vor ihr: »Ich bewundere Ihren Patriotismus«, sagte er. »Sie haben freiwillig ein angenehmes Dasein aufgegeben, um eine Reise von tausend Meilen ins Innere des Landes zu unternehmen, und Sie haben sich den härtesten Teil, den Nordwesten, ausgesucht. Das verdient wirklich großes Lob!«

Lisan sah erschrocken aus. Sie hatte auf Widerspruch gerechnet. Einen Augenblick zögerte sie, weil sie Spott vermutete. Aber Ensuis Augen waren aufrichtig, sie schenkte ihm ihr reizendes Lächeln. Sie lehnte sich gegen ihn vor und sprach sehr ernsthaft von kapitalistischer Ausbeutung, aber Ensui schaute auf ihre Augen und auf ihre roten Lippen, und um seinen Mund spielte ein träumerisches Lächeln. Lisan, in ihrer gerechten Empörung, war wirklich anziehend.

Lisan und ich teilten nachts das eine schmale Bett; Kefan schlief auf der Couch. Lisan hielt mich lange wach mit ihren geflüsterten Fragen über Ensui: »Es ist ein Jammer, daß er nicht Kommunist ist«, seufzte sie endlich, »ich werde ihn belehren.« Am nächsten Morgen, als Lisan weggegangen war, um ihre Stunden zu geben, sagte Ensui zu mir: »Sie ist sehr jung ... ich werde sie bekehren.« Ich stöhnte innerlich. Komplikationen! dachte ich.

Einige Tage später kam ich mit der Wirtin überein, uns für Lisan noch ein Zimmer zu vermieten. Es war ein kleines Kämmerchen, in dem Brennholz aufbewahrt worden war. Im Nachbarhaus fanden wir ein Dachstübchen für Kefan und machten so viel Platz frei, daß man ein Bett hineinstellen konnte. Pao und ich hatten wieder unser Schlafzimmer, und Ensui kehrte zu seiner Couch im Wohnzimmer zurück. Die Mahlzeiten nahmen wir gemeinsam ein; es war die einzige Möglichkeit, die Ausgaben auf die Dimensionen unseres Einkommens herabzudrücken. Wenn wir gemeinsame Kasse machten, konnten wir uns eine Dienerin leisten, die das Kochen besorgte, aber Kefan und ich mußten noch helfen.

Pao verstand nichts von unseren Haushaltssorgen. An einem Ersten gab er sein ganzes Monatsgehalt in großzügiger Weise einem Freund, der gerade ausgebombt worden war. Es war angeblich ein Darlehen, aber solche Freundschaftsdarlehen sind so gut wie ein Geschenk. Alles was wir hoffen konnten, war, daß er uns, wenn er wieder bei Kasse, zu einem guten Essen einladen würde. Wir lösten das Problem, indem wir einen Artikel über den Krieg in Europa an verschiedene Zeitungen schickten. Pao hat eine gute Kenntnis der militärischen Dinge, und da er die europäischen Vorkriegsverhältnisse sozusagen aus erster Hand wußte, konnte er eine anschauliche Darstellung geben. Ursprünglich wollte er den Artikel schreiben, um sich einen Namen zu machen, aber ich zeigte ihm unsere letzte Fünfdollarnote und überzeugte ihn, daß wir uns zur Zeit solche Gesten nicht leisten konnten. Dieses Mal erzielte er einen guten Preis, der uns über die kritische Zeit hinweghalf, ohne daß wir Geld zu borgen brauchten.

Die Dienerin blieb nicht lange bei uns. Lisan, mit all ihren großartigen Prinzipien über Gleichheit, war in ihrer Haltung gegenüber Dienstboten und Untergeordneten genau wie andere verwöhnte junge Damen reicher Familien. Sie nahm keine Rücksicht und behandelte sie, als wären sie keine menschlichen Wesen. Sie gab oft reichliche Trinkgelder, war aber unduldsam gegen jedes Versehen und wurde bei der kleinsten Herausforderung wütend. Sie beschuldigte die Dienerin des Diebstahls, konnte es aber nicht beweisen. Lisan wußte nie, wieviel Geld sie hatte. Ihre Rechnungen lagen offen in Schubladen oder auf dem Tisch umher und waren jedem Windstoß ausgesetzt. Ihre Tür war nie verschlossen.

So verließ uns die Dienerin, und Kefan und ich mußten alle Arbeit verrichten. Nach zwei Wochen fanden wir eine Frau, die das Putzen besorgte, aber sie konnte nicht kochen, und wir mußten uns weiter um die Mahlzeiten kümmern. Ensui und Pao aßen, was wir ihnen vorsetzten, ohne Kritik daran zu üben. Es war nicht gut. Wir kochten oder brieten, was wir hatten, und brachten es auf den Tisch, das Essen war nicht roh, aber das war auch sein einziger Vorzug. Lisan lehnte es ab. Unsere Gerichte waren nicht gut genug, um ihren verwöhnten Geschmack zu reizen, und nicht schlecht genug, daß sie das erhabene Gefühl der Selbstaufopferung hätte haben können. Als wir mehrere Tage ohne Fleisch auskommen mußten, denn Fleisch war teuer und schwer zu bekommen, und das Essen auf den Tisch kam — wieder Bohnen und gekochte weiße Rüben —, wurde es ihr zuviel. Sie schickte die Dienerin in ein Restaurant und ließ Geflügel oder Fisch holen, um unser Menü zu ergänzen. Sie beteiligte sich wohl nie an der Arbeit, aber sie war großzügig und teilte alle diese plötzlichen Extravaganzen getreulich mit uns.

Die Wasserversorgung war unser größtes Problem, das den ganzen Sommer hindurch immer wieder auftauchte. Das Haus hatte keine Wasserleitung, nur die allerreichsten Häuser in Tschung-king besitzen eine. Ungefähr zweihundert Stufen höher, oben auf dem Berg, war der Hauptbrunnen der Städtischen Wasserversorgung, und von dort konnten wir Wasser, zu vierzig Cents zwei Eimer, frei Haus beziehen. Aber die Bombardierungen, die unentwegt weitergingen, beschädigten häufig die Leitungen oder die Pumpen. Dann brachte der Wasserträger aus einem seichten Brunnen eine kleine Menge herauf. Nach zwei bis drei Tagen war dieser Brunnen trocken, weil so viele Haushaltungen davon zehrten. Dann mußte das Wasser einen noch weiteren Weg vom Fluß heraufgetragen werden; jeder einzelne Rundgang nahm viel mehr Zeit in Anspruch, und die abgelieferte Menge wurde entsprechend kleiner. Das Flußwasser war dunkelbraun und voller Schlamm und kostete drei, vier und fünf Dollar je Eimer. Die Träger heimsten reiche Ernte ein und wurden unverschämt. Wir waren ihnen ausgeliefert. Wie oft ging ich früh morgens auf die Straße, um einen Träger abzufangen und ihn mit höflichen Worten und einem Lächeln zu bitten, uns doch ein bißchen, nur einen halben Eimer, zu bringen, damit wir unser Gesicht waschen könnten!

Aber in Übereinstimmung mit dem Gesetz von Angebot und Nachfrage wurde es, je schlechter und teurer es war, immer schwieriger, Wasser zu bekommen. Die Träger verdienten in wenigen Stunden mehr, als sie sonst während eines ganzen Tages zusammenbrachten. Warum also die volle Zeit arbeiten? Wenn unser großer irdener Vorratskrug leer war, mußten wir einen Kessel voll Wasser im Teehaus kaufen, um wenigstens Tee trinken und kochen zu können. Für eine Waschung durften nur zwei bis drei Tassen voll gebraucht werden, und dieses Wasser mußten wir noch zum Aufwischen des Fußbodens benutzen. Wir konnten es uns kaum erlauben, das Geschirr zu spülen, Berge ungewaschener, verschwitzter Kleider warteten auf das Ende dieser Wassernot. Dann, welche Wonne, als das Leitungswasser wieder lief und unser Träger, lächelnd und vernünftig, mit randvollen Eimern klaren Wassers erschien! Wir tauchten die Arme tief hinein, spritzten es in unsere heißen Gesichter, hoben es in den gehöhlten Händen empor und ließen es in breitem Strom zurückfließen. Ich hatte früher nie gewußt, wie kostbar Wasser ist!

Maomao war krank. Zuerst hatte er die Masern, dann bekam er eine Lungenentzündung. Ich mußte der ganzen Quacksalberei von Anfang bis Ende hilflos zusehen, denn seine Mutter gestattete mir nicht, den Jungen in ein Krankenhaus zu bringen. Ihr Mann war in einem Krankenhaus gestorben. Sie versuchte es mit verschiedenen chinesischen Ärzten, die dunkelbraune Manschereien verschrieben, die das Kind prompt wieder erbrach. Das Krankenzimmer war voll von Verwandten, die alle ihre Ratschläge erteilten. Sie gaben ihm – harmlos genug – Wasser zu trinken, in dem man goldene Ohrringe gekocht hatte. Als er Krämpfe bekam, holten sie einen taoistischen Bettelpriester, der einen Zauber über ihn sprechen sollte. Er bekam noch mehr Krämpfe, und sie brannten ihm mit einem heißen Eisen vier kleine Punkte auf den Unterleib.

Dann riefen sie einen sehr berühmten chinesischen Arzt, der vom unteren Flußgebiet kam und sich durch zwei Dinge auszeichnete: er besuchte seine Patienten nur bei Nacht, und er rauchte Opium.

Die Regierung hatte versucht, ihm das Opium zu verbieten, aber er sagte: »Wie kann ich dann die Leute kurieren? Kein Opium – keine Kraft und also auch keine Heilung.« Und da er manche einflußreiche Beamte von vielerlei seltsamen Beschwerden geheilt hatte, erlaubte man ihm weiterhin, Opium zu rauchen. Entsprechend seiner Gewohnheit, kam er bei Nacht. Er schaute sich Maomao an, fühlte ihm an beiden Handgelenken und in beiden Armbeugen den Puls. Dann schrieb er seinen Befund auf: die Masern seien ins Herz eingedrungen. Er verschrieb eine Arznei, die die Masern wieder aus dem Herzen austreiben sollte, steckte ein unerhörtes Honorar ein und zog ab. Die Medizin half Maomao nicht, denn er war nun bewußtlos, und als sie ihm in den Hals geschüttet wurde, erstickte er beinahe und wurde ganz grau im Gesicht, und das kostbare Naß lief aus seinem Munde und war verschwendet.

Zuletzt, als jeder Atemzug zu einem Kampf wurde, willigte seine Mutter ein, einen ausländischen Arzt zuzuziehen, der dann die Brust des Kindes mit dem Stethoskop abhörte und die Schulter zuckte: »Zu spät!« Er gab ihm eine belebende Spritze, und für ein, zwei Stunden bekam Maomao wieder etwas Farbe. Aber es war wirklich zu spät. Als Maomao starb, weinte die Mutter laut, wie es von ihr erwartet wurde. Alles in allem hatte sie über zwölfhundert Dollar ausgegeben. Die Verwandten trösteten sie und sagten: »Es war eben nicht zu ändern, es war die Zeit, da er sterben sollte. Du tatest dein möglichstes, du hast mit deinem Geld nicht geknausert und ihm jede Sorgfalt angedeihen lassen. Es war vorbestimmt.« Ich hätte am liebsten herausgeschrien: »Ihr Narren, ihr alle miteinander habt ihn getötet.«

Maomaos Tod wurde kaum beachtet. Es gab ja so viele Todesfälle... Die Dienerin wusch die kleinen Kleider und hing sie zum Trocknen in die Sonne. Sie scheuerte den Fußboden, lüftete das Bettzeug, warf die nutzlosen Medizinfläschchen weg und goß die verdorbenen Tränke, die man gebraut hatte, aus. Es gab kein Leichenbegängnis. Wenn Kinder sterben, macht man in China davon wenig Aufhebens. Der kleine Sarg wurde hinausgetragen und in einem Gemeinschaftsgrab beerdigt. Selbst das kostete vierhundertzwanzig Dollar.

Es war wieder Vollmond, acht Nächte lang hatten wir ching-pao. Die Tage gingen ohne Abgrenzung ineinander über; jedes Zeitbewußtsein verwischte sich. Der gestrige Vormittag, durch den Nebel endloser, eintönig verlaufener Stunden gesehen, schien Äonen zurückzuliegen. In schlafwandlerischer Betäubung gingen wir umher. Wir versuchten hin und wieder etwas zu schlafen; die Grenze zwischen Traum und Wachen wurde undeutlich. Jedermann war nervös und gereizt. Lisan und Ensui zankten sich. Sie waren sich so ähnlich und doch so verschieden, beide so jung und so leidenschaftlich sicher in ihren Überzeugungen. Gerade die Eigenschaften, durch die sie sich angezogen fühlten, machten ihre jeweiligen Zusammenstöße unvermeidlich. Sie gingen, in ihre Diskussionen vertieft, zusammen in den Unterstand, saßen dort nebeneinander auf einer Bank und setzten, gebannt von ihrem Thema, ihre endlose Diskussion im Flüsterton fort. Aber als wir nach einer Woche von Tag- und Nachtangriffen an einem frühen Morgen in unsere Wohnung zurückkehrten — ich war sofort eingeschlafen —, wurde ich durch ihre zornigen Stimmen im Wohnzimmer geweckt. »Sie sind eine Kommunistin!« sagte Ensui wütend. »Sie sind von Shanghai mit Schiff und Flugzeug sehr luxuriös hierher gereist. Sie reden immer davon, nach Yenan zu den Roten zu gehen — Sie reden, ja, aber Sie gehen nicht.« — »Daran seid ihr schuld, ihr Kuomintang-Leute, ihr laßt mich ja nicht gehen«, fuhr Lisan ihn zornig an. Ich stand unter der Tür, aber keines von beiden beachtete mich. »Sie wissen gar nicht, was Entbehrung bedeutet«, beharrte Ensui. »Sie können ja nicht einmal die einfache chinesische Kost essen — im Nordwesten würden Sie verhungern. Wenn Ihnen unser Mittagessen nicht gut genug ist, lassen Sie sich aus dem Restaurant etwas Besseres holen. Sie verdienen Geld, da Sie ausländische Kapitalisten unterrichten, und Sie kaufen neue Kleider ...«

Lisan sprühte förmlich vor Wut: »Was verstehen Sie denn schon davon? Für Sie muß eine Kommunistin in Lumpen herumlaufen und dauernd Bomben schmeißen.«

»Nein, aber mein bester Freund war Kommunist«, sagte Ensui, »ein richtiger Kommunist. Er stammte aus guter Familie, aber er gab alles auf und ging zu den Roten. Er war mit dabei auf dem Langen Marsch.«

»Wenn Sie die Kommunisten so bewundern, warum sind Sie dann keiner?« wollte Lisan wissen. »Weil Ihnen eine Fahne und ein Name auf einer Landkarte mehr bedeuten als die Menschen. Sie wollen nur befehlen und winken, und Sie verdammen diejenigen, die China auf eine edlere Art lieben als Sie, zu Tode.«

Weiß vor Zorn verließ Ensui das Zimmer, und Lisan brach in Tränen aus: »Oh«, stöhnte sie, »ich hasse ihn, ich hasse ihn.« Sie floh in ihr Zimmer.

Als Ensui mit verschlossenem Gesicht ins Zimmer zurückkehrte, sagte ich zu ihm: »Ensui, seien Sie nicht so wütend, sie hängt doch sehr an Ihnen.«

»Schwägerin«, sagte er, »ich liebe sie, aber ich kann meine Überzeugung ihretwegen nicht ändern. Wahrheit ist kostbar, kostbarer noch als Liebe, Schwägerin.«

»Es gibt verschiedene Wahrheiten«, sagte ich. »Wahrheit kann nicht jedem dasselbe bedeuten, Ensui. Sie ist auch überzeugt, wenn sie auch nicht immer nach ihrer Überzeugung handelt.«

»Schwägerin, um einer Frau willen kann ich weder meine Gesinnung ändern noch meine Pflicht versäumen. Die Frau muß dem Manne folgen«, sagte er.

Ich seufzte. Für jeden einzelnen ist die Wahrheit Selbsterfüllung. Aus diesem Grunde hatte ich vor einem Jahr Pao an die Front geschickt. Ich hatte ihn seiner Pflicht, vielleicht dem Tode, zurückgegeben. Wenn ich ihn davon zurückgehalten hätte, hätten wir uns hassen müssen. Denn der größte Tod ist der Verrat an der eigenen Selbsterfüllung. Und doch wird er von der Frau immer wieder verlangt und als ihre selbstverständliche Pflicht angesehen.

September – Oktober ... Die Angriffe sind jetzt weniger häufig. Es regnet oft. Unser Haus ist der Zerstörung entgangen. Sogar das Glas in den Fenstern konnte ich erhalten, denn ich lasse die Fensterflügel während der Angriffe immer offenstehen. Pao und Ensui haben die beschmutzten Gipswände frisch getüncht. Auf dem Fußboden liegt ein weinroter Teppich. Auf dem kleinen Bambusgestell haben wir ein paar Bücher, im Schrank etwas Wäsche, an den Fenstern Gardinen. In einer großen blauen Schale stehen blaßgrüne Herbstorchideen und rosafarbene Begonien. Diese Besitztümer machen mich stolz. Sie haben keinen Wert, sie sind kleine Liebhabereien, aber den ganzen Sommer über habe ich sie gesammelt, habe sie gereinigt, daran gearbeitet und durch sie ein Heim geschaffen, und eines Tages werden sie ganz zu mir gehören und mir unendlich wertvoll sein. Jedesmal, wenn ich in den Bunker gehe, öffne ich die Fensterflügel; ich sehe mich um und nehme von allem Abschied. Wenn ich zurückkomme und alles vorfinde, so wie ich es verließ, ist es mir neu geschenkt. Weil ich immer mit dem Verlust rechnen muß, erscheint mir alles noch lieblicher und teurer.

Am Ende des Sommers sieht Tschung-king aus wie Pompeji. Nicht wie das Pompeji der rosaroten und goldenen Farben, dessen Tragödie durch die Jahrhunderte verwischt und gesänftigt ist, sondern grau und verwahrlost, ein Pompeji der geisterhaften Ruinen und einer Atmosphäre von Asche und Tod. Aber schon werden ganze Straßenzüge aufgeräumt, neue Läden schießen aus dem Boden auf, leichtgebaute einstöckige Häuser aus Brettern und Mörtel, leuchtend blau, rot und grün bemalt; neue Restaurants, neue Basare! Die Menschen kommen zurück aus den Bergen, vom Lande. Die Theater und Kinos sind überfüllt.

Jetzt bleibt der Tau morgens schon länger auf den Wiesen. Das Tageslicht kommt später, und wir haben einen Nebel so dicht und weiß wie Bohnenmilch. Dann, wenn sich der Nebel lichtet, kann man die grauen Umrisse eines Hauses, die Rundung eines Hügels, die Bäume, blau-grün im Dunst, goldenen Sand, das goldbraune Wasser des Flusses und die zarten bläulichen Linien der fernen Berge unterscheiden. Der Sommer ist vorbei. Schlagzeilen in den Zeitungen berichten von Bombenangriffen auf London. In kleinen Lettern wird an anderer Stelle erwähnt, daß Vororte von Tschung-king heute wieder bombardiert worden seien. Grauer Regen verschleiert die Bergketten des nördlichen Ufers. Graue Wolken bilden eine tief herabhängende Decke. Die Stadt summt vom Lärm der Arbeit und der Hoffnung. Dieses Tschung-king ist kein totes Pompeji – fünfhunderttausend Chinesen sind beseelt vom Widerstandswillen und wollen aushalten und aufbauen. Im nächsten Jahr, im nächsten Frühling, werden die Flugzeuge wieder alles vernichten. Im nächsten Herbst werden wir wieder aufbauen ...

Dreizehntes Kapitel

CHINA WIRD MÜNDIG

Es ist der 15. Oktober, das Mondfest. Herbst. Der zweite Sommer mit seinen Bombardierungen geht zu Ende. Die Tage werden kürzer; die Nebel werden Tschung-king schützen. Der tief herabhängende graue Winterhimmel wird uns verbergen. Wir werden bewölkte Nächte und trübe neblige Morgen haben. Wir werden schlafen ...

Aber heute abend ist der Himmel kristallklar, sanft leuchtend wölbt er sich überm Horizont von dunklen, unregelmäßigen Bergen, die grau in dem blaßgoldenen Abend stehen. Der volle Mond beleuchtet den Saum der Welt und kritzelt seine Schnörkel in Silber und Gold auf das bewegte Wasser des Flusses. Wir haben dem Mond verziehen. Selbst wenn Flugzeuge kommen, er ist doch schön. Wenn auch um Mitternacht die roten Laternen auf allen Bergen aufleuchten und das Heulen der Sirenen den ching-pao ankündigt und wir unser Bündel ergreifen und in den Bunker laufen werden, wollen wir uns doch dieser ungetrübten Stunde erfreuen. Wir wollen uns freuen. Wir wollen uns freuen an der milden Herbstdämmerung, an der Schönheit des Mondes.

Wir hatten für den Abend Gäste eingeladen – Kefan, die Familie Weng, Ensui und Lisan. Der Sitte gemäß hätten wir gelben Wein und Erdnüsse, gesalzenes Fleisch und weiße Mondkuchen kaufen sollen. Wir hätten im Freien einen festlichen Tisch decken und während des Mahles dem langsamen Aufstieg des Mondes zuschauen sollen. Aber statt dessen haben wir Melonen gekauft, große rote hsiang-shan Melonen und süße gelbe Melonen. Sie lagen auf der Terrasse auf dem Tisch ausgebreitet, und Lisan und ich schnitten sie in Scheiben, während Kefan den Tee zum Abkühlen in die Schalen goß.

Die silberne Nacht verbarg die zerbrochene, verschrammte, zusammengeflickte Häßlichkeit Tschung-kings, die uns umgab. Und doch kam sie uns stärker zum Bewußtsein als am hellen Tag. Wir waren nun an Zerstörung und Trümmer so gewöhnt, daß wir oft tagelang gar nicht darauf achteten und mit großem Gleichmut Bombenkrater umgingen und über Schutthaufen kletterten. Aber in einer solchen Nacht wurden Erinnerungen an die alte unberührte Lieblichkeit und Ordnung wach. Oh, der Mond über den Peihai-Seen, der Mond über den Feldern von Pihsien! Und wir verstummten und fragten uns: »Was tun wir hier auf diesem Schutthügel von Tschung-king? Warum sind wir hier? Warum?« Vom Lager der Rekruten unten am Fluß hörten wir die Signalhörner in ihrem erfolglosen Bemühen um einen einheitlichen Ton. Ihre unglücklichen Mißtöne hingen fragend in der Luft und kamen nimmer zur Ruhe.

Wir sprachen von anderen Zeiten, anderen Orten. Pao sagte: »Vor einem Jahr, als ich im Nordwesten war, in einer Nacht wie heute mit dem großen Mond im Osten, stieg ich auf die Mauern der kleinen Stadt, in der wir in Garnison lagen. Der Mond ist dort fast noch weißer, noch leuchtender, und die Berge sehen in dem bleichenden Licht nackt und weiß aus wie im Winter. Ich hörte ein Singen, das ›Lied der Heimatlosen‹.« – Pao summte die eindringliche, schwermütige Weise, die den Heimatlosen aus der Mandschurei durch ganz China gefolgt ist:

Meine Heimat liegt im Nordosten — am Föhrenfluß
Wo sonst könnte sie sein?
Tiefe Wälder oben, und unten die Kohle,
Berge und Ebenen bedeckt mit kaoliang.*

Dort sind meine Brüder, mein alter Vater, die Mutter.
Manches Jahr bin ich gewandert,
Treibend mit der schwankenden Welle des Lebens.
Oh, wann werde zurück ich kehren zum Föhrenfluß,
Unter die mannshohen kaoliang meiner Heimat? ...

»Drei Soldaten der alten Nordost-Armee saßen auf der Brustwehr und schauten nach dem Mond, nach der Mandschurei. Schon seit beinahe zehn Jahren irrten sie unstet umher, seit der Zeit, da Japan ihr Land geraubt hatte. Wir unterhielten uns. Sie erzählten mir, wie unglücklich sie seien. Seit Jahren waren sie in dem rauhen Nordwesten und hatten keine Hoffnung, ihre Heimat, ihre Familien je wiederzusehen. Zuerst bekämpften sie die Kommunisten, später mit mehr Überzeugung die Japaner. Sie kämpfen, marschieren, kein anderes Ziel vor den Augen als den Tod, den so viele ihrer Kameraden schon erlitten hatten. Ich gab ihnen alles Geld, das ich in der Tasche hatte — sie bekamen nur acht Dollar im Monat —, und sie nahmen es mit Würde entgegen. Aber noch glücklicher machte es sie, den Dialekt des Nordens wieder zu hören und sich ohne Scheu vor Ranguntersdiieden offen aussprechen zu dürfen.« »Wenn alle unsere Offiziere so wären, wie Sie«, sagten sie zu Pao, »würden wir ihnen bis in den Tod folgen.«

»Wenn wir diesen Krieg gewinnen«, sagte Ensui — er sprach ruhig, und seine Stimme hatte nichts von der bombastischen Beredsamkeit so vieler patriotischer Ansprachen —, »wenn wir wirklich siegen sollten, wird es nicht mit getriebenen Armeen, sondern mit geführten Armeen geschehen. Wenn eure früheren Kriegsherren Truppen für ihre Bürgerkriege aushoben, holten sie die Kulis mit Gewalt von der Straße, banden sie mit Stricken Hals an Hals, kerkerten sie in Ba-

* kaoliang: dürres Gras.

racken ein, schickten sie mit Bewachungsmannschaften in den Kampf und stellten sie in die vordersten Reihen.«

Lisan nickte. »Dort unten«, sie machte eine Handbewegung gegen das Flußufer, »sterben die Rekruten an Hungertyphus – mit nur zwei Tellern Wassersuppe am Tag.«

Ensui sagte: »Das ist etwas, was sich ändern wird. Seit Jahrhunderten wurde in China offenkundige Korruption als etwas Selbstverständliches hingenommen. Aber dem machen wir jetzt ein Ende.«

»Ihr werdet noch mehr als nur das ändern müssen!« sagte Weng Hsien-sen. »Denn der Krieg wird nicht mit Armeen gewonnen werden. Die Generale denken in Begriffen militärischer Operationen und benützen die Truppenteile wie Schachfiguren. Solch ein Sieg der Technik ist nicht möglich. Die Armee setzt sich aus dem Volk zusammen, sie ist etwas Lebendiges, und ihr Geist entspricht dem Geist des Volkes. Und manchmal hat das Volk zuwenig Reis zu essen gehabt. Das unterhöhlt die Moral. Der Preis des Reises ...«

Nun mischten sich alle in das Gespräch ein, denn die eine große Frage, die ganz China aufwühlt, ist der Preis des Reises. Mit ihm steht und fällt alles andere – die Löhne, die Ausgaben, die Währung. Nun war der Reispreis seit Monaten in steiler Kurve angestiegen bis zu einem Punkt, der noch über dem Preis von Hungerjahren lag. Warum? Das Jahr war trocken gewesen, die Ernte schlechter als in normalen Jahren; das konnten wir verstehen. Blockade, die vielen Unterbrechungen der Transportwege, der Zustrom von dreißig Millionen Flüchtlingen, die Entwertung der chinesischen Währung – und es gab noch mehr Faktoren, die in Kriegszeiten immer die Lebenskosten in die Höhe trieben. Aber alle diese Tatsachen zusammen erklärten nicht den schwindelnden Anstieg der Preise um das Zehn- und Zwanzigfache der letztjährigen Normalpreise, mit dem Reis an der Spitze.

»Berge von Reis in den Getreidesilos und keiner zum Verkauf auf dem Markt«, sagte Kefan. »Spekulanten, die die Preise hinauftreiben, halten den Reis tagelang zurück, während die Menschen hungern.«

Lisan, deren dunkle Augen riesengroß aus dem blassen Gesicht schienen, sagte: »Wie lange wird das Volk fortfahren, die Opfer zu bringen, die von ihm verlangt werden? Seine Söhne werden an die Front geschickt, und die Kriegsgewinnler behalten ihre zu Hause. Es ist nicht genug Benzin da, um die Piloten ordentlich auszubilden, aber bei jedem Alarm fahren die Konkubinen der reichen Männer in Automobilen dreißig Li und mehr aufs Land hinaus. Wir haben nicht genug Lastwagen für den Nachschub der Munition, aber es gibt einflußreiche Gesellschaften, die zu unerhörten Preisen Luxuswaren illegal einführen. Warum sollte das Volk immer weiter Opfer bringen, um den Krieg zu gewinnen? Der Sieg wird weggeschleudert.«

Pao bemerkte ruhig: »Sie sind sehr ungerecht.«

»Diese Dinge sind aber Tatsache, sie sind erwiesen«, gab Lisan zurück.

»Das mag schon wahr sein. Vereinzelte Vorkommnisse. Kein Krieg, in welchem Land er auch sei, war je ohne seine Kriegsgewinnler. Einige Amtsstellen sind immer korrupt. In manchen Abteilungen, namentlich in denen, die unter dem Befehl ehemaliger Kriegsherren stehen, sind die Verhältnisse so, wie Sie sie schildern. Aber Sie stellen Ihre Behauptungen so auf, als ob diese Zustände in ganz China herrschten. China ist sehr groß. Sze-tschwan allein ist größer als ganz Großbritannien. Sie klagen an, und es ist leicht anzuklagen, denn Sie verkörpern die Opposition, haben aber nicht die Möglichkeit, Ihre Thesen in die Tat umzusetzen. Wir sehen auch, daß diese Dinge existieren und daß sie unrecht sind. Aber wir müssen langsam vorgehen, sonst werden wir Unordnung und Anarchie heraufbeschwören.«

»Wenn ihr nur überhaupt etwas tut«, ereiferte sie sich.

»In Sze-tschwan«, bemerkte Pao, »haben die Kriegsherren noch vor zehn Jahren getan, was sie wollten. Opium war ihre Haupteinnahmequelle. Es gab mehr Opiumfelder als Getreideäcker. Sie zogen die Steuern für dreißig Jahre im voraus ein. Alle diese Mißbräuche sind verschwunden. Und Sie behaupten, es gäbe keine Fortschritte.«

»Welches andere Land«, fragte Ensui, »hätte unter der Herrschaft eines unbarmherzigen Feindes vollbringen können, was China vollbracht hat? Wir haben Straßen gebaut und die Wirtschaft aufrechterhalten. Wir haben unsere Betriebe abmontiert, und die Kulis haben die einzelnen Teile auf ihrem Rücken ins Innere des Landes getragen. Unsere Universitäten sind nach dem freien China geflohen, und die Studenten folgten ihnen oft über tausend Meilen zu Fuß nach. Nennen Sie das nichts?«

»Das sind unsere Taten«, bemerkte Pao stolz. »Wir haben unseren eigenen sozialen Plan, wir arbeiten langsamer, aber mit Erfolg. Und eines darf man nie vergessen: was wir erreicht haben, wird durch folgendes bewiesen: die Chinesen haben sich drei Jahre lang gegen diesen Krieg gewehrt, und sie haben sich als ein geeintes Volk gemeinsam gewehrt.«

»Der ganze Sinn dieses Krieges ist in den ›Drei Grundsätzen‹ von Sun Yat-sen enthalten«, sagte Weng Hsien-sen, »die Souveränität des Volkes – Nationalismus, die Rechte des Volkes – Demokratie, der Unterhalt des Volkes – wohl der Grundstein des Ganzen – seine Ernährung, seine Arbeit. Ein Sieg muß diese Grundsätze garantieren. Nur um dieser Hoffnung willen wird das Volk weiterkämpfen. Darin liegt die Kraft seines Widerstandes. Die Menschen kämpfen nicht für eine Nation, es sei denn *ihre* Nation. Die führenden Männer suchen sie dazu zu bringen, für einen Namen zu kämpfen, für einen Fleck auf der Landkarte, für eine Fahne. Aber wie lange werden sie damit fortfahren können, wenn diese Symbole nicht ein Leben und eine Hoffnung verkörpern, die der Verteidigung würdig wären?«

Die Signalhörner waren verstummt. Ein lärmendes Insekt, unter dem Namen »chiao-ku-ku« bekannt, machte ein klapperndes Geräusch wie der Mechanismus eines billigen Spielzeugs. Noch ein anderes Geräusch, ein rhythmisches, halbersticktes Jaulen drängte sich meinem Bewußtsein auf, und ich merkte plötzlich, daß ich es schon seit einer halben Stunde gehört hatte. Unsere Wirtin winkte mir von der Tür her, und ich ging ins Haus. Sie rang in Verzweiflung die Hände: »Tang Tai-tai, was soll ich nur machen, aus dem Abflußrohr vor der Dachrinne hört man ein Miauen.«

»Miauen?« wiederholte ich.

»Ja, ich glaube, die Katze ist hineingefallen. Würde wohl einer der Herren aufs Dach klettern und versuchen, sie herauszubekommen?«

»Nein«, sagte ich, »stören Sie sie nicht, sie unterhalten sich gerade ernsthaft. Ich will einmal nachsehen.«

Es war ein Abflußrohr aus übermauerten Ziegeln, das das Regenwasser aus der Dachrinne ableitete. Ich stieg, mit einer kleinen Handlaterne bewaffnet, zum Dachfenster hinaus und kroch vorsichtig über die mondbeschienene Dachschräge herunter und erreichte die Rinne. Von der Terrasse unten konnte ich die Stimmen unserer Freunde deutlich hören, und darunter noch eine neue Stimme, eine fettige, hochtrabende, die ich gleich erkannte: aber ich beugte mich doch noch über den Dachrand, um mich zu vergewissern.

Ich mag keine dicken ältlichen Männer in Uniform, die ihre Röcke dermaßen ausfüllen, daß die Knöpfe abzuplatzen drohen. Dieser Mann war einer der Offiziere von Paos Vorgesetzten. Breit ausladende Backenknochen und eine enge Stirn bildeten ein trapezförmiges Gesicht, das unten breiter als oben war. Darüber wölbte sich ein kahlgeschorener Schädel und endete über dem Rockkragen mit einem Nackenwulst. Kein ernsthafter Gedanke furchte je diese Stirn. Seine Züge hatten gewöhnlich den Ausdruck zufriedener Heiterkeit und belebten sich nur, wenn man ihm widersprach oder den Genuß seiner Mahlzeiten störte. Seine Dienststunden dauerten von früh sieben bis abends um sieben. Seine Offiziersmütze war während dieser vorgeschriebenen Zeit immer deutlich sichtbar, seine Leibwache hatte die Pflicht, sie vor seiner Tür aufzuhängen. Seine Stärke bestand darin, patriotische Reden mit tönenden Schlagworten zu halten, in denen er jedermann ermahnte, Opfer zu bringen, für das Vaterland zu sterben und zwölf Stunden am Tag zu arbeiten. Er schwitzte dabei erheblich, gestikulierte, um den Eindruck zu verstärken, mit der geballten Faust und verließ dann die Rednertribüne so erschöpft, daß er nach Hause gehen und sich erholen mußte. Er hatte vor acht Jahren gegen die Kommunisten gekämpft und war sehr stolz auf seine kriegerische Erfahrung. Er stand unter dem Verdacht, Reis zu hamstern.

Alle hatten sich respektvoll erhoben, und man hörte das allgemeine höfliche Gemurmel der Begrüßung. Ich beschloß, auf dem Dach zu bleiben. Ich kroch die Rinne entlang bis zu dem Abflußrohr und leuchtete mit meiner Handlaterne in die dunkle Öffnung hinein. Ja, da saß die Katze und starrte herauf zu mir mit ihren runden goldenen Augen. Sie stieß ein jammervolles Gejaule aus. Ich streckte meinen Arm aus, in das Rohr hinunter, konnte sie aber nicht erreichen. So bat ich die Wirtin, die mir vom Dachfenster aus zusah: »Holen Sie mir die Feuerzange aus der Küche.«

Ich verrenkte mir den Hals, um über den Rand des Daches hinwegsehen zu können. Der dicke Beamte hatte sich in den besten Stuhl gesetzt und bediente sich gerade mit einem Stück Melone, das mindestens drei Dollar wert war. (Sie kosten eineinhalb Dollar das Pfund, das Fünfzehnfache vom letzten Jahr.) Mit vollem Mund erzählte er: »Ich weiß nicht, wohin das noch führen soll. Ich habe noch nie so unhöfliche Menschen gesehen wie die einfachen Leute hier in Sze-tschwan. Mein Rikschakuli machte mir gerade eben eine Szene wegen des Preises. Er behauptete, die Entfernung sei größer gewesen, als er gerechnet hätte, und das Leben sei so teuer heutzutage. Und als ich ihm einen Tritt versetzte, packte er mich und machte ein solches Geschrei, daß sich eine Menge Leute um mich versammelte. Schließlich hat mir ein Schutzmann herausgeholfen. Aber der Polizeibeamte weigerte sich, selbst als ich mich zu erkennen gab, den Rikschamann zu verhaften. Er gab ihm bloß einen Klaps und schickte ihn seiner Wege – und dann riet er mir, auch meiner Wege zu gehen! Heutzutage glauben die Kulis, sie seien so viel wert wie andere Menschen.«

Ich hörte Lisans metallisch scharfe Stimme: »Können Sie es diesem Kuli verargen, daß er wie ein Mensch behandelt werden möchte, nicht wie ein Lasttier, das man nach Belieben schlagen und treten kann?«

»Die junge Dame ist sehr demokratisch, sehr!«

Ich konnte sein widerliches Lächeln sehen, mit dem er Lisan ansah. »Aber diese Leute« – mit einer Bewegung seiner fetten Hand –, »mein liebes junges Fräulein, sie verdienen Ihr Mitgefühl nicht. Die Ausländer beurteilen China nach diesem Haufen schmutziger Kerle, mit ihren kümmerlichen Körpern und stumpfen Gesichtern, und deshalb verachten sie uns als eine ›Nation von Kulis‹.«

»Gehen Sie, und holen Sie die Axt«, sagte ich mit mehr Heftigkeit, als nötig gewesen wäre, »die Katze ist so weit hinuntergerutscht, ich kann sie einfach nicht erreichen. Wir müssen ein Loch in die Röhre schlagen.«

»Aber meine Dachrinne«, jammerte die Wirtin, »das kostet mehr, als die Katze wert ist. Ach, lassen Sie das elende Tier in Ruhe. In ein bis zwei Tagen ist es tot, und dann können wir es mit einer Bambusstange hinunterstoßen.«

»Ich werde die Reparatur der Röhre bezahlen«, sagte ich, »holen Sie mir die Axt.«

Auf der Terrasse ging die Unterhaltung weiter.

»Vielleicht hat die Ernährung etwas mit dem Unterschied des Körperbaus zu tun«, meinte Kefan.

»Und haben Sie vergessen«, sagte Weng mit eindringlicher Stimme, »daß die chinesische Geschichte voll ist von Namen von Weisen, von Gelehrten und Staatsmännern, die aus bäuerlichen Familien stammen? In China haben wir nie die Klassenunterschiede hervorgehoben.«

Und Kefan fügte hinzu: »Ich fürchte, Sie kennen sie nicht. Ich habe mit ihnen zusammengelebt.«

»Und ich«, sagte Ensui, »war mit ihnen an der Front. Ich habe an ihrer Seite gekämpft, neben diesen ›Niedrigen‹, die nur zu gehorchen und zu sterben haben. Sie kämpfen tapfer, sie haben Mut. Wir teilten Gefahr und Entbehrungen. Als ich sie verließ, weinten sie, und von ihrem mageren Sold steuerten sie Geld bei, um ein schönes unnützes Geschenk für mich zu kaufen. Und einer von ihnen marschierte fünfzig Li, bis zur nächsten Stadt und zurück, um es zu holen.«

Weng beugte sich vor und blickte dem Beamten fest in die Augen: »Sie haben wahrscheinlich Hitlers spöttische Bemerkung über unsere ›Kuli-Armeen‹ gehört und übelgenommen. Aber ich, für meinen Teil, war niemals stolzer auf unsere chinesischen Truppen. Ja, Kuli-Armeen! Armeen von Lastträgern, Bootsschleppern, Bauern, Armeen von Unterernährten und Überlasteten – jene Kuli-Armeen, die den motorisierten Truppen einer der Welt-Großmächte standhalten. Ich achte seitdem das Wort ›Kuli‹. Eines Tages wird der chinesische Kuli in seiner Würde als Mann und Bürger vor der Welt anerkannt werden.«

»Sie werden alle jene Rechte erhalten, die ihnen heute nur die Kommunisten zuerkennen«, rief Lisan.

Der Beamte sah etwas erstaunt von Lisan zu Weng Hsien-sen, dann drehte er ihnen mit einer schwerfälligen Bewegung den Rücken zu und wandte sich ausschließlich an Pao und Ensui: »Das sind sehr radikale Ansichten, ich brauche wohl nicht zu betonen, daß sie auch sehr gefährlich sind. Ich glaube nicht an den Kommunismus, und Sie auch nicht, das weiß ich. Die Kommunisten verhandeln mit den Japanern, sie kämpfen nicht, ihre Generale sind wenig mehr als Banditen.«

»Wir haben nie von einem Wang Ching-wei unter ihnen gehört«, bemerkte Lisan freundlich. »Und daß kommunistische Truppen in diesem Krieg nicht kämpfen, ist eine Verleumdung. Es ist allgemein bekannt, daß innerhalb eines einzigen Jahres zweiundfünfzig Glückwunschtelegramme vom Oberkommando an die Achte Armee geschickt wurden, in Anerkennung ihrer Erfolge.«

Der Beamte, der Lisan geflissentlich übersah, fuhr gegen Pao und Ensui gewandt fort: »Sie verführen die Jugend. Sie üben nicht die Tugenden des Konfuzius. Sie glauben an die freie Liebe, die Keuschheit der Frau wird vergewaltigt.«

»Eine beliebte Anschuldigung«, höhnte Lisan. »Ihr haltet die Keuschheit der Frau heilig, indem ihr sie als Sklavin haltet und, zu einem gewissen Marktwert für die Jungfräulichkeit oder für deren Fehlen, kauft oder verkauft. In den kommunistischen Gebieten gibt es weder Prostitution noch Konkubinat. Männer und Frauen haben die gleichen Rechte und sind frei. Zwischen ihnen werden wahrhafte Ehen und nicht Handelsverträge zur Übertragung von Eigentum geschlossen.«

»Die junge Dame scheint ja recht viel über freie Liebe zu wissen«, sagte der Beamte, und jetzt sah er Lisan an.

Sie sprang auf, und ihre Stimme bebte vor Zorn. »Sie beleidigen mich! Das ist alles, was Sie können, aber antworten können Sie mir nicht! Reaktionär!« Sie spie das Wort aus, die schlimmste Beschimpfung ihres Wortschatzes. Sie weinte jetzt. Heftig drehte sie sich nach Ensui um: »Und das — das ist, wofür ihr kämpft, so etwas vertritt eure Partei, eure konfuzianischen Tugenden, dieser fette ...«

Schluchzend rannte sie ins Haus.

Als ich wieder über das Dach zu dem Fenster zurückkletterte, hörte ich, wie Pao sich ihretwegen entschuldigte: »Sie ist nur eine Nachbarin, ein leicht erregbares Schulmädchen. Kümmern Sie sich nicht um sie, sie tut wirklich nichts Schlimmes. Ja, ich werde sie beobachten.«

Ich ging die eine Treppe zu der Veranda im zweiten Stock hinunter und klopfte an dem Abflußrohr, um herauszufinden, wo die Katze sitzen mochte. Die Wirtin gab mir die Axt, und ich hackte gegen die Ziegel los. Zwischen den Schlägen hörte ich die Stimme des Beamten: »Ach ja, diese jungen Leute, sie sollten mehr Zucht haben. Es dürfte ihnen nicht erlaubt sein, so frei herumzulaufen. Man sollte ihnen die Tugenden des Konfuzius beibringen — ah — Schicklichkeit, Aufrichtigkeit, Sauberkeit, Selbstachtung.« Im Chinesischen heißt dies: »Li, I, Lien, Chie.« Er schnarrte die einsilbigen Worte mit der zungenfertigen Ausdruckslosigkeit ständigen Mißbrauchs herunter: »Hoffe, sie ist keine Freundin Ihrer Frau. Ihre Frau — feine Frau, ach ja, ich habe sie nicht gesehen heute abend.«

»Sie kocht«, sagte Pao. Er sagte das stets, wenn er nicht wußte, wo ich war. Es machte auf solche Besucher einen guten Eindruck, weil ihre Auffassung vom Bereich der Frau lautet: »Bett, Betreuung, Baby.«

»Ja, ja, feine Frau, nicht verdorben durch Erziehung, keine verrückten Ideen.«

Jetzt hatte ich ein Loch geschlagen, das ich erweiterte. Ein langer buschiger Schwanz schnellte heraus. Ich packte ihn und zog. Ein ohrenzerreißendes Geheul. Ich zog stärker, und es kam näher. Als der Rumpf in Sicht kam, schob ich meine Hand unter den Bauch der Katze und hob sie durch das Loch heraus. Mit einem letzten Jaulen befreite sie sich, krallte sich tief in meine Hand ein, sprang von meinem Arm herunter und war wie ein Blitz durch die Tür verschwunden. Der höllische Lärm hatte die Aufmerksamkeit aller auf der Terrasse unten erregt. Sie starrten herauf, aber der Schatten eines Pfeilers verdeckte mich zur Hälfte. Ich bedeutete der Wirtin, sich ruhig zu verhalten, drückte mich näher an die Wand, um nicht gesehen zu werden, und schüttelte mich vor Lachen. »Nur eine Katzenschlacht«, sagte Weng Hsien-sen, der mich doch wohl gesehen und erkannt hatte.

Der Beamte verabschiedete sich. Ich lauerte in der Diele, bis er gegangen war. Vor Lisans Tür zögerte ich, aber ich klopfte nicht an und trat nicht bei ihr ein. Ich konnte ihr unterdrücktes Schluchzen hören. Als der Beamte endlich fort war, ging ich, als wäre nichts geschehen, zu den anderen auf die Terrasse hinaus.

»Wo waren Sie nur?« sagte Kefan.

»Ich leistete Geburtshilfe – Kaiserschnitt an einer Dachrinne und Zangengeburt einer Katze«, sagte ich.

Weng Hsien-sen kippte seinen Stuhl zurück, seine hohe gewölbte Stirn war ganz weiß im Mondlicht, seine Augen blickten sinnend. Aus der Stille heraus, scheinbar ohne jeglichen Anlaß, bemerkte er: »Menzius sagt: Wer sein höheres Ich weiterbildet, wird ein großer Mann. Wer sein niedriges Ich weiterbildet, wird ein kleiner Mann.«

Pao meinte: »Sie wissen, daß er kein Ansehen mehr genießt, bald wird man nicht mehr auf ihn hören, und wir werden an die Reihe kommen. Wir sind jung. In China ist Jugend immer noch ein Fehler. Aber unsere Zeit wird kommen.«

»Bleiben Sie jung«, rief Weng. »Unglück und Mißerfolg kommen davon, daß Männer alt werden. Sie werden reich, sie werden reaktionär und ängstlich, weil sie alle Karten auf die Stabilität setzen. Jugend wagt, weil sie nichts zu verlieren hat als das Leben. Sogar Wang Ching-wei hatte seine heldische

Jugend. Und wenn ich von Jugend spreche, so denke ich an die geistige Einstellung. Es gibt Menschen, die alt geboren werden oder aus eigenem Antrieb alt werden. Die Söhne reicher Männer, denen Sicherheit und Behagen alles bedeutet, die kaltblütig ihren Profit berechnen und nur auf ihren Vorteil bedacht sind; die stolzen Beamten, die sich besser dünken als andere und die die Alten Hundert Namen zu Sklaven machen wollen.«

»Wer sein niedriges Ich weiterbildet, wird ein kleiner Mann«, wiederholte Kefan. »Das kommt dem christlichen Glauben sehr nahe — denn, wer sein Leben erhalten will, wird es verlieren.«

Lisan trat aus dem Haus, einen Mantel über dem Arm. Sie stieg langsam die Stufen herunter und zögerte beim Eintreten, um den Eindruck ängstlicher Unentschiedenheit zu erwecken. Dann sagte sie: »Ich gehe fort.«

»Wo wollen Sie hingehen?« fragte ich.

»Zu Freunden ...« Ihr Gesicht zuckte.

»Sie haben hier nichts zu fürchten, Lisan, Sie brauchen wirklich nicht fortzugehen.«

Sie schüttelte den Kopf. Es war für sie der dramatische Augenblick. Später würde sie sagen können: »Ich konnte nicht bleiben. Nachdem ich einen hohen Beamten beleidigt, ihm die Wahrheit gesagt hatte, hätte man mich verhaftet. Ich ging noch am gleichen Abend – allein – zu Fuß ...«

Verlegen standen wir auf und verabschiedeten uns. Lisan und Ensui vermieden es, sich anzusehen, dieses Mal gab es keine Versöhnung. Eigensinnig schob sie ihr Kinn vor: »Ich werde meinen Weg finden, um nach Yenan zu gelangen. Wenn sie mich zurückschicken, wenn sie mich verhaften, werde ich es wieder versuchen. Sie können mich nicht zurückhalten, es sei denn, sie erschießen mich.« Das war auf Ensui gemünzt, eine Herausforderung gegen seine Spötteleien.

Kefan und ich begleiteten sie bis ans Gartentor. Im letzten Augenblick ließ Lisan ihre Zurückhaltung, die wie ein Schleier zwischen uns gehangen hatte, fallen: »Warum kommt ihr nicht mit mir, ihr könnt euch doch hier in diesem einengenden, bedrückenden Dasein nicht glücklich fühlen.«

Kefan schaute sie lächelnd an: »Meine Arbeit liegt hier.«

Ich sagte: »Ich hatte mir immer gewünscht, nach dem Nordwesten zu gehen, aber jetzt käme es mir wie Flucht vor. Wir kämpfen hier gegen den Strom, unsere Anstrengungen werden von der Reaktion oft zunichte gemacht. Wir kommen nur langsam vorwärts, aber wir lassen nicht locker. Jemand muß es tun. Wir glauben immer noch, daß die Zukunft uns gehört.«

Sie sah mich verständnislos an und schüttelte den Kopf:

»Nun ... dann lebt wohl ... ich werde jemanden schicken, der meine Sachen holt, ich glaube nicht, daß ich zurückkomme.«

So klein und verlassen sah Lisan aus, als sie von uns fortging. Ensui murmelte: »Ich glaube, sie wird den ganzen Weg nach Yenan zu Fuß gehen in diesen dünnbesohlten Schühchen und in ihrem seidenen Kleid, mit rot angemalten Lippen.«

Weng entgegnete: »Wenn sie sich auch in ein falsches Heldentum hineinsteigert, steckt doch ein aufrichtiger Kern in ihr. Sie ist unglücklich, sie sucht nach etwas, nach Wahrheit, nach einem Sinn.«

»Danach suchen wir alle«, sagte ich, »damit unser Leben nicht verschwendet und wertlos sein möge wie Wasser, das in Sand gegossen wird. Wir möchten uns hingeben an etwas, das höher und größer ist als wir.«

»Ihr braucht gar nicht so weit zu gehen. Mir genügen die Moral meiner Vorfahren, die Ethik des Konfuzius und die Grundsätze der Partei«, sagte Pao fest.

Weng schüttelte den Kopf: »Es ist keine Kraft, keine Wirksamkeit in den moralischen Grundsätzen einer Gesellschaft, in der die Menschen gezwungen und versklavt werden und die Arbeit wie eine billige Ware verhandelt wird. Ihr möchtet die Menschen emporheben, indem ihr sie die Tugenden des Konfuzius lehrt. Aber Menzius, der viel mutiger war als Konfuzius, sagte: ›Ernährt die Menschen, und sie werden tugendhaft sein.‹ Es ist eine einfache und radikale Lehre. Das ist es, was Sun Yat-sen meinte, als er von dem Unterhalt der Menschen sprach. Konfuzius wandte sich an hochgebildete Menschen, aber Menzius setzte sein Vertrauen in die Güte des einfachen gemeinen Mannes. Ich habe manchmal darüber nachgedacht, was aus

China hätte werden können, wenn es Menzius und nicht Konfuzius zu seinem Führer erwählt hätte. Menzius lehrt: ›Welchen die Höflinge rühmen, den wählt nicht für ein Amt. Wen die Vornehmen loben, den wählt nicht. Wenn das Volk einem Manne Vertrauen schenkt und sagt: Er ist weise! dann nehmt ihn und prüft ihn, er wird sich als weise erweisen. Nehmt den!‹ Er sprach auch von dem Recht der Revolution. So ist es kein Wunder, daß der Ming Kaiser befahl, Menzius aus der Halle der Philosophen auszuschließen.«

»Die größten Denker dieser Welt werden mißverstanden oder verworfen«, bemerkte Kefan. »Seht, welche Gesetze und Theologien und Religionssysteme um die Lehren von Jesus aufgebaut worden sind, bis die Menschheit in Jesus nicht mehr den Menschenfreund zu erkennen vermochte, der im Kampf für die Gerechtigkeit ihr Helfer sein würde.«

»Jesus, o ja, ein außerordentlicher Mensch«, murmelte Weng. »Ja, ich habe seine Reden gelesen. Er und Menzius hätten einander gut verstanden.«

Es war spät geworden, unsere Gäste erhoben sich. Weng stand am Rand der Terrasse: »Manche sehen ihr Heil in Gesetzen, in Ordnungen und Organisationen, manche verlangen die Gewalt des Klassenkampfes, um die richtige Weltordnung zu schaffen. Andere glauben, daß nur der Geist die Menschheit erretten könne. Aber ihr alle wollt das gleiche: die Welt nach dem Vorbild eurer Wahrheit erneuern — ihr wollt euch selber finden und euch in den anderen wiederfinden.« Er zögerte, ehe er, nun ein wenig feierlich, weitersprach:

»Wir streben alle nach denselben Dingen, nur unsere Worte widersprechen sich. Worte, Schlagworte, man hat sie uns eingehämmert. Man hat uns an Worte gewöhnt, sie sind ein Ersatz für Gedanken geworden. Durch sie wird der Haß ausgebreitet. Durchdenkt sie, bis ihr die Wirklichkeit, die dahinter verborgen ist, erkennt, und entscheidet dann, ob es gut oder böse ist. Das einzige, das des Kampfes wert, ist das Leben, eine gemeinsame Erfüllung des Lebens, an der alle Menschen teilhaben. Laßt unsere Jugend sich nicht einem Geringeren hingeben.«

In den frühen Morgenstunden erwachte ich, ruhelos von Gedanken. Leise schlüpfte ich aus dem Bett; Paos regelmäßige Atemzüge wurden nicht unterbrochen. Ich lehnte mich aus dem Fenster. Der Mond hatte den Zenit überschritten und neigte sich dem Westen zu. Am östlichen Horizont, den noch kein Strahl des kommenden Tageslichts erhellte, reihte sich Stern an Stern . . .

Wieder sah ich Pao und Ensui vor mir, mit dem Ausdruck der Härte und Strenge auf ihren jungen Gesichtern, beinahe tragisch in ihrem ungeheuren Ernst. Lisan, zu heftig brennend, um ihrer Sache wirklich zu dienen, zu ungeduldig und ihrer leidenschaftlichen Überzeugung nicht gewachsen. Kefan, wohl die wertvollste Revolutionärin von uns allen, mit ihrem keuschen Mund und den im Schoß ruhenden Händen . . . Und hinter ihnen sah ich die Jugend auf dem Marsche . . .

Mit Strohschuhen an den Füßen folgen chinesische Studenten ihrem Freiheitstraum über einen halben Kontinent. Kuli-Armeen, junge Männer mit den Schwielen der Schulterjoche auf dem Nacken, Buben mit runden Wangen und mageren Kinderarmen, graue und khakifarbene Armeen. Ich hatte Jugendzusammenkünften beigewohnt – ich konnte sie noch vor mir sehen, die eifrigen frohen Gesichter, die stolzen Köpfe meiner Freunde, rot und braun und schwarz, Jünglinge und Mädchen, Studenten, von Europa, Asien und Amerika, die zusammenkamen, um die Grundlagen für eine Welt ohne Krieg zu planen. Wie viele von ihnen sind seitdem im Krieg umgekommen? Reihen junger Kulis, denen die allzuschweren Lasten tiefe Furchen in das Schulterfleisch gegraben, deren straff gespannte Muskeln in einem Maße beansprucht sind, das man nicht von ihnen hätte fordern dürfen . . . Jugend auf dem Marsche, wie die Sterne am Horizont, und kein Strahl der Morgendämmerung . . .

Überall wird unsere Generation, und Pao und ich mit ihnen, hineingerissen in den Strudel des Krieges. Viele stürzen sich freudig und voller Ungeduld hinein, um sich zu bewähren, die Worte »Flagge«, »Vaterland« und »Gute Sache« auf den Lippen, sterben sie für ein Symbol. Andere, ebenso junge, ohne

Illusion, erkennen klar das nutzlose Opfer ihres Lebens und den noch schlimmeren Tod durch Verhärtung des Geistes zu Haß, Lüge und Mord. Wir werden alle mit in den Strom hineingerissen und erleben Schrecken und Erhebung. Und wir lernen daraus, für uns selbst die Verantwortung zu übernehmen. Es gibt keine wahren Abenteuer, außer in uns selbst. Kein Erlebnis hat Bedeutung, ehe man es nicht in sich aufgenommen und zu einem Teil seines eigenen Ich gemacht hat.

So wie man vom Gipfel eines Berges auf den langen, mühsam erklommenen Weg zurückschaut, so konnte ich jetzt die Richtung und die Entfernung sehen, die ich seit zwei Jahren, seit meinem einundzwanzigsten Geburtstag zurückgelegt hatte. Ich empfand ein Gefühl der Reife, des Mündigwerdens. Und was ich nur als einen Widerstandskrieg angesehen hatte – Chinas Verteidigung gegen die Übergriffe Japans –, erkannte ich nun als ein einzelnes Motiv in dem großen Muster der Verwicklungen, in die alle Länder einbezogen sind. Was ich für einen, in seinen Zielen und seiner Ausdehnung leicht zu durchschauenden Krieg gehalten hatte, begriff ich jetzt als eine Veränderung der Weltordnung, als ein neues Zeitalter.

Ich bete selten, denn ich halte es weder für richtig noch für vorteilhaft, Gott zu bitten, daß er die Welt meinetwegen ändern sollte. Aber was ich in dieser Stunde vor dem ersten Morgengrauen dachte, stieg zu einem Gebet auf. Denn es war eine Bitte um jenes Wachsein, das über Leib und Raum und Zeit hinausreicht bis zum Universum, zu Gott.

Ich kenne dich, sagte ich, im selben Ausmaß, wie ich mich in diesem Augenblick selbst erkenne. Du bist der Funke in mir, in Pao und in uns allen, der uns treibt, unser Leben für ein Ideal hinzugeben; dieses Wissen in uns, daß wir Erfüllung nur durch Hingabe erlangen. Es ist das, was Hsien-sen »jung sein« nennt, wovon Menzius sagt: »Ein Fürst sein« und Jesus kündet, wenn er von des Menschen Sohn spricht.

Möchte uns das erhalten bleiben, Pao und mir. Auf dieser Erde, diesem unendlich kleinen Staubkorn inmitten der kreisenden Sterne ist der einzige Wert, die einzige Wirklichkeit der Mensch. Mache uns groß genug, daß wir die ganze Menschheit in unsere Liebe einzubeziehen vermögen. Laß uns nicht teilhaben an den Plänen jener Führer, die uns lehren wollen, blind zu hassen. Laß uns Herr über unsere Seelen sein, laß uns nicht schwankend werden durch das Geschrei der Massen. Laß uns unsere Ideale still bewahren und an andere weitergeben ...

Der Morgen dämmert im Nebel. Die schmale Gasse, die an unserm Tor vorbeiführt, ist eine Brücke zwischen verschwommenen nebligen Unendlichkeiten. Gestalten tauchen aus dem Weiß auf, verkörpern sich unter meinen Blicken, durcheilen die kurze helle Strecke und verschwinden geistergleich in dem blassen Nebel. Kulis – die ersten eines von früh bis spät vorbeiwandernden Zuges – klettern mit ihren Lasten die Stufen hinauf und hinab. Manche tragen im Gefühl ihrer Kraft mühelos die wohlausgewogene Bürde an den beiden Enden ihres Schulterjoches. Sie rufen sich laute Begrüßungen zu und freuen sich des jungen Tages. Andere quälen sich jeden Tag weit über ihre Kräfte, mit überspannten Muskeln und mit vor Anstrengung verzerrten Gesichtern. Kulis. Die Menschenkraft Chinas. Ich gebrauche diesen Ausdruck nicht im Sinne der Generale, um damit auf die unerschöpfliche Quelle von Armeen, immer neuen Armeen hinzuweisen. Ich denke vielmehr an die einzelnen Worte »Mensch« und »Kraft«. Sie sind die Erbauer und die Träger, die Bauern, die Arbeiter von China. Sie erbauten die Paläste von Peking und die Straße von Burma. Sie schufen die »Große Mauer« und die Unterstände von Tschung-king. Sie halten den öffentlichen Verkehr in Gang, indem sie ihre Lasten tragen, Karren und Rikschas ziehen, Boote die Treidelpfade entlangschleppen. Sie sorgen für alles, das zum Leben gebraucht wird. Sie pflügen die Felder, sie pflanzen und ernten. Alles in China hängt von ihnen ab. Kulis! Ich möchte den Namen »Kuli« zu einem Ehrennamen vor der Welt erheben.

Sie ziehen vorbei wie in einem langsamen Traum; es scheinen ungezählte Millionen zu sein, wie sie aus dem Nebel auftauchen und wieder im Nebel verschwinden. Einer von ihnen bleibt stehen. Langsam, stöhnend läßt er seine Last zu Boden gleiten und steht einen Augenblick schwer atmend still. Dann überquert er die Straße. An der Mauer ist eine Zeitung angeschlagen. Er bleibt davor stehen. Er hebt die Hand und folgt mit dem Finger den Schriftzeichen und formt die Worte. Langsam, mühsam liest er ...

Nicht wir, die wir in den Sänften getragen werden, während ihr euch niederbeugt, um uns aufzuheben und zu tragen, nicht wir, die Beamten, die Bürokraten, die angeblich Intellektuellen, sind wichtig für China – ohne euch bedeuten wir gar nichts. Wir sind unfruchtbar und ohne Kraft, die Zukunft zu gestalten. Wichtig bist du, Kuli, der du dich plagst und kämpfst und klaglos stirbst und kaum danach fragst, warum.

Die Wichtigkeit deiner Gebärde, Kuli, wenn du deinen Finger hebst, um den Worten an der Mauer zu folgen, sie zeigt mir, daß in dir eine Neugier erwacht ist, daß du beginnst, Fragen zu stellen. Es ist eine Gebärde von tiefer Bedeutung, und ich, die ich dich beobachte, bin auf einmal glücklich, ich vertraue auf die Zukunft, da ich dich sehe, im Nebel des frühen Morgens, wie du deinen Finger hebst, um zu lesen ...

NACHWORT

Dieses Buch wurde vor vierzehn Jahren geschrieben.

Seither hat sich die Welt sehr verändert. Die Umwälzungen der letzten Jahre mögen uns, die wir sie erlebt haben, einmalig beispiellos, verheerend und niederschmetternd oder wieder völlig anders erscheinen, je nach unserer sogenannten »politischen« Meinung. Für den Historiker werden sie die logische Folge der Ereignisse der letzten Jahrhunderte und ihrer sozialen Aufstände sein: der natürliche Ablauf einer begonnenen Entwicklung. Und diese neuen revolutionären Umwälzungen folgen denselben Antrieben, die seit Menschengedenken zu allen sozialen Bewegungen geführt haben: Hunger und das Bedürfnis nach mehr als nur Brot allein, Machtgier und ergebene Selbstaufopferung, Tyrannei und Freiheitsliebe.

Im letzten Kapitel dieses Buches versuchte ich in der Person des dicken Beamten zu zeigen, wie schon damals Fäulnis und Korruption die nationalistische Regierung durchdrungen hatten. Dieser dicke Beamte war einer der vielen, die sich im Krieg eine Machtposition errungen und die aus dem ganzen Geschehen nichts anderes gelernt hatten als ein unersättliches Verlangen nach mehr Macht und nach dem Reichtum, den diese Macht mit sich bringt; gemeinster Mißbrauch der Gewalt gegen das wehr- und hilflose Volk — — — das Volk, das schon unter den Japanern die furchtbarsten Zerstörungen erduldet hatte, und das nun von seiner eigenen Regierung erbarmungslos ausgeplündert wurde.

Ich hielt es für unvermeidlich, daß die Kuomintang eines Tages China verlieren würde. Und so zogen sich diese, ihrer Gefolgschaft unwürdigen Anführer, auf die Insel Formosa zurück, wo sie mit der Unterstützung von fremdem Geld und der guten Hoffnung auf eine Rückkehr ein Emigrantenregime errichtet und sich seit 1950 behauptet haben.

Heute, im Jahre 1955, weiß jeder in Asien — und die Welt wird es erfahren —, daß die Kuomintang nicht nach Asien zurückkehren wird. Es sei denn, daß eine verheerende, von Menschen ausgelöste Katastrophe gleichzeitig die Welt zerstören sollte.

Der Leser wird nun fragen: »Aber Tschiang Kai-schek, jener ernsthafte würdige alternde Mann — wie er in diesem Buch dargestellt wird —, jener Mann, der Chinas Kampfgeist gegen die Japaner verkörperte; und seine immer noch reizvolle und schöne Frau, die einst so vielen in China ein Vorbild war, bedeuten sie heute nichts mehr für China und für Sie?«

Ich glaube, daß meine Antwort den Chinesen aus dem Herzen spricht, die, wie ich, ihr Land lieben und dennoch keine Kommunisten sein können; die Glück und Wohlstand in China sehen wollen und die dennoch nicht dort leben können, weil sie Individualisten sind, die ihren Geist nicht dem Glauben an eine Doktrin unterordnen wollen.

Tschiang Kai-scheks Zeit in der Geschichte ist vorüber. Er hat seine Rolle gespielt, und es war eine große Rolle. Wir werden uns an ihn erinnern, so wie wir uns an schöne Dinge erinnern, die nicht mehr sind. Er hat sich selbst überlebt und auch die Zeit, der er angehört.

Man sagt, daß sich das Kuomintang-Regime in Formosa gebessert habe. Die größten Mißstände seien ausgemerzt, und es sei ehrlich, tüchtig und unbestechlich geworden. Es freut mich, wenn es so ist. Aber es ist schade, daß das, was in Formosa nach fünfjähriger Verbannung möglich wurde, nicht in China geschehen ist.

Die Seiten der Geschichte wenden sich schnell im 20. Jahrhundert.

Ich glaube, daß die Zukunft der Welt – und Chinas – weder dem Faschismus noch dem Kommunismus gehört. Sie gehört denen, die sich niemals weder dem einen noch dem andern beugen werden, weil sie über alles den Glauben an die Würde und die Freiheit des Geistes stellen.

Kommunismus und Faschismus sind die logischen Folgen des Versagens der Demokratie, die nicht verwirklicht, was sie lehrt. Nur ein tiefer Glaube an die Anwendung demokratischer Methoden zur Verwirklichung demokratischer Ziele wird die Welt retten können. Nur so wird der Mensch eines Tages die Ketten brechen, die er sich selbst geschmiedet hat. Vielleicht bin ich optimistisch, aber ich glaube, daß wir schon auf dem Wege sind, wenn er uns auch noch weit erscheinen mag.

Annemarie Selinko

Heute heiratet mein Mann

Ullstein Buch 75

Im Mittelpunkt dieser bezaubernden Liebesgeschichte steht eine geschiedene junge Frau. Als die charmante Thesi ihrem früheren Mann wiederbegegnet, merkt sie, daß sie sich nie ganz von ihm lösen konnte. Und kurz vor ihrer neuen Ehe kehrt er dann doch zu ihr, seiner ersten Frau, zurück. Nun aber stürzt sich Thesi aus Trotz in ein anderes Abenteuer. Es bleibt Episode, denn sie erkennt bald, daß man eigentlich zweimal heiraten sollte – denselben Mann. Mit warmherzigem Humor gelingt es Annemarie Selinko, jeden Leser des köstlichen Romans zu fesseln.

ein Ullstein Buch

Margery Sharp

Die Sonne im Skorpion

Ullstein Buch 2746

Cathy Pennon ist nicht besonders hübsch und auch nicht besonders klug. Aber im Pokern ist sie tüchtig, und mit der strengen Ordnung der englischen Gesellschaft hat sie nicht viel im Sinn, sondern versucht, ihr Leben auf eine merkwürdig unkonventionelle Weise zu bewältigen. Doch ungeachtet ihrer erstaunlichen Mischung von Weltfremdheit und gesundem Menschenverstand findet sie schließlich im wahrsten Sinne des Wortes den Schlüssel zu ihrem Dasein. Cathys Geschichte ist in ein farbiges Bild des englischen Lebens eingeflochten, das Margery Sharp scharf und kritisch, mit freundlicher, nicht verletzender Ironie zeichnet.

ein Ullstein Buch

Vincent Brome

Vanessa

Ullstein Buch 2851

Die Lebensgeschichte einer Chirurgin konfrontiert den Leser mit dem Problem der modernen Frau im Zwiespalt zwischen beruflicher und privater Erfüllung. Mit Ehrgeiz und Begabung erreicht Vanessa als Chirurgin alles, was sie sich erträumt. Doch wie soll sie nach kräftezehrenden Stunden im Operationssaal sich noch dem Mann widmen, der sie liebt, und den Kindern, die sie brauchen?

ein Ullstein Buch